소중한 내 아이를 위한

우리아이 쑥쑥 똑똑하게

김은주 · 민금순

지구문화
JIGU CULTURE

머리말

삶의 질이 향상됨에 따라 남녀노소를 불문하고 누구나 아름답고 건강한 몸에 대한 욕구가 높아지고 있어 피부미용 산업이 하루가 다르게 변화하고 있습니다.

이러한 사회발전에 힘입어 피부미용산업이 전문화, 세분화되면서 다양한 마사지 프로그램이 개발되고 있으며, 나아가서 피부관리가 성인 남녀만의 전유물이 아니라 성장발육을 위해 아이들까지도 마사지를 시키고자 하는 욕구가 늘어나고 있습니다.

특히 모든 부모님의 사랑이 "우리 아이가 남 못지않게 키도 크고 똑똑해야 경쟁사회에서 살아남을 수 있을 것"이라는 생각이 팽배해진 환경에서, 필자들은 "어떻게 하면 그 목표를 달성할 수 있을까?"를 고민하면서 이 책을 집필하게 되었습니다.

여기에는 유아기부터 청소년에 이르기까지 성장클리닉에 해당되는 요소 요소의 성장판 마사지와 두뇌성장 발달촉진의 필수적인 스트레스 해소 매뉴얼과 마사지 테크닉을 실제로 부모님이 아이들에게 효과적으로 시행할 수 있도록 그림과 사진으로 자세히 안내하고 있습니다.

다시 말하면, 성장판의 세포분열로 뼈의 길이가 신장되도록 하는 성장 호르몬 촉진 마사지기법과 면역력 증강 마사지기법, 어린이·청소년 비만관리방법을 기술하였습니다. 또한 두뇌발달 마사지는 뇌척수액의 흐름을 원활하게 하여 뇌세포를 활성화시키는 수기요법으로 두뇌발달에 영향을 미치는 뇌파 촉진마사지 수기요법을 다루었습니다.

이 책이 피부미용업에 종사하시는 분들은 물론, 어린이의 부모님들이 활용할 수 있도록 동작 위주로 편집하였으므로 실무나 실제로 적용하여 어린이 성장과 두뇌발달 촉진에 많은 도움이 되기를 기대합니다.

끝으로 이 책이 출판되기까지 많은 도움을 주신 지구문화사/메디시언 주병오 대표님과 임직원 여러분께 진심으로 감사의 말씀을 드립니다.

2016년 성하에

김은주·민금순

차례

유아에서 어린이들을 위한

성장·두뇌 발달 마사지

Chapter 1 유아에서 어린이까지 성장 발달

Contents

Chapter 2 키 성장에 영향을 미치는 요인들

Chapter 3 어린이·청소년 마사지의 이해

차례

Chapter 4 성장 마사지

Chapter 5 비만 마사지

Chapter 6 면역력증강 마사지

Contents

Chapter 7 뇌의 성장과 발달

차례

Chater 1

유아에서 어린이까지의 성장 발달

1. 올바른 성장이란?
2. 발달이란 무엇인가?
3. 유아기의 성장 발달을 다양하게 살펴보기
4. 학령기의 성장 발달을 다양하게 살펴보기

Chapter 1

유아에서 어린이까지 성장 발달

1. 올바른 성장이란?

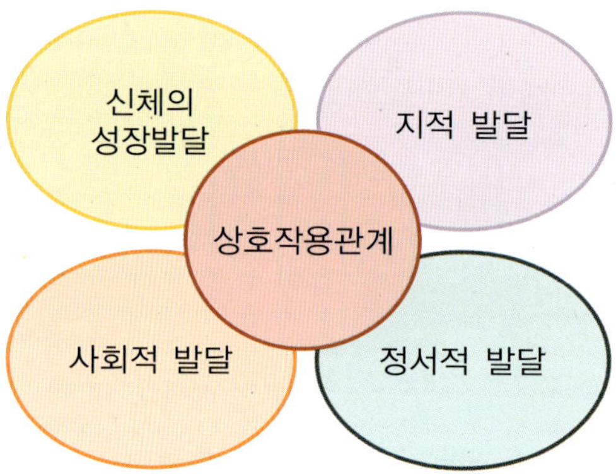

어린이들은 유년 시절에 빠르게 성장하여 발달한다. 성장 발달은 수많은 요인들에 의하여 이루어지고, 그 변화는 인체의 각 기관들의 기능과 구조적인 발달을 포함한다. 따라서 유년시절은 매우 중요한 시기이다.

신체 발달은 다른 여러 발달과 관계가 있다. 신체적 발달, 지적 발달, 사회적 발달, 정서적 발달, 성격발달 등은 서로 유기적인 상호작용 관계에서 통합적인 인격체로 발달하게 된다. 이처럼 신체가 올바르게 발달하게 되면 사회성, 심리적 안정성, 학업성취 등도 좋아지기 때문에 인격형성에 큰 영향을 준다. 따라서 부모의 양육 태도가 신체적인 성장 발달은 물론, 지능 발달에도 중요한 영향을 미치게 된다는 점을 늘 염두에 두어야 한다.

2. 발달이란 무엇인가?

인간이 태아로 수정되는 순간부터 사망할 때까지, 즉 평생 동안 신체, 심리, 사회적 측면에서 체계적이고 연속적인 변화의 과정을 발달이라고 한다.

아동의 성장과 발달에서 성장이라 하면 신체가 커지고, 근력의 증가, 인지의 확장 등과 같은 양적인 성장을 의미한다. 다시 말해서 태어날 때부터 이미 정해진 설계에 따라 양적인 성장이 이루어지다가 일정한 시기가 지나면 정지되게 되는 인간의 특성을 의미한다.

한편 학습의 예를 들면 외국어를 사용하여 의사소통을 하는 것을 볼 수 있다. 학습은 직접적인 경험과 간접적인 경험의 훈련과 연습의 결과로서 습득하여 일어나는 내적인 변화를 의미한다.

발달이란 위에서 살펴본 바와같이 학습에 의한 경험이나 훈련은 물론, 유전적인 요인에 의한 변화까지도 포함하고 있다. 그러므로 내적인 변화와 외적인 변화를 모두 포함하고 있는 발달이 성장보다 더욱 넓은 의미라고 할 수 있다.

인간의 발달에는 개인차가 있지만 무작위로 변화하는 것이 아닌 체계적이고 규칙적으로 변화하는 과정이기 때문에 어느 정도는 예측이 가능하다. 따라서 일생에 걸쳐 일어나게 되는 발달은 일관성이 있는 원리가 적용된다.

발달의 원리

① 유전과 환경의 상호작용에 의해 발달이 이루어진다.

② 평생에 걸쳐서 발달이 이루어진다.

③ 어느 시기에나 발달이 계속되는 것이 아닌, 발달이 되는 최적기의 결정적인 발달 시기가 있다.

④ 발달은 일정한 방향과 순서에 의해 이루어지는데 상부에서 하부로 또는 두부에서 미부의 방향으로, 중심부에서 말초부로 진행이 된다.

⑤ 발달은 연속적인 과정이지만 발달의 속도와 발달이 끝나는 시기는 각 개인마다 차이가 난다.

⑥ 발달은 점진적인 원리를 따르며 이전 단계의 발달단계의 발달 과업 성취 정도에 기초하여 특정 단계에서 발달이 이루어진다. 다시 말해 일생 동안의 발달은 낮은 단계에서 높은 단계로 과거와 연결되어 변화한다.

3. 유아기의 성장 발달을 다양하게 살펴보기

1. 정신적으로 어떻게 성장 발달할까?

일반적으로 유아기는 만 2세에서 6세까지의 취학 전에 해당하는 시기를 말한다. 인간의 성장 발달에서 유아기를 중요하게 보는 이유는 기본 발달의 틀이 잘 잡혀야지 그 다음 틀이 이전의 발달 과정의 틀 위에 더 커지거나 강화되는 점진적인 원리로 발달하기 때문이다. 이때 형성되는 기본적인 틀은 기본 생활 습관과 성격, 지능, 언어, 사회성 등의 기본이 된다. 이 시기는 초등학교에 들어가기 전의 시기로, '취학 전기' 또는 '학령 전기'라고도 한다. 이를 또 '아동 전기'라 한다.

이 시기에는 환경에 대한 호기심이 증가하여 환경을 탐색하고, 이에 대한 지식을 가지려고 하며, 적응하는 시기로 직관적 사고 능력이 발달한다. 또한 성격 형성이 어느 정도 확실하게 형성되어 성인이 될 때까지 그대로 유지될 수도 있다. 따라서 아이의 미래를 위해서도 중요하다.

2. 신체적으로 어떻게 성장 발달할까?

영·유아기에 빠르게 진행되는 동시에 중요한 발달 형태 중의 하나가 신체 근육을 조절할 수 있는 운동성 발달이다. 즉 유아기는 근육이 급속히 발달하고 근력이 강해지면서 스스로 신체를 조절할 수 있는 능력이 생기는 시기이다.

일반적으로 사람은 출생 시의 신장은 50cm 정도이고 생후 1년이 되면 약 75cm로, 태어날 때 키의 1.5배가 된다. 그 다음 만 1~2세 동안에는 12~13cm

가 자란다. 출생에서 만 2세 까지를 제 1급성장기라 하며, 세포 분열이 매우 빠르게 일어나기 때문에 이 시기에 영양부족이나 만성 질환 등이 발생하는 경우에는 세포의 수가 부족해져서 성장 발달이 제대로 이루어지지 않는다. 만 2세에서 사춘기가 시작되기 직전까지는 비교적 완만하게 성장이 지속되는 시기로 1년에 5~7cm 자라게 되어 5세가 되었을 때 출생 시의 두 배인 약 100cm가 넘게 된다.

유아기의 신체 발달은 위에서 아래 방향으로 발달한다. 그래서 머리에서 발로 발달하고, 인체 중심부에서 말초방향으로 발달하기 때문에 머리와 목 부분의 근육이 다리부분의 근육보다 빨리 발달하여 목을 먼저 들 수 있게 된다. 또한 대근육이 소근육보다 더 빨리 발달하여 대근육 운동이 미세운동보다 먼저 발달한다. 예를 들면 팔을 먼저 움직이고 나서 손목, 손, 손가락의 운동을 할 수 있게 된다.

일반적으로 신장은 체중의 증가 속도에 비해 느리게 발달하고 유아의 골격은 성장함에 따라 연골이 빠르게 경골화되며, 팔과 다리 등의 뼈는 더 길어지고 단단해진다.

3. 인지적으로 어떻게 성장 발달할까?

인지란 지각, 학습, 사고, 언어, 기억 등의 능력으로 영아기에는 운동적 활동을 통해 사고한다. 피아제는 이것을 정신적 조작이라고 했는데 운동적 활동을 통해 사고하고 발달해가면서 점차 인지적 활동으로 대치된다고 하였다.

유아는 감각이나 지각과정에서 얻어진 자료에 근거하여 사고나 학습, 기억, 문제해결 등의 활동을 한다. 이는 영아가 감각적 자극에 단순히 수동적으로 반응하는 감각에 비해, 유아의 지각은 감각 자료들을 조직하고 해석한다는 능동적인 차이가 있다.

4. 언어는 어떻게 성장 발달할까?

인간은 언어를 통하여 자신의 욕구를 충족하고 주위환경에 적응하는데, 이런 언어 능력과 인지능력은 상호 관련되어 있다. 언어는 가장 복잡한 형태의 인지적 수행이고, 대부분의 정상적인 유아들은 인생 초기에 언어를 획득한다.

일반적으로 출생 후부터 8개월까지를 언어 이전의 기간이라 하고, 3세부터 4세까지를 언어 획득기간으로 나눌 수 있다. 부모는 아기와의 언어적 의사소통을 통해 아기가 무엇을 느끼고 생각하는지 느끼게 된다. 이처럼 언어는 의사소통의 수단이면서 사고의 필수적인 요소인 것이다. 또한 모든 아기들은 그 모국어가 무엇이든 간에 거의 같은 시기에 비슷한 과정을 거쳐 언어를 습득하고 발달시키게 된다.

5. 사회 정서는 어떻게 성장 발달할까?

사회성 발달에 있어서 영아는 자신의 의사를 표현하는 사회적 표현행동 즉, 울기, 미소 짓기, 옹알이하기, 웃기, 응시하기, 소리내기, 모방하기 등의 행동을 하여 자신의 호기심이나 욕구를 표시한다. 이러한 표현행동은 주위 사람들의 주의와 관심을 자신에게 유도하고 타인에게 관심을 갖게 되며, 자신과 친숙한 사람에게는 애착관계를 형성하게 되고, 나아가 성인이나 또래와의 대인관계가 발달함으로써 점차 사회성이 발달해 간다.

6. 유아기 성장 발달에 영향을 주는 가족 환경

(1) 가족 구조

현대 가족의 구조는 핵가족이나 대가족, 편부와 편모 등 매우 다양한 구조로 되어있다. 이러한 가족 구조에 의한 특성은 유아의 발달에 영향을 미치게 되는 중요한 요소인데, 특히 성격 발달이나 사회적 발달에 영향을 미치게 된다.

최근에는 이혼률이 높아지면서 재혼가정이 많아지고, 워킹맘의 증가와 미혼모, 미혼부가 증가하는 등 가족 구조의 다양한 변화가 자녀의 성장 발달에 영향을 미치게 되는 요인이 된다.

(2) 양육 환경

인간의 생애발달주기에서 영유아기는 지능 발달에 매우 중요한 시기로, 지능 발달의 50%가 4세 이전에 발달하며, 8세까지는 약 80%가 발달하고, 17세까지는 100%의 지능 발달이 이루어진다. 사람의 지능은 사회문화적 경험에 의하여 다양한 방향으로 발달하는데, 특히 아이의 인지능력 발달의 차이는 부모의 양육태도가 중요한 영향을 끼친다. 다시 말해서 자녀와의 상호작용 및 양육방법의 차이와 밀접한 관계가 있다고 할 수 있다.

자녀가 어떠한 양육환경에서 양육자가 누구인가에 따라서 유아의 성장 발달에 중요한 영향을 미치게 된다. 현대 사회에서는 다양한 사회적 변화를 통하여 과거의 전통적인 가정의 모습이 아닌 양부모 취업이 많아지면서 일과 육아를 동시에 하는 경우가 많아졌다.

그렇다고 해서 육아에 전념을 하는 어머니들의 양육 환경이 취업 부모들보다 더 좋은 양육환경이라는 것이 아니라, 얼마나 아이의 양육에 관심을 갖는지와 경험, 정보 등이 풍부한 양육 환경을 제공하게 되는지에 따라 결과가 달라진다.

특히 자녀의 양육환경이 빈약하거나 혼돈스러운 경우에는 인지발달과 사회적 발달에 결정적인 영향을 미치게 될 수 있다. 자율적, 수용적, 개방적, 합리적인 방식으로 자녀를 키워야 자녀가 올바르고 바람직한 방향으로 성장하여 지능도 높아진다고 할 수 있다.

또한 물리적인 환경 이외에도 양육자와의 애착 관계나 양육자의 정서적인 태도 등과 심리적인 측면도 발달에 영향을 미치게 된다. 성장하면서 양육자와 주변 사람들로부터 긍정적인 부분을 제공받게 되면 심리적으로 안정을 유지해 신뢰감 등의 심리적인 요소들이 올바르게 형성된다. 따라서 부모와 아이와의 상호작용은 아이의 지능에 영향을 미칠 수 있으므로 부모의 역할이 매우 중요하다.

4. 학령기의 성장 발달을 다양하게 살펴보기

1. 정신적으로 어떻게 성장 발달할까?

영·유아기에 빠른 성장속도를 보이던 신체발달은 아동기에 접어들면서 성장속도가 완만해진다. 운동기능의 발달은 뚜렷한 변화가 나타나며, 근육이 성숙해져서 힘도 넘치게 되므로 학령기 아동은 점차 빨라지고, 민첩해지고, 강해지게 된다. 또한 아동기에는 놀이나 게임, 운동 등의 활동을 할 때 운동기술이나 균형, 근육의 활동이 세련되고 정교해진다.

만 6세에서 12세까지를 일반적으로 학령기라 하며, 이 시기에 완만한 성장이 이루어지면서 장기와 각 조직이 커지고, 골격이 발달하며 성장을 한다. 이러한 학령기의 신체 발달 성장에 영향을 주는 여러 가지 요인이 있는데, 유전적인 요인도 중요하지만 환경적인 요인이 키 성장 발달에 상당히 많은 영향을 미치게 된다.

이 시기의 아이들은 학교라는 사회생활을 통하여 가정보다 확대된 세계에서 지적, 정서적으로 사회성이 발달해 나간다. 또한 어휘가 급격히 발달하게 되고 정보를 분류, 통합하고 사건을 순서적으로 정렬할 수 있는 능력이 발달하는 구체적 사고에서, 추상적이고 가설적인 수준에서도 체계적인 사고로 이행되는 과도기이기도 하다. 따라서 가정에서는 아동의 정서적인 안정과 자녀들의 요구와 흥미에 적합한 교육 환경을 제공해 주어야 하는 시기이다.

아동이 8세~10세가 되면 정서적·사회적인 발달로 복잡한 정서를 경험하게 되어 죄책감, 수치감, 자랑스러움 등 이외에도 애정과 동정을 느낄 수 있다. 구체적으로는 학업과 운동에 열중하고, 타인과의 협동작업에 관여하며, 자신이 잘한 부분에 대해서 자부심을 느낄 때 더욱 열심히 하는 근면성이 발달하게 된다.

학령기 시기의 발달과정

① 놀이와 체육활동 등을 통해 신체 기술을 학습한다.

② 자기 자신에 대한 건전한 태도, 자기개념이 긍정적으로 형성된다.

③ 또래 친구들과 사귀는 법을 배우게 된다.

④ 읽기, 쓰기, 셈하기의 기초적인 기술을 배우게 된다.

⑤ 가치를 내면화시켜 양심과 도덕에 따라 행동하게 된다.

⑥ 인격적인 독립을 학습하게 된다.

⑦ 대인관계 및 사회집단과 규범에 대한 태도가 발달하게 된다.

위와 같은 학령기의 발달과정을 적절하게 수행해야 긍정적인 성격이 형성될 수 있다. 그렇지 못하면 비도덕적이고 반사회적인 성격으로 성장할 수 있다. 그러므로 아동의 신체적 발달, 인지적 발달, 정서적 발달, 사회적 발달, 도덕적 발달이 골고루 발달이 잘 이루어지도록 해야 한다.

2. 신체적으로 어떻게 성장 발달할까?

표준 키와 표준 체중		
나이(만)	(남자 평균) 키 / 체중	(여자 평균) 키 / 체중
7세	124.1 / 23.8	123.5 / 22.8
8세	129.2 / 27.2	128.9 / 25.9
9세	133.1 / 30.8	134.5 / 29.3
10세	140.2 / 34.7	140.5 / 33.3
11세	145.9 / 39.2	148.8 / 37.8
12세	153.1 / 43.9	152.8 / 43.1
13세	159.7 / 49.4	157.7 / 47.5
14세	165.3 / 54.9	159.3 / 51.1
15세	170.5 / 60.2	159.8 / 53.3
16세	171.9 / 63.6	160.1 / 54.1
17세	172.7 / 65.6	160.6 / 54.9
18세	173.5 / 67.6	161.1 / 55.1

〈자료출처 : 교육인적자원부〉

학령기에는 1년에 키가 약 5.5cm 정도 자라고 체중은 약 3kg 증가하게 된다. 학령기에는 유아기나 급성장 시기처럼 급성장하지는 않으나 꾸준하게 완만한 신체 성장을 하게 되는 시기이다. 6세가 되면 남아가 여아에 비해 키가 크며 체중이 무겁다가 10세가 되면 남녀의 키가 비슷해지고 여아의 체중이 조금 더 증가한다.

교육인적자원부에 따르면 만 9세 남아의 평균 키는 133.1cm, 체중 30.8kg 이고, 여아는 키가 134.5cm, 체중 29.3kg 이며, 만 10세 남아의 키는 140.2cm, 체중 34.7kg 이고, 여아의 키는 140.5cm, 체중 33.3kg 으로 나타나는데, 만 10세가 되면서 남녀의 키가 비슷해진다.

사춘기 직전인 여자 11세~15세, 남자 13세~16세까지는 제2 급성장기로 1년에 7~12cm 정도 자라는 것이 일반적인 성장 발달 현상이다. 그러므로 이 시기에 키 성장에 필요한 적당한 환경을 조성해 주면 아이의 신체 성장 발달에 많은 도움이 된다.

또한 신장뿐만 아니라 두뇌의 성장도 만 2세에 50%, 6~10세에 성인 두뇌의 100%에 도달하게 되며, 골격 또한 성장하면서 학령기의 아동은 다리가 길어지게 된다. 키가 큰다는 것은 뼈의 길이의 커진다라고 할 수 있는데, 뼈의 성장은 연골 내 골화과정과 이에 따른 연골조직이 경골조직으로 전환이 되면서 일어나는 것이다.

위에서 살펴본 것처럼 신장의 성장속도는 제 2급 성장기인 사춘기에 이르기 전까지 크다가 나이가 많아질수록 신장의 성장 발달 속도는 서서히 감소하게 된다. 물론 신체 성장 발달에는 개인에 따라 조금씩 다르게 작용한다.

3. 인지적으로는 어떻게 성장 발달할까?

이 시기에는 지식과 기술의 직접 경험과 간접 경험을 통해 습득하면서 자신감과 만족감을 얻는 것이 무엇보다 중요하다. 아동에게 학령기란 어휘가 급격히 발달하게 되어 구체적 사고에서 추상적인 사고로 이행하게 되는 중요한 과도기이기 때문에, 잘 관찰하여 자녀에게 정서적인 안정과 흥미를 유발할 수 있는 환경을 만들어 주는 등 적합한 교육적 환경이 필요한 시기이다.

4. 정서는 어떻게 성장 발달할까?

학령기의 정서발달은 신체, 운동, 인지, 사회, 도덕 등의 발달특징과 인격형성에 지대한 영향을 미치게 되는데, 아동들은 가정이라는 울타리를 벗어나 생활하는 공간이나 경험들이 학교라는 사회로 확대되면서 불안감과 공포를 가지게 된다. 아동들은 자연적인 것과 초자연적인 것을 상상함으로써 불안감과 공포감을 느끼는 경우도 있다.

이러한 불안감으로 인하여 정서적으로 혼란이 오게 되면 두려움, 분노, 실망, 슬픔, 열등감, 외로움 등의 부정적인 정서가 생길 수 있지만 한편으로는 기쁨, 사랑, 호기심, 즐거움 등의 긍정적인 정서도 생기게 된다. 이처럼 혼란스러운 학령기에는 부모의 양육태도가 아동의 정서발달에 많은 영향을 끼치므로 부모는 긍정적인 정서를 아이에게 표현해 주는 것이 좋다.

5. 사회성은 어떻게 성장 발달할까?

학령기에는 학교생활을 통하여 사회성이 발달해 나아가는 시기이다. 다시 말해서 친구들과의 관계형성의 비중이 가정에서의 관계형성 보다 더 커져가는 시기이기 때문에 부모에게 심리적으로 덜 의존하게 되고 친구관계를 중요시하게 된다.

또한 이 시기의 아동들은 자신과 가깝게 지내는 주변 인물들의 모습을 모방하기 때문에 가정에서는 부모가, 학교에서는 교사가 올바른 행동을 보임으로써 모범이 되어야 하며, 이 때 사회성이 좋은 아동의 경우에는 어떤 문제가 발생해도 그 상황에 적절하게 대처할 수 있다.

6. 자아개념은 어떻게 성장 발달할까?

자아개념의 형성 발달은 여러 요소들에 의해 영향을 받게 되는데, 개인이 가지고 있는 능력, 성격, 태도, 느낌 등을 모두 포괄하는 주관적인 자기 자신에 대한 전형적인 행동에 대한 신념의 집합이다. 자아 개념은 개인의 내부적인 것이지만 타인에게서 들은 "나"에 대한 영향을 받아 형성되는 것이다.

아동의 자아개념은 부모의 영향을 받을뿐만 아니라 가정 내에서의 경험에 의해 형성되는데, 이 시기의 아동은 사회적 기준을 수동적으로 받아들이고 도덕성은 상당히 높은 편이라서 규칙을 잘 지키려는 성향이 있다.

개인적인 행동보다는 집단적인 행동을 하게 되고 친구들과 융화가 잘 되어 수용이 되는, 즉 타인을 받아들이는 아동은 긍정적인 방향으로 자아개념을 높여나가게 되지만, 친구들로부터 거부당하는 아동의 경우에는 자신의 능력이나 성격, 태도에 대하여 자신감을 상실하게 되어 부정적인 자아가 형성될 수 있다. 따라서 가정에서 자녀가 긍정적인 자아를 가질 수 있도록 돕는 부모의 역할이 중요하다고 할 수 있다.

Chapter 2

키 성장에 영향을 미치는 요인들

Chapter 2

키 성장에 영향을 미치는 요인들

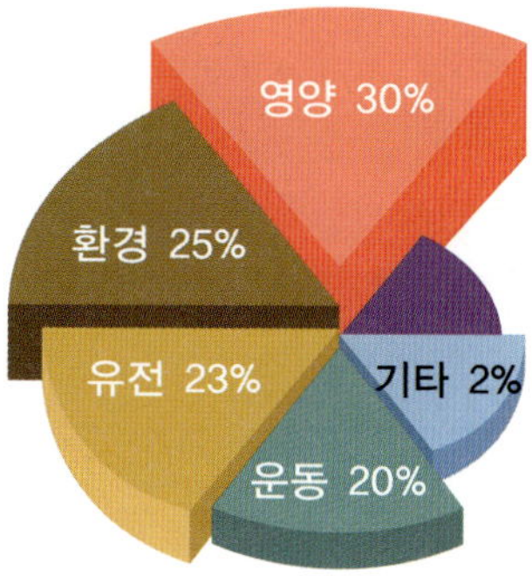

우리 아이의 키 성장에 영향을 미치는 요소로, 유전은 23% 정도이다. 그러나 성장판이 열려있을 때는 77%까지 영향을 미치는 것이 환경적인 요인으로 중요하다.

현대인의 키는 경쟁력이다.

현대사회는 키가 경쟁력이라고 말을 할 수 있을 정도로 외모지상주의가 팽배해 있다. 청소년이 키에 대한 로망이 과거보다 커졌고, 사회적으로도 키가 능력에 비례한다는 생각이 확산되고 있을 만큼, 현대인들은 키에 큰 관심을 갖고 있다.

널리 알려진 편견 중 하나로 키가 얼마나 클지 유전에 절대적으로 좌우된다고 알고 있었으나 사실은 그렇지 않다. 최근 여러 연구 결과에서 밝혀졌듯이 유전적인 요인은 약 23%에 불과하며, 환경적인 요인 25%, 운동 20%, 영양 30%, 기타 2%의 후천적 생활환경이 그 요인으로 밝혀져 결국 후천적인 요소가 키의 성장을 좌우한다는 것을 보여주고 있다.

다시 말해서 부모가 키가 작다고 해도 환경적인 요인에 의해 키를 더 크게 할 수 있다는 의미이다. 경제가 어려웠던 과거에 비해 여러모로 풍족한 사회에

살고 있는 오늘날 키가 평균 약 10cm 이상 커졌다는 통계가 있다. 한편 청소년들이 원하는 이상적인 키는 남자 181cm, 여자 168cm인 것으로 나타났다.

그러나 경제적으로 풍요로워졌다고 해서 모두가 키가 커지는 결과를 가져오지는 않았다. 왜냐하면 경제성장과 더불어 과학의 발달로 인해 유아·학령기 성장기 어린이들의 키 성장을 저해하는 요소가 증가했기 때문이다. 컴퓨터, 스마트폰, TV와 같은 전자기기 사용시간의 증가, 그리고 입시 위주의 교육의 결과로 과도한 학습시간 때문에 생긴 스트레스와 수면부족 등의 영향으로 운동량이 부족해지고 이로 인해 체력은 오히려 과거보다 평균적으로 약해졌다. 또한 식생활이 서구화되면서 비만어린이가 늘어나면서 신체적 성장을 방해하고 있다.

이러한 환경 속에서 우리 아이의 또 다른 경쟁력이 될 키를 키우기 위해서는 아이에게 맞는 적당한 운동, 올바르고 균형잡힌 영양섭취, 숙면, 스트레스 해소 등 부모 입장에서도 최선을 다해야 한다. 아울러 어린이 성장에 도움이 되는 여러 가지 다양한 방법의 키 성장점 마사지를 해준다면 유전적인 키보다도 더 성장시킬 수 있다.

신체적 성장 발달을 할 때 머리, 얼굴, 몸통, 팔, 다리, 손, 발은 각각 발달하는 시기와 정도가 다르다. 어린이의 키 성장은 부모의 유전적인 영향 이외에도 운동, 수면, 기초대사량, 영양, 호르몬, 뼈 성장, 스트레스 비만, 저신장 등 다양한 요인들에 의해서 영향을 받는다. 키 성장에 중요한 요인들을 몇 가지 살펴보면 아래와 같다.

1. 키 성장에 중요한 수면과 스트레스

성장하는 아이들에게 수면시간은 곧 키가 크는 시간이라고 할 수 있다. 연령별로 신생아는 하루에 15~20시간, 1~3세는 12~14시간, 4~6세는 10~13시간, 초등학생은 9.5시간 중·고등학생은 8시간, 성인은 7~8시간 정도 수면을 취하는 것이 바람직하다. 그러므로 학령기 아동은 하루에 보통 10~13시간 이상

숙면을 취해야 세포의 생성과 재생을 위한 에너지가 축적되고, 피로와 집중력, 기억력이 향상된다.

또한 성장호르몬은 잠이 들었을 때 분비되는데 보통 밤 10시~새벽 2시 경에 가장 왕성하게 분비가 되므로 성장기의 아이들은 일찍 자는 습관을 들이는 것이 좋다. 잠은 많은 시간 재우는 것보다는 숙면을 취하게 하는 것이 중요하다.

수면주기는 뇌의 송과샘에서 분비되는 멜라토닌이라는 호르몬이 조절한다. 멜라토닌은 '수면호르몬'의 일종으로 멜라토닌이 분비되면 맥박, 체온, 혈압 등이 감소하여 뇌가 수면에 들 수 있도록 인식하여 잠이 들게 된다. 멜라토닌이 분비되기 시작하는 시간은 일반적으로 밤 9~11시 사이이며, 새벽 2시 경에 최고조에 이르게 된다.

멜라토닌은 호르몬의 일종으로 밤이 되면 잠들 시간에 맞춰 몸에서 자연적으로 분비양을 조절하여 적절한 시간에 잠이 들도록 하는 작용을 한다. '행복호르몬'으로도 알려진 세라토닌은 인체의 송과샘이 햇볕을 감지하게 되면 인체는 활동을 하기 위하여 세라토닌을 분비하게 되기 때문에 매일 적당량의 햇볕을 받아야 한다. 멜라토닌이 부족하게 되면 수면장애로 인한 불면증이 올 수 있고 세라토닌이 부족하게 되면 우울증이 올 수 있다. 따라서 세라토닌과 멜라토닌은 키 성장에 중요한 영향을 미치는 것이다.

수면을 방해하는 요인들 중에 스트레스, 컴퓨터, 학업 등이 있는데, 스트레스에 의해 분비가 증가되는 코르티솔 호르몬이 있다. 특히 스트레스는 만병의 근원이다. 우리 몸에서 스트레스와 같은 외부 자극에 반응하게 되면 몸에서 이런 자극에 맞서기 위하여 에너지를 만드는 과정에서 혈압과 포도당 수치를 높이는 물질인 코르티솔 호르몬을 분비하게 된다.

이 호르몬은 에너지 대사를 활성화시키면서 신체를 각성시키는 작용을 하므로 아침에 양이 많아짐으로써 잠에서 깨어나게 하고, 저녁에는 양이 감소되어 잠이 오게 한다. 코르티솔 분비가 증가하게 되면 인체의 면역반응을 억제시켜서 체내의 칼슘 양을 낮추게 하여 뼈 성장을 방해하는 요인이 된다.

2. 키 성장에 중요한 운동

운동은 키를 크게 하는 데 필수적이다. 미국 스포츠의학협회에 따르면, 키 성장에 운동이 20%의 영향을 미친다고 한다. 청소년 시기에 성장판을 자극하는 운동을 하게 되면 운동을 하지 않은 경우보다 평균 키가 10cm가 더 성장할 수 있다고 할 정도로 운동은 성장기의 아이들에게 중요하다.

운동은 어린이의 체력은 물론, 성장에도 많은 영향을 준다. 성장판을 자극하면 성장판 주위의 많은 혈관과 근육에 전달되어 혈류의 공급을 원활하게 해주고 세포 분열이 촉진된다. 특히 하체에 다리관절을 움직이는 운동을 시키면 고관절, 무릎관절, 발목관절이 부드러워지고 성장판이 자극되어 뼈와 근육이 튼튼해진다. 또한 성장판을 자극하면 다리 길이가 길어져서 전체적인 키 성장을 촉진시킬 수 있다.

운동으로 성장판 부위에 물리적인 자극을 주게 되면 그 자극이 성장판을 이루는 세포의 세포 골격과 세포막에 존재하는 물리적 자극이 수용체에 전달되어 뼈세포에 자극을 준다. 이로 인해 세포 반응이 유발되고, 물리적인 자극에 반응하여 세포수의 증가, 세포 크기의 증가, 세포 단백의 합성이 증가된다. 또한 관절의 연골조직을 부드럽게 하여 성장호르몬이 분비되어 결과적으로 키를 크게 하는데 도움을 주게 된다.

소아비만인 아이는 어릴 적에는 빠르게 성장하여 다른 아이들에 비해 상대적으로 더 큰 것처럼 보이지만 오히려 성조숙증이 오게 되어 성장이 조기에 멈추게 되고, 나이가 들수록 다른 사람들에 비해 더 작아질 수 있다. 이는 호르몬 분비에 문제가 있어서 조기에 성장이 멈추기 때문이다. 이럴 경우 꾸준히 운동을 하게 되면 비만이 되는 것을 예방하여 성장이 멈추게 되는 것을 막을 수 있다. 아이의 성장에 좋은 운동으로는 성장판이 많이 분포되어 있는 하체 위주의 운동이나 전신운동이 도움이 되는데 대표적으로는 줄넘기, 농구, 철봉, 배구, 태권도, 스트레칭, 등산 등을 하는 것이 좋다.

또한 성장 호르몬의 분비는 운동시간에 정비례한다. 강도가 약한 운동을 하거나 너무 무리하게 운동을 하게 되면 성장 호르몬의 분비가 원활하게 되지 않으므로 무리한 운동보다는 아이에게 맞는 적당한 강도의 운동과 시간 등을 아이의 체력 수준에 알맞게 조절하여 주는 것이 중요하다. 땀을 흘릴 정도로 하는 것이 성장판을 자극해주고 성장 호르몬 분비를 늘리는 데 적당한 강도이다.

3. 키 성장 요인이 되는 기초대사량

인체의 체온유지, 호흡, 심장을 움직이는 등 생명 유지에 필요한 에너지 소비를 기초 대사라고 한다. 아무것도 하지 않고 가만히 있어도 이 기초대사량에 상당하는 에너지를 소비하게 되는데, 나이가 들수록 근육량이 감소되면서 기초 대사량도 줄어들게 된다. 기초대사량은 10대 후반에 최고로 높았다가 나이가 들수록 점점 줄어들게 된다.

기초 대사가 일어나는 곳으로는 지방, 근육, 뇌, 간장, 신장, 심장 등이 있다. 그 중에서 기초 대사의 약 20% 정도로 가장 많은 열량을 소모하는 곳이 근육이다. 근육량을 키우게 되면 몸을 움직이지 않아도 에너지를 소비해서 열을 만들어내기 때문에 소아비만을 예방할 수 있다. 운동으로 근육량이 늘어나고, 또한 기초 대사량이 올라가면 에너지를 소비하기 쉬워져서 살이 찌지 않는 체질로 되고 근력도 좋아지게 된다.

에너지를 내기 위해서는 무산소 운동이 필요하다. 무산소 운동은 단시간에 빠르고 강하게 몸을 움직여 몸에서 에너지가 필요해지기 때문에 산소와 결합하지 않고도 에너지 전환을 할 수 있다. 무산소 운동은 탄수화물이 주에너지원으로 사용되며, 근육량을 늘려주고 글리코겐을 연소시켜서 순간적으로 큰 힘을 내게 하여 근육량을 늘려준다. 운동으로는 덤벨과 등산, 팔굽혀 펴기, 체조, 복근운동 등이 있다.

4. 키 성장에 중요한 영양소

키 성장을 결정하는 후천적인 요인 중 가장 큰 영향을 미치는 것이 영양이다. 키를 성장시키는 데 영양이 30%를 차지하므로 지속적이고 균형잡힌 올바른 식습관은 뼈를 성장시키는 데 매우 중요하다.

신체가 성장 발달을 하기 위해서 필요한 영양섭취 비율은 탄수화물 50%, 지방 30~50%, 단백질 15% 정도의 균형잡힌 식사가 요구된다. 특히 단백질, 칼슘, 요오드, 비타민 K, 비타민 D 섭취가 키 성장에는 필수영양소이다.

학령기 아동의 필요한 하루 열량 권장량은 약 2000kcal이다.

1. 단백질

초·중·고등학생 시기에는 단백질이 많이 필요하므로 계란과 육류, 생선, 치즈 등을 많이 섭취시키면 성장 발달에 도움이 된다. 반면에 성장기 아이들에게 단백질이 부족하게 되면 뼈의 성장과 골량의 증가를 저해시켜 골다공증을 유발시킬 수 있기 때문에, 성장기인 청소년기의 아이들에게는 단백질의 충분한 섭취가 중요하다.

2. 칼슘

키 성장에 필수영양분인 칼슘은 뼈와 치아의 구성 물질로서 햇볕을 쬐거나 필요한 양의 식품을 섭취하여 채워줘야 한다. 칼슘이 많이 함유된 식품으로는 멸치, 우유, 브로콜리, 시금치, 어류, 뼈째 먹는 생선, 해조류, 콩류, 치즈 등으로 꼭 섭취하도록 하는 것이 좋으며, 칼슘의 흡수를 억제시키는 청량음료나 가공식품은 피하는 것이 좋다.

3. 인

인은 칼슘과 함께 뼈 조직의 구성 성분으로 서로 관련이 있으며, 골 질량에 영향을 미친다. 우리 청소년들이 많이 먹는 음식 중에 칼슘과 인의 비율이 많게는 수십 배 이상으로 인의 비율이 높아서 골밀도 감소가 심해지고 있는 실정이다.

칼슘은 인체의 뼈 중에 98% 정도 함유되어 있는데, 혈액 속에서 칼슘이 부족하게 되면 부갑상선 호르몬의 분비량을 높이게 되고 혈액 속으로 뼛 속의 칼슘이 빠져나오게 되어 인과 결합하게 된다. 그렇게 되면 골 평형에 이상이 초래되어 뼈가 약해지게 된다. 그러므로 칼슘과 인의 섭취비율은 1 : 1로 유지시켜 주는 것이 중요하다.

4. 요오드

요오드는 뼈 성장에 중요한 역할을 하는데 요오드의 성분은 피를 깨끗하게 만드는 기능을 하며, 어린이 뼈 성장과 뇌 발달에 아주 중요한 갑상선호르몬을 만드는 구성 성분이다. 미역이나 다시마 등 해조류에 많이 함유되어 있다.

5. 비타민 D

비타민 D는 소장 내 음식물에서 칼슘이 흡수하는 작용과 혈중 칼슘 농도를 조절하여 골밀도를 높여준다. 따라서 하루 15분 이상 햇볕을 쬐면 비타민 D가 자연적으로 생성되므로 야외에서 가벼운 산책이나 운동을 하는 것이 좋으며, 비타민 D가 들어있는 식품인 생선, 계란노른자, 표고버섯, 고등어 등을 공급해 주는 것이 좋다.

6. 비타민 K

비타민 K는 혈액응고를 막아주는 필수적 인자로 칼슘을 뼈에 결합시키는 오스테오칼신이라는 단백질의 생성에 중요한 역할을 한다. 오스테오칼신은 칼슘과 뼈를 결합시켜서 칼슘대사를 조절하여 뼈에서 칼슘이 빠져 나가지 않도록 방어적 역할을 한다. 비타민 K 식품으로는 브로콜리, 케일, 시금치, 부추 등의 푸른잎 채소와 해조류 등으로 다른 식품과 비교할 때 다량의 비타민 K를 함유하고 있다.

7. 이소플라본

콩에서 추출된 이소플라본은 식물성 에스트로겐의 일종이다. 이소플라본은 인체 내에서 생산되는 에스트로겐과 구조적으로나 생물학적 작용으로도 유사하기 때문에 식물성 에스트로겐이라고도 한다. 특히 여성의 경우, 에스트로겐의 부족한 양을 이소플라본이 보충하여 호르몬 결핍으로 인해 뼈를 약하게 하는 뼈의 체내 재흡수를 최소화하고 난소 호르몬 결핍으로 인한 뼈의 유실까지 막아주어 골 대사에 효과적이다.

8. 성장식

① 성장에 도움이 되는 음식 : 우유, 콩, 고등어, 멸치, 쇠고기, 닭고기, 달걀, 버섯, 시금치, 브로콜리, 당근, 미역, 다시마, 귤, 토마토, 사과, 키위 등
② 성장을 방해하는 음식 : 술, 커피, 설탕, 소금, 탄산음료, 인스턴트 식품 등

5. 키 성장에 중요한 호르몬

성장에 영향을 미치는 요소 중 호르몬의 종류에는 갑상선 호르몬과, 성호르몬, 부신피질 호르몬, 스트레스호르몬, 성장호르몬, 인슐린 등이 있다.

1. 성장호르몬

성장호르몬(GH)은 뇌하수체 전엽에서 분비되며, 간 등에서 인슐린양 성장인자인 I(IGF-I)를 분비하도록 하여 성장판의 성장을 촉진시키는데, 인슐린양 성장인자(IGF-I)는 성장호르몬(GH)의 성장촉진에 관여하며, 성장호르몬(GH)에 의해 조절이 되고. 인체가 근조직의 수축활동을 하는 동안 분비가 되는 것으로 알려져 있다.

IGF-I은 실질적으로 키를 크게 하는 호르몬으로 성장호르몬의 대부분이 IGF-I를 거쳐간다. IGF-I의 작용은 세포증식촉진, 세포분화촉진, 각 조직의 성장촉진, 인슐린양 조절작용을 한다. 당뇨병에도 효과가 있으며, IGF-I은 또한 성장호르몬 분비의 지표가 된다. 성장호르몬이 분비되면 IGF-I도 같이 상승하게 된다.

성장호르몬은 학령기 성장에 가장 많은 영향을 미치는 신체의 성장을 돕는 호르몬으로 뼈가 길어지고 근육이 늘어나게 도와서 연골조직과 뼛속 단백질의 합성을 촉진시키고 골아세포의 세포분열 속도를 증가시켜 근육과 뼈의 성장을 촉진시켜 주는 호르몬 지방을 분해하는 역할도 한다.

성장호르몬이 가장 왕성하게 분비되는 시간은 밤 10시부터 새벽 2시 사이이므로 키를 크게 하기 위해서는 일찍 자는 습관을 들이는 것이 바람직하다. 또한 성인들도 성장호르몬이 분비되는 시간에 잠을 취하게 되면 피로회복에 많은 도움이 되므로 그 시간에 숙면을 취하는 것이 좋다.

또한 성장이 멈추는 시기는 사춘기의 제 2차 성장이 시작되는 시기이다. 성호르몬이 성장호르몬의 분비를 감소시켜 각 관절의 연골부위에 있는 성장판을 융합시키므로 성장판이 닫히게 된다. 보통 여자는 월경을 시작한 후 2~3년 후에 키 성장이 멈추게 되고, 남자의 키는 여자보다 2~3년 더 성장한 후 멈추게 된다.

성호르몬이 분비가 되면 남자는 남자답게 되고 여자는 여자답게 되는데, 성장호르몬과 성호르몬은 길항작용에 의해서 성호르몬의 증가는 성장호르몬의 감소가 됨으로써 키의 성장을 멈추게 한다.

과다한 열량섭취, 인스턴트 식품섭취, 운동부족, 잘못된 생활습관 등으로 비만이 되면 신체의 밸런스가 무너지면서 호르몬의 불균형으로 인하여 월경이 빨리 시작되고 변성기가 빨리 오게 되는 등 성조숙증에 걸릴 수 있다.

성조숙증은 성호르몬의 분비를 촉진시켜 성장호르몬을 서서히 멈추게 하는 것이다. 성장판이 열려있더라도 성장호르몬이 충분히 공급되지 않으면 성장이 제대로 되지 않아서 키 성장을 저해하는 요인이 되기 때문에 소아 비만을 조심해야 한다.

2. 갑상선호르몬

갑상선호르몬은 골격계와 중추신경계의 성장 발달에 중요한 역할을 하며 에너지 대사와 단백질, 탄수화물, 지질대사에 영향을 주어 성장호르몬이 잘 작용하도록 돕는 중요한 호르몬이다.

임신 초기에는 태아가 엄마의 갑상선호르몬에 의지하여 성장하므로 임신부의 갑상선호르몬 이상은 아이에게 영향을 미치게 된다. 한편 성장기의 아이들에게 갑상선호르몬은 연골을 골화시키고 치아를 성장시키는 역할을 하기 때문에, 갑상선호르몬이 부족하면 골격계와 중추신경계의 발달이 위축되고 신체 발육을 저해하는 요인이 되어 성장장애를 유발하게 된다.

3. 인슐린

인슐린은 임신중반기 이후부터 태어나기 전까지 주로 성장에 관여하는 호르몬으로 췌장의 랑게르한스섬의 베타세포에서 분비된다. 혈중 포도당을 각 지방과 근육세포로 운반하도록 하여 에너지를 방출할 수 있도록 하고, 간은 포도당을 글리코겐의 형태로 저장시켰다가 우리가 잠을 자고 있는 밤에 글리코겐을 분해해서 포도당으로 만들어주어 혈액 속으로 방출하는 역할과, IGF-I을 생산하여 태아의 성장을 촉진하게 된다.

그러므로 임신부가 당뇨병에 걸리게 되면 체내 인슐린이 과다해져서 거대아를 출산하게 되고, 신생아가 인슐린이 결핍될 경우에는 성장부진으로 나타날 수 있다.

4. 스트레스호르몬

스트레스호르몬의 종류에는 코티졸, 아드레날린(에피네프린), 카테콜아민이 있는데, 코티졸은 대표적인 스트레스호르몬으로 신장에 있는 부신피질에서 분비되는 호르몬으로 스트레스를 받으면 체내에 포도당을 필요로 하게 되고 코티졸은 단백질 분해를 증가시켜서 분리된 아미노산이 간에서 글루코오스로의 전환을 촉진시키므로 단백질이 부족하게 되면 근육 내의 단백질을 사용하게 되어 근육량은 줄어들고 지방 조직으로부터 지방을 동원하게 된다.

따라서 스트레스는 비만의 원인이 되는 것이며, 소아비만은 성장을 저해하는 요인이 되므로 스트레스는 곧 성장을 방해하는 요인이 된다.

6. 키 성장에 중요한 뼈 성장

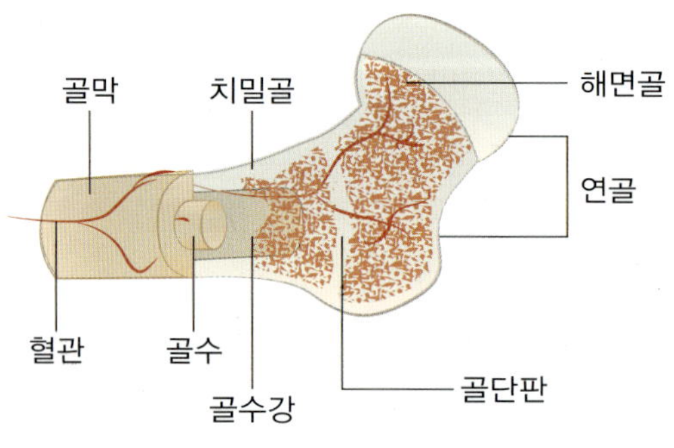

아동의 뼈는 전체 골핵의 연골과 350개의 분화된 뼈로 구성되어 있다. 뼈는 성장기부터 지속적으로 성장하여 일반적으로 14~20세 사이에서 대부분 성장이 이루어져 분화된 뼈로 구성된다. 그리고 성장판은 새로운 세포 분열이 이루어지는 206개의 분화된 뼈로 구성되어 있으며, 뼈의 구조는 골막, 골질, 골수강, 골단으로 이루어져 있다.

한편 아동은 성인과 약간 다른 신체의 특징을 가지고 있어서 몸의 비율, 뼈의 구조인 성장판, 골핵, 골막, 연골 등이 성인과 다르다. 대표적인 차이점으로는 골핵을 들 수 있는데, 골핵이란 뼈가 아직 연골 상태로 되어 있어 딱딱한 석회질로 바뀌기 시작하는 부위를 의미한다.

또 다른 특징으로, 아동의 뼈는 완전히 골화되지 않았기 때문에 골절이 발생해도 성인에 비해 회복속도가 빠르다. 그러므로 어린이의 경우 골질환이 발생했을 때 조기에 적절한 치료를 받게 하면 좋은 결과를 볼 수 있기 때문에 조기 발견이 중요하다. 그러나 어린이의 뼈에만 있는 골핵은 뼈가 아직 연골의 상태이기 때문에 X-ray에서도 보이지 않아서 아이들의 경우 골절 시에 발견하지 못하는 경우가 종종 발생할 수 있으므로 주의해야 한다.

뼈는 길이 성장과 부피 성장이 동시에 이루어지는데 길이 성장에서는 골단판(성장판)에서 활발한 세포분열이 일어나면서 성장하게 된다. 이 때 뼈의 부피 성장을 살펴보면, 뼈 바깥쪽에서 골아세포(뼈생성세포)가, 안쪽에서는 파골세포가 작용을 하여 부피는 성장하지만 무게는 가벼워진다.

유아의 뼈는 약 4살 사이에 대퇴골, 정강이 뼈, 팔 뼈, 손 뼈가 출생 시의 거의 두 배로 급성장한다. 한편 성인의 골 대사는 골아세포에 의한 골 형성과 파골세포에 의한 파괴가 균형을 이루면서 지속적으로 뼈가 교체된다. 그러면서 골재 형성과정이 유지되는데, 이 과정은 칼슘이 필요한 대사 요구를 충족시키기 위한 과정이다.

또한 시간이 흐름에 따라서 뼈는 자연스럽게 조금씩 손상을 받게 된다. 뼈에 피로가 누적되지 않도록 하는 중요한 골재 형성과정에서는 피로에 의해 미세한 손상을 받은 뼈 성분을 제거하여 새로운 성분으로 대치하는 현상이 나타난다. 이러한 골재 형성과정이 있기 때문에 인체가 튼튼한 뼈를 유지할 수 있다.

인체의 뼈 성장은 몸통(골간)에서 끝(골단)으로 성장해 가면서 성호르몬과 성장호르몬은 뼈의 골화과정에 영향을 미치게 된다. 아동의 뼈는 근육이 수축하면서 일정한 자극을 받게 되면 그 자극으로 인해 뼈가 강해지게 되므로, 성장하는 어린이와 청소년들에게 운동이 필수적이다.

운동과 병행할 수 있는 성장마사지는 성장판을 자극하여 뼈의 길이가 증가할 수 있도록 도움을 주며, 뼈를 튼튼하게 해주는 작용을 하는 수기요법이다.

Check point

마사지 요령

마사지는 근육의 유착을 예방해 주며, 근 긴장과 부조화에 도움을 주고, 외상으로 인한 통증을 이완시켜 준다. 특히 근 약화가 있는 어린이들에게 마사지를 하게 되면 환부가 부드러워져서 연부조직이 좀더 신장되고 관절을 유연하게 만들어 더 많이 움직일 수 있게 해준다. 어린이 마사지는 부드럽게 실시하는 것이 좋으며, 과도한 스트레칭은 통증이나 부상을 유발하게 되므로 심한 강도의 압이나 스트레칭이 되지 않도록 주의해야 한다.

7. 키 성장에 중요한 성장판

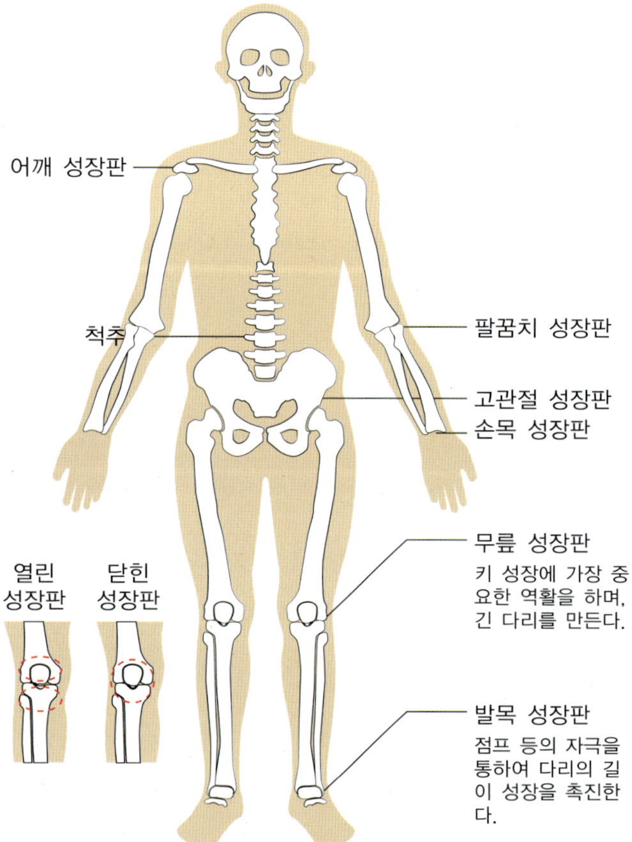

성장판의 위치

어깨, 팔굼치, 손목, 발목, 발가락, 발뒤꿈치, 무릎 대퇴골, 고관절, 골반, 척추, 쇄골 등의 가운데와 양쪽 있는 연골 조직이다.

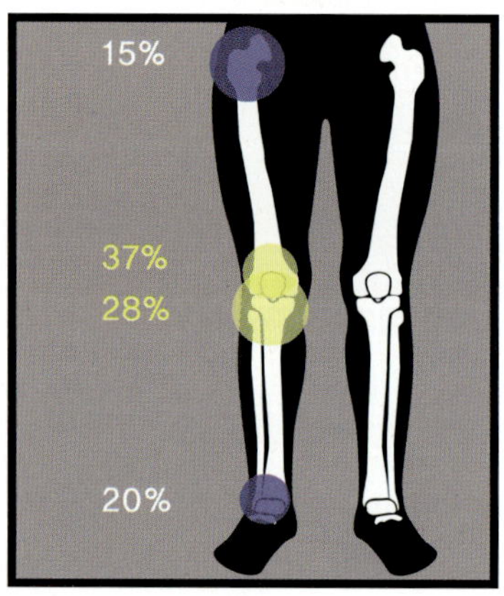

골단과 골간 사이에는 성장판이라는 골단연골이 있는데, 뼈 끝이 아닌 뼈의 가운데와 양쪽 끝에 있는 연골조직이다. 뇌에서 성장호르몬이 분비되면 골단연골 성장판에 세포분열을 일으켜 연골세포의 양과 크기가 증가되는데, 이것이 굳어져 뼈의 길이가 커진다.

성장호르몬은 성장판을 자극하여 뼈를 성장하게 한다. 그러나 성장판이 충분히 열려 있지 않다면 성장호르몬이 충분히 공급된다고 해도 키 성장이 이루어지지 않을 수 있다. 성장기에는 뼈 사이에 있는 연골이 약해서 작은 충격에도 쉽게 손상을 받을 수 있으므로 과격한 운동은 자제해야 한다.

예를 들어 축구, 농구, 자전거, 인라인스케이트, 줄넘기 등의 운동을 과도하게 하면 성장판이 손상되는 경우가 있기 때문에 운동전에 충분한 준비운동을 한 후에 본 운동을 하는 것이 좋다.

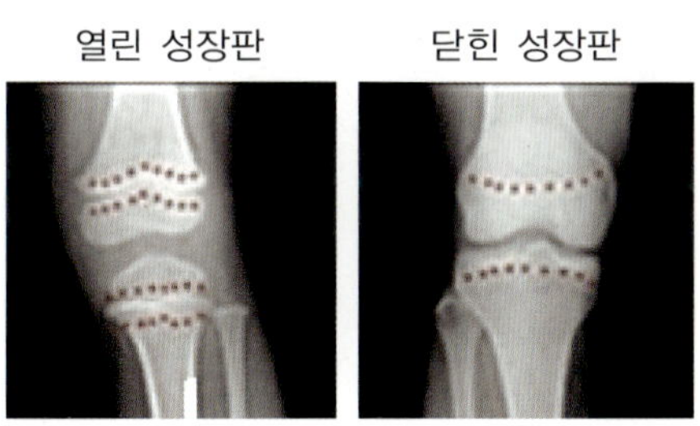

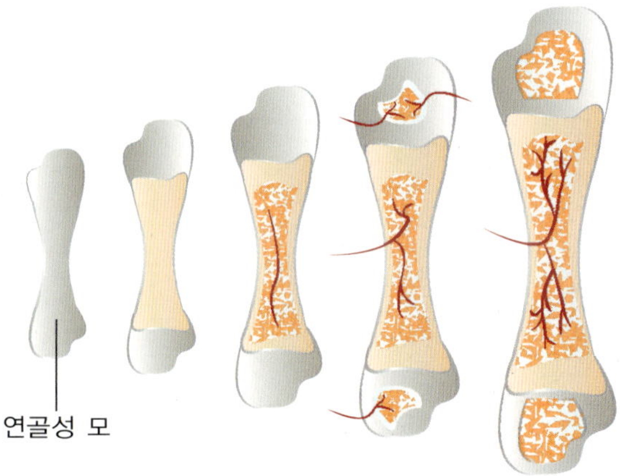

성장판의 위치로는 어깨, 팔꿈치, 손가락, 손목, 발목, 발가락, 발뒤꿈치, 무릎, 대퇴골, 고관절, 골반, 척추, 쇄골 등의 가운데와 양쪽 끝에 있으며, 신체의 성장판 65%가 무릎 뒤에 있으므로 척추보다는 다리의 길이가 성장 발달에 중요하며 하체 중에서도 무릎이 가장 중요하다고 볼 수 있다.

일반적으로 성장판이 닫히는 시기는 손가락과 발가락 부위가 먼저 닫히고, 그 다음 무릎 부위가 닫히며 손목과 척추 부위가 가장 늦게 닫힌다. 사춘기 때 키가 급성장 하다가 성호르몬이 분비되고 2~3년이 지나면 성장판이 완전히 닫히게 되며, 보통 여자는 초경이후 2년 뒤인 만 14~15세, 남자는 만 16~17세쯤에 성장판이 서서히 닫힌다.

그러므로 청소년기 아이들에게 꾸준한 성장판 자극이 필요하다. 특히 학령기의 아이들의 경우 책상에 오랫동안 앉아 있어서 근육의 구축과 잘못된 자세로 인하여 몸이 틀어지게 되기 쉽다. 이는 성장판 자극을 감소시켜 성장을 방해하는 요인이 될 수 있으므로 학령기의 아이들에게는 특히 올바른 자세를 갖게 하는 것이 중요하다.

Check point

MPH 측정으로 아이의 예상키 알아보기

(부모님의 키로 알아보는 예상 키)

남자아이 : (아버지 키 + 어머니 키)/2 + 6.5cm

여자아이 : (아버지 키 + 어머니 키)/2 − 6.5cm

8. 키 성장에 영향을 미치는 어린이·청소년 비만

소아비만은 같은 연령대 아이에 비하여 키가 평균이거나 약간 큰 것이 특징이며, 소아비만의 여러 가지 요인들 중 명확한 원인이 밝혀진 것은 아니지만, 과도한 열량섭취와 운동부족, 유전적인 요인과 환경적이 요인, 증후성 비만, 심리적인 요인 등이 있다.

어린이·청소년의 비만은 지방세포의 수가 증가되는 경우와 지방세포의 크기가 커지는 경우, 지방세포의 수와 크기가 커지는 경우가 있다. 어린이·청소년 비만은 성장과정에서 문제가 나타나는 것으로 어린아이가 비만이 되면 지방 세포 증식형과 혼합형인 경우가 대부분이다. 한 번 증가한 지방세포의 수는 없어지지 않기 때문에 다이어트를 해서 체중감량에 성공한다고 하더라도 이미 증가된 지방세포의 수는 감소하지 않고 지방세포의 크기만 줄여서 체중감량을 하게 되므로 비효율적이다. 다시 말해서 조금만 방심해도 다시 체중이 늘어서 비만으로 돌아가기 쉬운 것이다.

또한 성장을 촉진하는 인슐린양 성장인자(IGF-I)는 주로 간에서 만들어지지만, 일부는 지방 조직에서도 만들어지기 때문에 비만이 지속적으로 이어지게 되면 시상하부에서 소마토스타틴(성장호르몬 억제호르몬)을 분비시켜 성장을 방해하는 요인이 되며, 혈액에서 성장호르몬이 줄어들게 되어 성장장애가 발생할 수 있다.

과다한 열량섭취나 인스턴트 식품의 섭취, 운동부족, 잘못된 생활습관 등으로 인하여 체중이 늘어나게 되면 신체의 밸런스가 무너져서 호르몬의 불균형이 발생하여 여자 아이는 월경이 일찍 시작되고 남자 아이는 변성기가 빨리 오게 되는 성조숙증에 걸리게 될 수 있다.

성조숙증은 성호르몬의 분비를 촉진시키고 성장호르몬은 서서히 멈추게 되는 것이다. 성장판이 열려 있더라도 성장호르몬이 충분히 공급되지 않으면 성장이 제대로 되지 않아 키 성장을 저해하는 요인이 될 수 있다.

다시 말해 "어릴 적 살은 키로 간다!" 라는 말이 있는데 어릴 적 살은 키로 가는 것이 아니라, 성인이 되었을 때 고도비만으로 갈 수 있는 환경을 만들어 주는 것이다. 그러므로 아이를 키우는 부모라면, 특히 내 아이의 소아비만을 조심해야 한다.

Check point

신체 밸런스

최근 비만인의 증가와 함께 저체중도 증가하는 양극화 현상이 일어나고 있어서 유아기의 영양과잉 상태는 비만의 원인이 되고 영양부족은 신체발달의 지연을 초래하게 된다. 어린이·청소년기에는 신체적·정신적으로 성장 발달이 일어나는 중요한 시기이기 때문에 균형잡힌 영양공급이 어느 시기보다도 중요하다.

9. 키가 작은 이유

정상적인 성장 추세를 살펴보면, 생후 3세까지는 급성장을 하며, 3세 이후부터 사춘기 전까지는 1년에 4~6cm 정도 자라고, 사춘기가 되면 다시 급성장하다가 사춘기 후반부터는 다시 완만한 성장속도를 보이고 성장이 서서히 멈추게 된다.

저신장이란 표준치보다 3표준치 편차 이하에 해당하는 경우를 말한다. 같은 성별, 같은 연령의 어린이 키 정규분포 상에서 키가 3% 미만을 저신장증이라 하며, 키가 매년 4cm 미만으로 성장하거나 표준신장 보다 약 10cm 이상 작은 아이는 저신장일 가능성이 높다.

저신장의 원인으로는 유전적 저신장, 체질성 성장지연, 성장호르몬 결핍증, 출생 시 저체중, 뼈형성 장애, 염색체의 이상, 전신질환 등이 있다.

성장장애가 단순한 개인차인지, 질병에 의한 이차적인 원인인가를 감별하여 적절하게 치료를 하는 것이 중요하므로 우리 아이의 키가 같은 나이의 아이들에 비해 작다고 생각되면 성장 전문병원에서 검사를 받아보는 것이 바람직하다.

Chapter 3

어린이 · 청소년 마사지의 이해

1. 어린이 · 청소년 마사지
2. 어린이 · 청소년 마사지를 어떻게 적용할까?
3. 성장 발달 마사지가 왜 필요할까?

Chapter 3
어린이 · 청소년 마사지의 이해

1. 어린이·청소년 마사지

마사지에 관한 기록은 약 3000년 전 중국 문헌에 나와 있을 정도로 오랜 전통의 자연 수기치유요법이다. 인도에서는 영·유아 마사지가 고대로부터 오늘날까지 이어져 내려와서 영·유아의 탄생과 가족들 간의 마사지가 생활의 일부분으로 자리 잡았으며, 에스키모인, 아프리카 원주민, 발리인들도 아기들에게 마사지를 실시하는 것으로 알려져 있다.

우리나라에서도 마사지가 오래 전부터 일상생활에서 행해졌는데, 아이가 배가 아플 때 배를 쓸어준다거나 다리가 아플 때 다리를 주물러 주는 행위도 마사지라고 볼 수 있다.

영·유아의 마사지 요법은 1960년대 초반 미숙아의 성장 발달을 위하여 신체적 접촉을 함으로써 감각을 자극시키는 방법으로 인식되면서 시작되었다.

이러한 마사지는 근육계, 골격계, 신경계와 순환기계에 손을 통해서 직접적으로 자극하여 근육의 긴장을 완화시켜 근육의 유연성을 증진시키며, 교감신경계의 안정과 혈액순환, 림프순환을 증진시킴으로써 세포에 영양을 공급시키고, 뇌와 신경계 미엘린 수초의 형성을 촉진시켜 주는 신체 발달, 정서 발달, 두뇌 발달에 효과적인 수기요법이라고 할 수 있다.

2. 어린이·청소년 마사지를 어떻게 적용할까?

아이들에게 마사지를 적용할 때에는 사랑과 정성을 가지고 실시해야 하며, 아이를 존중해주는 마음으로 해야 한다. 강제적으로 하지 말고 아이가 편안한 상태에서 실시하여야 한다.

이 책에서 소개하는 어린이·학령기 마사지방법은 강한 압으로 하는 경락마사지가 아닌, 성장판에 효과적인 성장점을 자극하는 방법과 면역력을 길러주는 면역력 증강점을 자극하는 방법, 그리고 소아비만을 예방하기 위한 다이어트에 효과적인 체중조절점을 자극해주는 방법을 적용하고 있다. 또한 혈자리 자극 이외에도 림프드레나쥐, 근막이완, 신경자극 등 아이들의 성장을 돕고 비만을 관리하며, 스트레스를 예방하고 면역력을 길러 줄 수 있는 마사지 방법이라고 할 수 있다.

어린이·학령기 아이들에게 어른들과 똑같은 형태의 마사지는 오히려 마사지에 대한 거부감이나 부작용이 생길 수 있다. 그러므로 성인에게 10의 압력을 가했다고 한다면 아이들에게는 성인의 약 1/3정도의 압으로 마사지를 실시하는 것이 좋다.

3. 성장 발달 마사지가 왜 필요할까?

성장점 마사지란 골단부의 성장혈을 자극하고 경락의 흐름에 따라 마사지하여 기혈의 순행과 신체 성장호르몬의 분비를 촉진시키는 관리방법이라 할 수 있다.

성장점 마사지란?

① 골단과 골간 사이에는 성장판이라는 골단 연골이 있는데, 성장점을 자극하면 뇌에서는 성장호르몬을 촉진시켜서 골단연골 성장판에 세포 분열을 일으켜 연골세포의 양과 크기가 증가되고 뼈의 길이가 신장된다.

② 키 크기에 효과적인 경락 혈자리와 성장판에 효과적인 성장점을 손으로 압을 하거나 문지르는 방법이다.

③ 골격과 근육학의 원리로 아동의 뼈는 일정한 자극을 받게 되면 근육이 수축하면서 그 자극으로 인해 뼈가 강해지게 되고 길어지는 방법이다.

④ 성장환경에 따라서 자연 성장되는 키보다 매년 2~3cm 더 자랄 수 있으므로, 성장판을 자극함으로써 최대 10cm가 더 클 수 있다.

⑤ 키가 급성장 하다가 성호르몬이 분비가 되고 2~3년이 지나면 성장판이 완전히 닫히게 되므로 적절한 시기에 성장판을 자극해주는 것이 좋다.

⑥ 마사지를 함으로써 혈액순환과 내분비액을 순환시키고 자율신경 기능의 균형을 이루어 근육과 뼈, 신경 등에 영향을 미치게 되므로 성장을 돕는다.

⑦ 마사지 방법으로는 주무르기와 누르기, 쓰다듬기, 늘리기 등이 있는데, 이렇게 자극을 함으로써 소화를 증진시키고 면역력을 강화시켜 준다.

⑧ 마사지를 통해 신경을 자극하여 뇌하수체로부터 엔돌핀을 방출시켜, 통증완화와 독소 및 노폐물을 배출시켜서 혈액과 림프순환을 도와 체형 비만관리에도 효과적이다.

Chapter 4

성장 마사지

1단계 성장 마사지 – 두피 마사지
2단계 성장 마사지 – 등 마사지
3단계 성장 마사지 – 하체 마사지
4단계 성장 마사지 – 복부 · 가슴 · 팔 마사지
5단계 성장 마사지 – 스트레칭

Chapter 4
성장 마사지

1. 1단계 성장 마사지 - 두피 마사지

아이를 편안하게 눕힌 후 아로마 오일향을 맡게 한다. 그러면 아로마향이 코로 흡입되어 대뇌를 자극하여 진정, 수면, 살균, 해독효과를 높여 줌으로써 면역계를 활성화시켜 주는 효과가 있으며, 아이가 마음이 편안한 상태가 되어 마사지를 받을 수 있다.

두피마사지를 시작하기 전에 머리를 빗어주듯이 사지복을 이용하여 쓸어준 후 두피 경혈점을 압이 세지 않도록 지긋이 지압을 하는데, 횟수는 3~5회 정도로 한다.

1. 두피 마사지 경혈점

인당, 신정, 상성, 신회, 전정, 백회, 통천, 낙각, 옥침, 풍부, 아문, 풍지, 천주

2. 성장 마사지 - 두피 마사지 순서

경외기혈의 인당혈

독맥의 신정, 신회, 전정, 백회혈

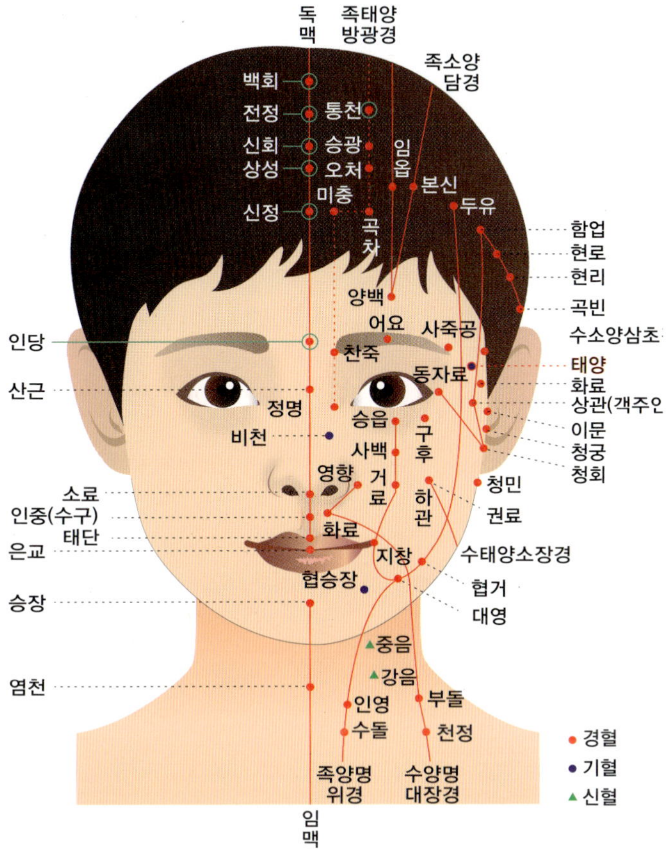

① 양 손의 모지복을 겹쳐서 경외기혈의 인당혈을 지긋이 압한다.

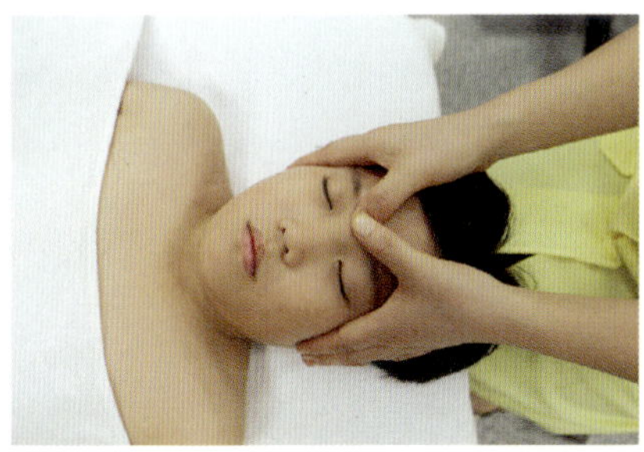

② 양 손의 모지복을 겹쳐서 독맥의 신정혈을 지긋이 압한다.

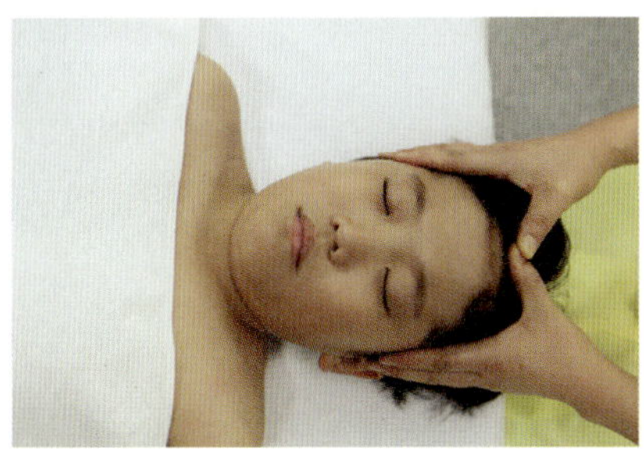

③ 양 손의 모지복을 겹쳐서 독맥의 상성혈을 지긋이 압한다.

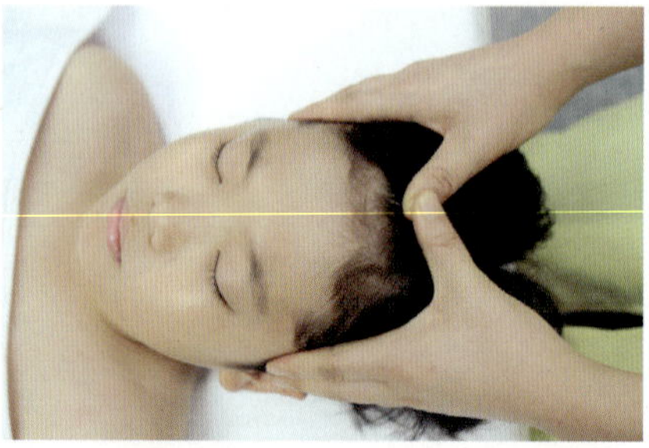

④ 양 손의 모지복을 겹쳐서 독맥의 신회혈을 지긋이 압한다.

⑤ 양 손의 모지복을 겹쳐서 독맥의 전정혈을 지긋이 압한다.

⑥ 양 손의 모지복을 겹쳐서 독맥의 백회혈을 백회혈을 지긋이 압한다.

족태양방광경 : 통천, 낙각, 옥침, 천주혈

독맥 : 풍부, 아문혈

족소양담경 : 풍지혈

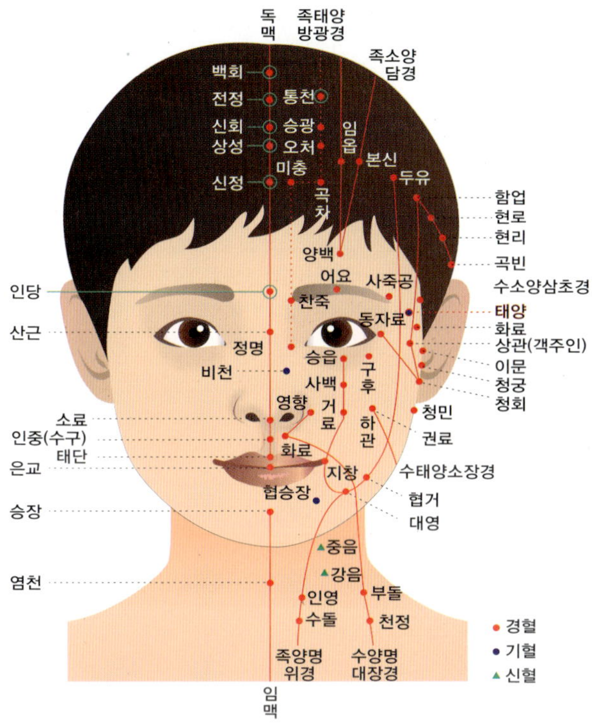

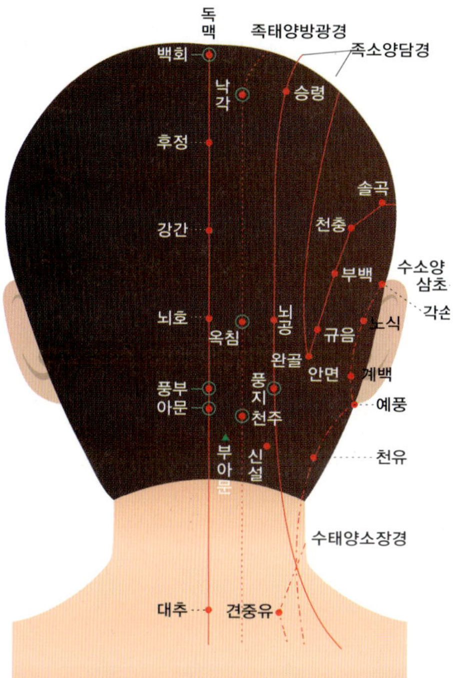

⑦ 머리를 옆으로 돌린 상태에서 모지복을 이용하여 족태양방광경의 통천, 낙각, 옥침혈을 압한다.

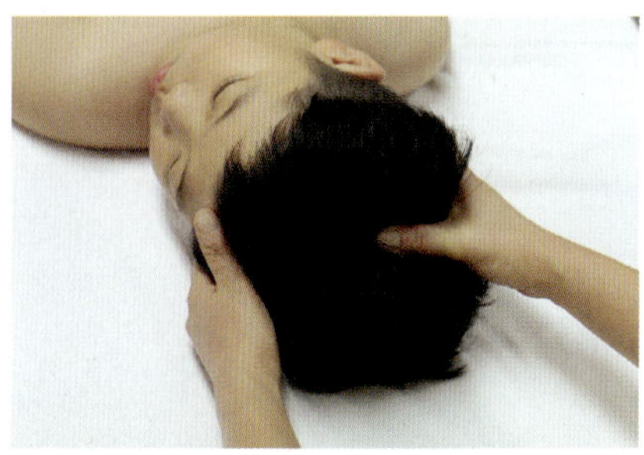

고개를 돌려서 반대편의 통천, 낙각, 옥침혈을 똑같이 압해 준다.

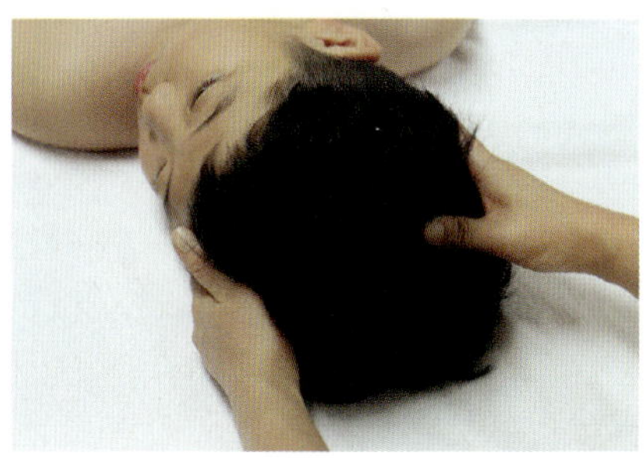

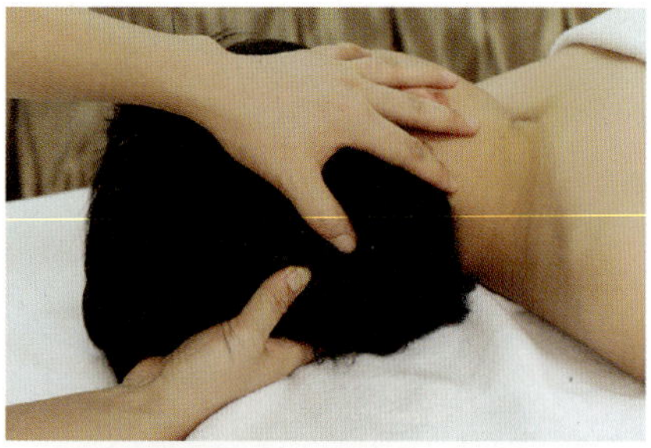

⑧ 독맥의 풍부, 족소양담경의 풍지혈을 동시에 삼지복으로 압한 후 족태양방광경의 천주, 독맥의 아문혈을 동시에 삼지복을 이용하여 지긋이 압한다.

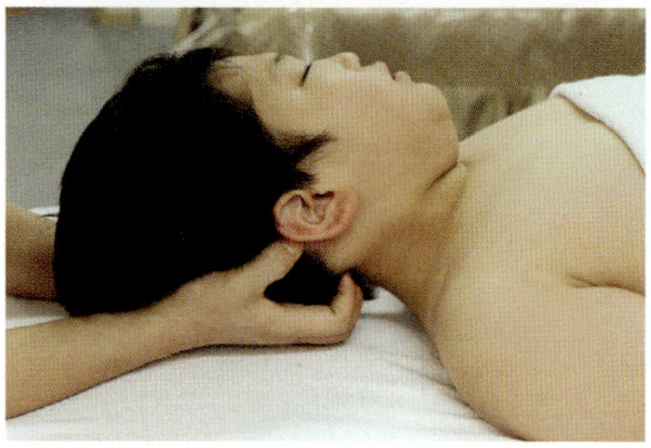

2. 2단계 성장 마사지 - 등 마사지

등의 뒷면을 주관하는 독맥은 신체에서 배수로 역할을 하고, 인체의 노폐물을 배농시키는 선이기 때문에 등경락을 먼저 실시해주는 것이 좋다.

1. 등 마사지 경혈점

대저, 견외유, 노유, 격유, 지양, 비유, 신유, 대맥, 명문, 요안, 대장유, 요양관, 포황, 환도, 장강, 승부

2. 성장 마사지 - 등 마사지 순서

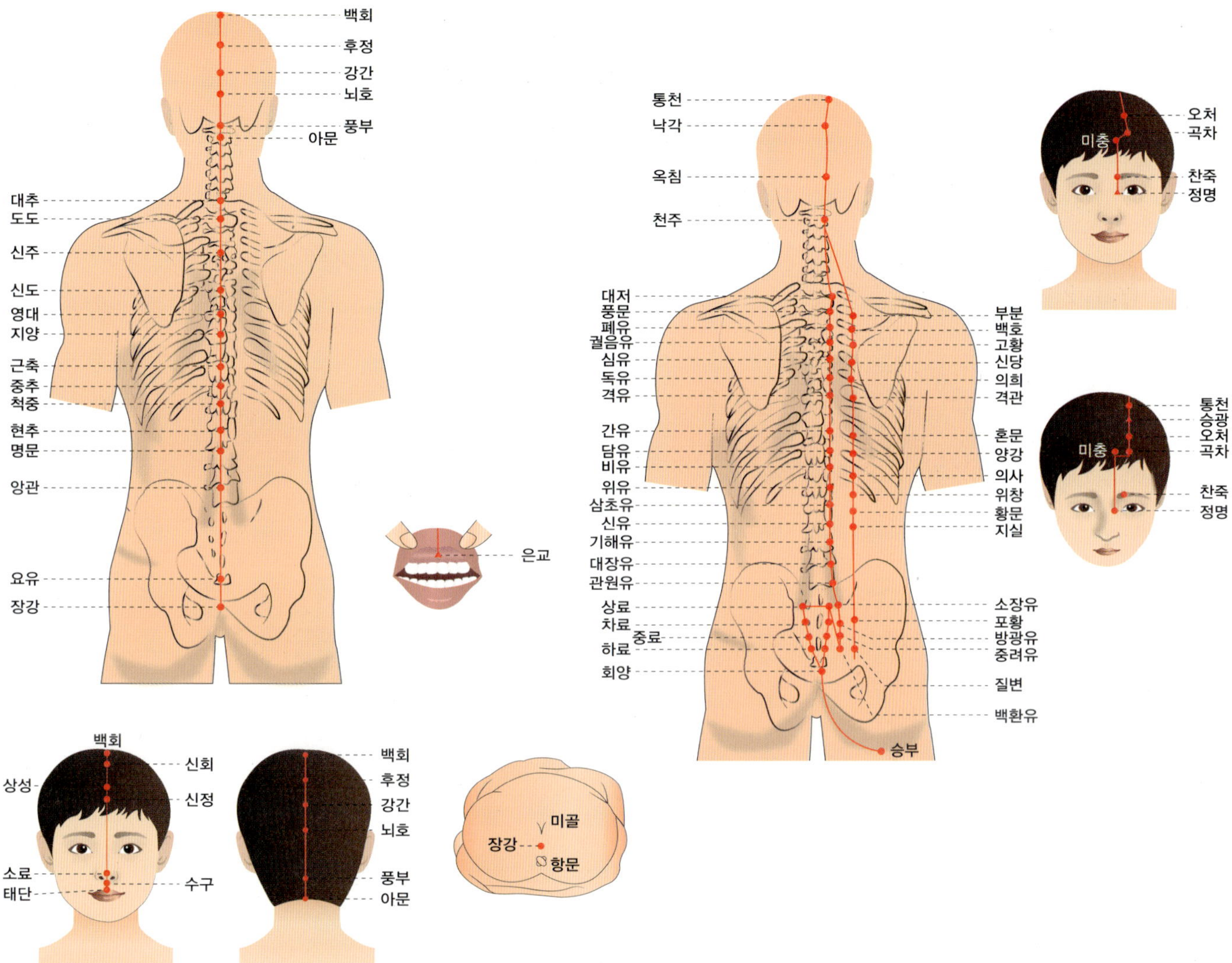

족태양방광경에는 장부의 배수혈이 있어서 방광경을 마사지함으로써 장부의 기능이 원활해지고 혈액순환이 좋아진다. 독맥은 장강에서 등을 거쳐 머리 꼭대기에서 윗입술까지 흐르므로 성기, 항문, 척추, 머리, 코, 소화기, 호흡기 계통 등 다양한 증세에 효과적이며, 독맥과 족태양방광경을 자극해서 척추를 바르게 할 수 있음은 물론, 아이들의 성장판을 자극하는 데 큰 도움이 된다.

① 후두골과 목을 풀어준다.

삼지복을 사용하여 풍지(족소양담경), 풍부(독맥), 천주(족태양방광경), 아문(독맥)혈을 지압해주고 후두골을 사지복으로 잡고 머리위를 향해 끌어 당기듯이 스트레칭시켜 준다.

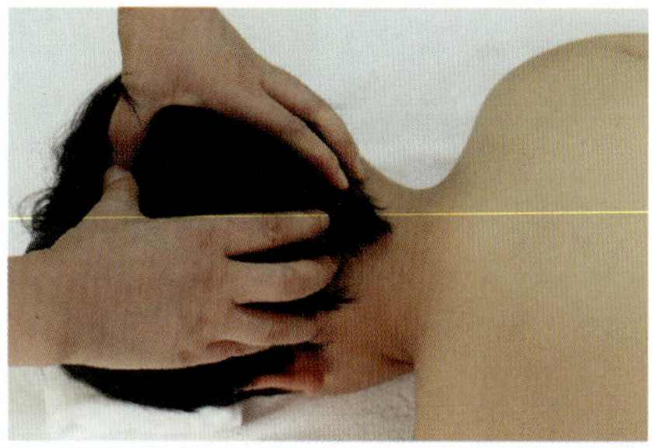

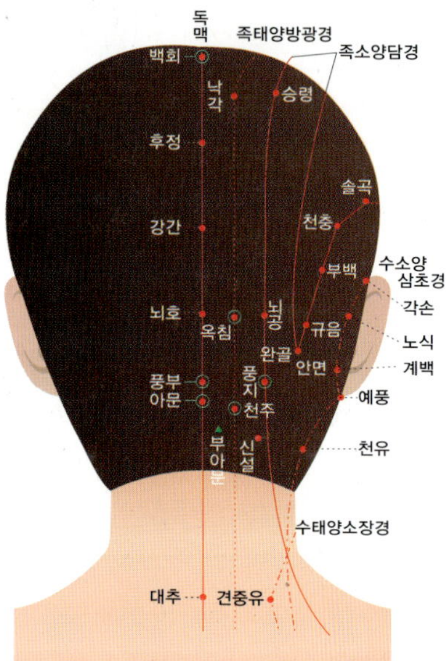

② 오른손 모지복으로 경추를 풀어준다. 왼손 모지복으로 경추를 똑같이 풀어준다.

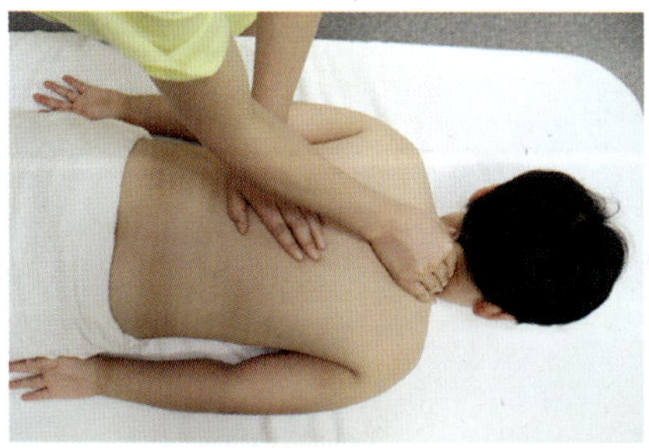

③ 시술자의 모지복과 삼지복으로 목을 스트레칭시켜서 목을 늘려준다.

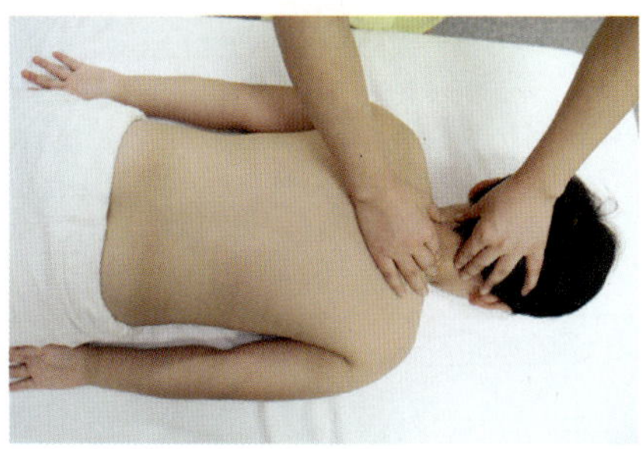

④ 수장사지를 이용하여 등 전체에 오일을 바르면서 몸을 이완시켜 준다.

*어깨에서 엉덩이 방향으로 쓸어내리고 옆구리 쪽을 쓸면서 올라간 후 어깨를 감싸 팔로 쓸어 내린다.

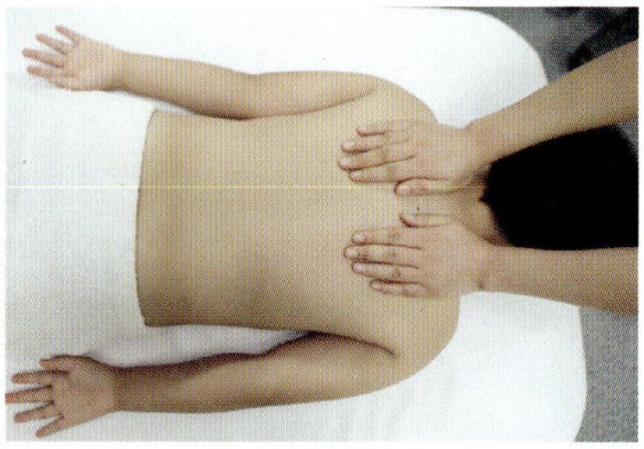

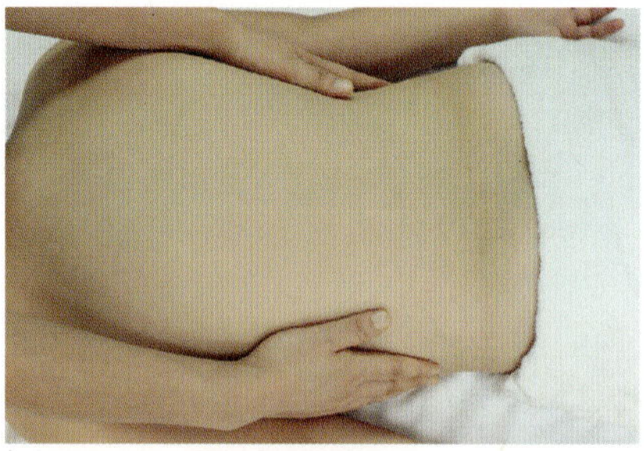

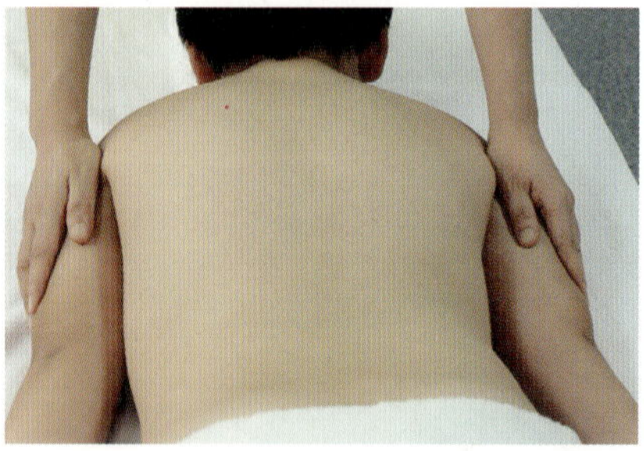

⑤ 지과로 목과 후두부를 위에서 아래로, 아래에서 위로 쓸어 준다.

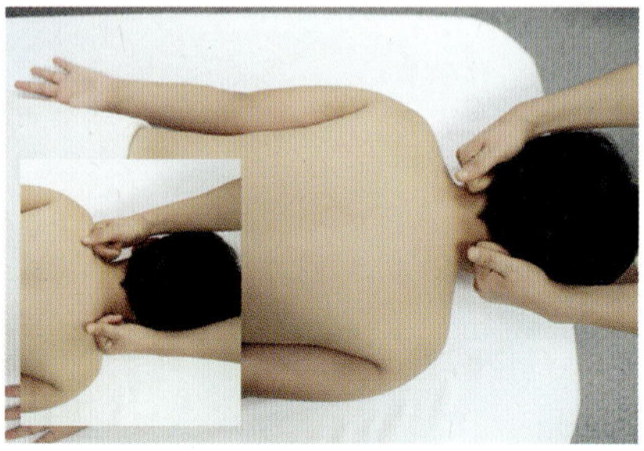

⑥ 모지복으로 척추(독맥)를 미골까지 쓸어내린다.

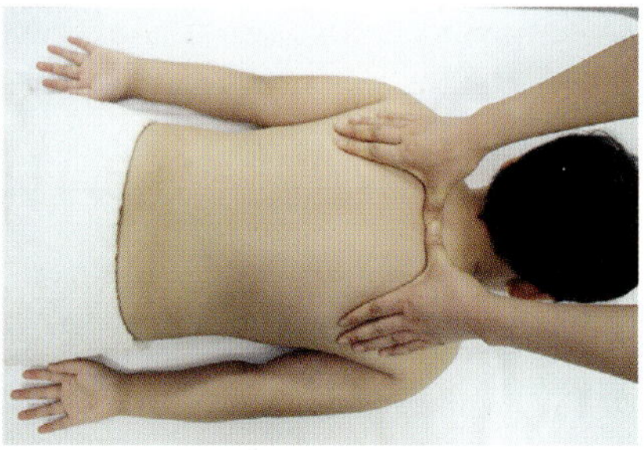

⑦ 모지복으로 척추(독맥)를 지그재그로 밀어주듯이 문질러준다.

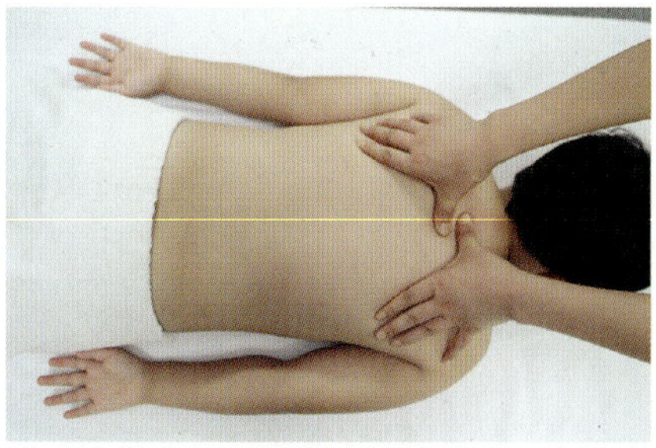

⑧ 족태양방광경의 방광경 1선을 모지복으로 지긋이 압을 주며 위에서 아래로 쓸어내린다.

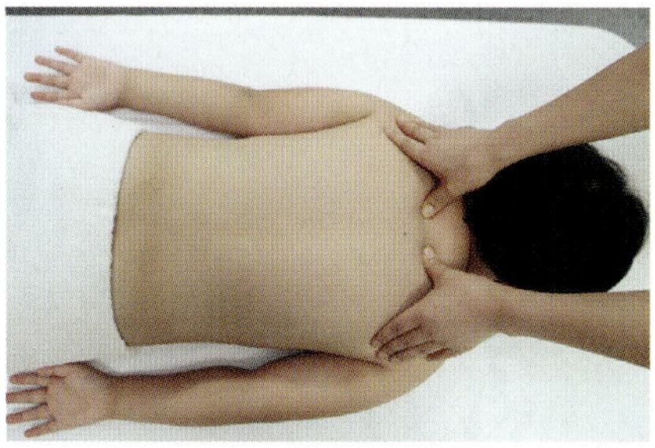

⑨ 수태양소장경의 견외유혈과 노유혈을 모지복으로 너무 강하지 않은 압으로 지긋이 압한다.

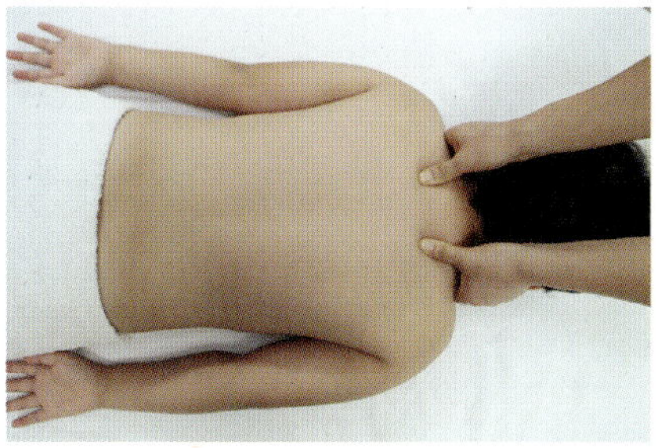

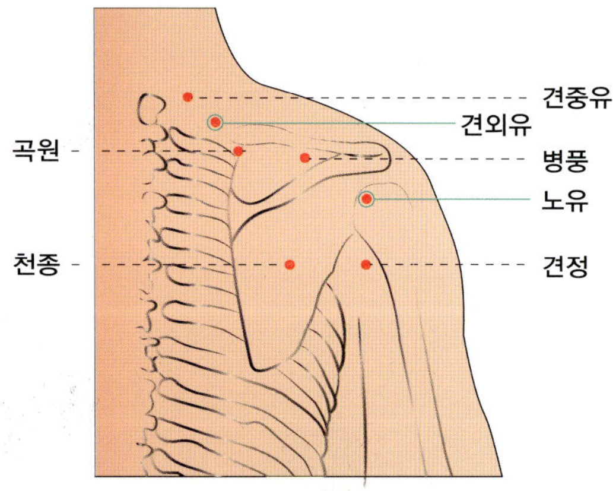

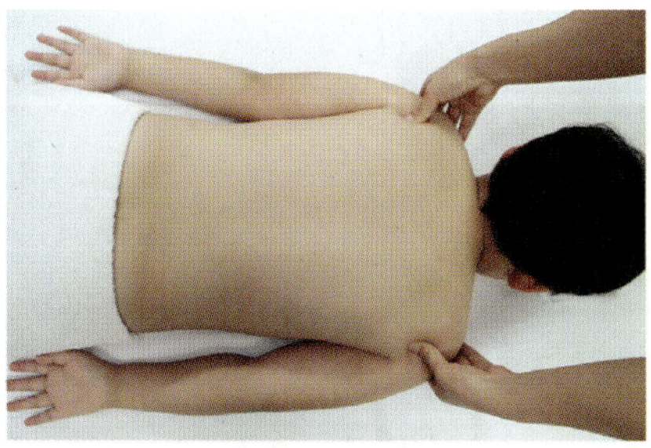

⑩ 모지복으로 척추를 쓸면서 내려와 독맥의 지양, 명문, 요양관혈을 지긋이 압한다.

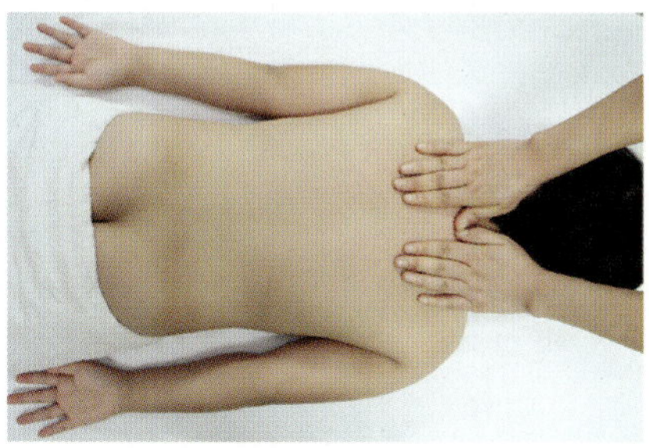

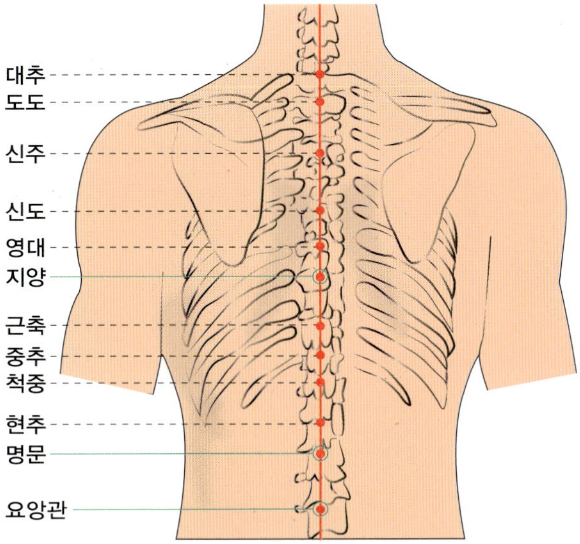

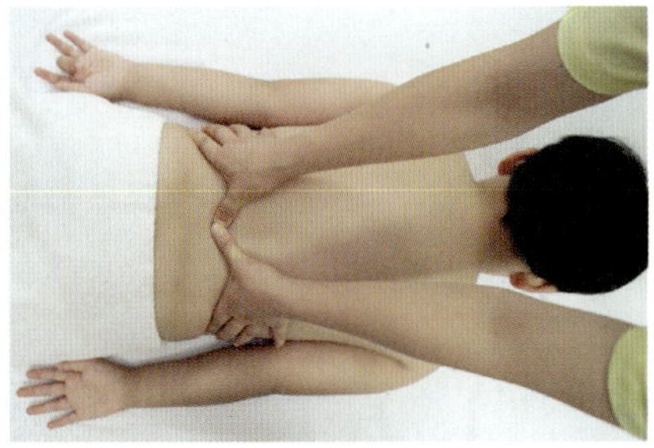
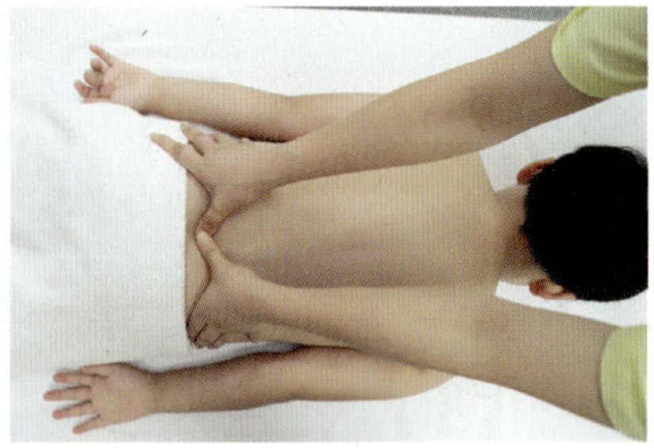
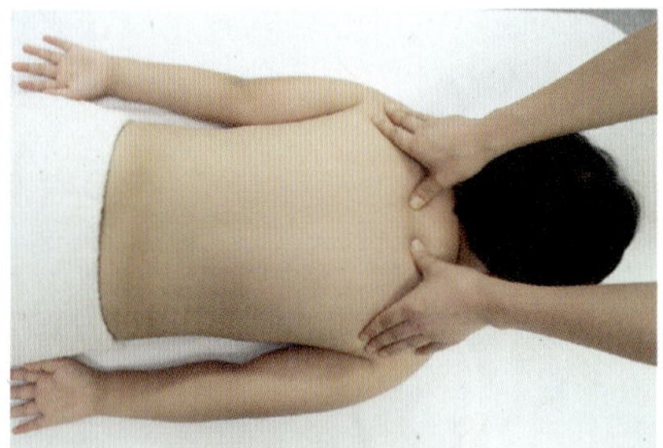
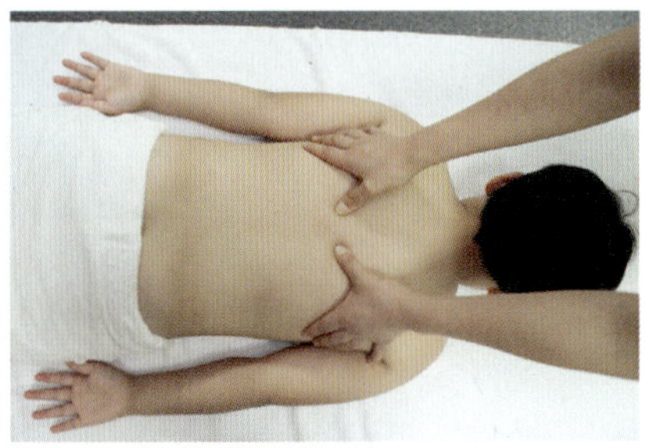
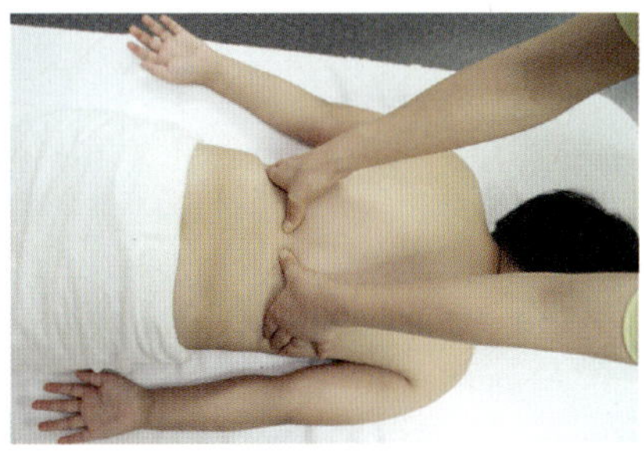

⑪ 족태양방광경의 대저, 격유, 비유, 신유, 대장 유혈을 모지복으로 지긋이 압한다.

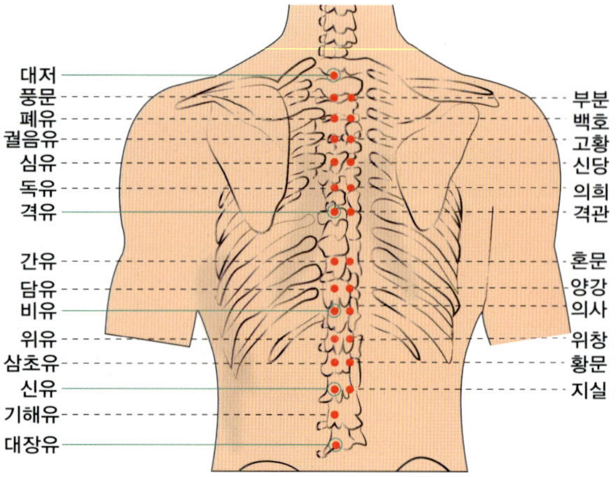

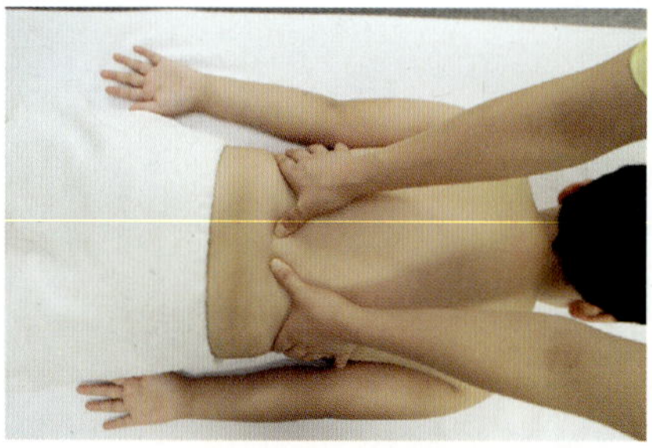

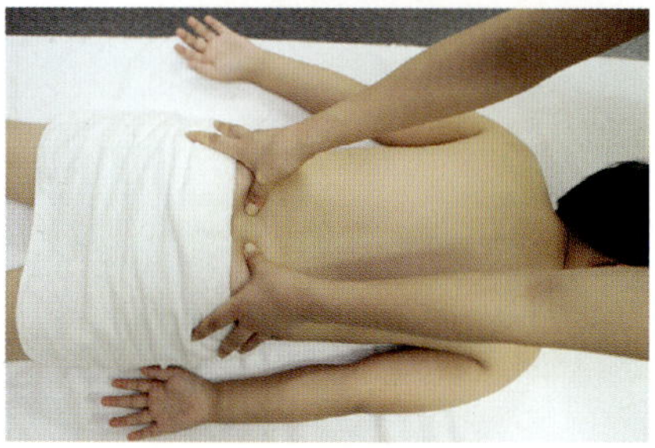

⑫ 수장사지로 대저혈에서 신유혈까지 쓸어내린다.

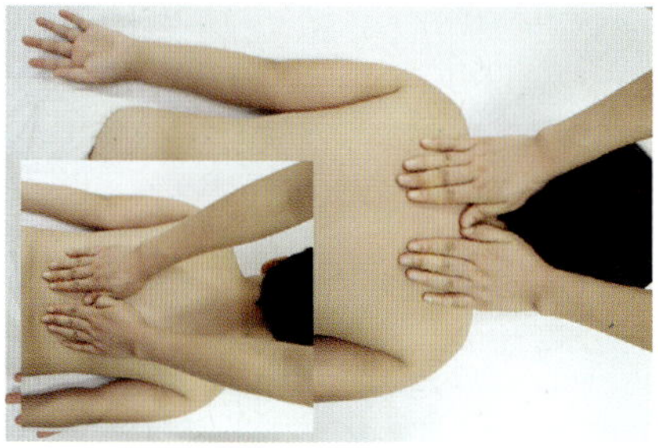

⑬ 수장사지로 척추(독맥)를 쓸어내린 후 장강혈을 지긋이 압한다.

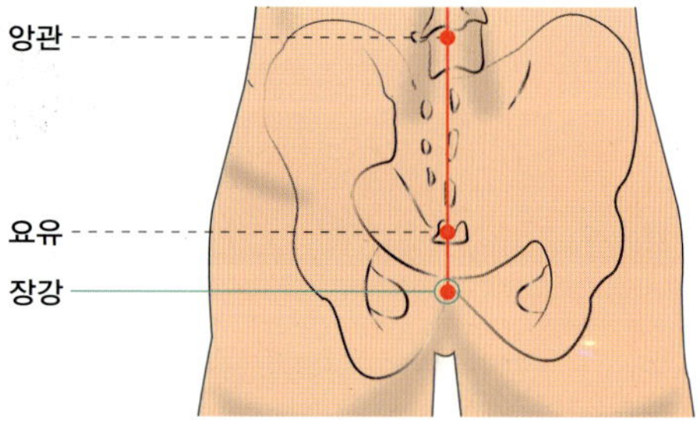

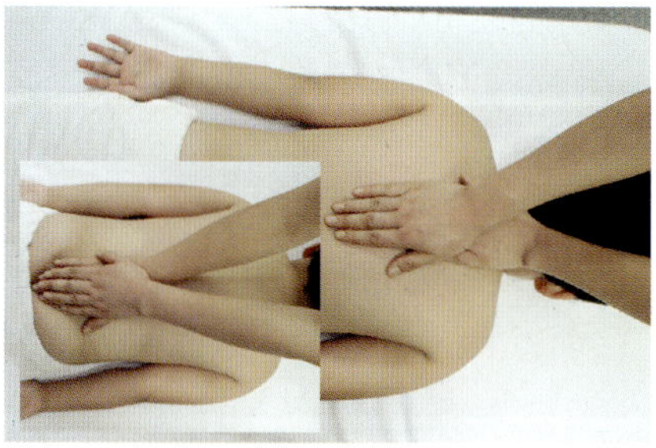

⑭ 피술자의 왼쪽으로 이동해서 방광경 1선을 수장사지를 이용하여 쓸어올린다.

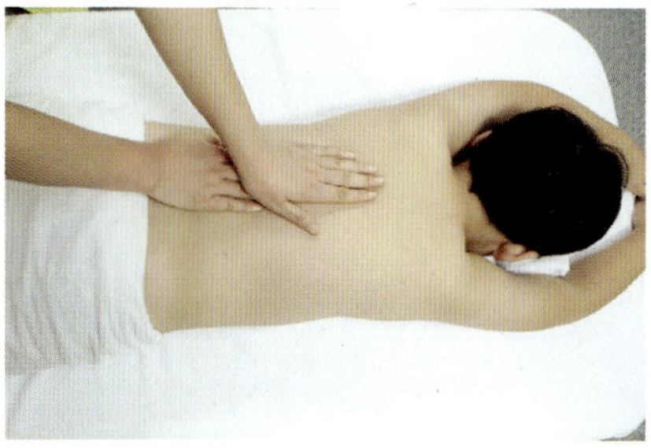

⑮ 모지복을 이용하여 요안혈을, 원을 그리듯이 압을 한 후 포황, 환도, 승부혈을 압을 한다.

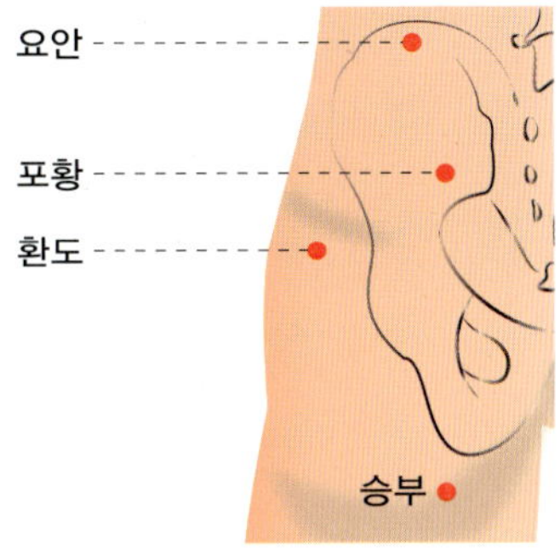

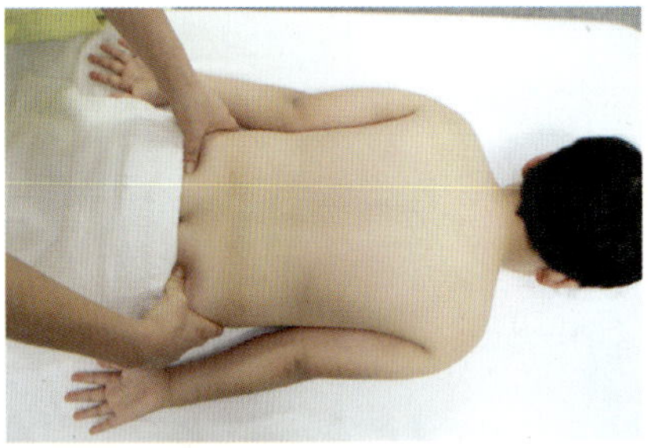

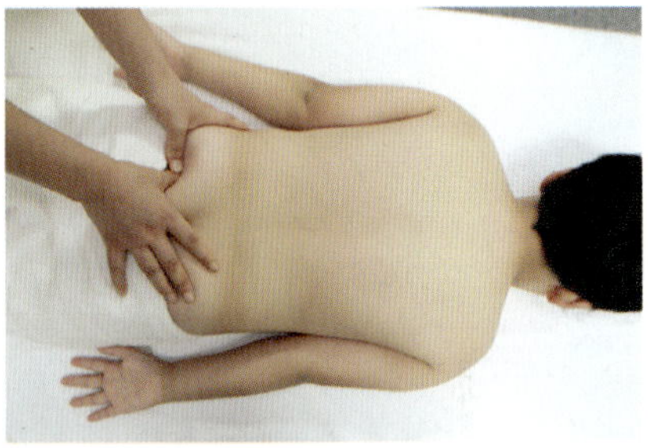

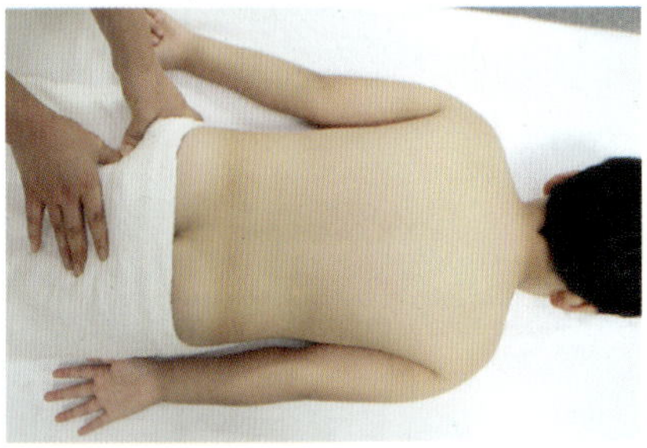

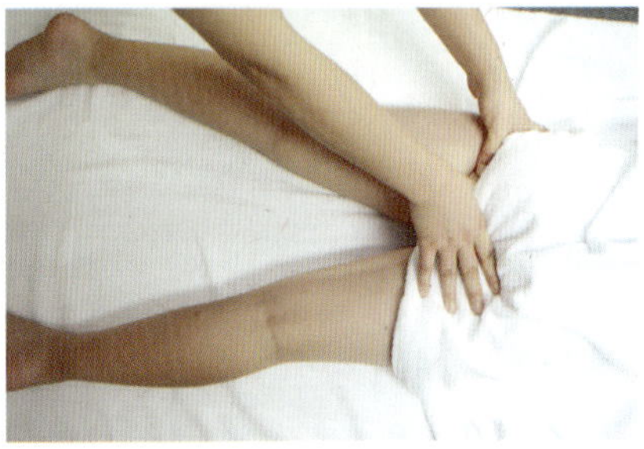

⑯ 양 손의 소지측을 이용하여 장골능선에서 족소양담경의 대맥혈 방향으로 쓸어내린다.

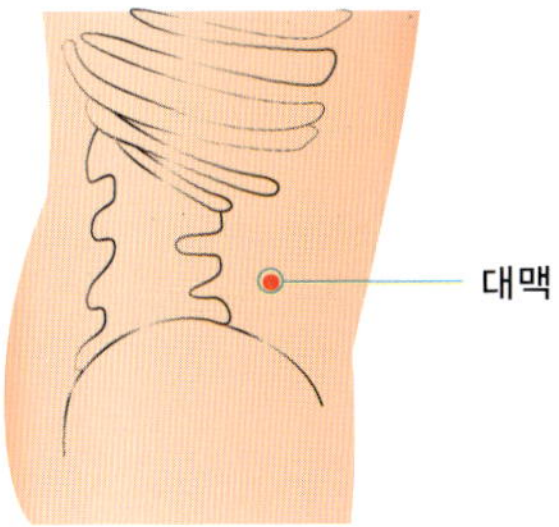

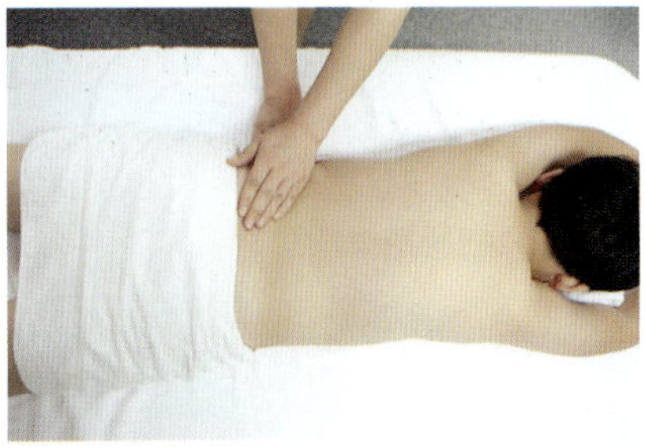

⑰ 독맥과 방광경 사이에 있는 경외기혈 화타의 협척혈을 집기방법으로 엄지와 검지를 이용하여 촘촘히 집어준다.

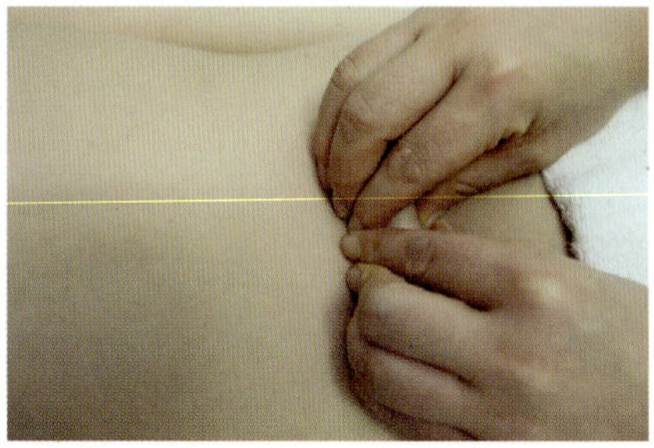

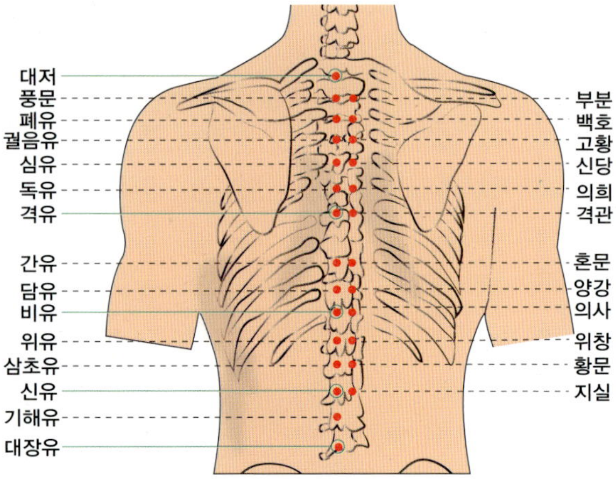

⑱ 척부를 이용하여 방광1선을 아래에서 위로, 위에서 아래로 쓸어준다.

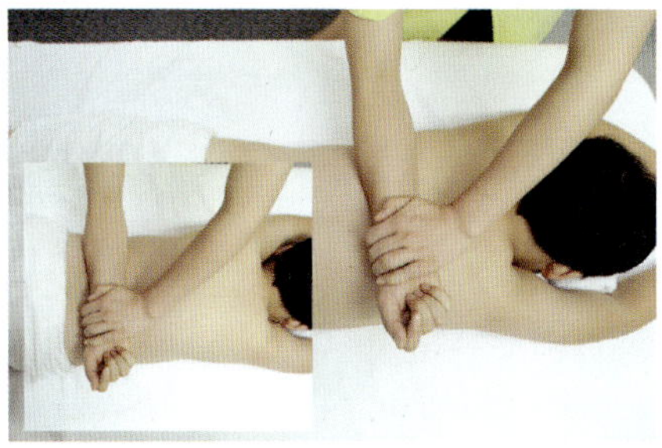

⑲ 수장사지를 이용하여 방광1선을 아래에서 위로 쓸어올린다.

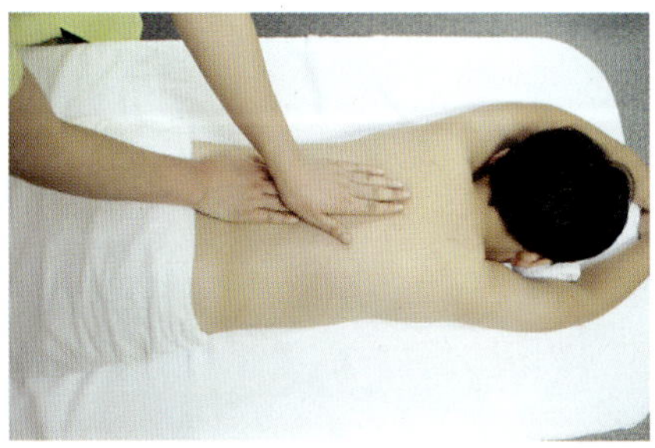

⑳ 반대편도 ⑭～⑲번을 반복한다.

㉑ 시술자는 피술자의 머리 위로 이동하여 손을 컵모양을 해서 등 전체를 가볍게 두드려 준다.

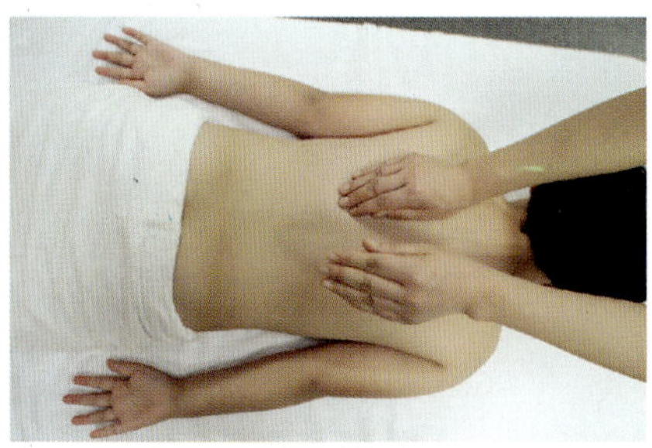

3. 3단계 성장 마사지 - 하체 마사지

아이 키 성장에 가장 중요한 부위인 하체 골단부의 무릎과 발목 부분을 집중해서 자극을 해주어야 한다.

1. 하체 마사지 경혈점

위중, 위양, 승산, 복토, 양구, 혈해, 독비, 내슬안, 족삼리, 풍시, 양릉천, 현종, 음곡, 슬관, 음릉천, 삼음교, 곤륜, 신맥, 용천, 해계, 태충, 대돈, 은백, 태계, 조해, 승부

2. 성장 마사지 - 하체(후면) 마사지 순서

① 다리 전체를 오일을 도포하며 쓸어준다.

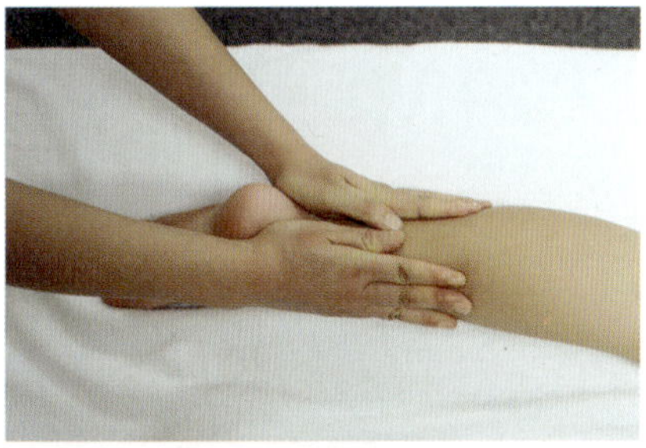

② 발바닥을 수장사지로 쓸어준다.

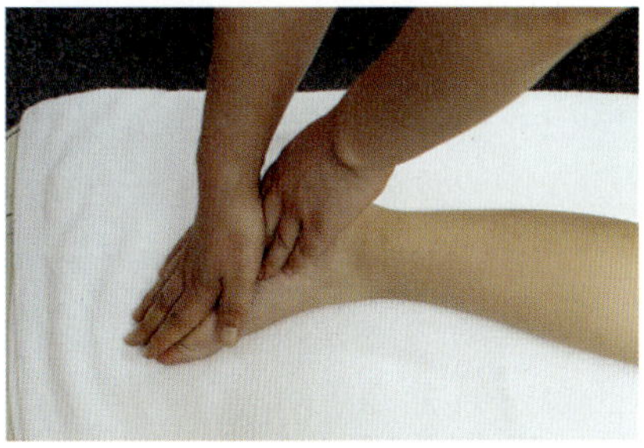

③ 발바닥의 족소음신경의 용천혈을, 모지복을 겹쳐서 지긋이 압한다.

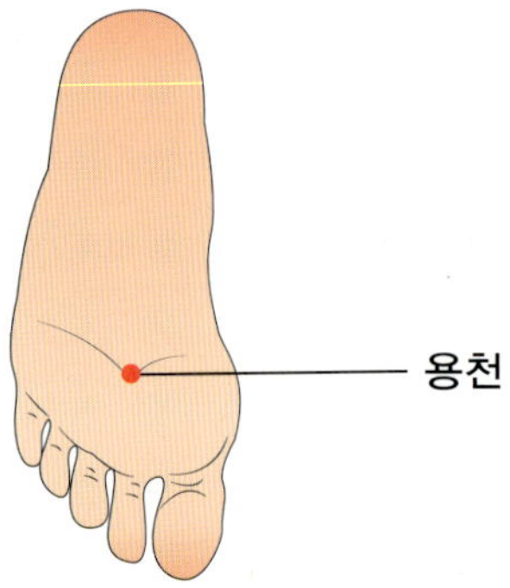

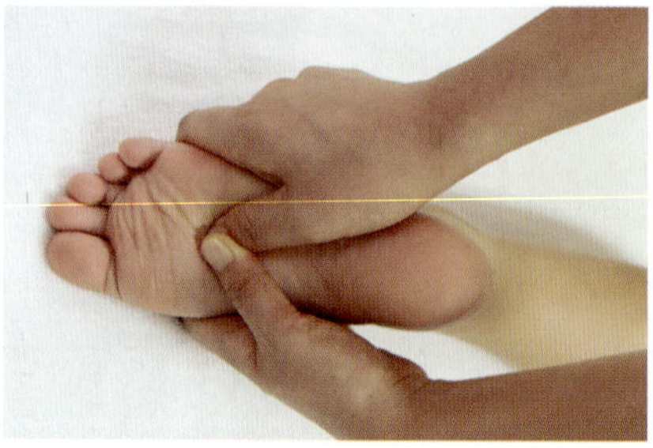

④ 발뒤꿈치를 엄지와 검지의 호구부위를 이용하여 짜준다.

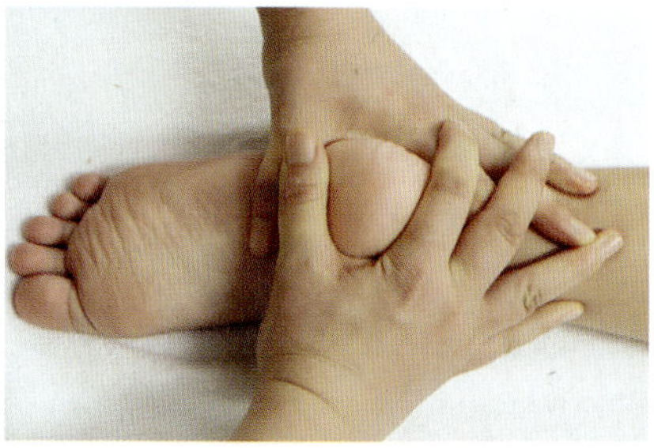

⑤ 다리 내측의 복숭아뼈 밑에 위치한 족소음신경의 조해혈을 모지복을 이용하여 압한다.

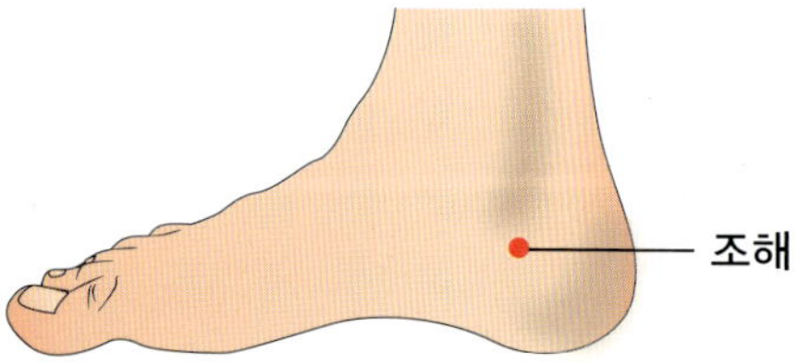

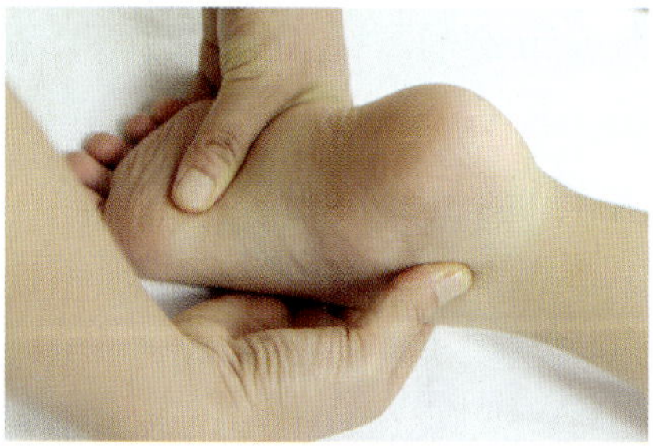

⑥ 다리 외측에 위치한 족태양방광경의 곤륜혈을 모지복을 이용하여 압한다.

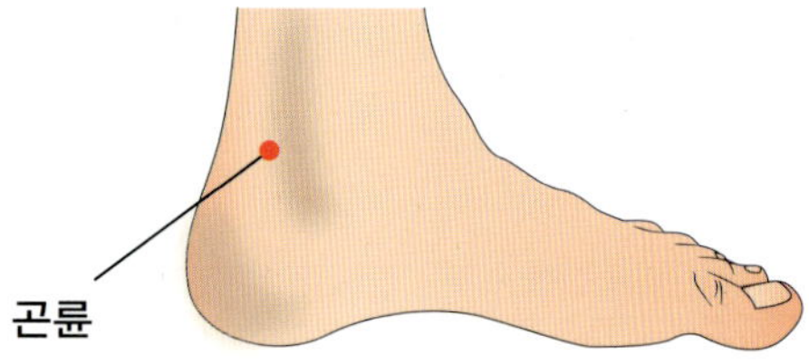

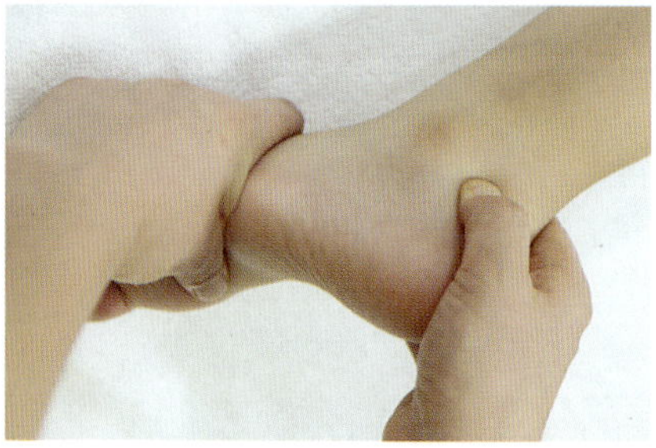

⑦ 다리 내측에 위치한 족소음신경의 태계혈을 지긋이 압한다.

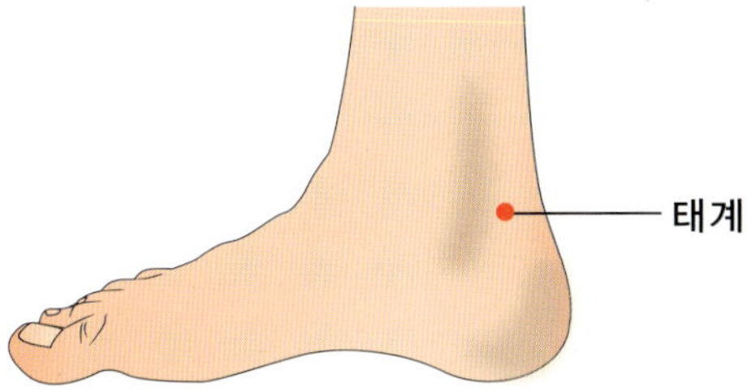

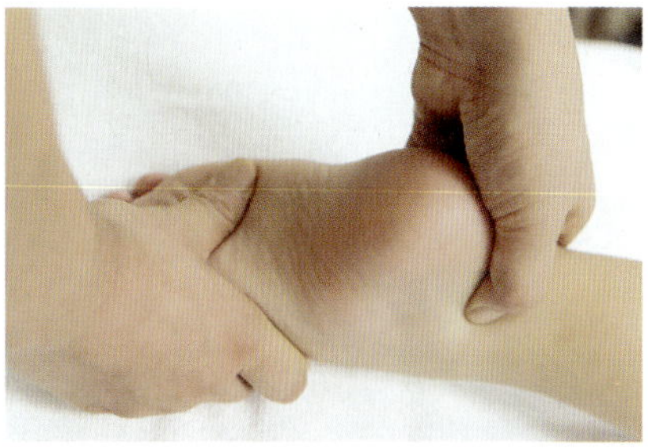

⑧ 모지복과 삼지복을 이용하여 아킬레스건을 아래에서 위로 압을 주며 쓸어올린다.

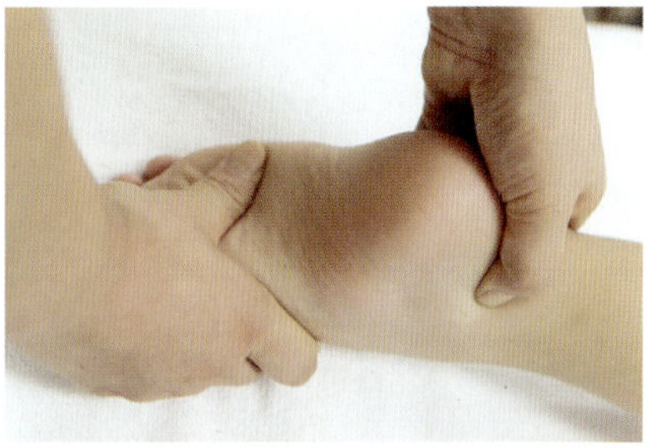

⑨ 수장사지로 다리 전체를 쓸어준다.

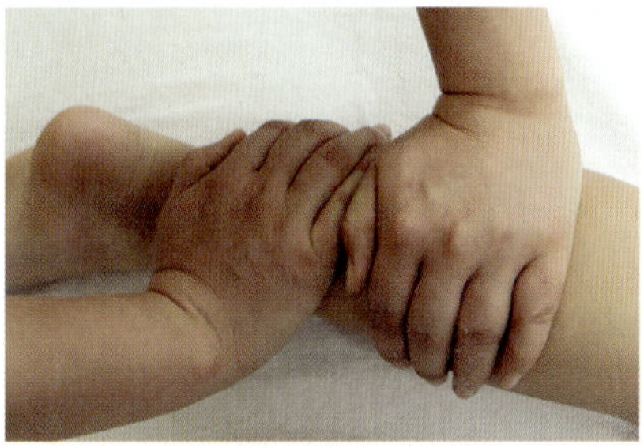

⑩ 모지복을 겹쳐서 다리 전체의 방광경(가운데)을 발목에서 승부혈까지(엉덩이 아래) 쓸어준다.

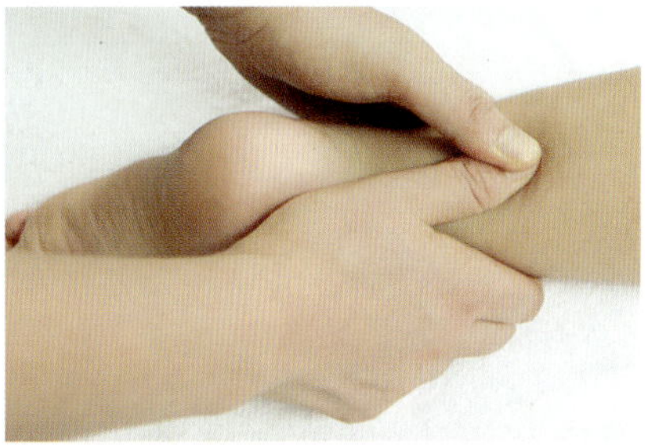

⑪ 부채꼴 모양으로 모지구로 다리 전체를 발목에서 승부혈까지(엉덩이 아래) 쓸어준다.

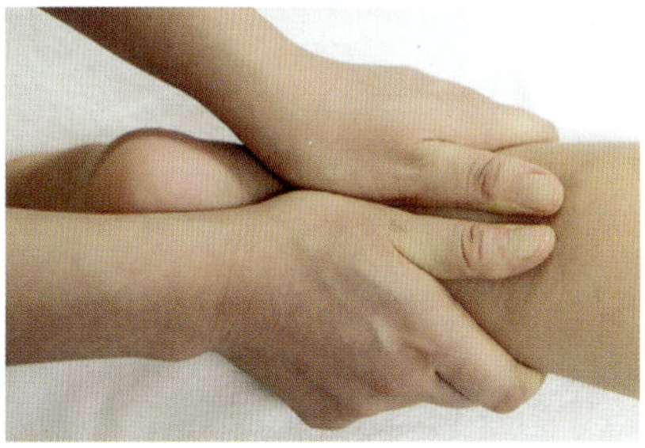

⑫ 모지복을 겹쳐서 족태양방광경의 경혈인 종아리의 승산혈을 지긋이 압한 후, 오금의 가운데에 위치한 위중혈과 위중혈에서 다리 외측에 있는 위양혈을 지긋이 압한다.

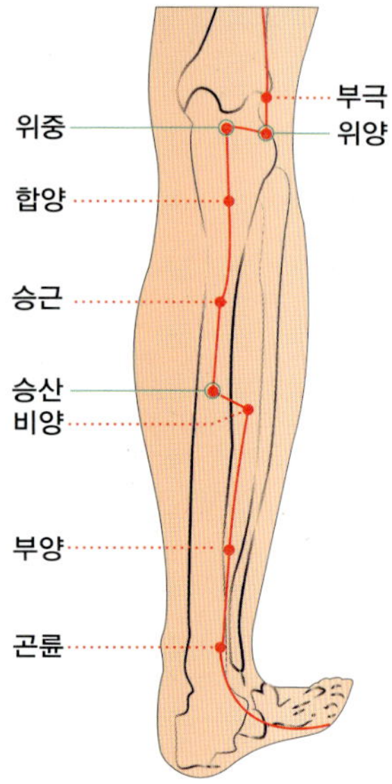

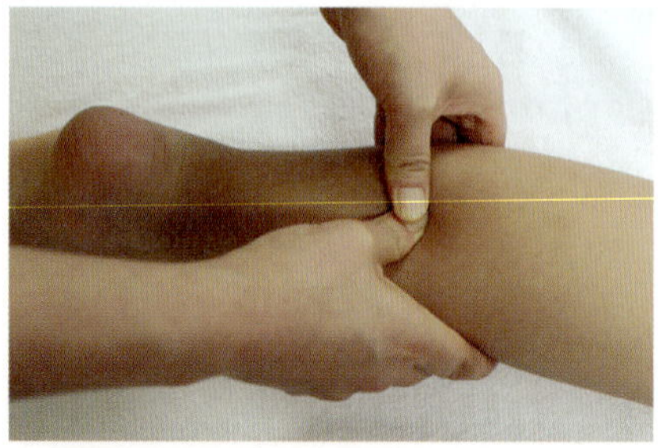

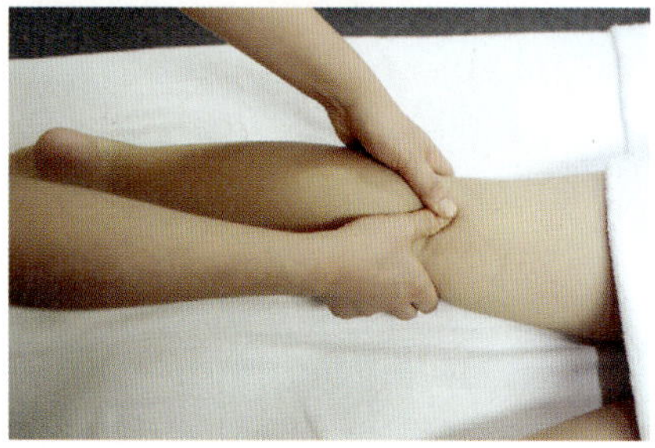

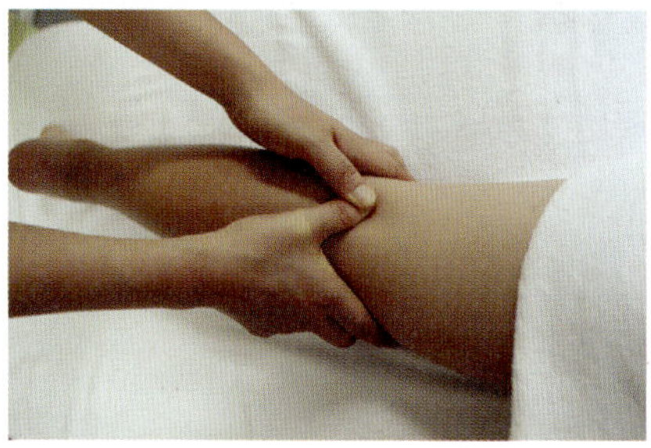

⑬ 수장사지로 허벅지 전체를 쓸어준다.

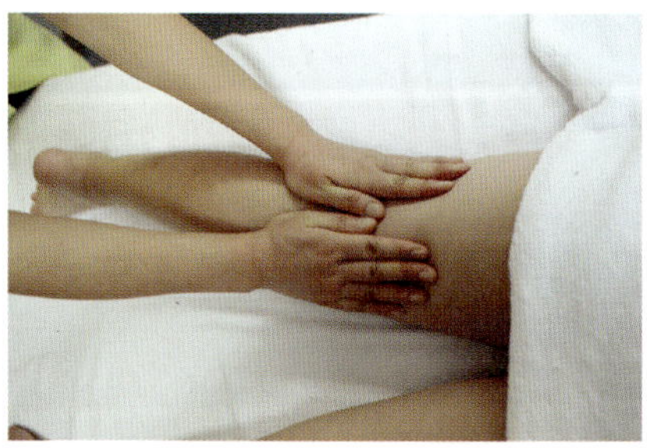

⑭ 모지복을 겹쳐서 엉덩이 바로 아래 선의 가운데에 있는 족태양방광경의 승부혈을 지긋이 압한다.

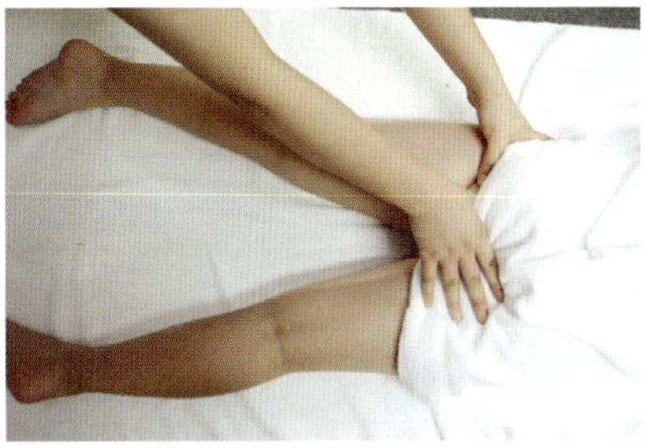

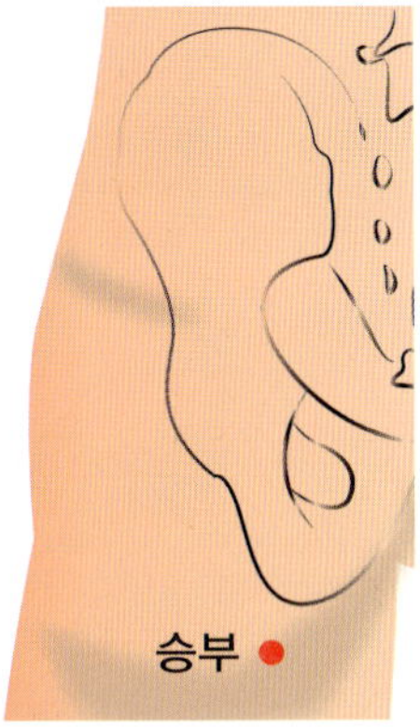

⑮ 다리 전체를 수장사지로 쓸어준다.

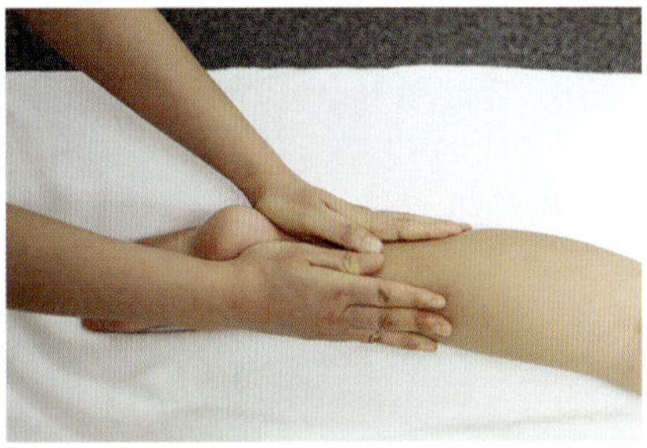

⑯ 반대편 다리도 ①~⑮번까지 반복한다.

3. 성장 마사지 - 하체(전면) 마사지 순서

① 다리 앞면 전체를 수장사지로 오일을 도포하며 쓸어준다.

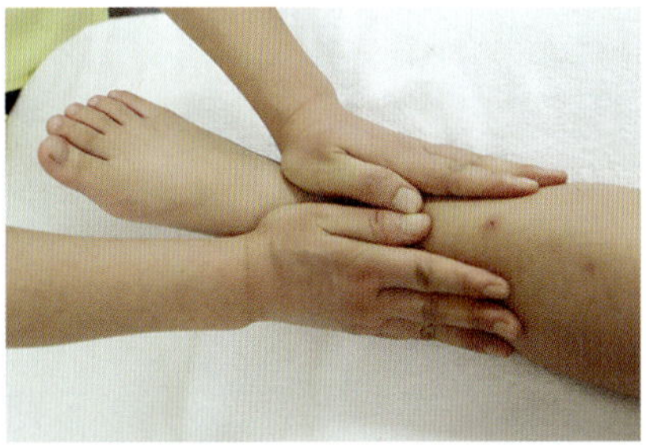

② 종족골(발허리뼈)을 모지복으로 쓸어올린다.

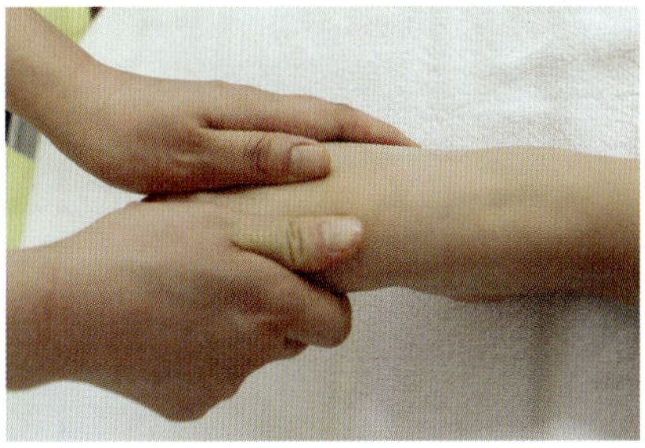

③ 족궐음간경의 태충혈을 모지복으로 지긋이 압한다.

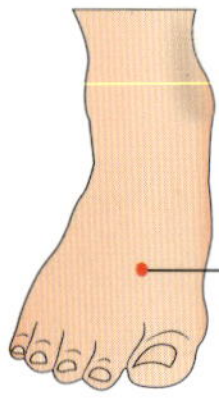

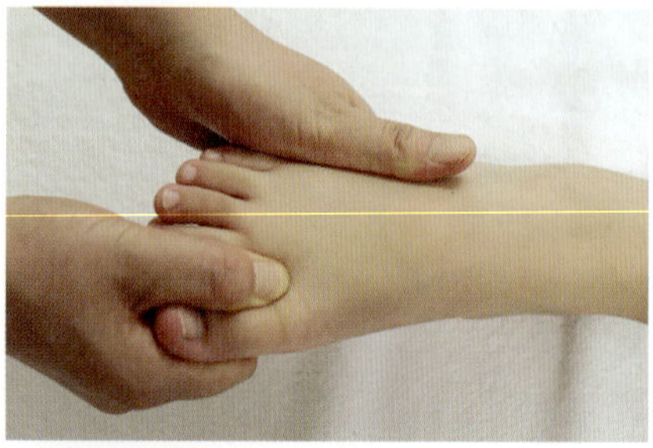

④ 발가락 사이사이를 엄지와 검지로 압한다.

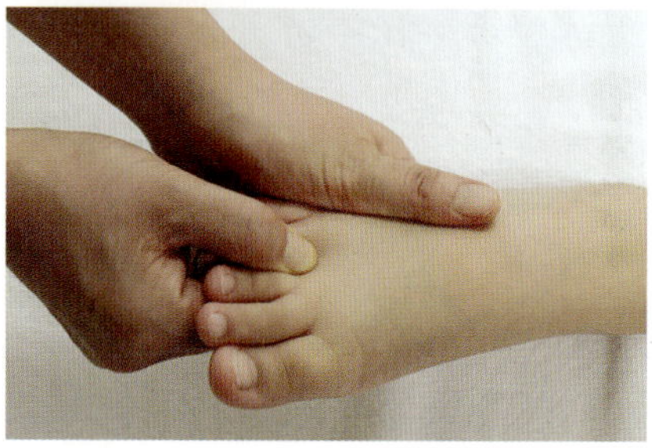

⑤ 발가락 양옆을 엄지와 검지를 이용하여 문질러 준다.

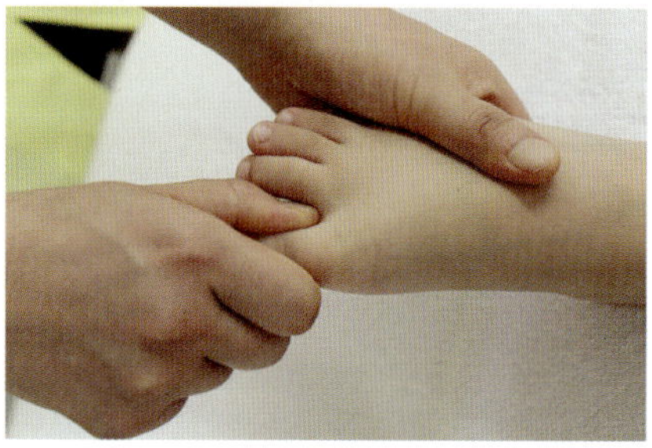

⑥ 각 발가락의 마디를 모지 끝으로 눌러서 자극을 준다.

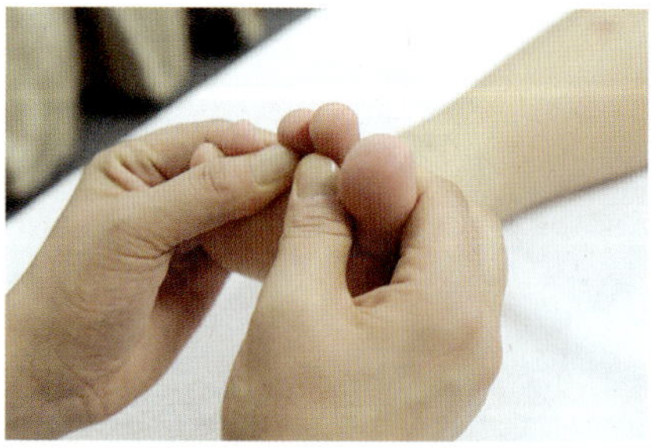

⑦ 발가락 뒤의 도톰한 머리 부분을 모지복으로 지긋이 압을 주어 자극을 준다.

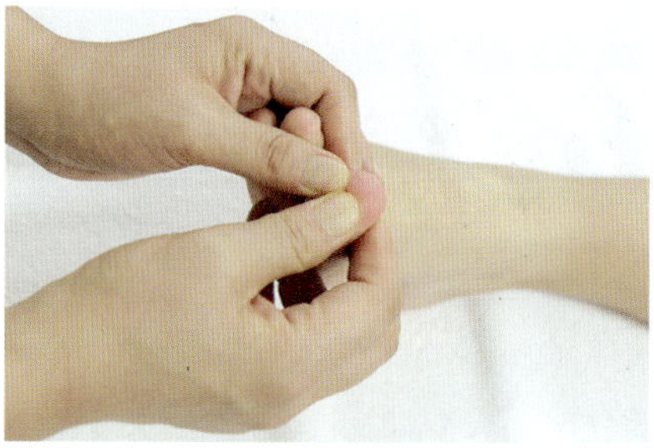

⑧ 발가락 등을 모지복으로 반원을 그리듯이 문질러 준다.

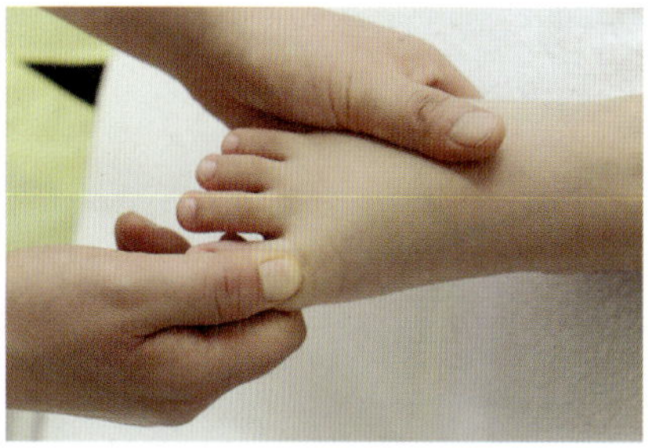

⑨ 발가락을 살짝 튕기듯이 잡아당겨 빼준다.

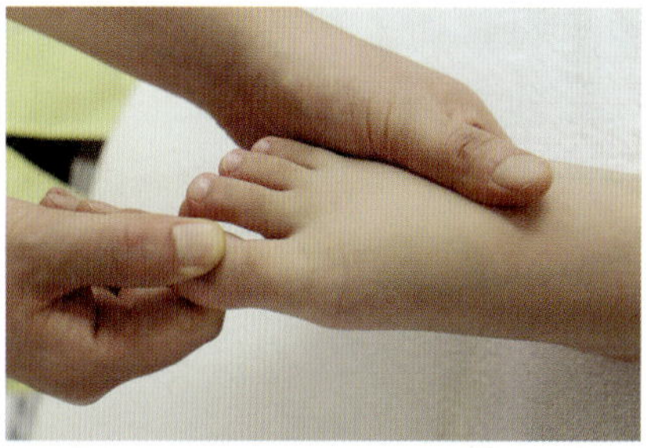

⑩ 엄지 발가락 내측의 위치한 족태음비경의 은백혈과 발의 외측에 위치한 족궐음간경의 대돈혈을 모지복으로 지긋이 압한다.

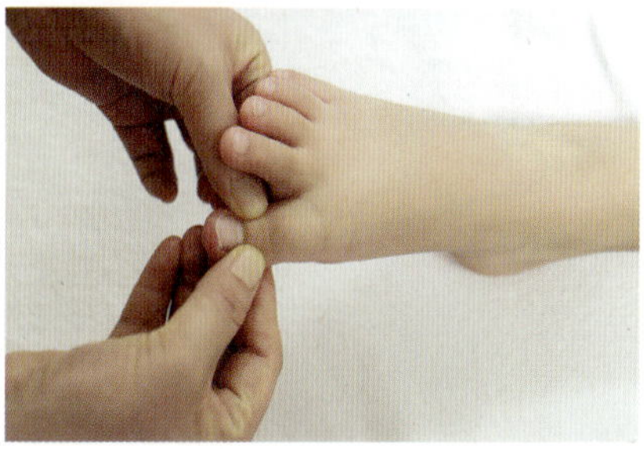

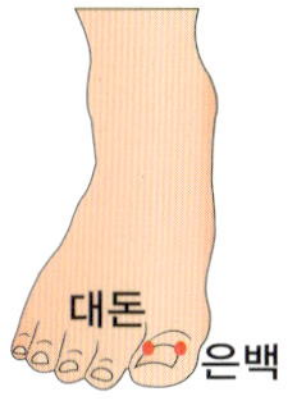

⑪ 모지로 발등 전체를 부채꼴로 쓸어올린 후 양손 모지복을 겹쳐서 족양명위경의 해계혈을 지긋이 압한다.

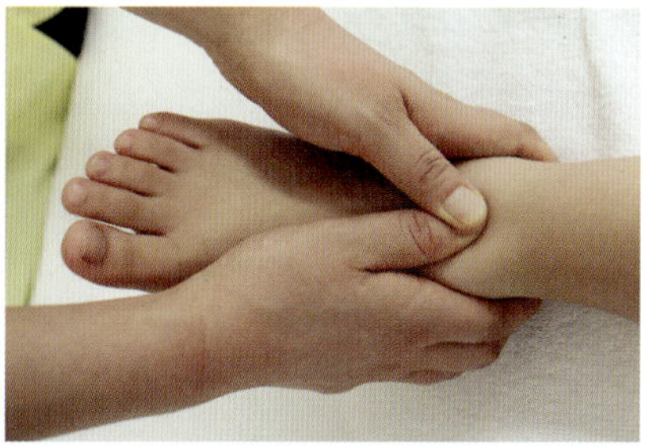

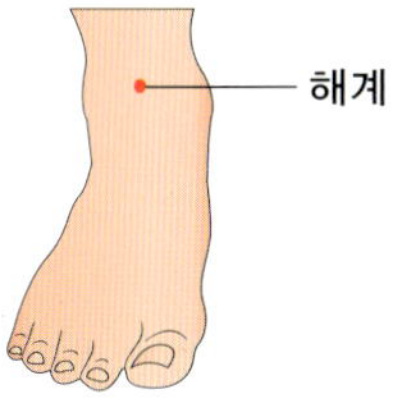

⑫ 양손의 삼지복을 이용하여 족내과(복숭아뼈 안쪽)와 족외과(복숭아뼈 바깥쪽)를 반원을 그리듯이 굴려준다.

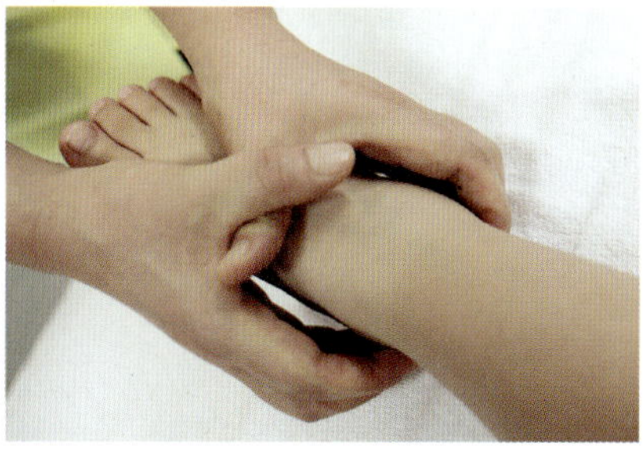

⑬ 족소음신경의 태계혈과 족태양방광경의 신맥혈을 중지를 이용하여 동시에 압을 준다.

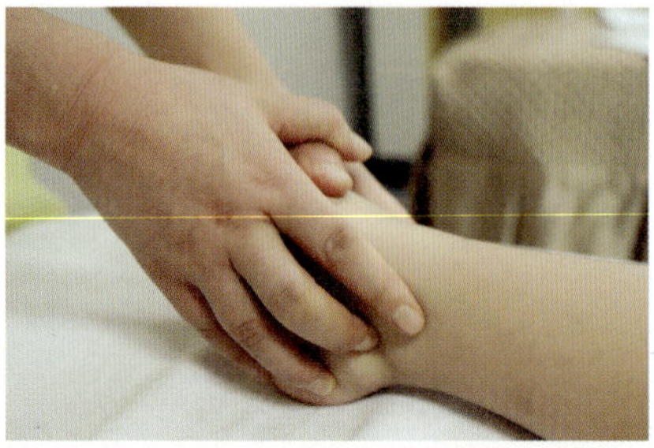

⑭ 전경골근(앞 정강근)을 시술자의 왼손의 모지복을 이용하여 다리 안쪽을 밀어 올려준 후 시술자의 오른손으로 다리 바깥쪽도 똑같이 한다.

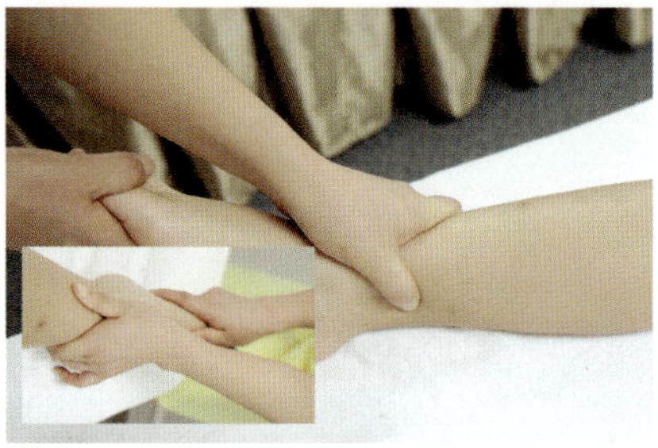

⑮ 다리 안쪽의 족내과(복숭아뼈 안쪽) 위에서 슬관혈(무릎아래)까지 수장사지로 쓸어올려준다. 다리 바깥쪽도 다리 안쪽과 똑같이 쓸어올려준다.

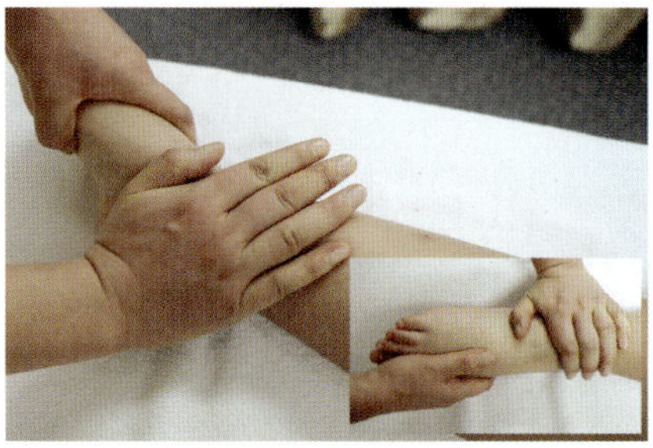

⑯ 다리 안쪽에 위치한 족태음비경의 삼음교, 음릉천혈을 모지복으로 지긋이 압한다.

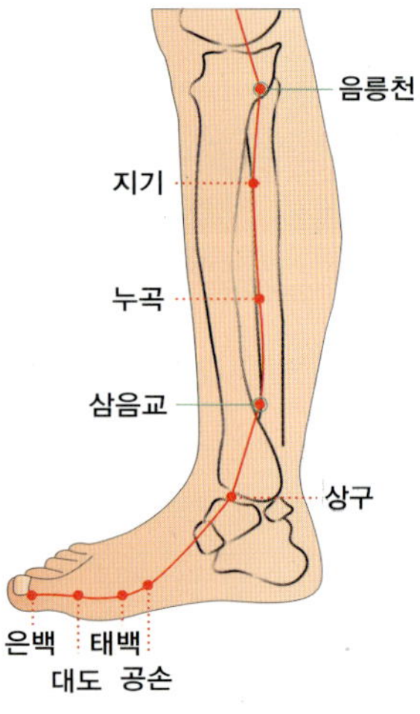

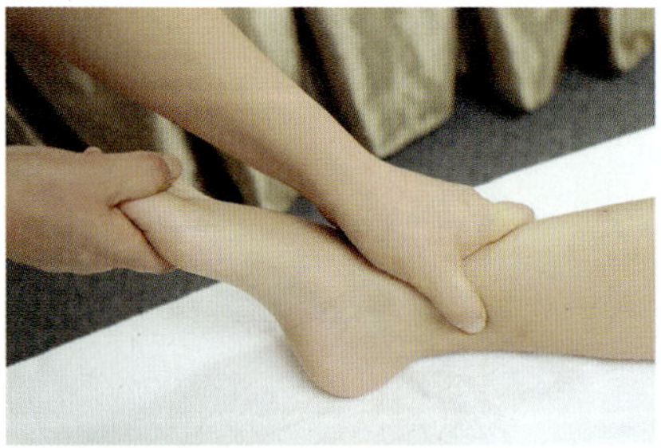

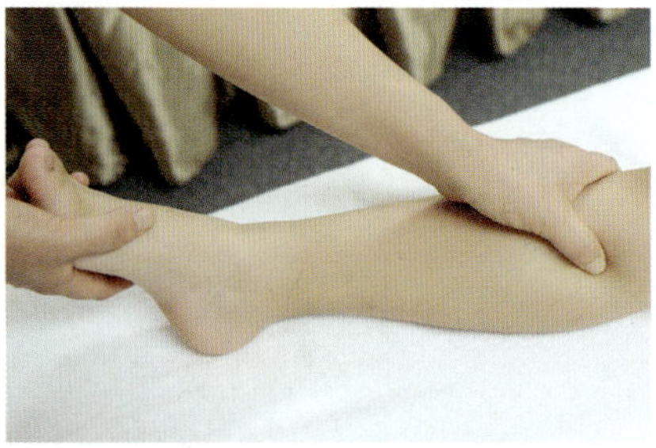

⑰ 다리 안쪽에 위치한 족궐음간경의 슬관혈을 모지복으로 지긋이 압한다.

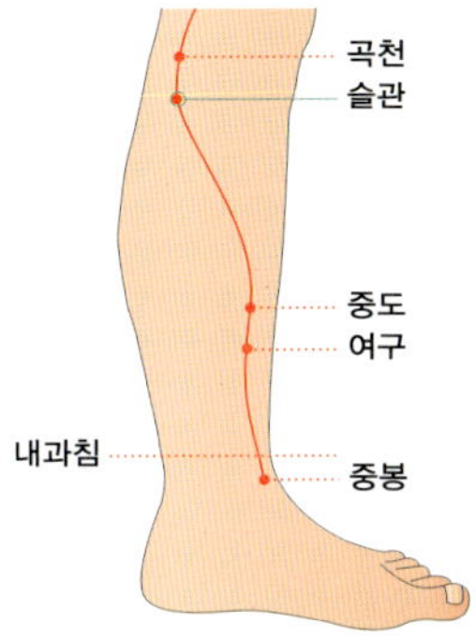

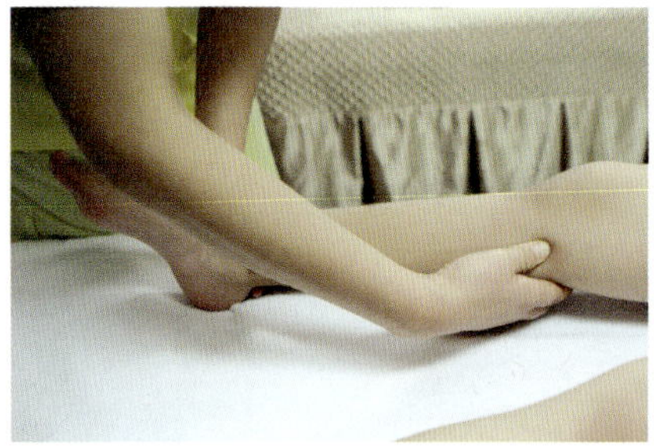

⑱ 다리 안쪽에 위치한 족소음신경의 음곡혈을 모지복으로 지긋이 압한다. (무릎을 굽힌 후 오금의 끝 음곡혈에 위치한다.)

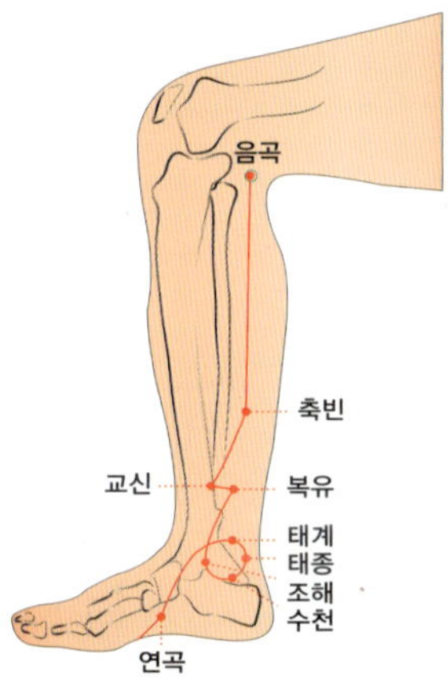

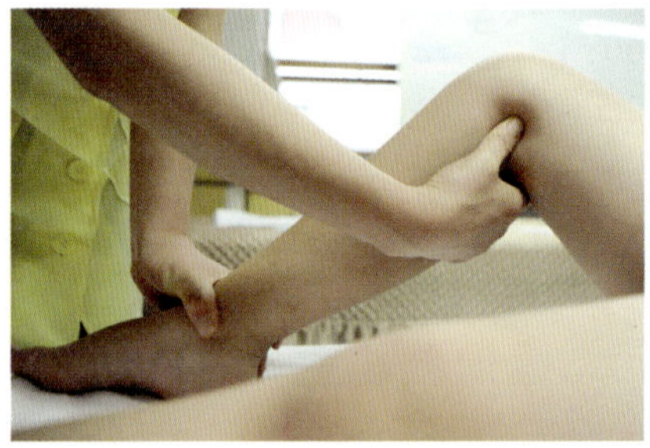

⑲ 다리 바깥쪽에 위치한 족소양담경의 현종, 양릉천혈을 모지복으로 지긋이 압한다.

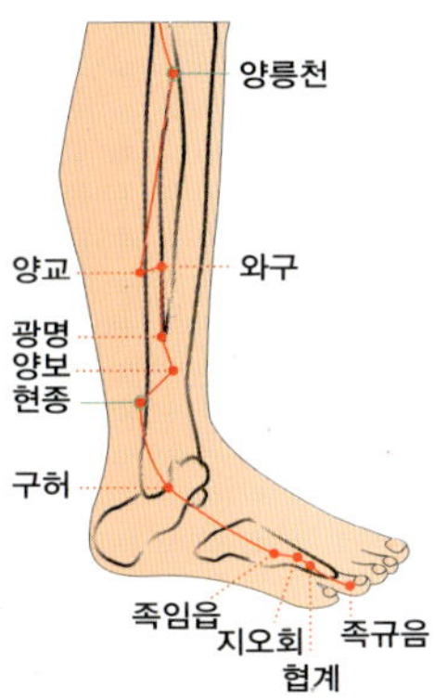

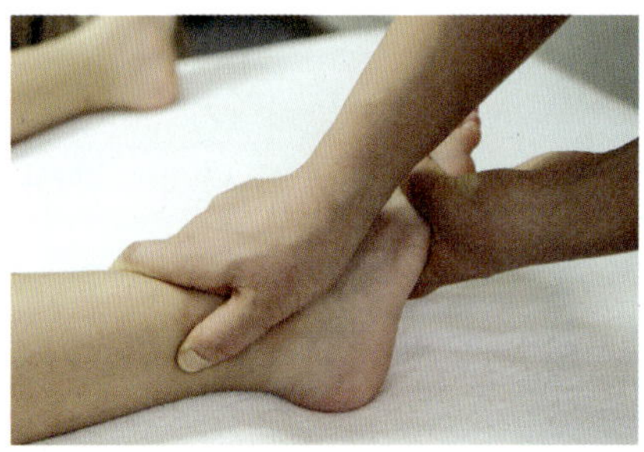

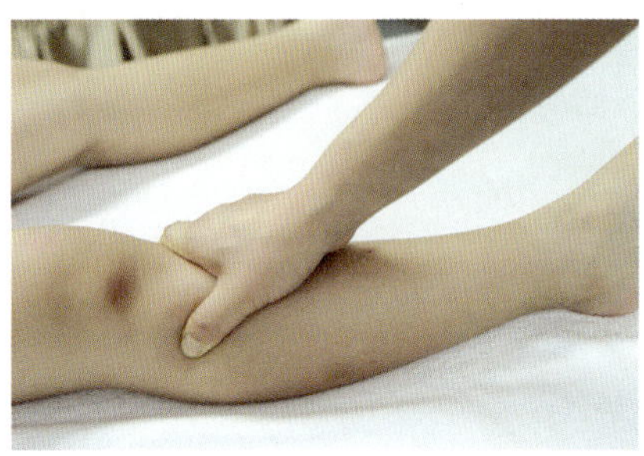

⑳ 다리 바깥쪽에 위치한 족양명위경의 족삼리혈을 모지복으로 지긋이 압한 후, 경외기혈의 내슬안(다리안쪽)과 다리 바깥쪽에 있는 족양명위경의 독비혈(외슬안) 모지복으로 동시에 지긋이 압한다.

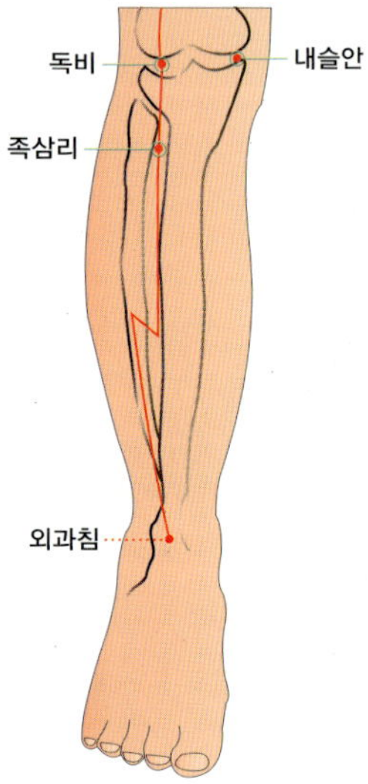

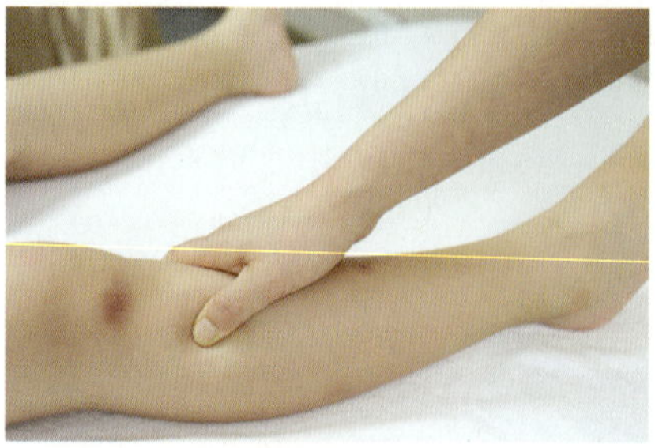

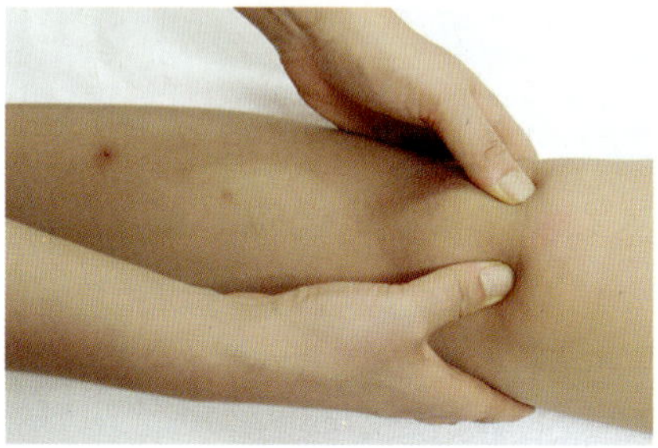

㉑ 양 손의 호구부위를 이용하여 무릎을 짜주듯이 문질러 준다.

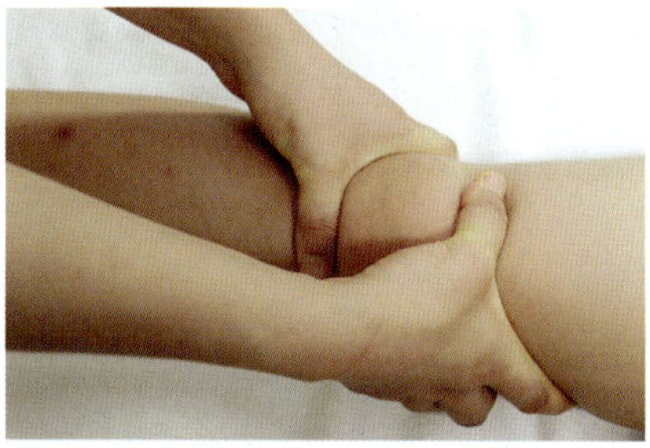

㉒ 수장사지로 허벅지 전체를 쓸어 준다.

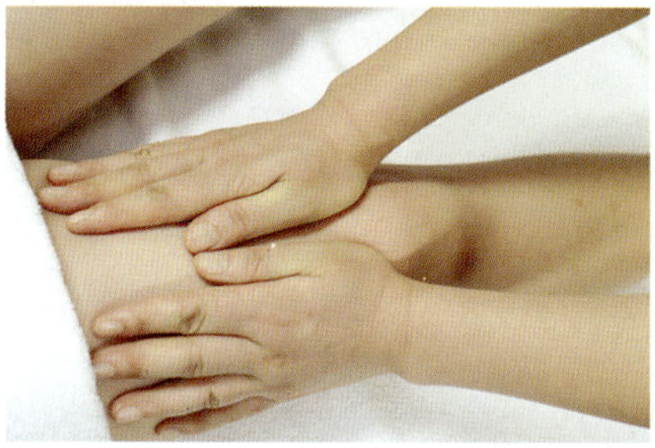

㉓ 모지복으로 허벅지 바깥쪽에 위치한 족양명위경의 양구, 복토혈을 지긋이 압한 후 수건으로 문질러 준다.

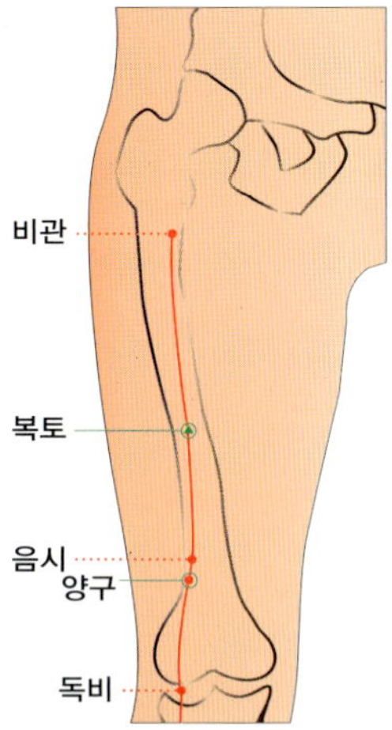

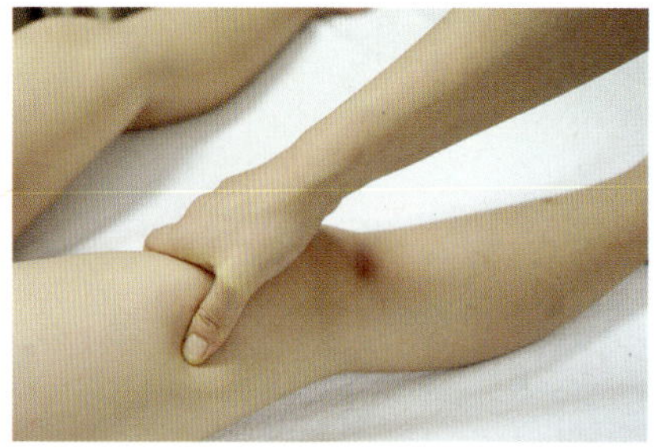

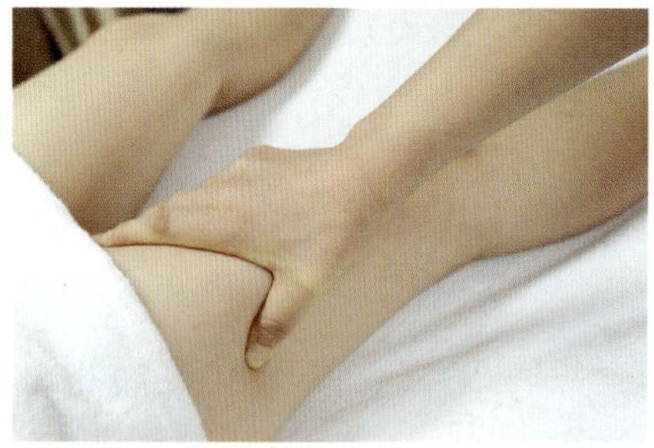

㉔ 허벅지 바깥쪽에 위치한 족소양담경의 풍시혈을 모지복을 이용하여 압해 준다.

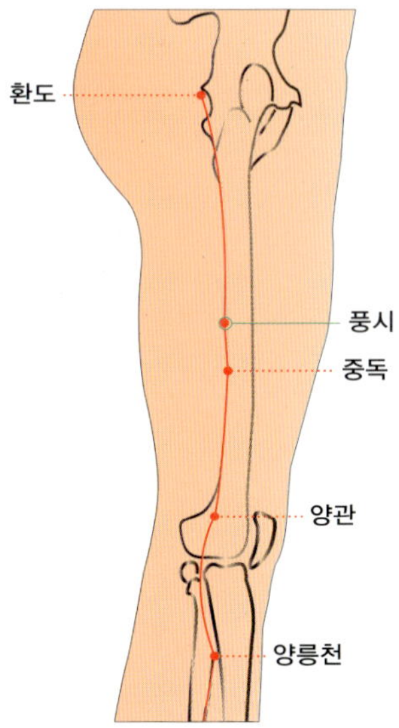

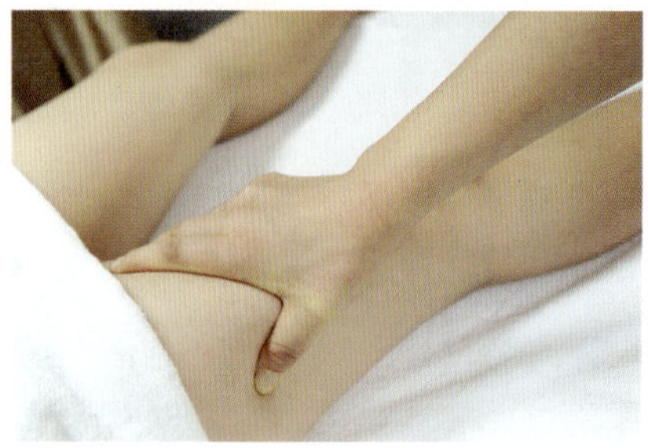

㉕ 허벅지 안쪽에 위치한 족태음비경의 혈해혈을 삼지복을 이용하여 압해 준다.

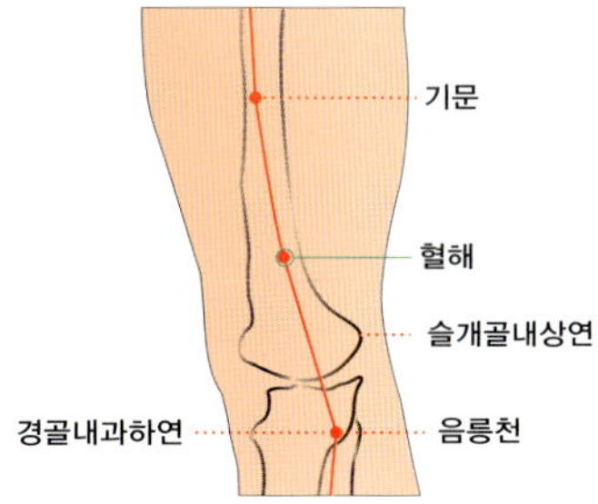

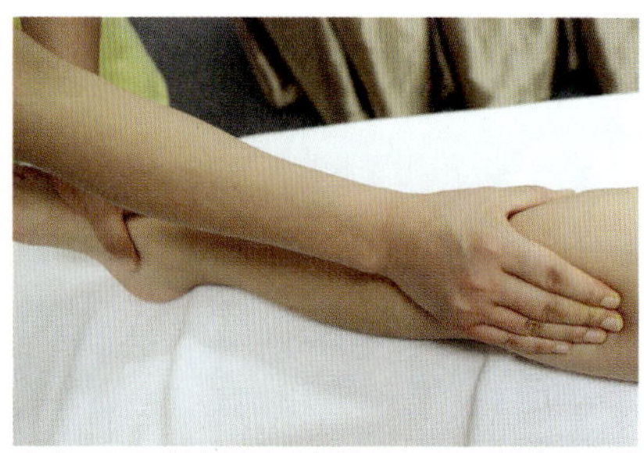

㉖ 수장사지로 다리 전체를 쓸어 준다.

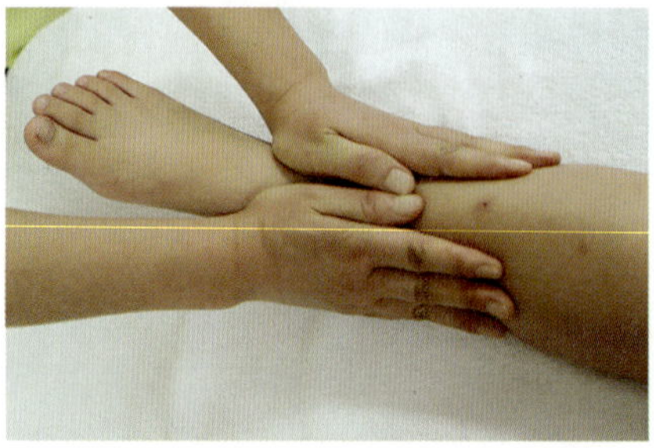

㉗ 반대편 다리를 ①~㉖번까지 반복한다.

4. 4단계 성장 마사지 - 복부·가슴·팔 마사지

복부 마사지를 할 때에는 면역력을 길러주는 혈자리들을 중심으로 지압 해주는 것이 좋다.

1. 복부·팔 마사지 경혈점

천돌, 전중, 중완, 신궐, 천추, 기해, 관원, 중극, 곡골, 곡지, 합곡

2. 성장 마사지 - 복부 마사지 순서

임맥은 회음에서 시작되어 신궐(배꼽), 전중을 거쳐 입술 밑에 이르게 된다. 임맥의 천돌, 전중, 중완, 신궐, 천추, 기해, 관원, 중극, 곡골혈을 자극한다.

① 복부 전체를 오일을 도포하며 시계방향으로 쓸어준다.

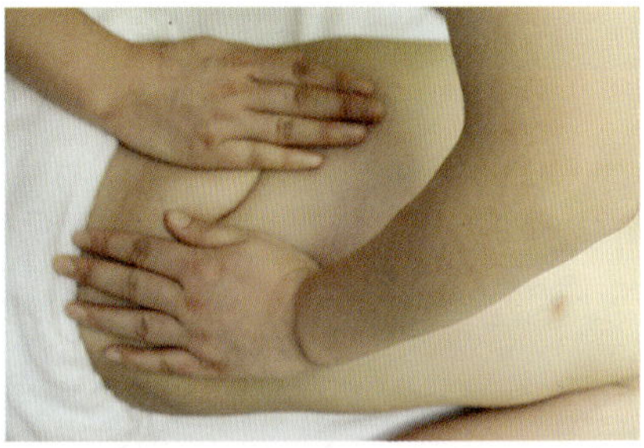

② 중지를 이용하여 임맥의 천돌혈을 지긋이 압을 준다.

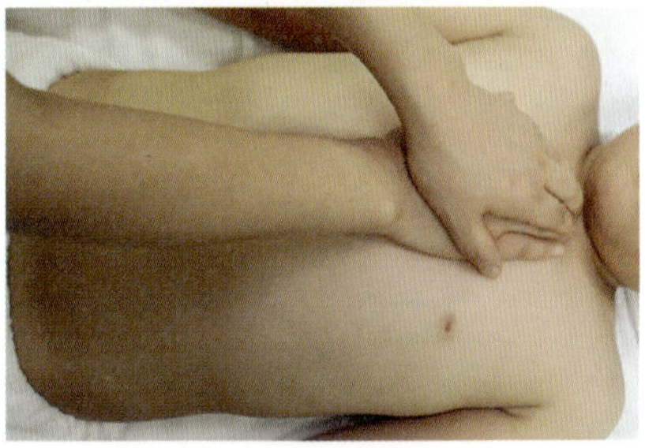

③ 삼지복을 이용하여 임맥의 전중혈을 압을 준다.

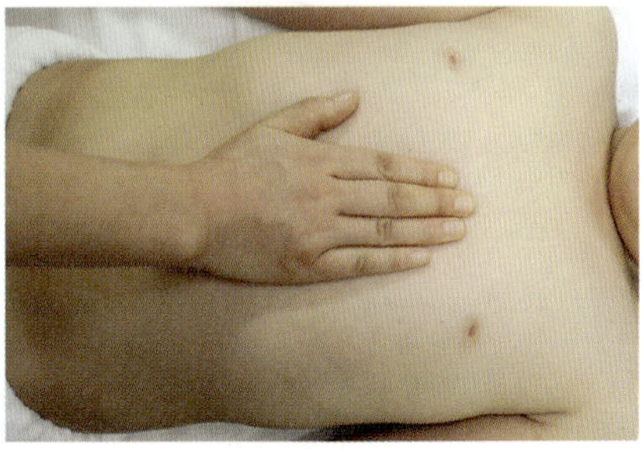

④ 모지복으로 임맥의 중완혈을 지긋이 압을 한다.

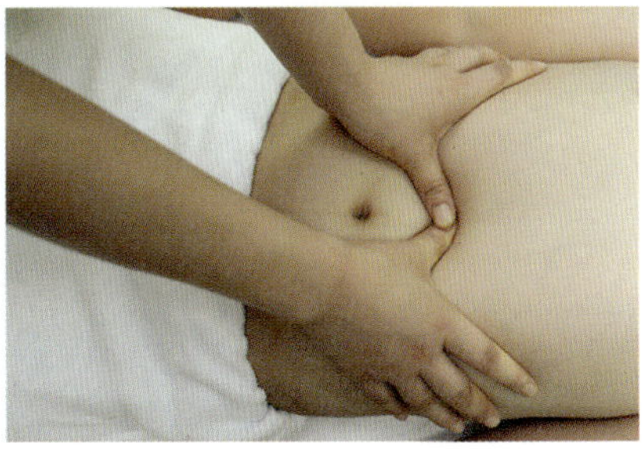

⑤ 모지복으로 임맥의 기해혈을 지긋이 압을 한다.

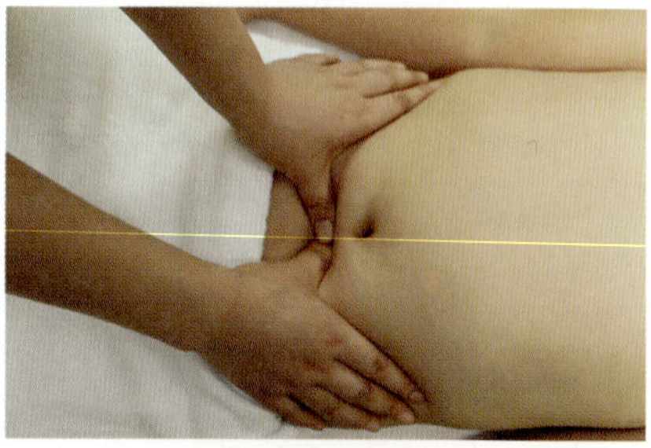

⑥ 모지복으로 임맥의 관원혈을 지긋이 압을 한다.

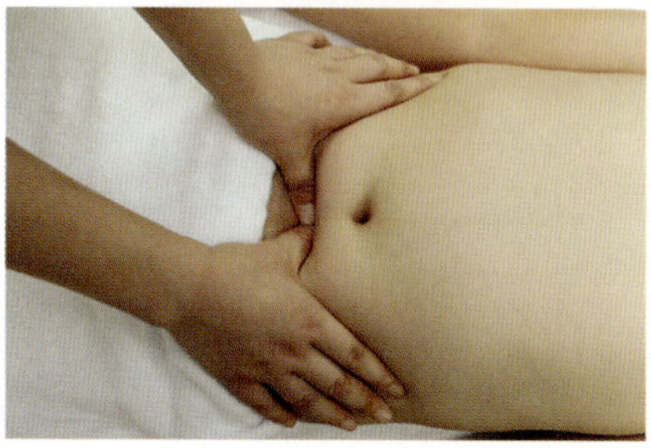

⑦ 모지복으로 임맥의 중극혈과 곡골혈을 지긋이 압을 한다.

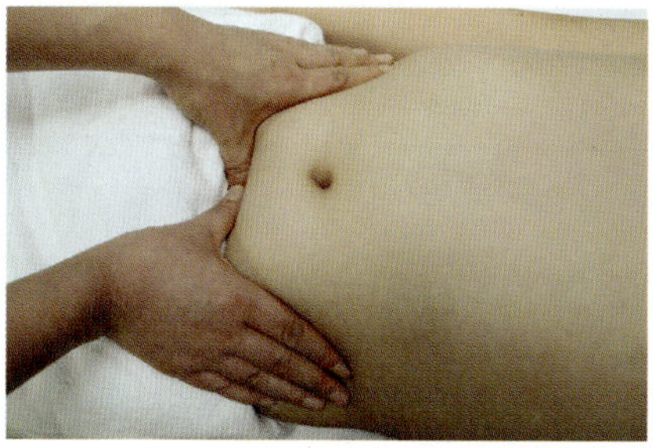

⑧ 모지복으로 위경의 천추혈을 지긋이 압을 한다.

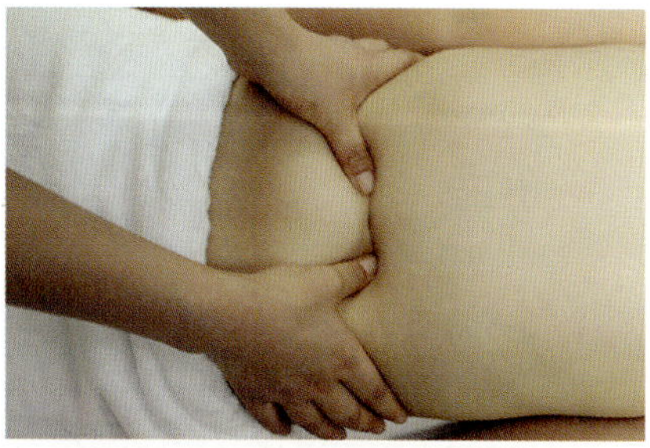

⑨ 모지복으로 위경의 천추혈을 지긋이 압을 한다. 손을 포개어 사지복으로 시계방향의 원을 그린다.

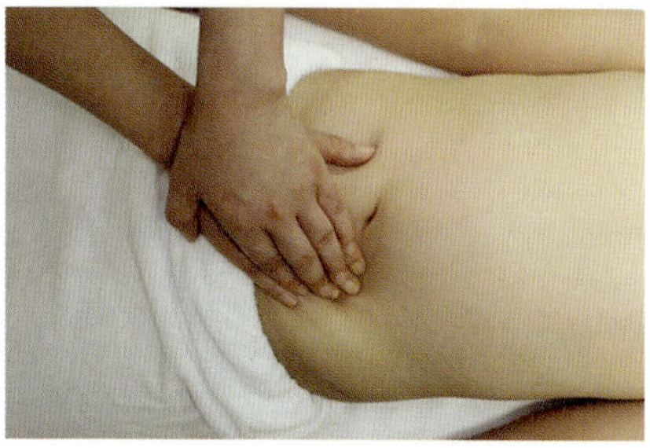

⑩ 배꼽(신궐혈)에 양 손을 포개 올린 후에 압을 주며 독소를 빼준 후, 시술자에게 복식호흡을 하게 한다.

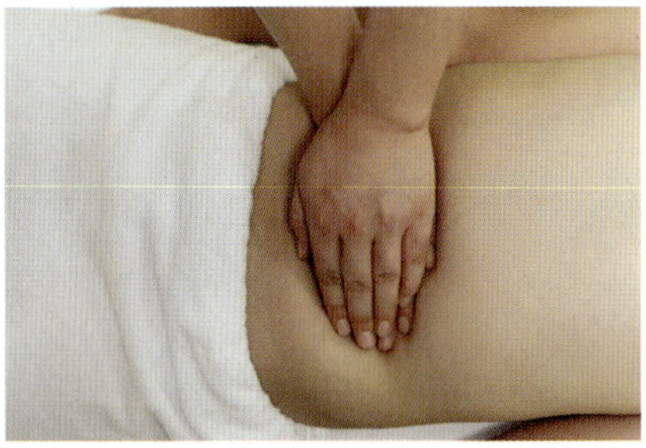

3. 성장 마사지 - 팔 마사지 순서

① 팔 전체를 수장사지를 이용하여 오일을 도포하며 쓸어 준다.

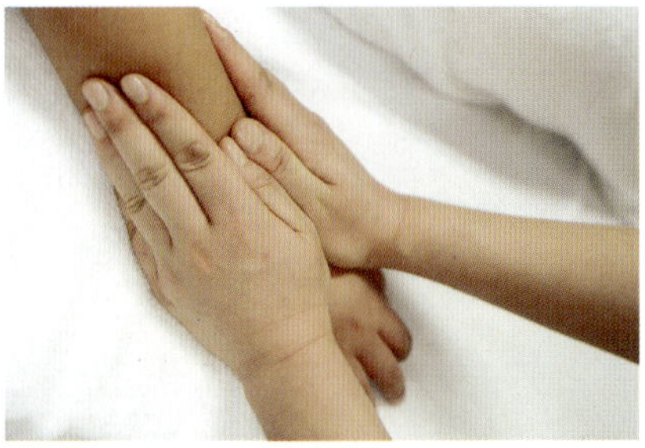

② 수장사지로 팔 안쪽을 쓸어 준다.

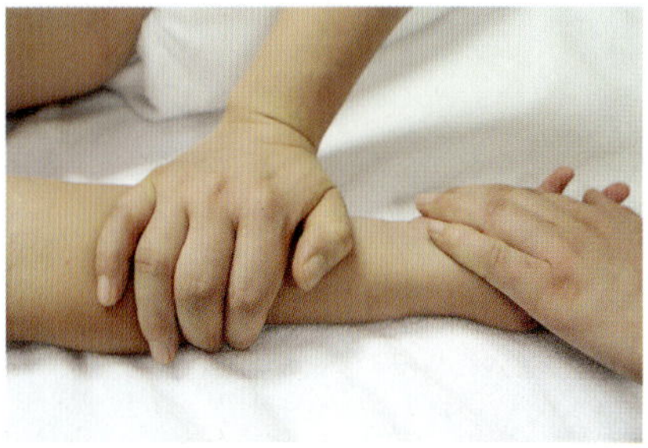

③ 수장사지로 팔 바깥쪽을 쓸어 준다.

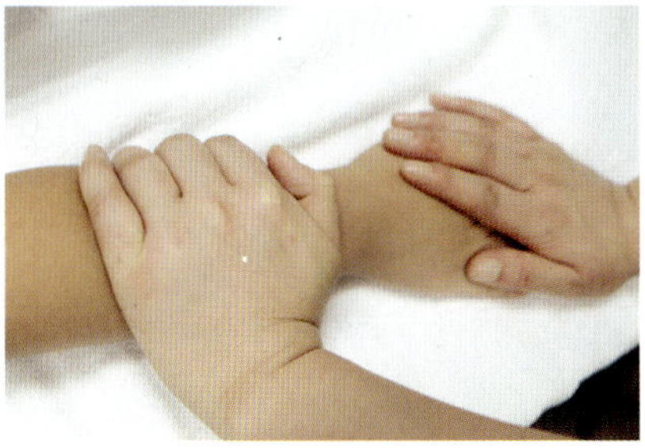

④ 중수골(손허리뼈)을 모지복을 이용하여 쓸어 준다.

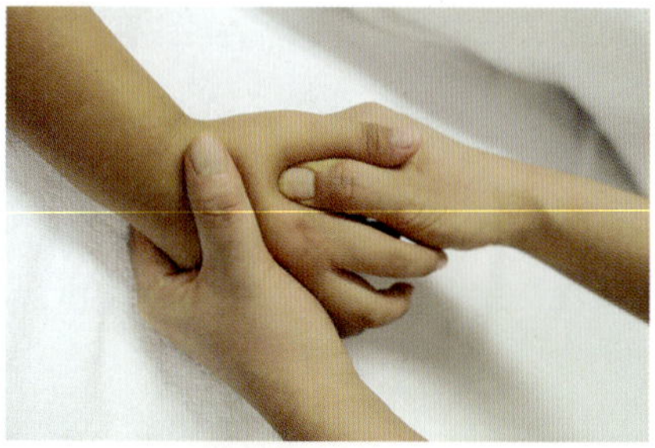

⑤ 엄지와 검지의 사이의 수양명대장경의 합곡혈을 모지복으로 지압한다.

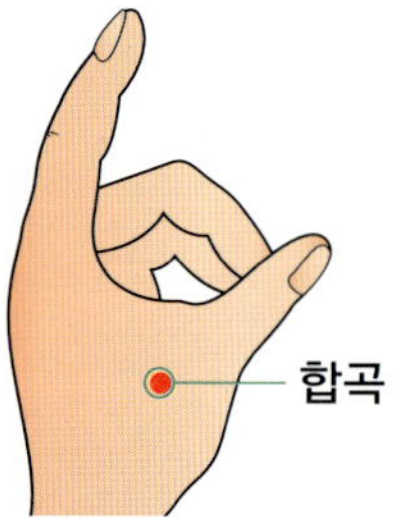

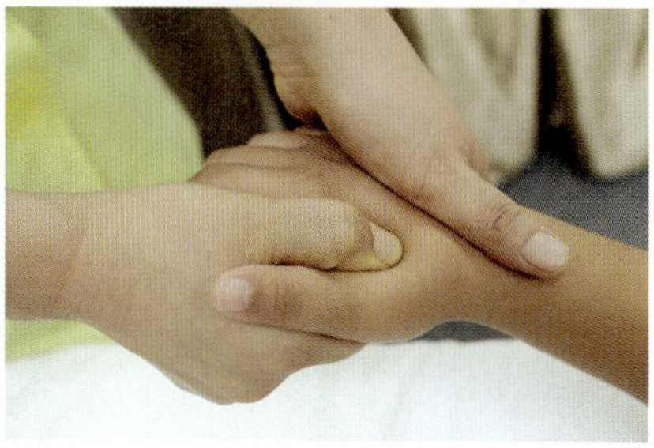

⑥ 손가락을 엄지와 검지로 문지른다.

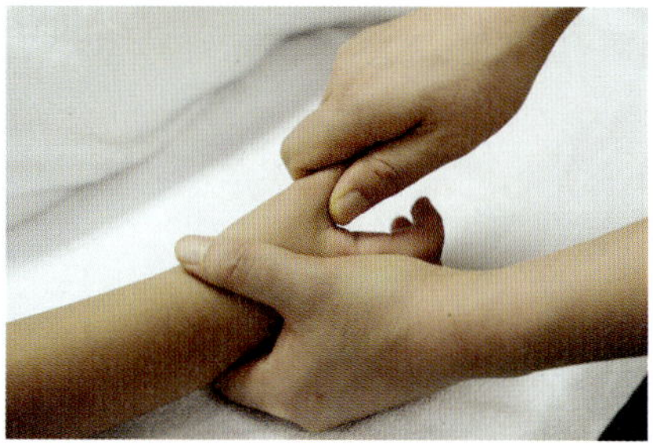

⑦ 손가락 마디의 사이사이를 엄지와 검지를 이용하여 안에서 밖으로 문질러 준다.

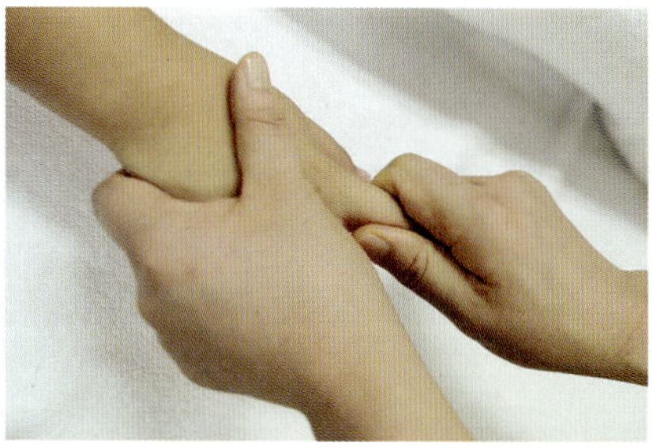

⑧ 엄지와 검지를 이용하여 손가락을 스트레칭을 시켜 준 후 튕기듯이 잡아당겨 준다.

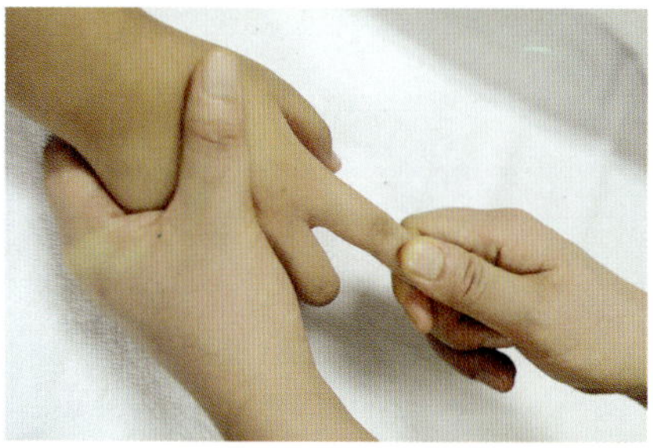

⑨ 손가락 안쪽의 마디마디를 모지복을 이용하여 눌러 준다.

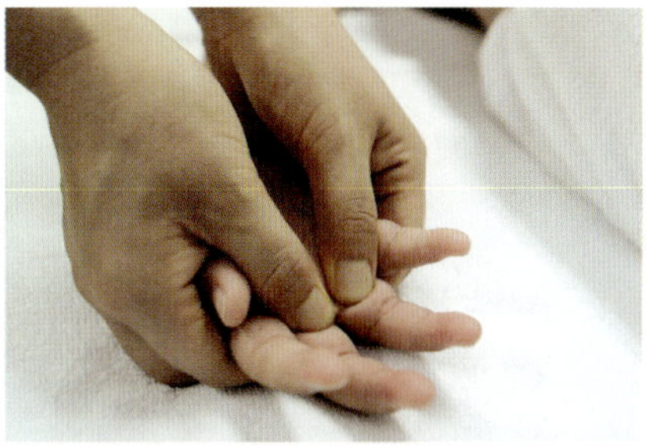

⑩ 손바닥 전체를 모지복을 이용하여 안에서 밖으로 밀듯이 쓸어내린다.

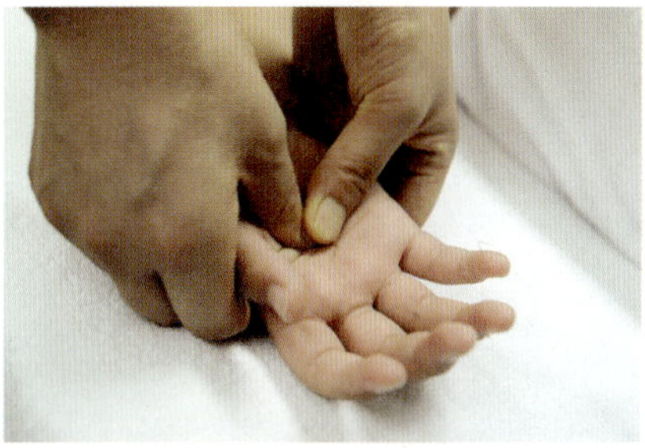

⑪ 피시술자와 시술자의 손이 깍지를 끼고 손목을 스트레칭시켜 준다.

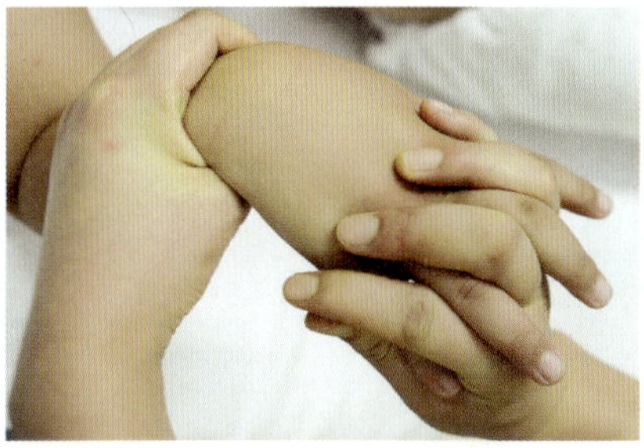

⑫ 팔의 하완을 수장사지로 쓸어 준다.

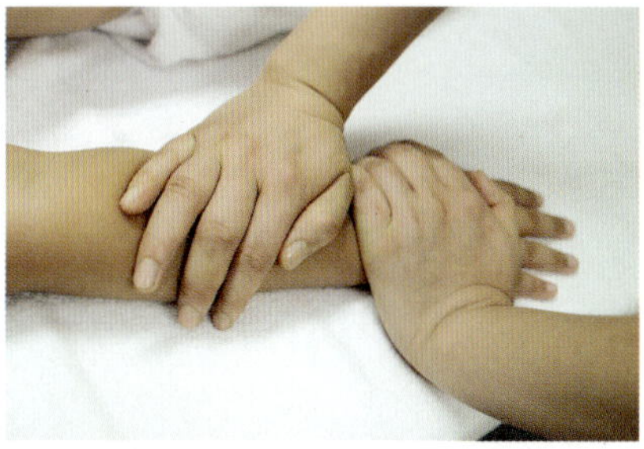

⑬ 수양명대장경의 곡지혈을 모지복을 이용하여 지긋이 지압한다.

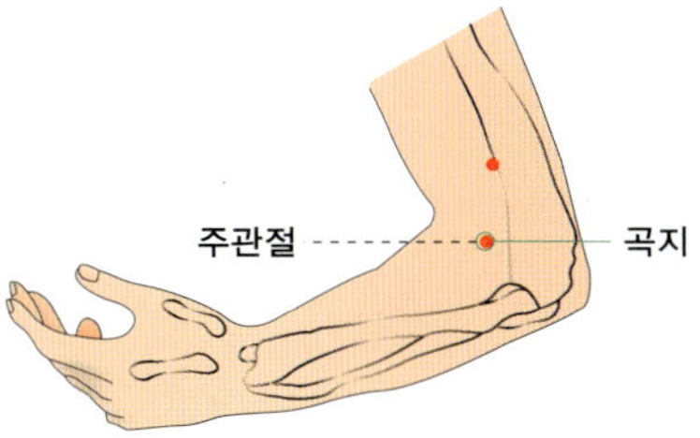

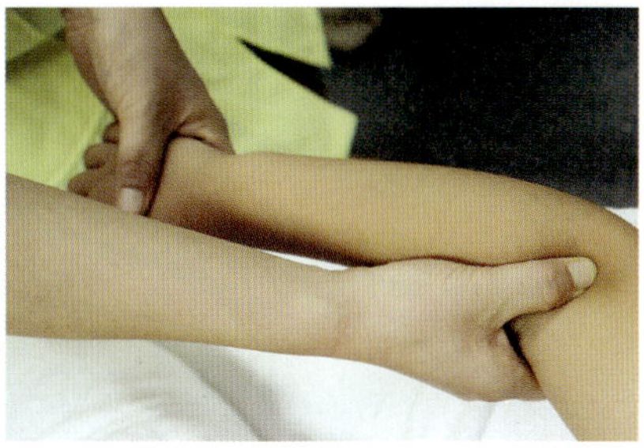

⑭ 팔의 상완을 수장사지로 쓸어 준다.

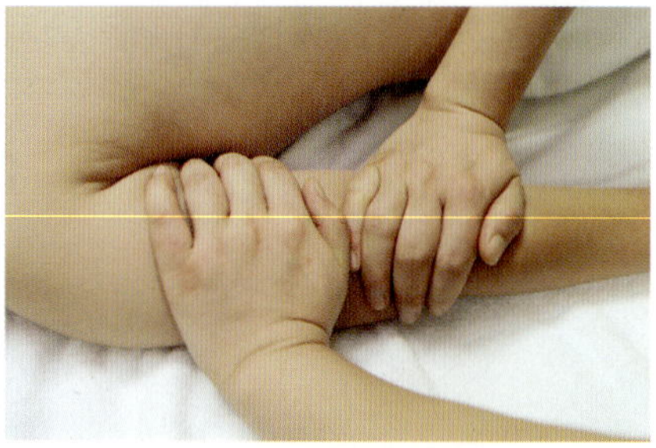

⑮ 팔의 상완에서 하완까지 양손의 호구를 이용하여 퍼올린다.

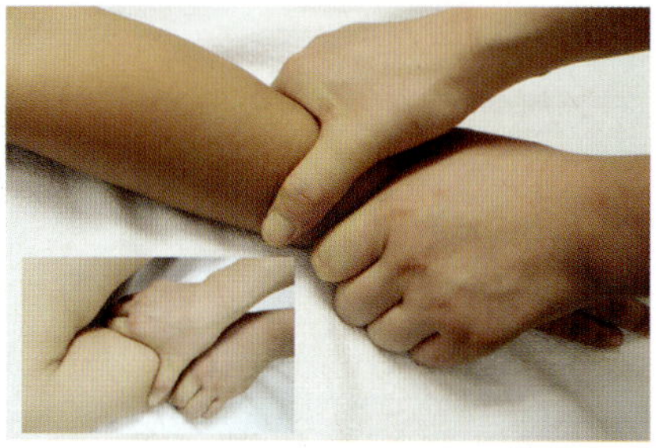

⑯ 팔 전체를 수장사지를 이용하여 쓸어 준다.

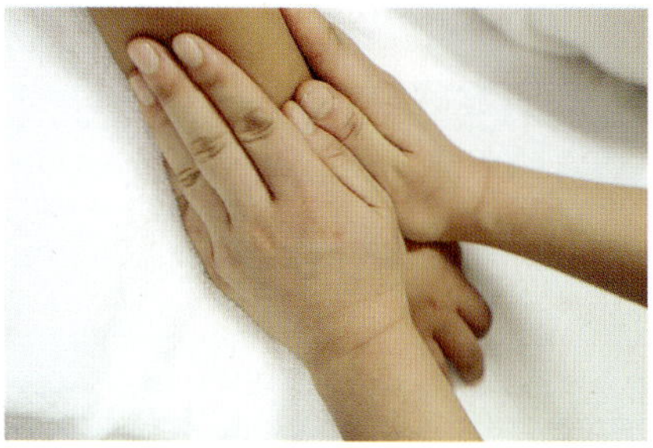

⑰ 반대편 팔을 ①~⑯번까지 반복한다.

5. 5단계 성장 마사지 - 스트레칭

자전거 타기, 팔과 다리 흔들어주기, 팔과 다리 스트레칭을 한다.

Check point

마사지 후 물 마시기

모든 마사지 관리가 끝난 후 원활한 노폐물 배출을 위하여 피시술자에게 미온수를 마시게끔 한다.

1. 성장 마사지 - 스트레칭 순서

① 손목을 잡고 팔을 위 아래로 떨어 준다.
(반대편 팔도 똑같이 한다.)

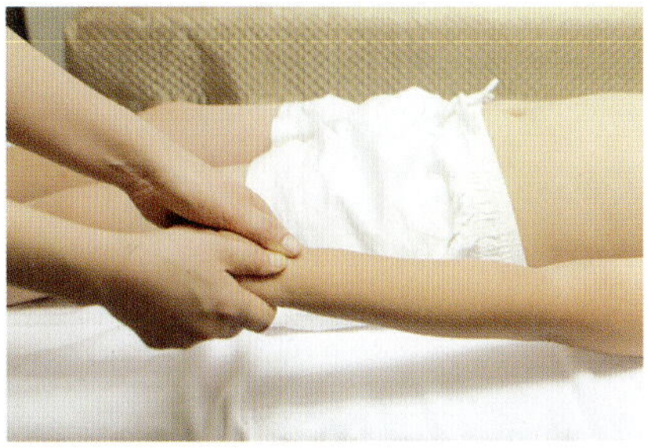

② 양팔을 머리 위로 들어올려서 팔을 위를 향해 스트레칭시킨다.

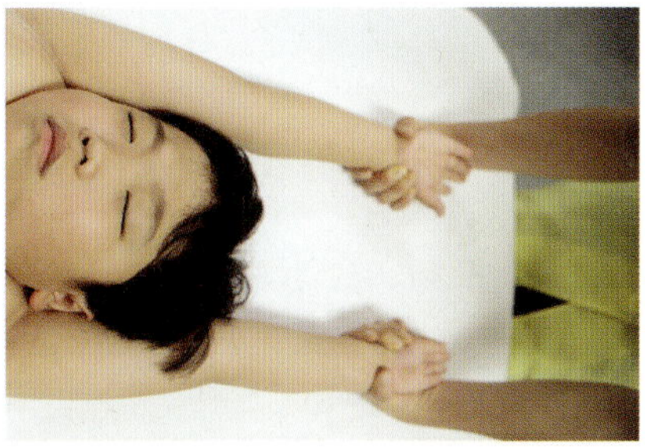

③ 한 손으로는 발목을 잡고 다른 한 손으로는 오금 밑을 잡아준 후 다리를 위아래로 흔들어 주고 다리를 당겨 준다.
(반대편 다리도 똑같이 반복한다.)

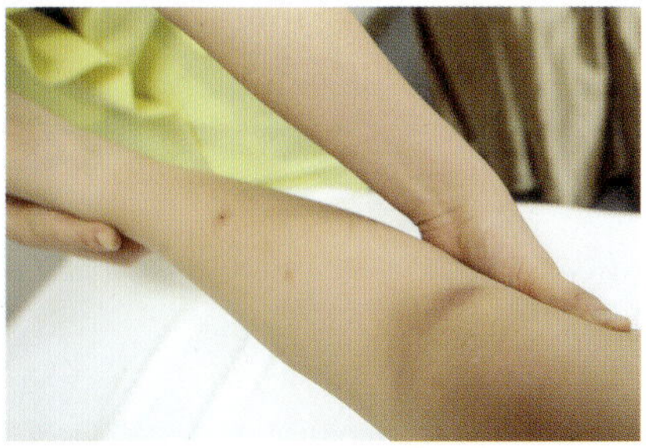

④ 양쪽발의 발목을 동시에 잡은 후 스트레칭을 시켜 준다.

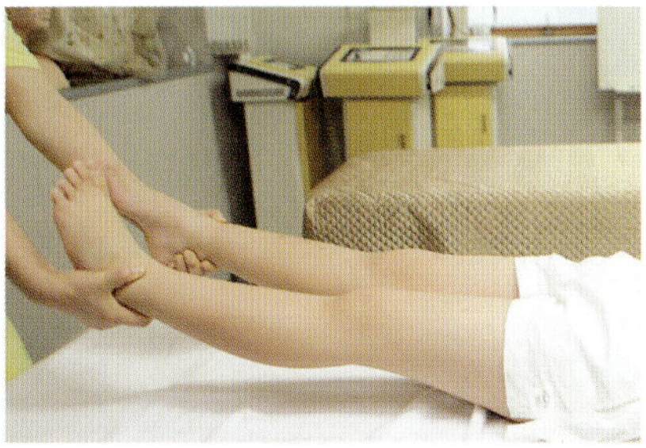

⑤ 자전거의 패달을 밟는 것처럼 다리를 들고 자전거를 타는 동작을 한다.

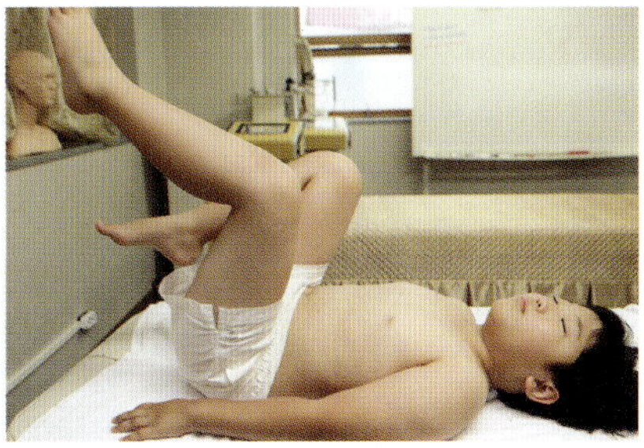

Chapter 5

비만 마사지

1단계 비만 마사지 – 두피 마사지
2단계 비만 마사지 – 등 마사지
3단계 비만 마사지 – 하체 마사지
4단계 비만 마사지 – 복부 마사지
5단계 비만 마사지 – 스트레칭

Chapter 5
비만 마사지

1. 1단계 비만 마사지 - 두피 마사지

아이를 편안하게 눕힌 후 아로마 오일향을 코로 흡입할 수 있도록 한다. 그러면 아로마향이 코로 흡입되어 대뇌를 자극해서 진정, 수면, 살균, 해독효과를 높여 줌으로써 면역계를 활성화시켜 주는 효과가 있으며, 아이가 마음이 편안한 상태가 되어 마사지를 받게 된다는 장점이 있다.

1. 이완단계 경혈점

태양, 인당, 백회

2. 비만 마사지 - 이완단계 순서

① 엄지를 이용하여 이마 가운데에서 바깥으로 (태양혈) 쓸어준 후, 태양혈을 지긋이 압한다.

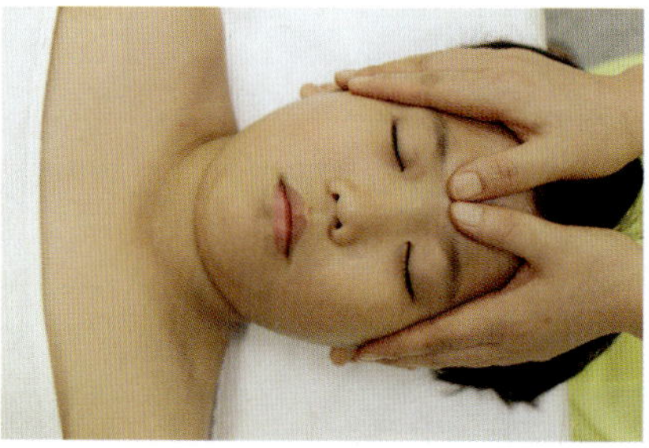

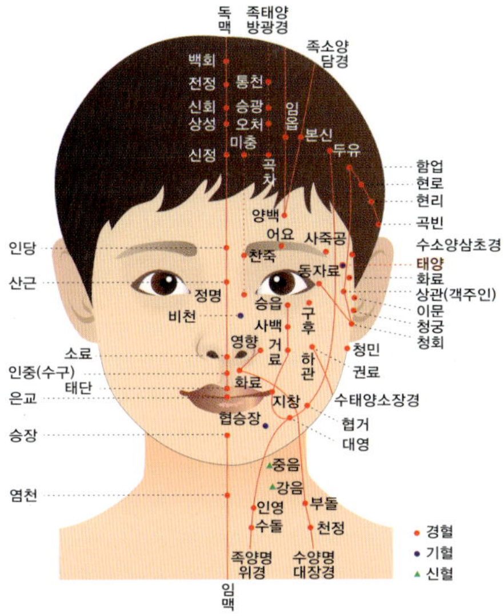

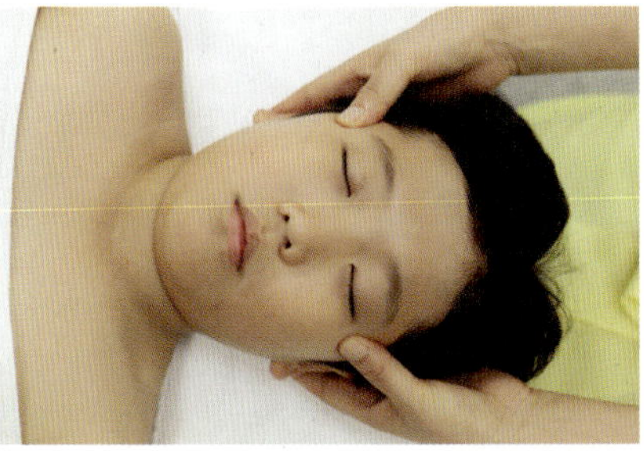

② 양 손의 모지복을 겹쳐서 경외기혈의 인당혈을 지긋이 압한다.

③ 양 손의 모지복을 겹쳐서 독맥의 백회혈을 지긋이 압한다.

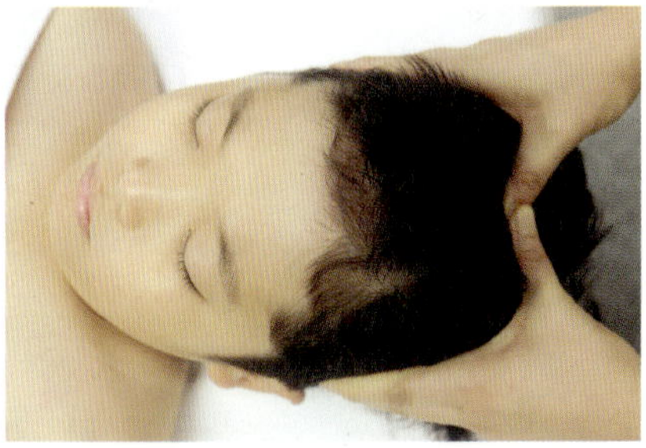

④ 모지복과 삼지복을 이용하여 후두부를 주무른다.

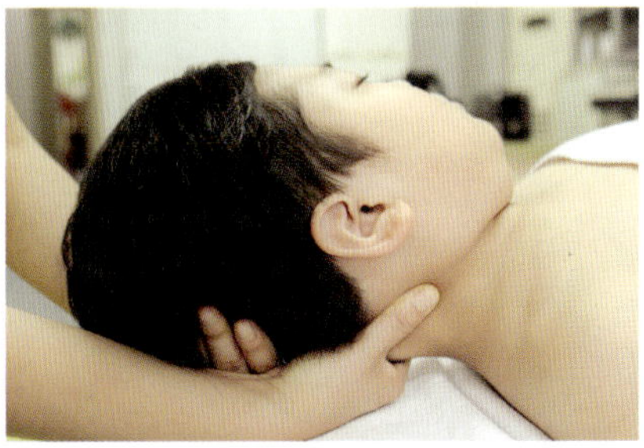

⑤ 삼지복을 이용하여 후두근을 스트레칭하듯이 위를 향해 당겨 준다.

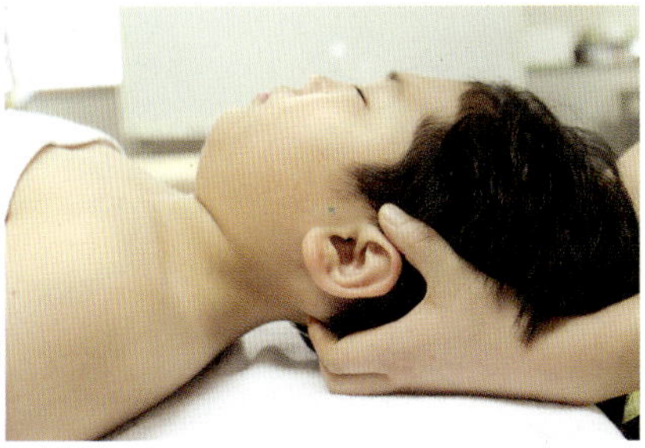

2. 2단계 비만 마사지 - 등 마사지

등 부위에는 족태양방광경과 독맥이 흐르고, 방광경에는 배수혈이라는 장부의 질병을 진단할 수 있는 진단점과 치료점이 분포되어 있다.

1. 등 마사지 경혈점

궐음유, 비유, 위유, 삼초유, 신수, 지실, 대맥, 명문, 기해유, 대장유, 소장유, 팔료혈, 환도, 장강, 승부

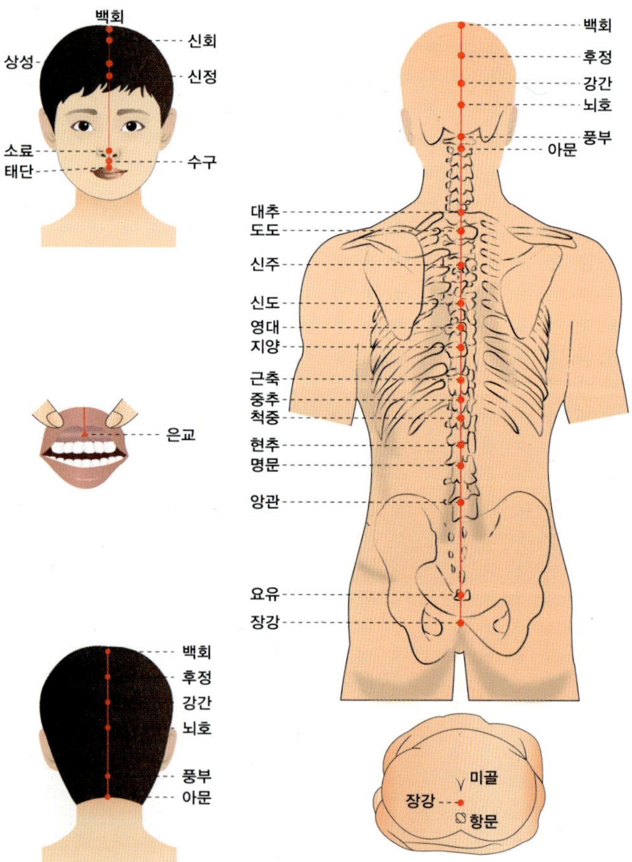

독맥

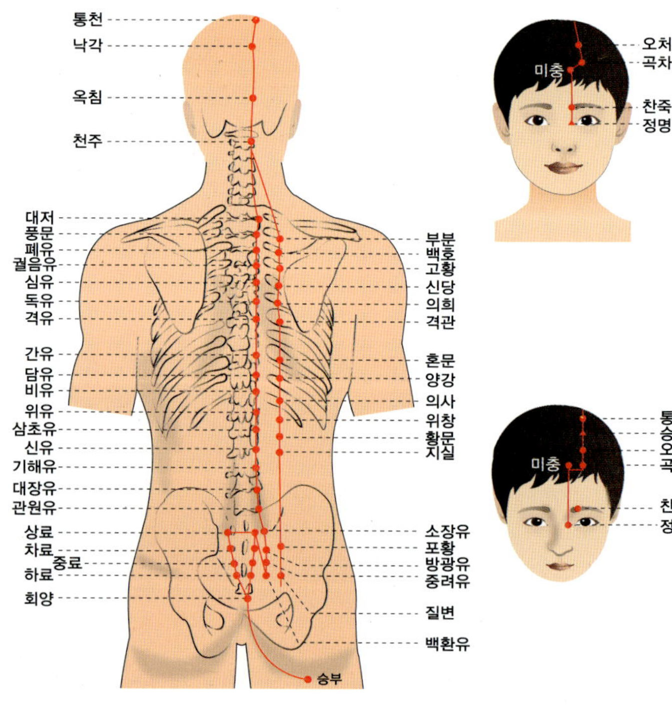

족태양방광경

① 오른손 모지복으로 경추를 풀어준다. 왼손 모지복으로 경추를 똑같이 풀어 준다.

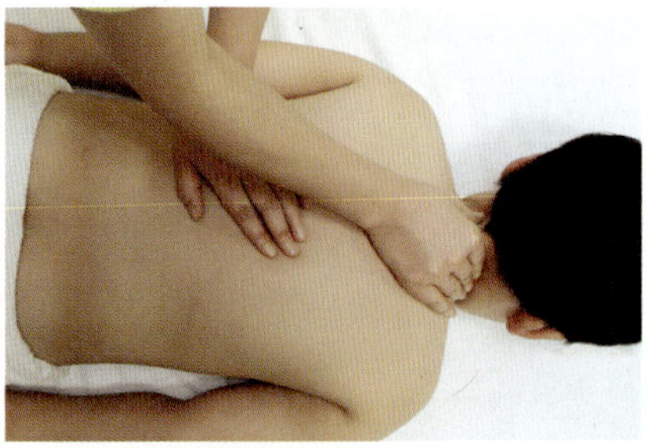

② 시술자의 모지복과 삼지복으로 목을 스트레칭 시켜서 목을 늘려 준다.

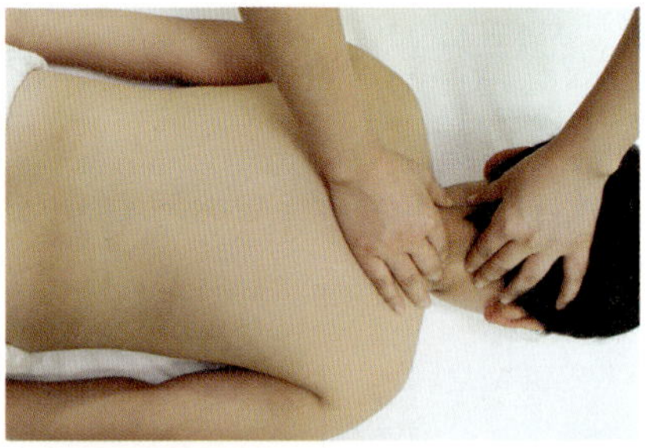

③ 수장사지를 이용하여 등 전체를 둔부를 향하여 오일을 도포하여 쓸어 준다.

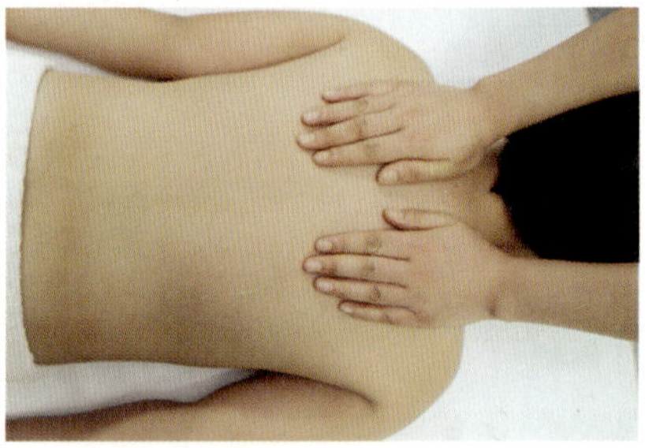

④ 양 어깨를 수근으로 문지른 후 양팔을 향해 쓸어내린다.

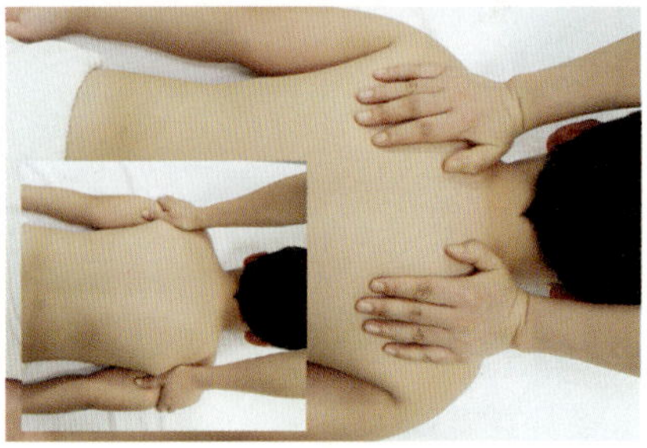

⑤ 모지복으로 독맥(척추)을 미골까지 천천히 쓸어내린다.

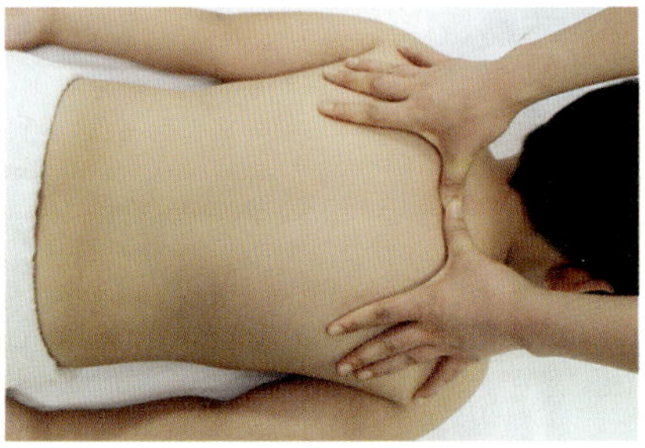

⑥ 모지복으로 독맥(척추)을 지그재그로 쓸어내
린다.

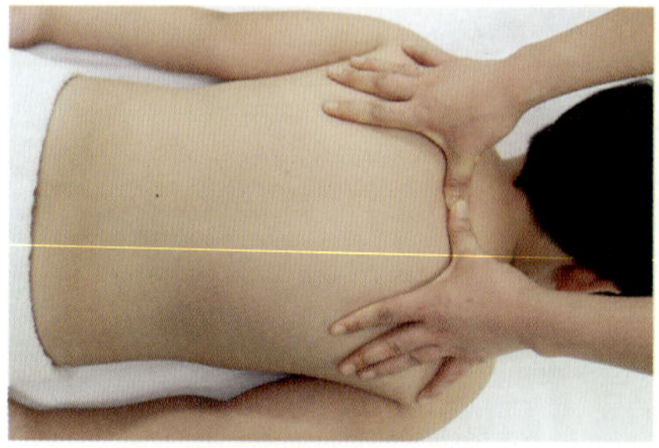

⑦ 방광경 1선을 모지복으로 쓸어내린다.

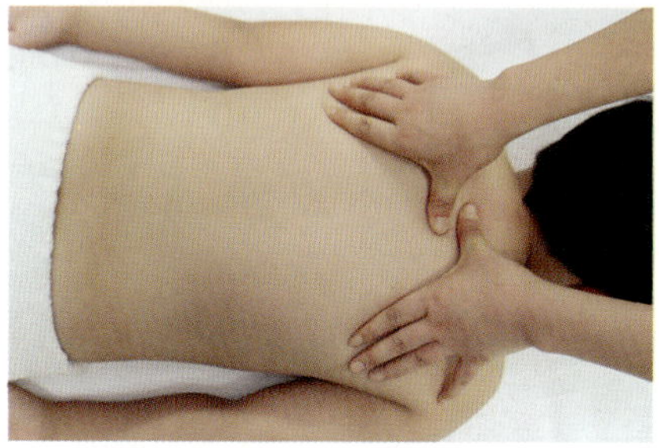

⑧ 방광경 1선을 지과로 굴리면서 쓸어내린다.

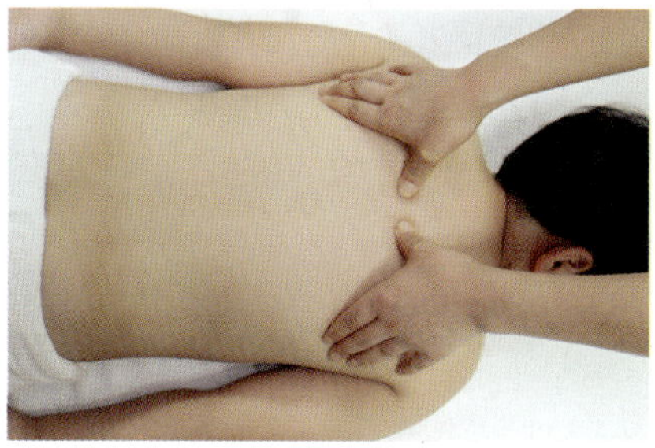

⑨ 독맥(척추)을 수장사지로 쓸어내린 후 독맥의
장강혈을 압한다.

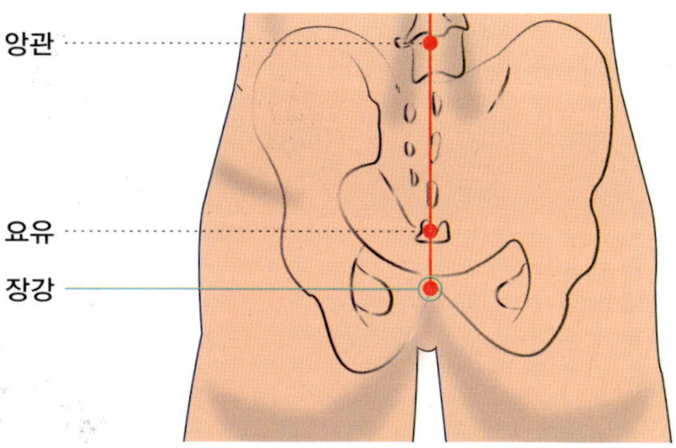

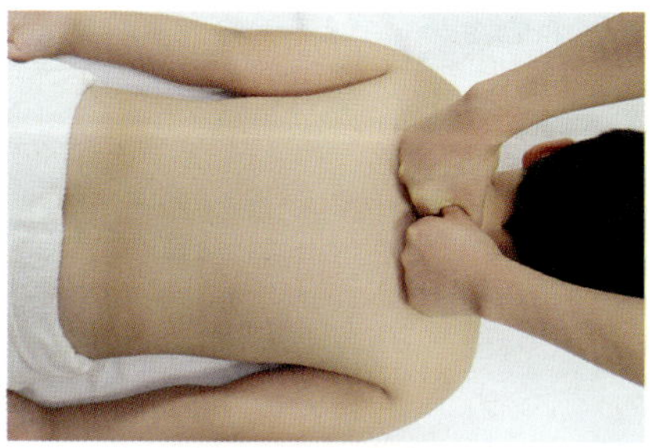

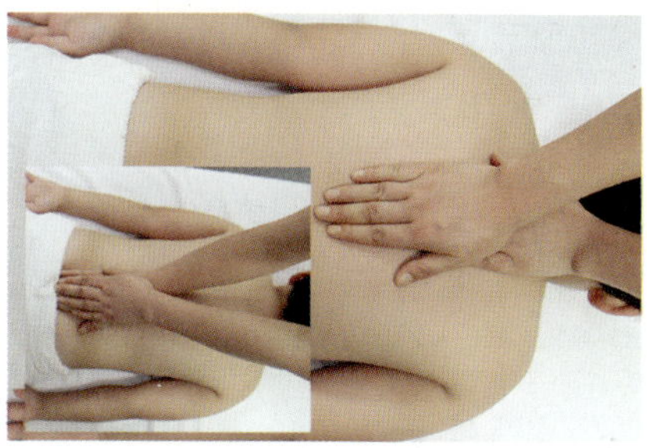

⑩ 모지복을 겹쳐서 독맥의 명문혈을 지긋이 압한다.

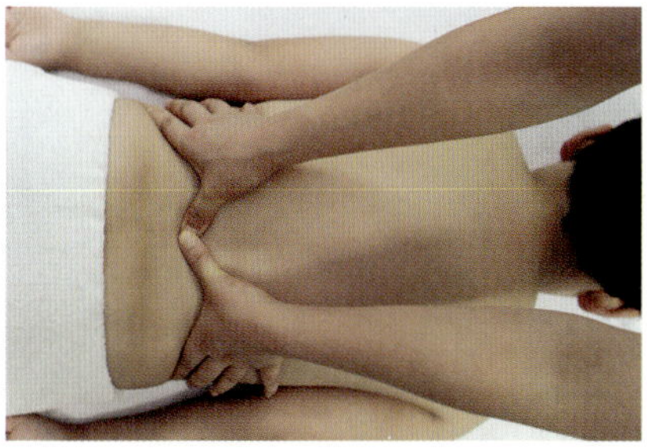

⑪ 수장사지로 방광경 1선을 쓸어내린다.

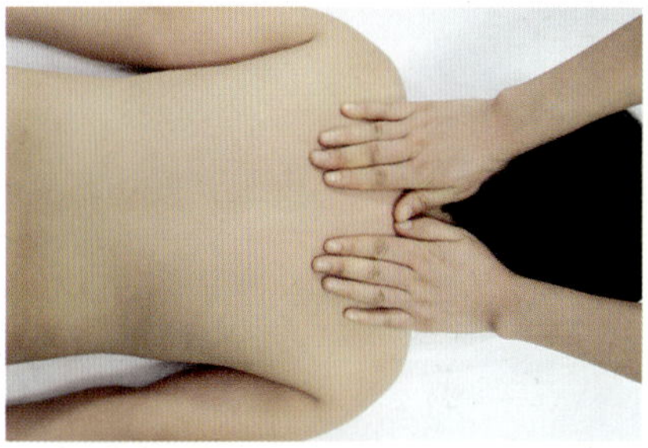

⑫ 모지복을 겹쳐서 족태양방광경의 궐음유, 비유, 위유, 삼초유, 신유, 기해유, 대장유, 소장유, 지실혈을 지긋이 압한다.

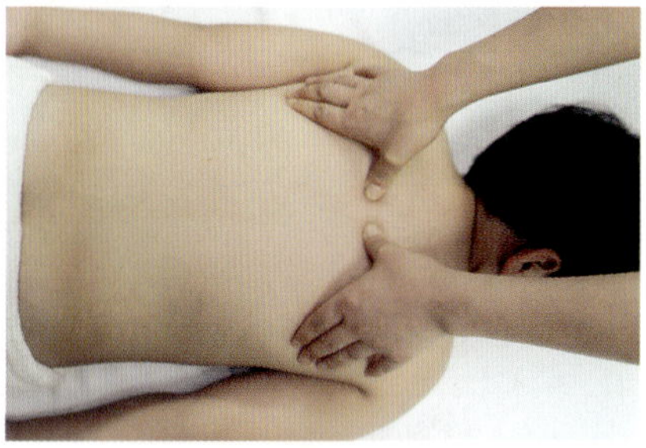
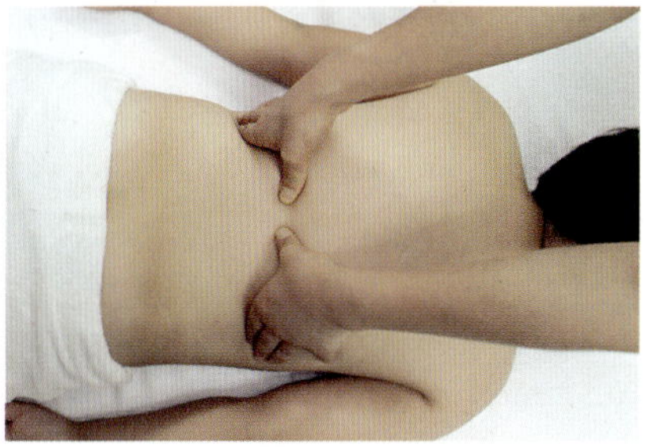
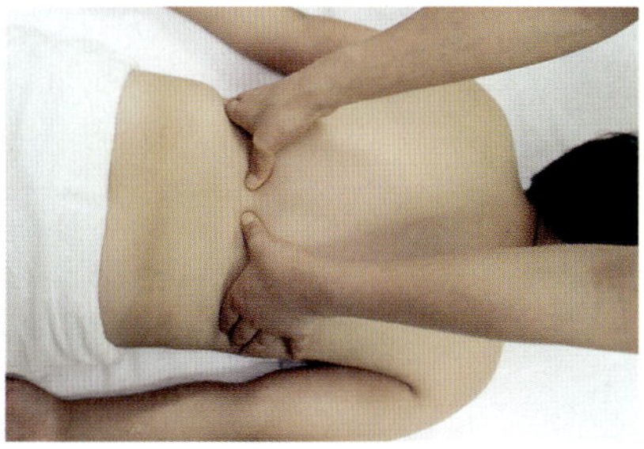

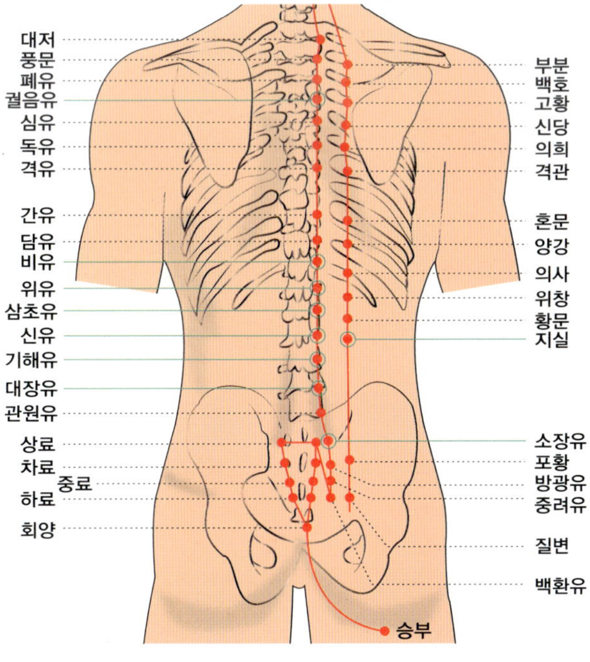

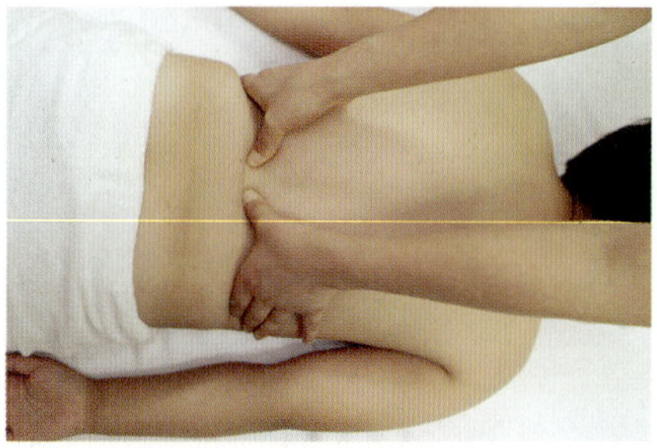

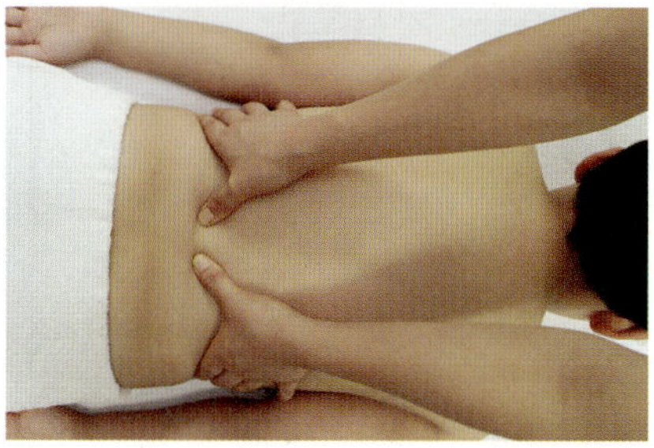

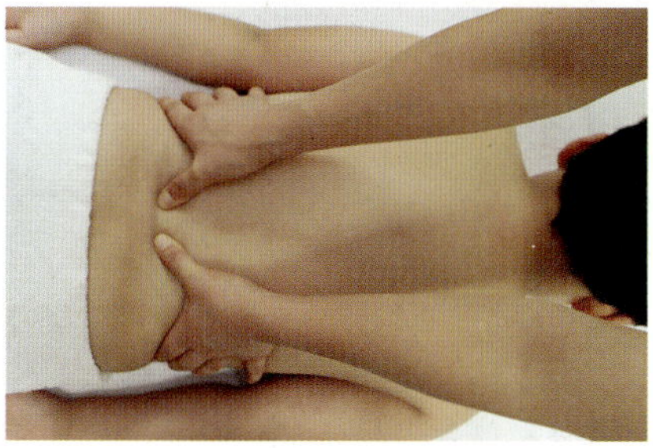

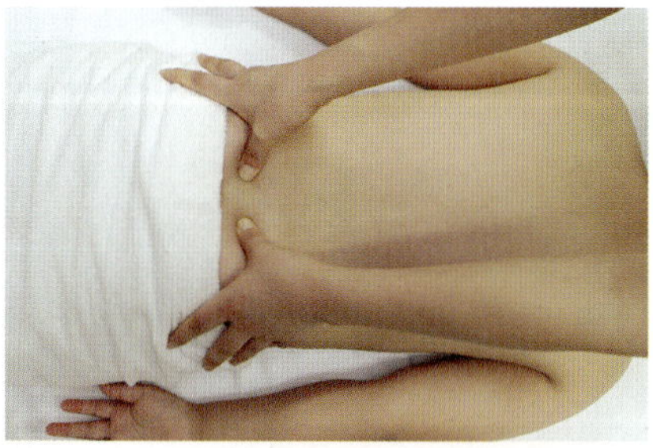

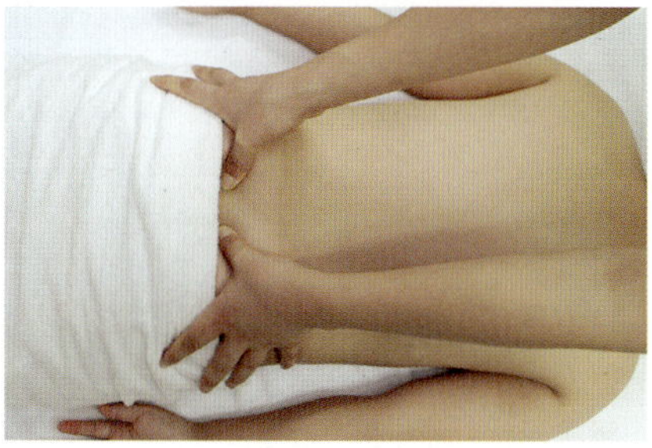

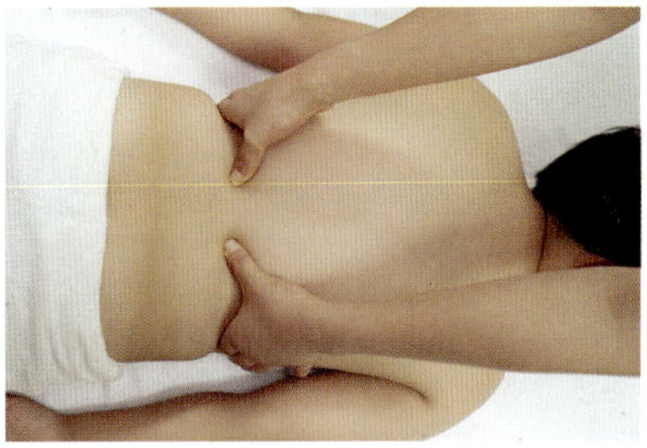

⑬ 시술자는 피시술자의 옆으로 이동해서 방광경 1선을 수장사지를 이용하여 쓸어준다.

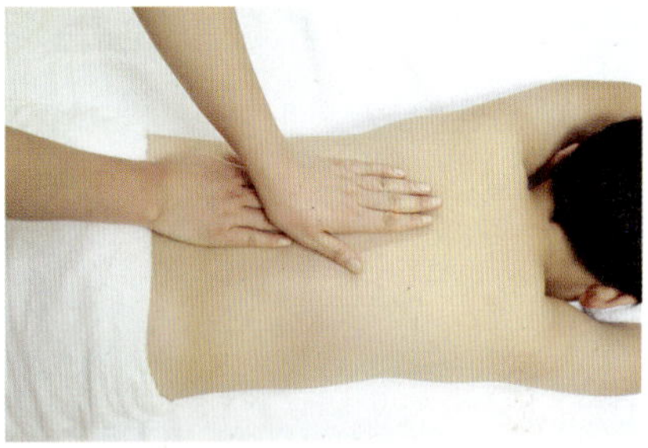

⑭ 독맥과 방광경의 중간지점에 있는 경외기혈의 협척혈을 집기방법으로 엄지와 검지를 이용하여 촘촘히 집어 준다.

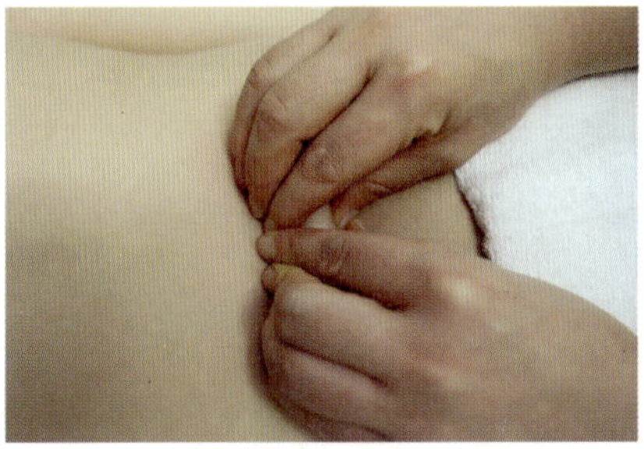

⑮ 등을 3등분하여 척부로 등 전체를 쓸어 올려 주고, 내려 준 후 다시 쓸어내려 준다.

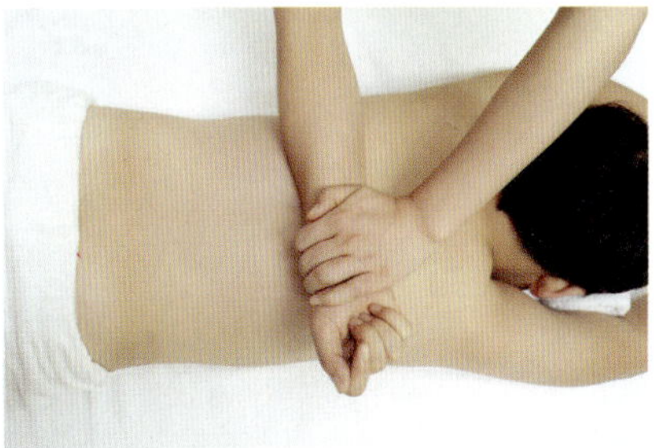

⑯ 담경라인(옆구리)을 모지복과 사지복으로 반죽하듯이 주무른다.

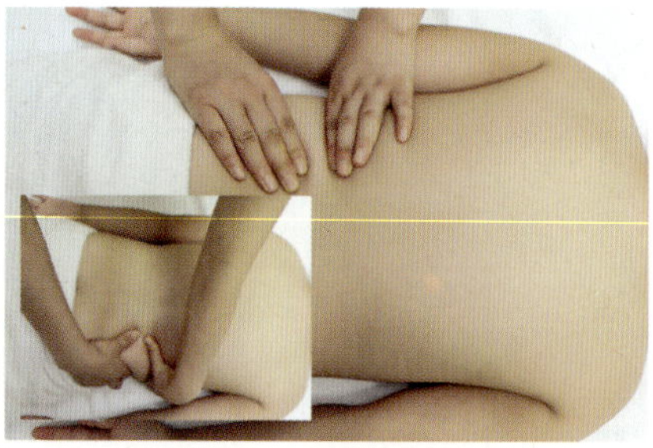

⑰ 지과를 이용하여 장골릉에서 족소양담경의 대맥을 향하여 쓸어내린 후 소지측으로 쓸어내린다.

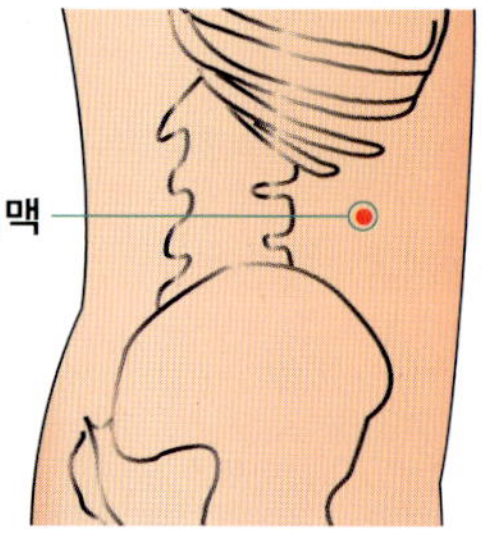

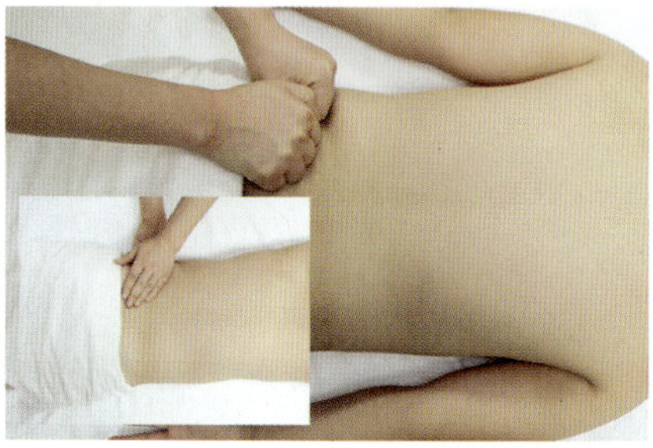

⑱ 모지복으로 족소양담경의 환도혈을 압하고, 수장으로 압한다.

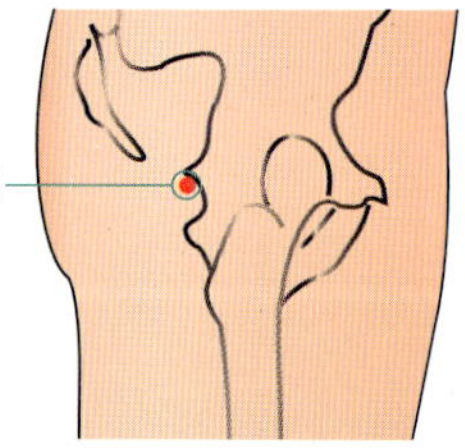

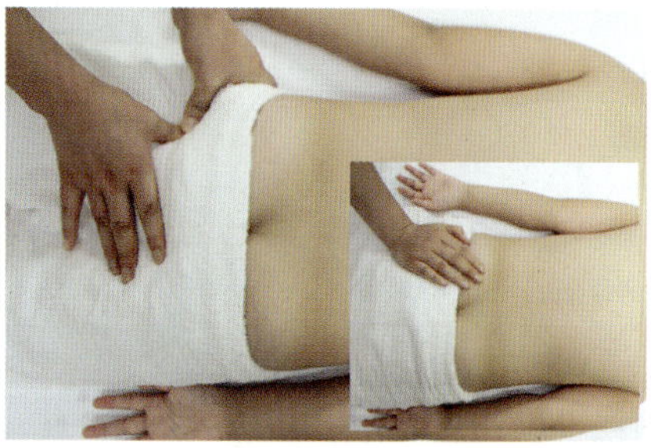

⑲ 족태양방광경의 승부혈을 모지복으로 압하고 수근으로 문질러 준다.

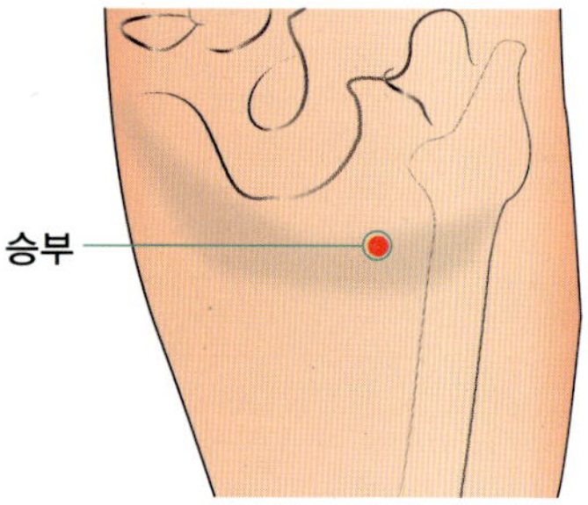

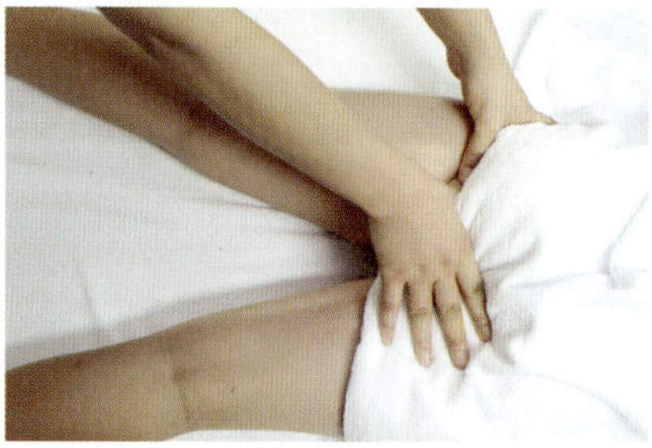

⑳ 족태양방광경의 팔료혈(상료, 차료, 중료, 하료) 부위를 소지측으로 마찰해 준다.

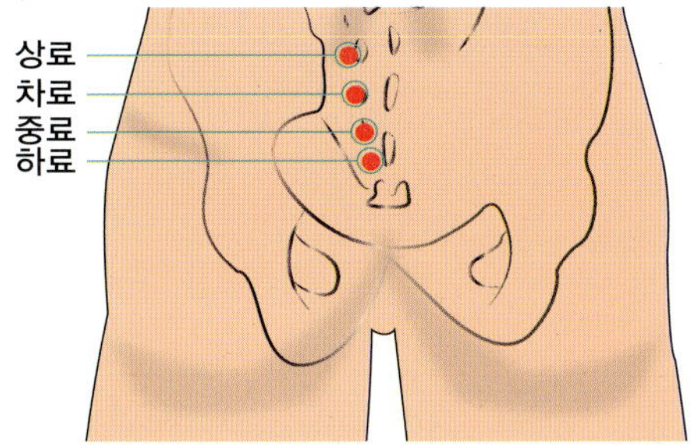

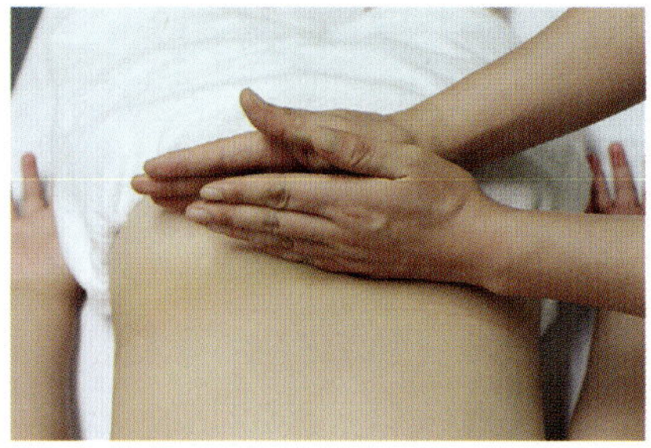

㉑ 반대편을 ⑬~⑳번까지 반복한다.

3. 3단계 비만 마사지 - 하체 마사지

등에서부터 다리 뒷면까지 흐르는 방광경을 마사지함으로써 혈액순환을 촉진시키면 신체조직의 산소와 영양분의 이동이 용이해져서 체내 독소배출과 노폐물 제거에 효과를 주며, 부종과 체지방률을 감소시킬 수 있다. 부종관리에는 등과 하체 후면의 관리가 중요하다.

1. 하체 마사지 경혈점

승부, 은문, 위중, 승근, 승산, 용천, 상구, 구허, 현종, 광명, 외구, 양릉천, 삼음교, 누곡, 지기, 음릉천, 혈해, 기문, 풍시, 비관

Check point

비만관리시 포인트 경혈점

① 날씬한 종아리를 만드는 경혈점 : 해계, 태계, 구허, 현종, 광명, 삼음교, 누곡, 지기, 아킬레스건을 지압

② 종아리 부종을 빼는 경혈점 : 승산, 승근, 위중, 용천혈 지압

③ 날씬한 허벅지를 만드는 경혈점 : 비관, 풍시, 기문, 혈해 지압

④ 힙업을 시키는 경혈점 : 장강, 승부, 은문 지압

2. 비만 마사지 - 하체(후면) 마사지 순서

① 다리 전체에 오일을 바르며 수장사지를 이용하여 쓸어 준다.

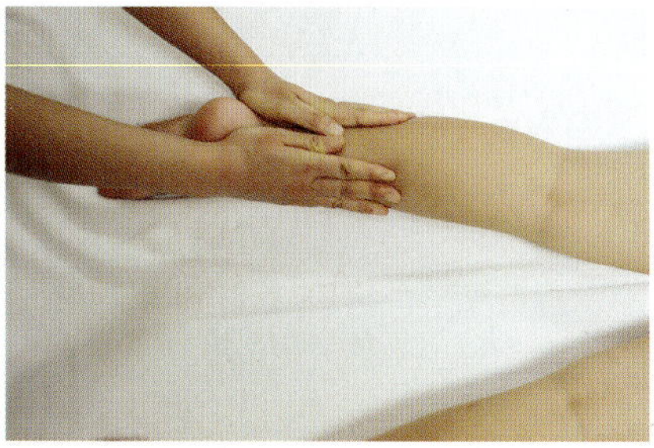

② 다리바깥쪽의 족외과의 위에서부터 오금까지를 시술자의 한 손의 수장사지를 이용하여 쓸어 준다. 다리 안쪽은 반대편 손으로 해준다.

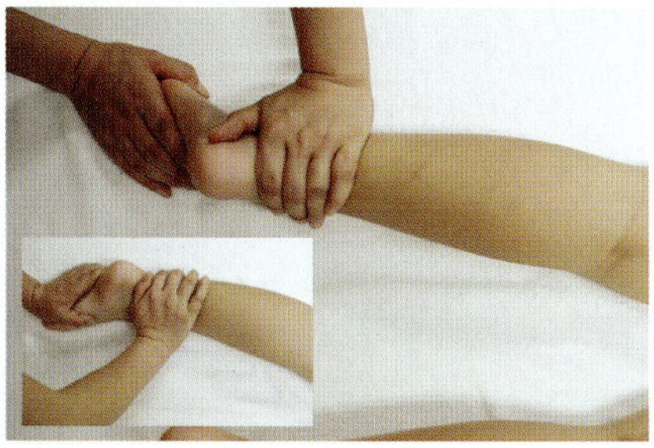

③ 발목에서 오금까지를 모지구를 이용하여 부채살 모양으로 쓸어 준다.

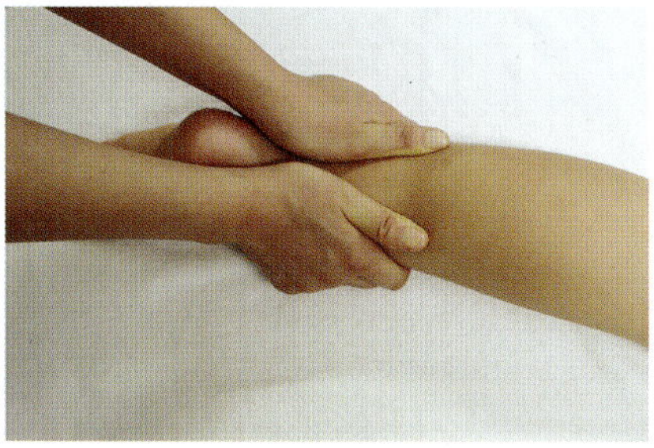

④ 호구를 이용하여 발목에서 종아리를 펴올려 준다.

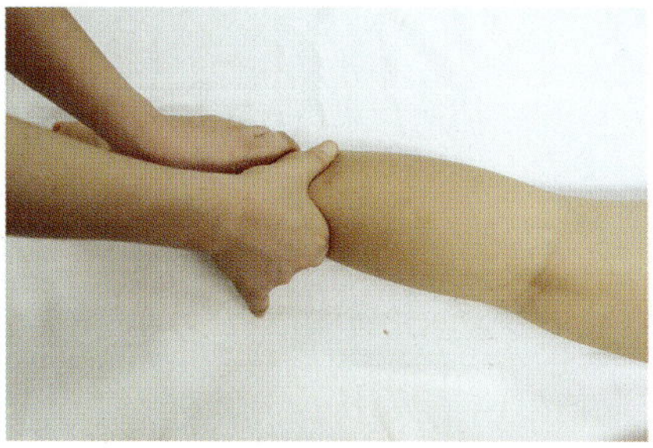

⑤ 모지복을 겹쳐서 쓸어 올리며 족태양방광경의 승산, 승근, 위중혈을 지긋이 압한다.

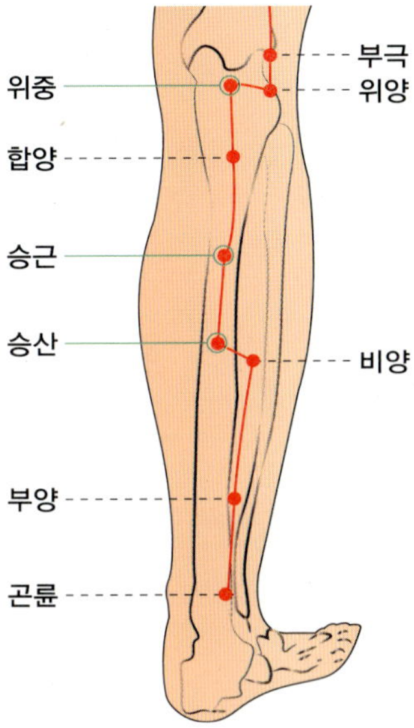

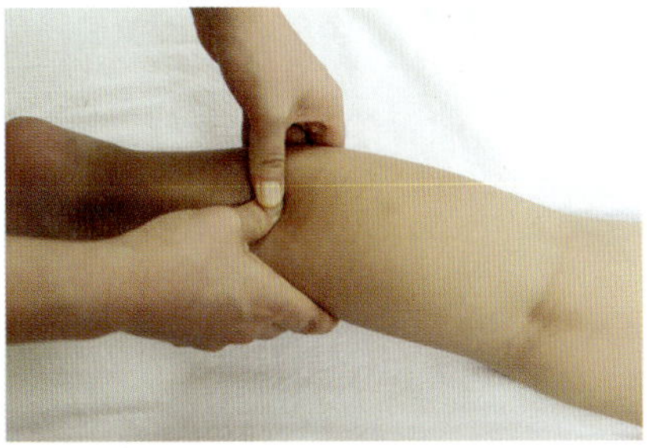

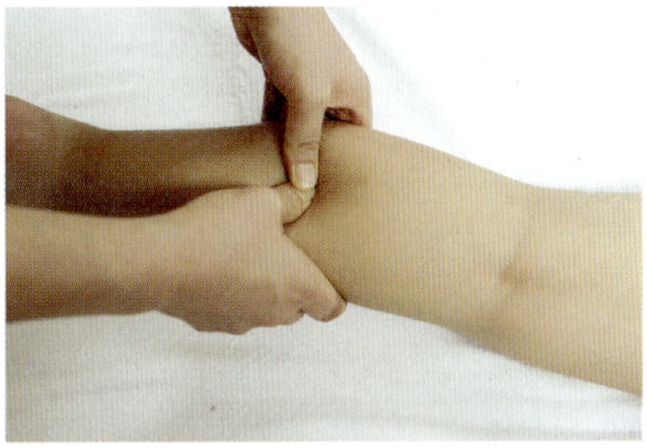

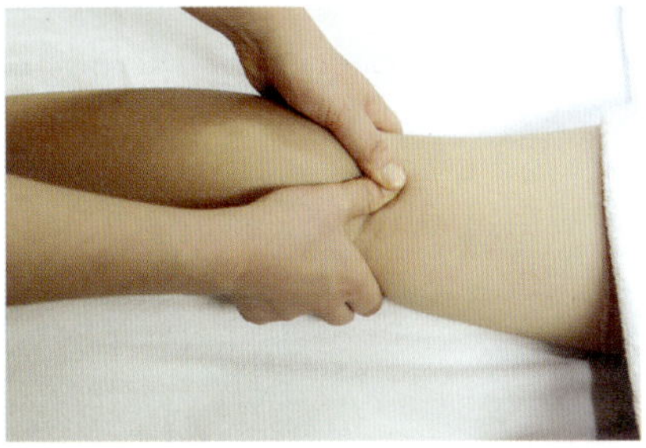

⑥ 허벅지를 수장사지를 이용하여 쓸어 준다.

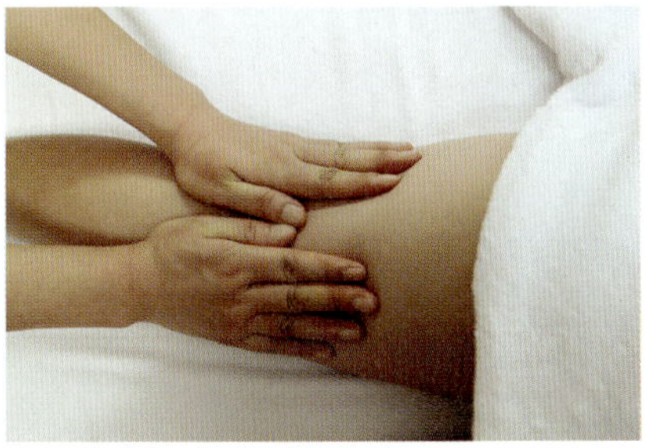

⑦ 오금에서부터 승부혈(엉덩이 아래)까지 모지구를 이용하여 부채살 모양으로 쓸어 준다.

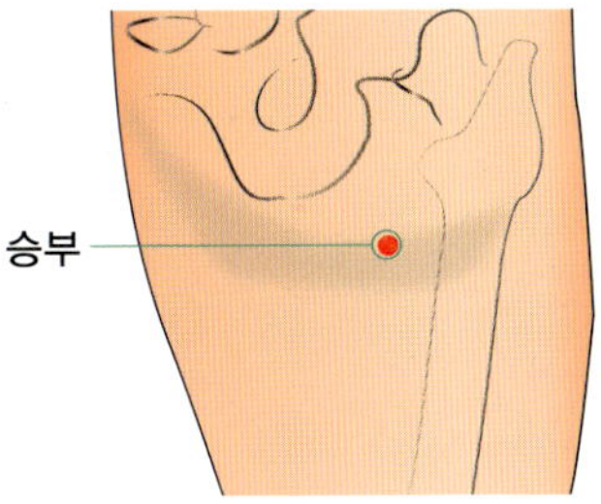

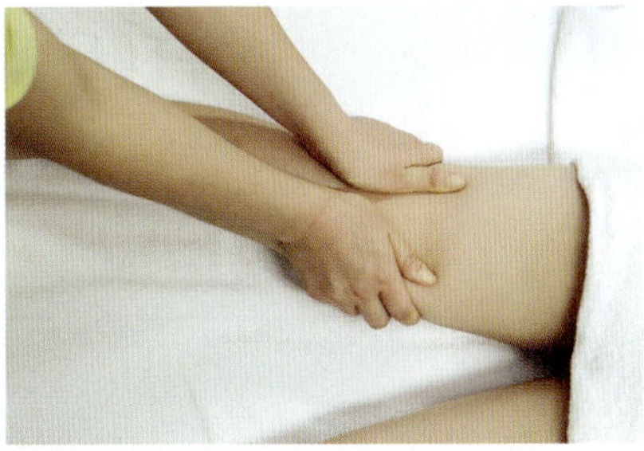

⑧ 허벅지를 양 손의 호구를 이용하여 퍼올린다.

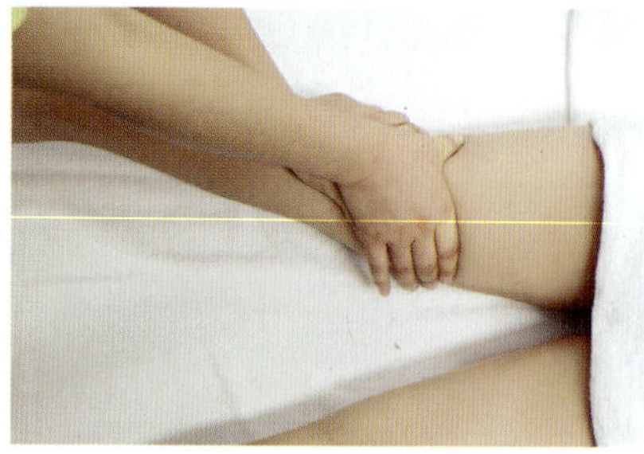

⑨ 모지복을 겹쳐서 오금에서부터 은문혈로 쓸어 올린 후, 족태양방광경의 은문혈을 지긋이 압한다. 그리고 족태양방광경의 승부혈로 쓸어 올려 승부혈을 지긋이 압한다.

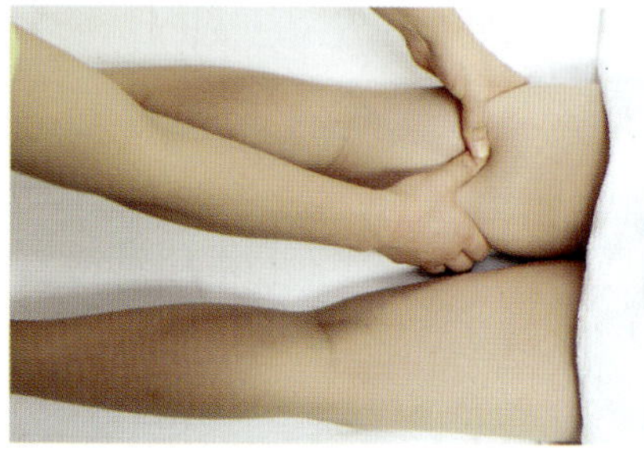

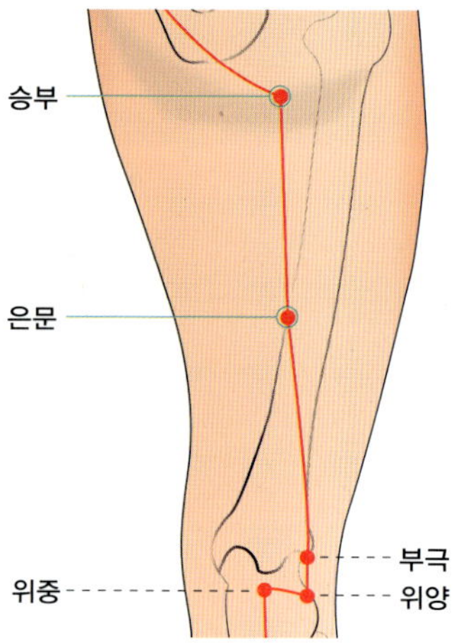

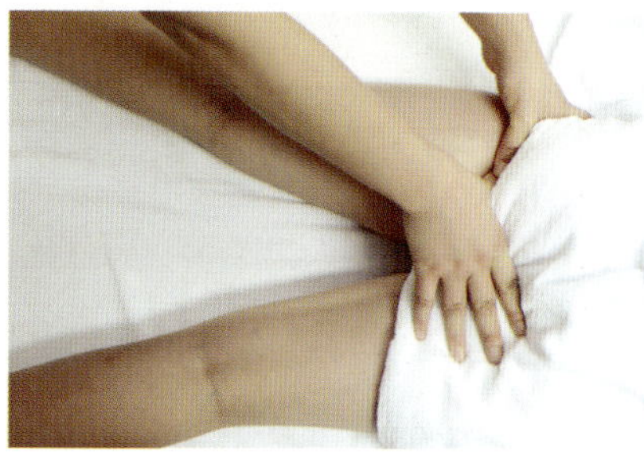

⑩ 수장사지로 다리 안쪽으로 쓸어 내린다.

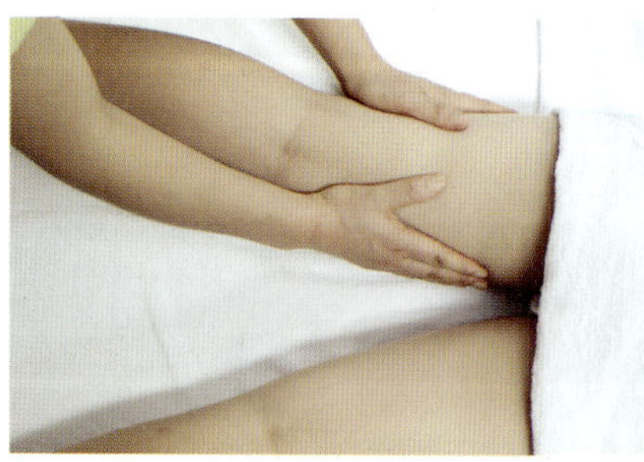

⑪ 척부로 방광 경락을 따라서 허벅지에서 발뒤꿈치까지 쓸어 내린다.

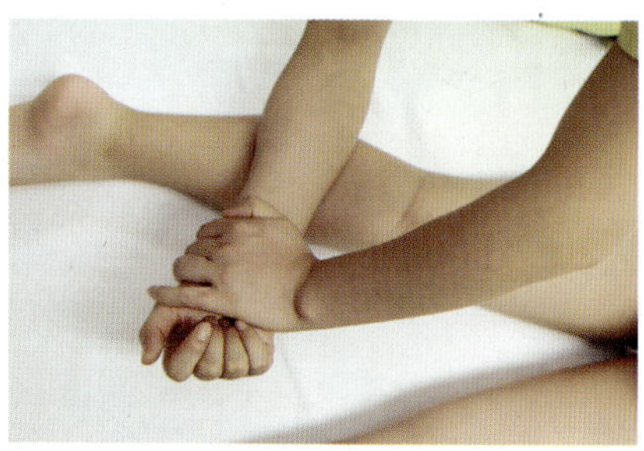

⑫ 발뒤꿈치를 양손의 호구부위를 이용하여 짜준다.

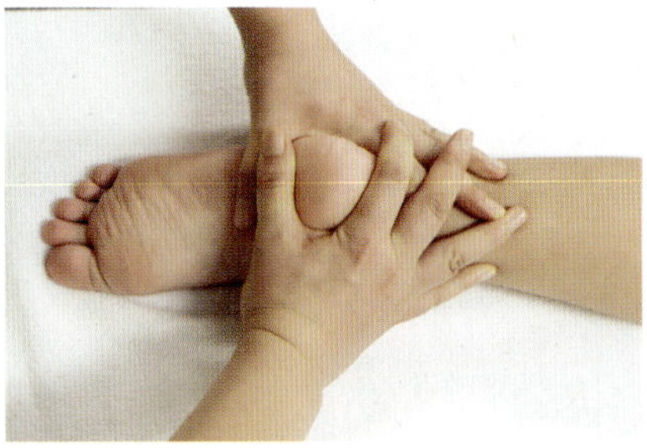

⑬ 삼지복을 이용하여 족내과(복숭아뼈 안쪽)와 족외과(복숭아뼈 바깥쪽)를 원을 그리듯이 굴려 준다.

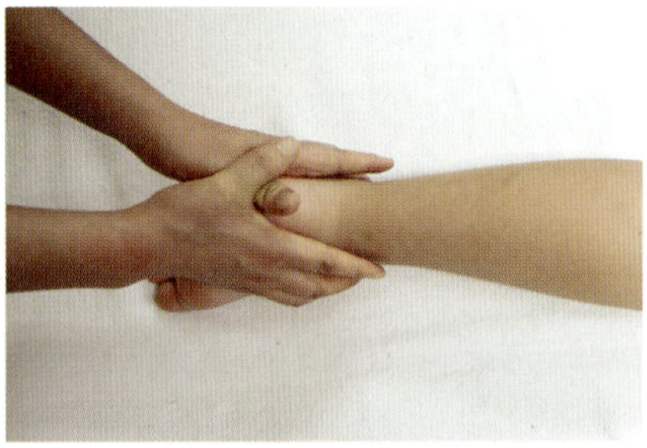

⑭ 발바닥 전체를 모지복을 이용하여 압을 주며 쓸어 내린다.

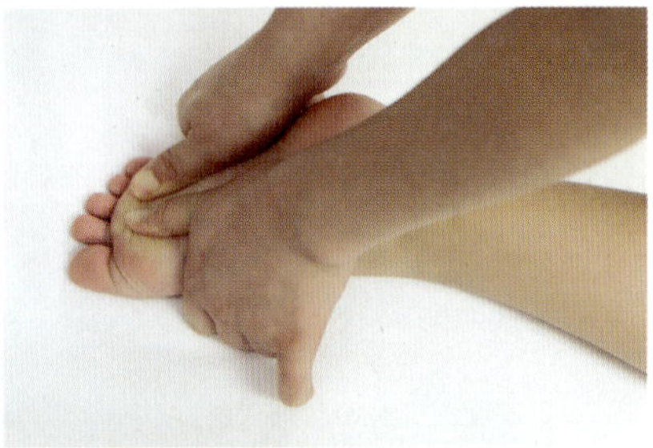

⑮ 족소음신경의 용천혈을 2지과(또는 모지복)로 지압을 한다.

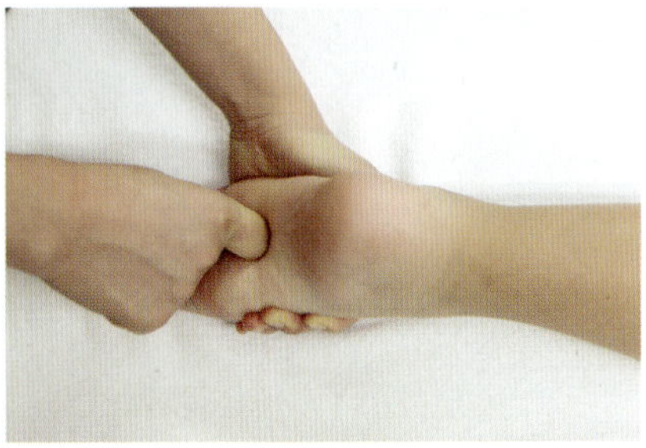

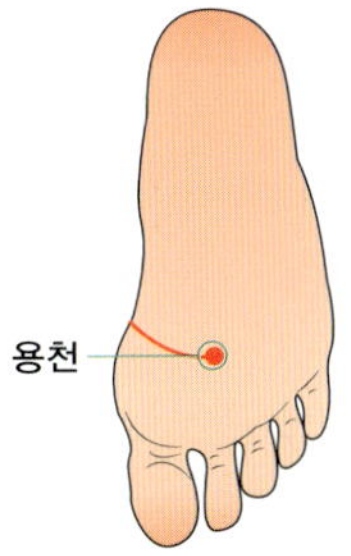

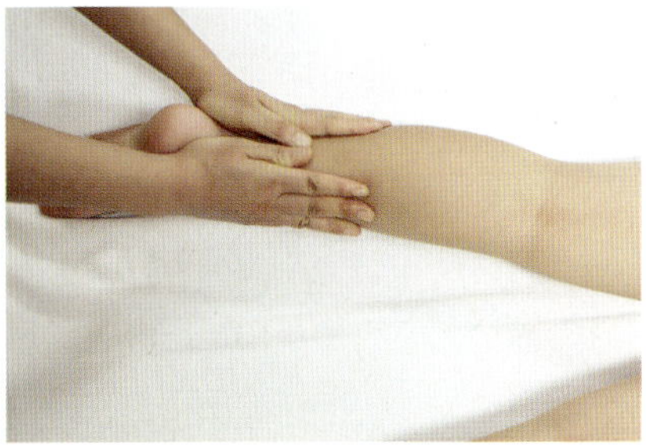

⑯ 수장사지를 이용하여 다리 전체를 쓸어 준다.

⑰ 반대편 다리를 ①~⑯번까지 반복한다.

3. 비만 마사지 - 하체(전면) 마사지 순서

① 수장사지를 이용하여 다리 앞면 전체에 오일을 도포하면서 쓸어 준다.

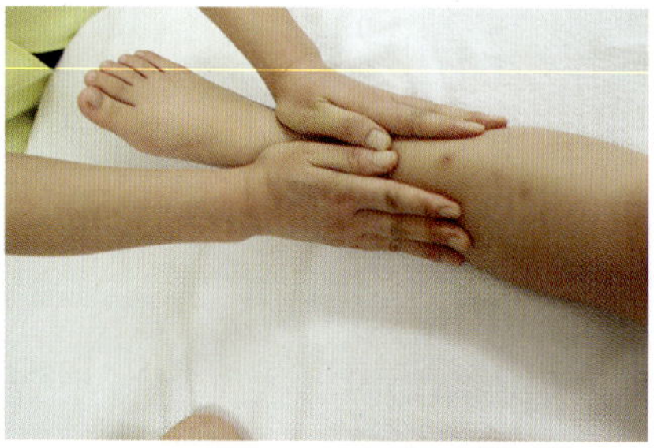

② 다리 내측을 족내과(복숭아뼈 안쪽)에서 슬관절까지 수장사지로 쓸어 준다.

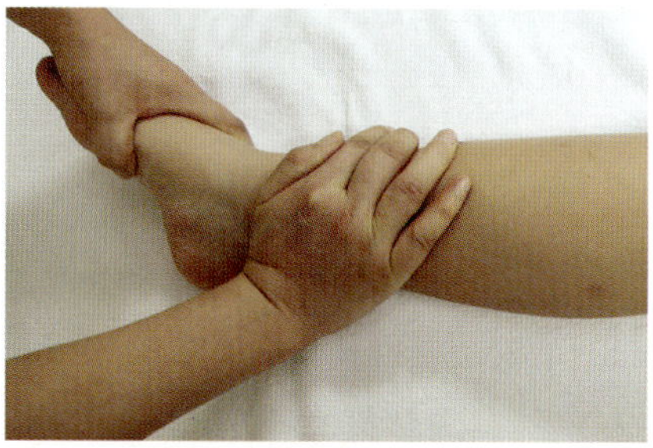

③ 다리 외측을 족내과(복숭아뼈 바깥쪽)에서 슬관절까지 수장사지로 쓸어 준다.

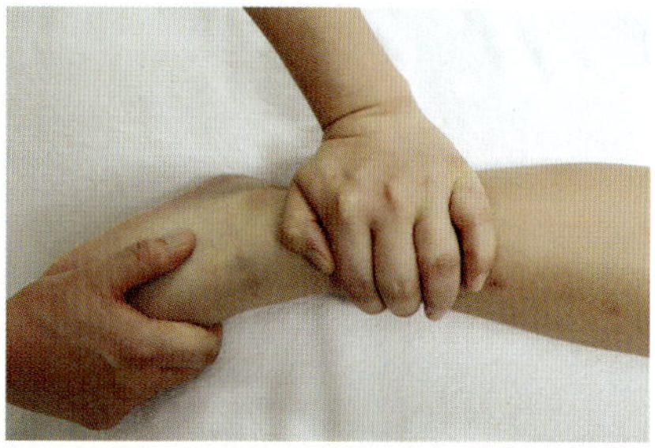

④ 다리 내측에 위치한 족태음비경의 상구혈을 모지복을 이용하여 지긋이 압한 후, 다리 외측 족소양담경의 구허혈을 모지복을 이용하여 지긋이 지압한다.

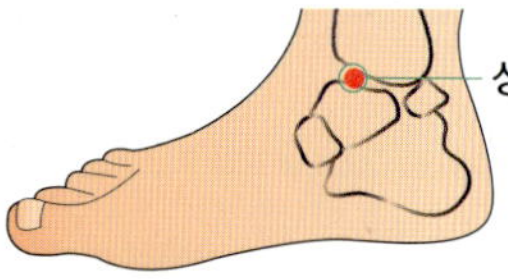

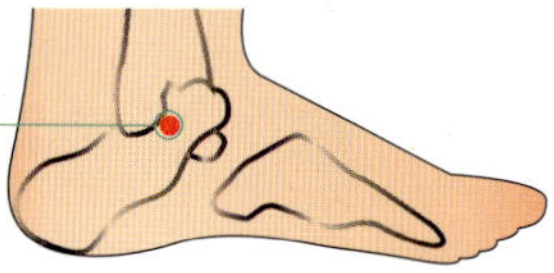

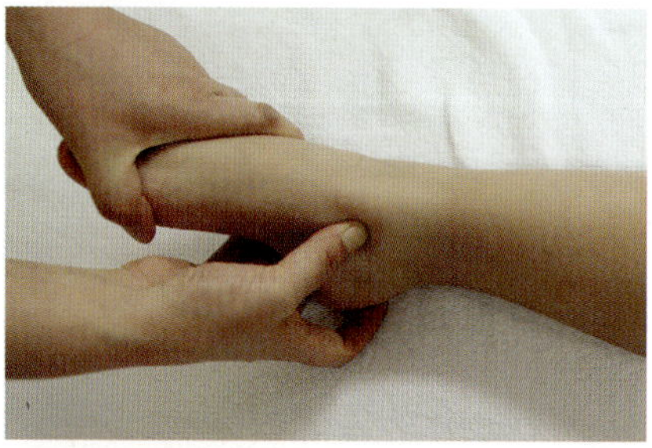

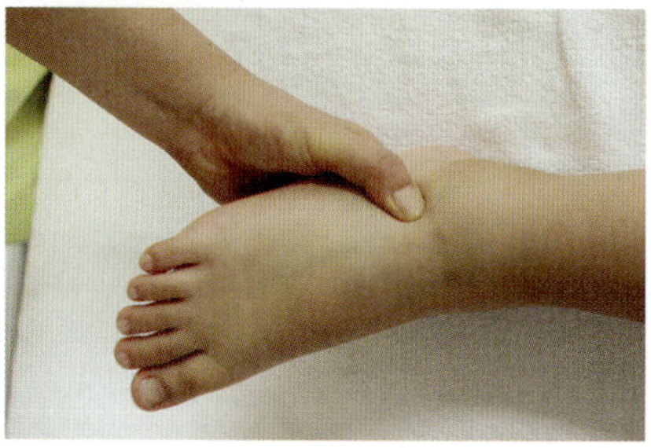

⑤ 다리 바깥쪽에 위치한 족소양담경의 현종, 광명, 외구, 양릉천혈을 모지복을 이용하여 지긋이 지압한다.

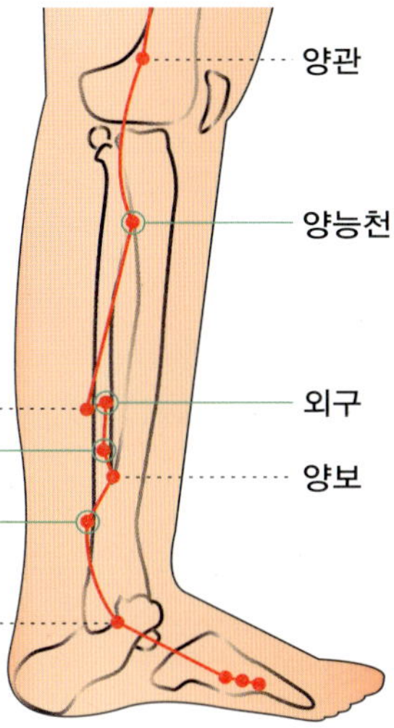

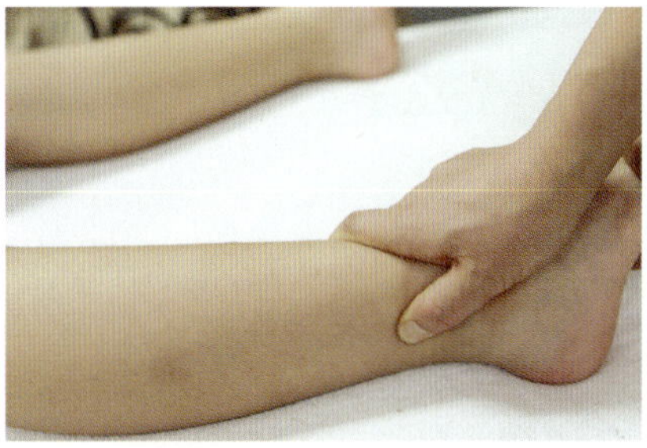

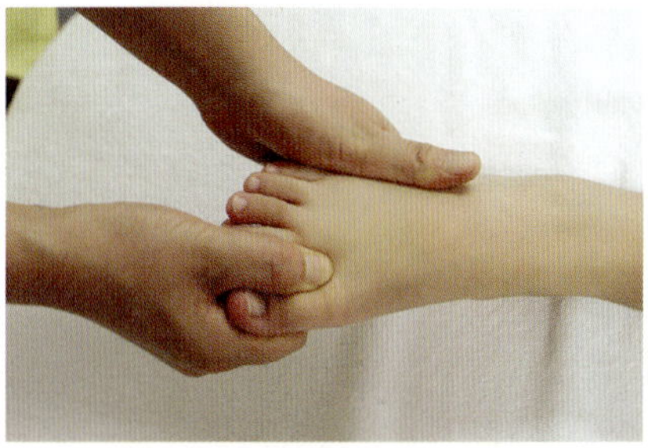

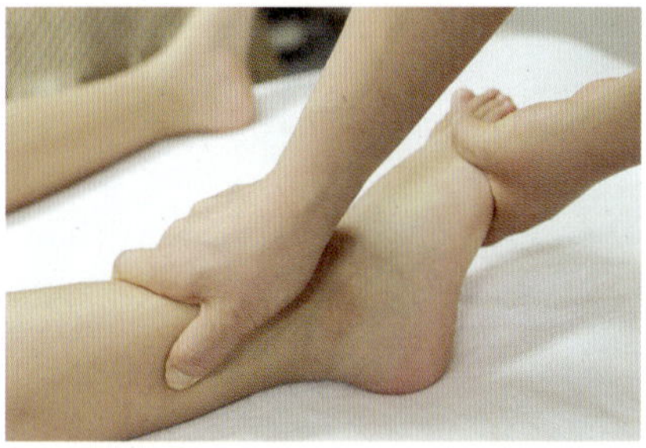

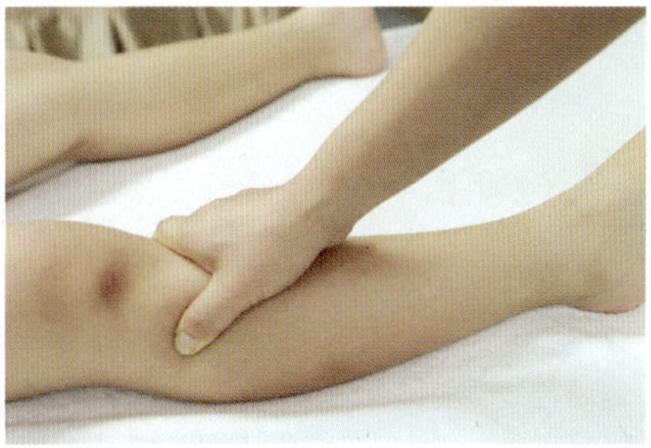

⑥ 다리 안쪽에 위치한 족태음비경의 삼음교, 누곡, 지기, 음릉천혈을 모지복을 이용하여 지긋이 지압하고 수근으로 문지른다.

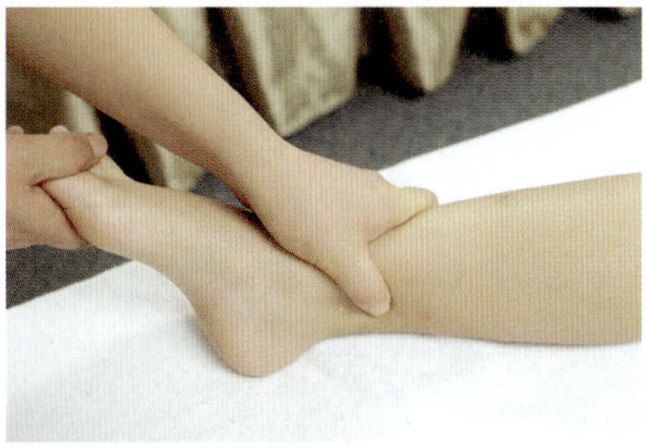

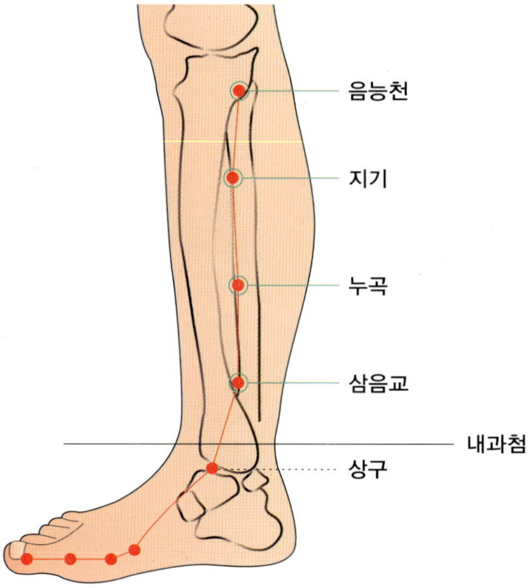

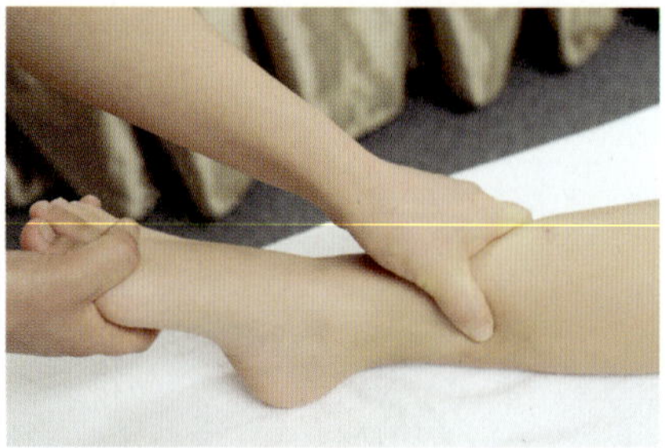

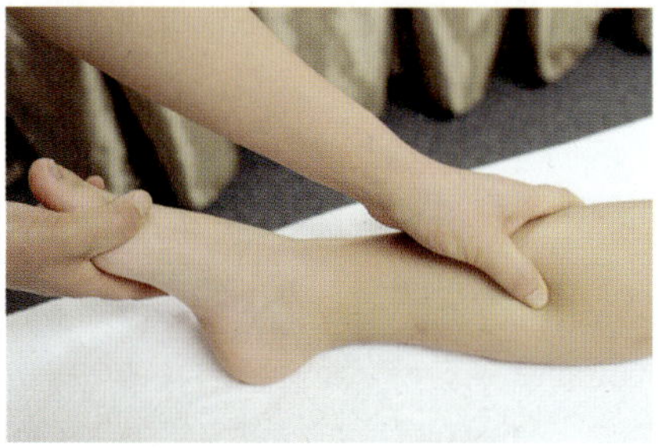

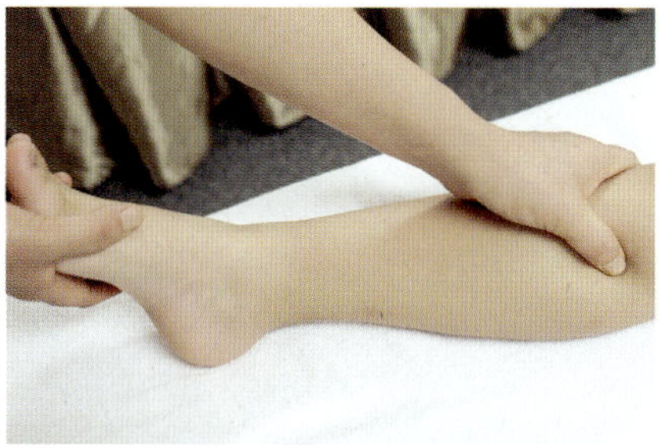

⑦ 전경골근(앞 정강근)을 시술자의 왼손을 모지복을 이용하여 다리 안쪽을 밀어 올려준 후 시술자의 오른손으로 다리 바깥쪽도 똑같이 해준다.

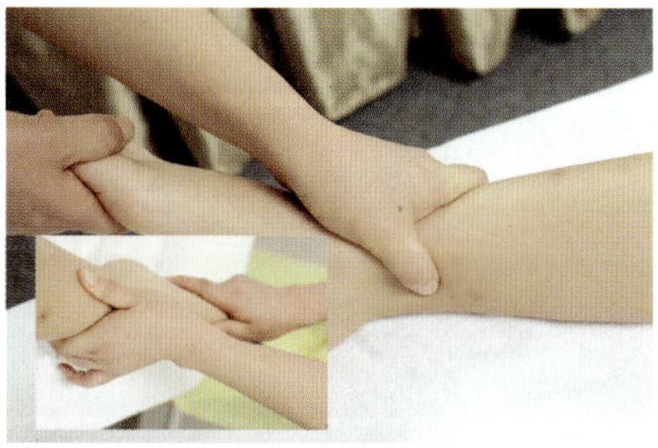

엄지와 검지의 호구 부분을 이용하여 무릎을 지그재그로 쓸어 준다.

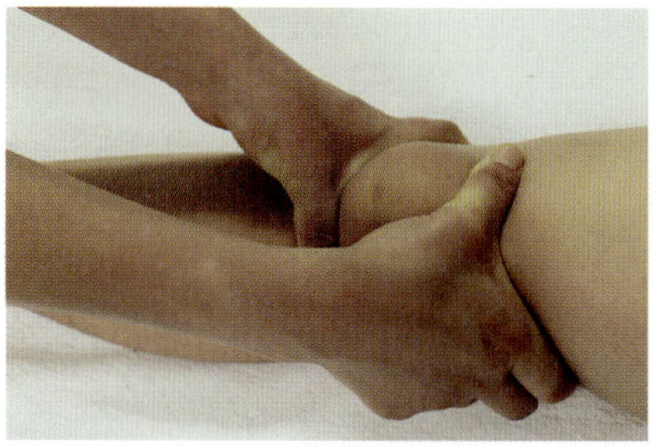

⑧ 무릎 위에서부터 허벅지 전체를 수장사지로 쓸어 준다.

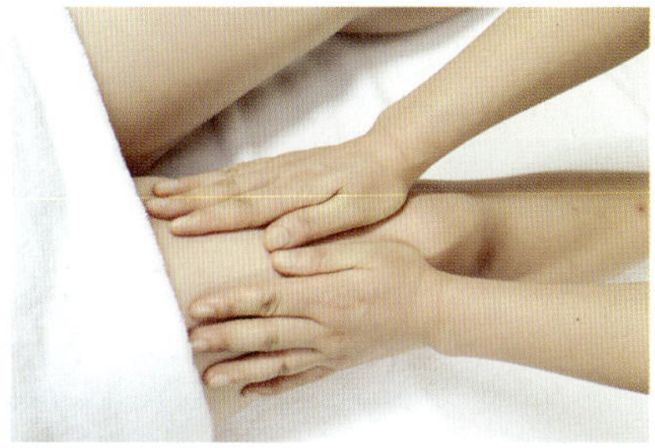

⑨ 허벅지의 안쪽과 바깥쪽을 수장사지로 쓸어 준다.

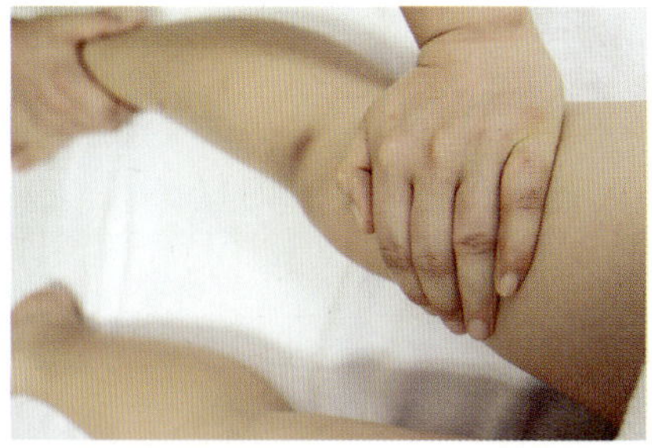

⑩ 모지복이나 삼지복을 이용하여 족태음비경의 혈해, 기문혈을 압한다.

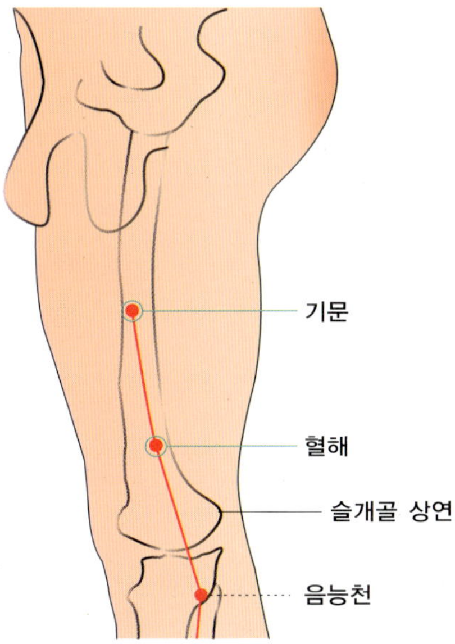

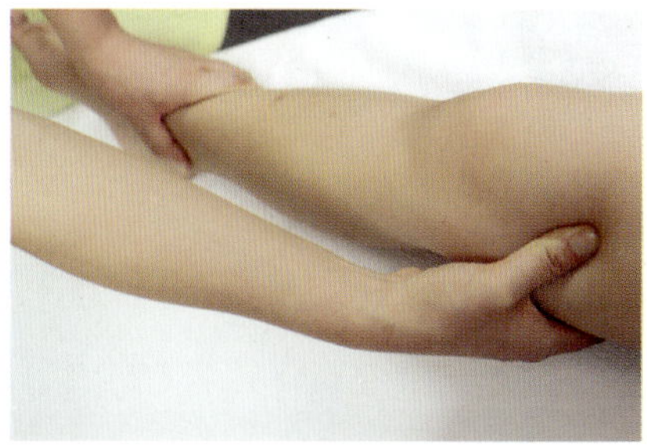

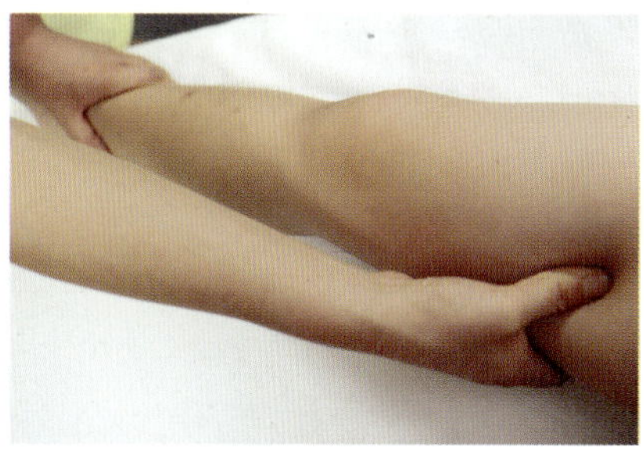

⑪ 허벅지 바깥쪽에 위치한 족소양담경의 풍시혈을 모지복이나 삼지복을 이용하여 압한 후, 족양명위경의 비관혈을 모지복이나 삼지복을 이용하여 압한다.

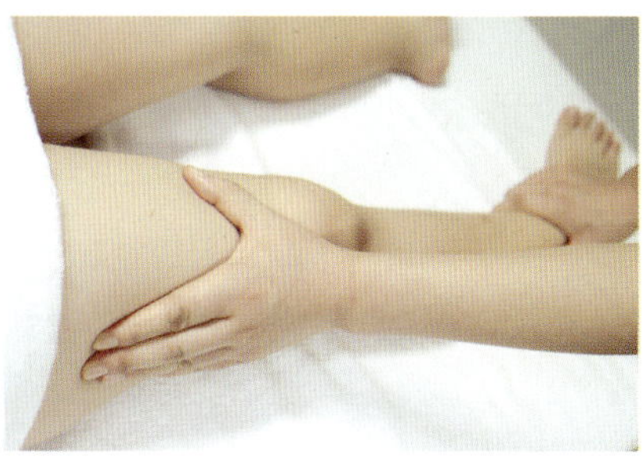

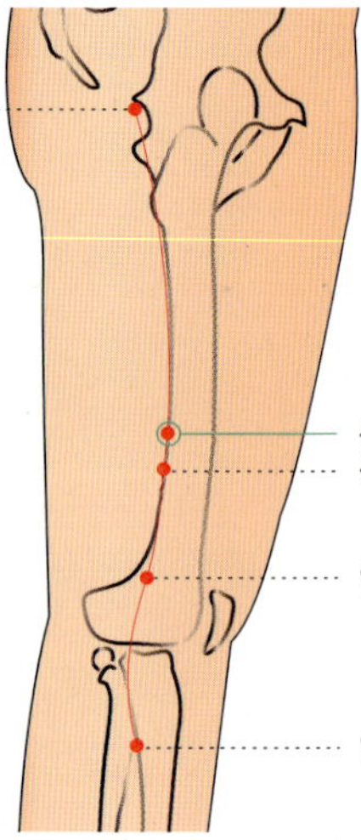

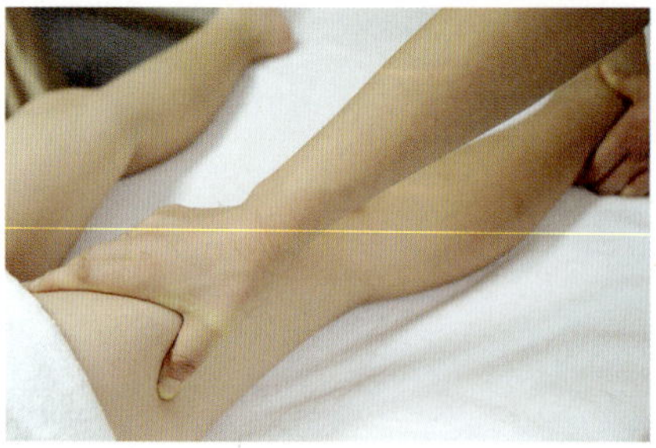

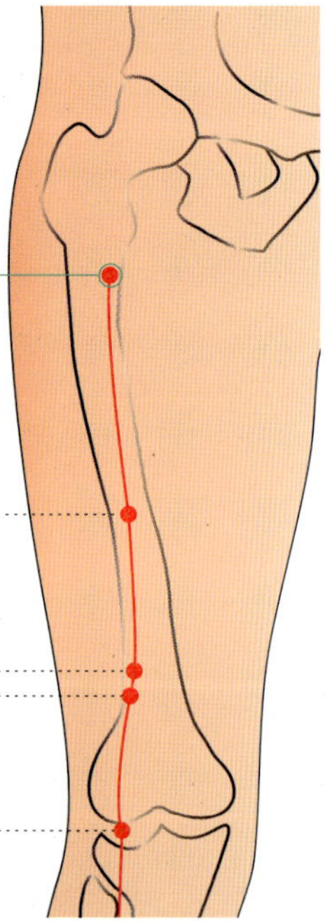

⑫ 다리를 접어서 수장사지를 이용하여 서혜부 안쪽으로 쓸어 올린다.

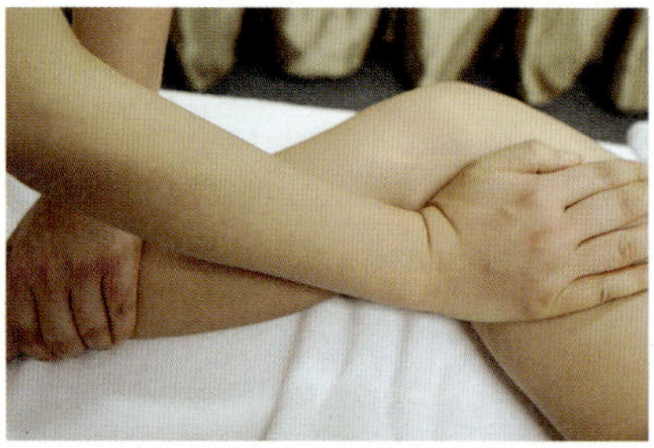

⑬ 지과를 이용하여 허벅지 안쪽을 부드럽게 서혜부 쪽으로 쓸어 올린다.

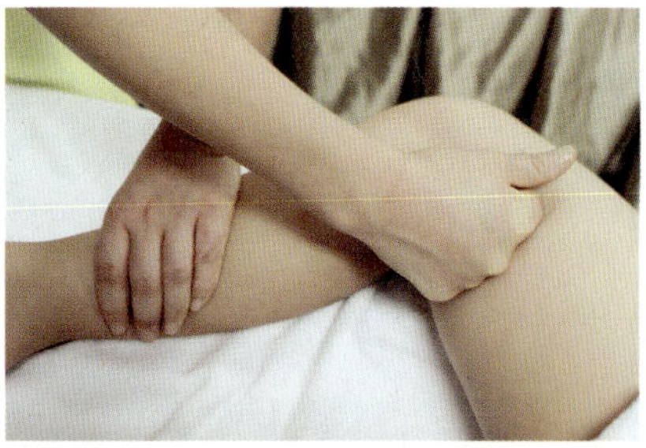

⑭ 모지복과 삼지복을 이용하여 허벅지 안쪽을 반죽하듯이 짜준다.(너무 강한 압으로 하지 않는다.)

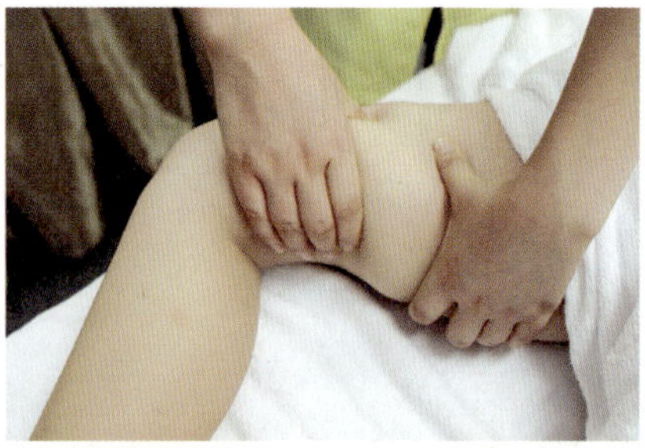

⑮ 양손을 나란히 하여 수근으로 음경락을 쓸어준다.

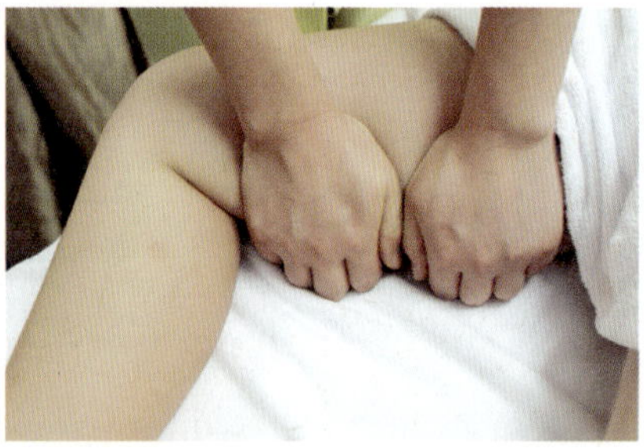

⑯ 수장사지를 이용하여 허벅지 안쪽을 쓸어 올린다.

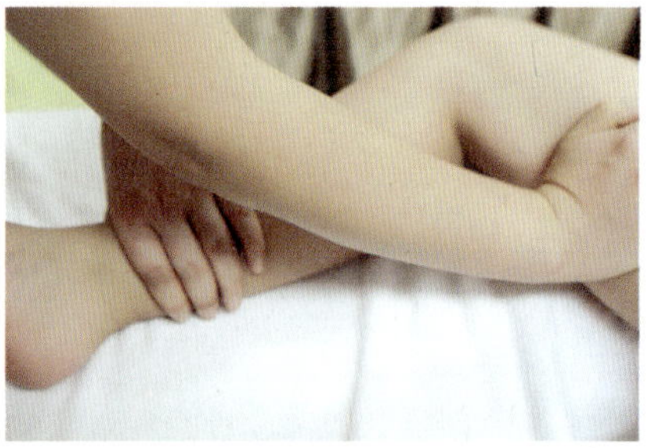

⑰ 다리를 펴고 다리 전체를 수장사지로 쓸어 준다.

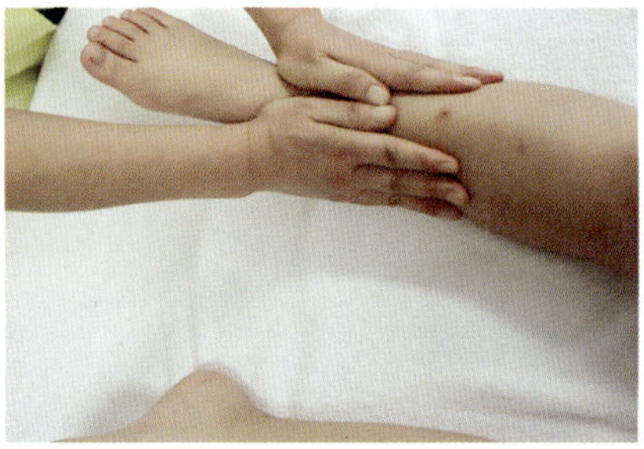

⑱ 발등을 모지구로 부채살 모양으로 쓸어 준다.

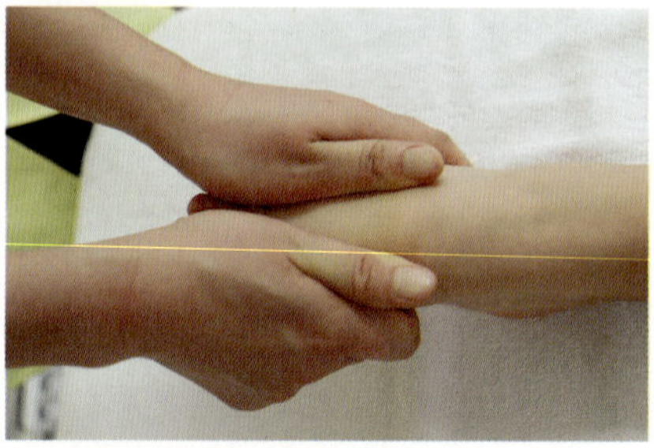

⑲ 삼지복을 이용하여 족내과(복숭아뼈 안쪽)와 족외과(복숭아뼈 바깥쪽)를 반원을 그리듯이 굴려 준다.

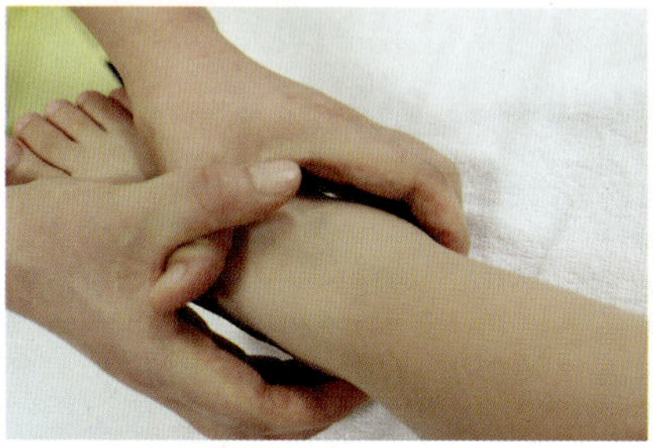

⑳ 모지복을 이용하여 용천혈을 지압한다.

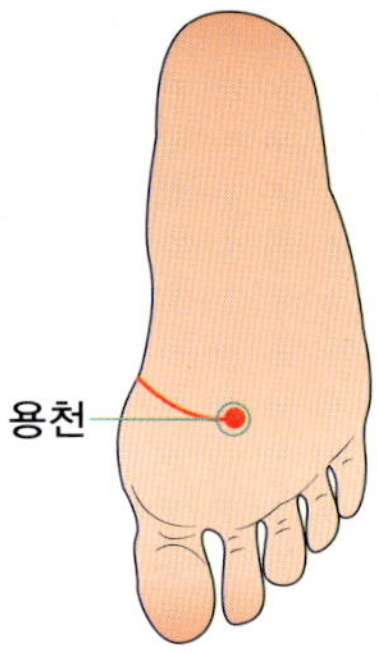

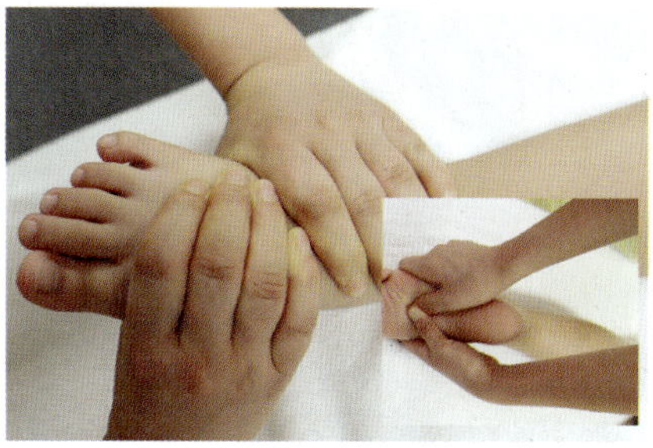

㉑ 다리 전체를 수장사지로 쓸어준다.

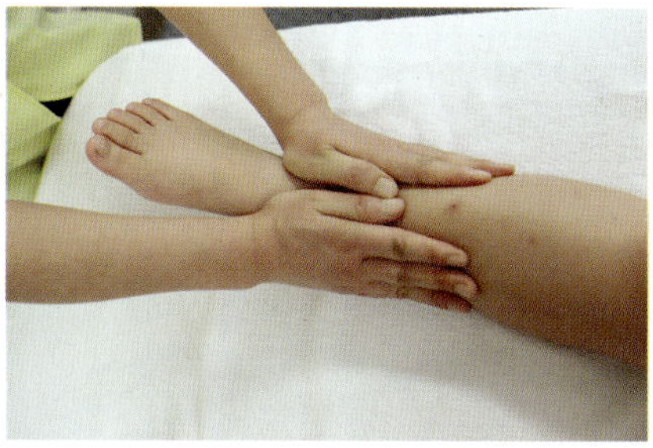

㉒ 반대편 다리를 ①~㉑번까지 반복한다.

4. 4단계 비만 마사지 - 복부 마사지

복부에는 비만관리에 중요한 경락인 족양명위경과 족태음비경, 임맥이 위치하고 있다. 복부의 경혈을 마사지하면 대장장애, 소화불량, 생리통, 오장육부의 기능을 조절하는 데 효과적이다.

1. 복부 마사지 경혈점

거궐, 상완, 중완, 건리, 하완, 수분, 신궐, 음교, 관원, 천추, 대거, 수도, 대횡, 복결, 대맥, 기충

Check point

비만관리시 포인트 경혈점

① **하복부비만** : 거궐, 상완, 중완, 하완, 관원, 대거, 수도, 복결, 대횡, 천추, 궐음유, 비유, 위유

② **상복부비만** : 신궐, 음교, 기해유, 지실, 소장유, 대장유

③ **복부팽만** : 건리, 수분

2. 비만 마사지 - 복부 마사지 순서

① 양 손을 포개 하단전에 올리고 피시술자는 복식호흡을 하게 한다.

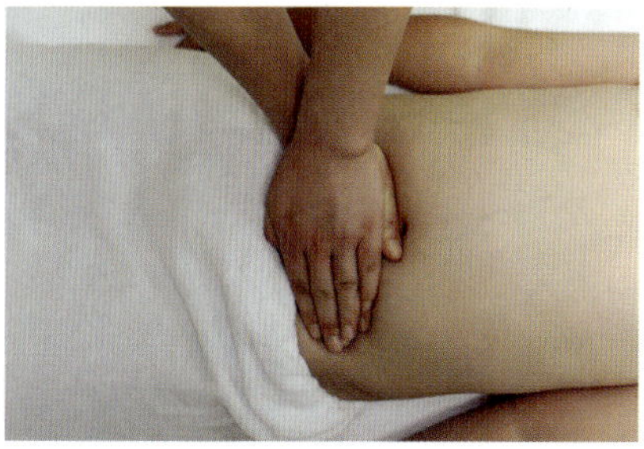

② 양 손을 겹쳐서 시계 방향으로 원을 그린다.

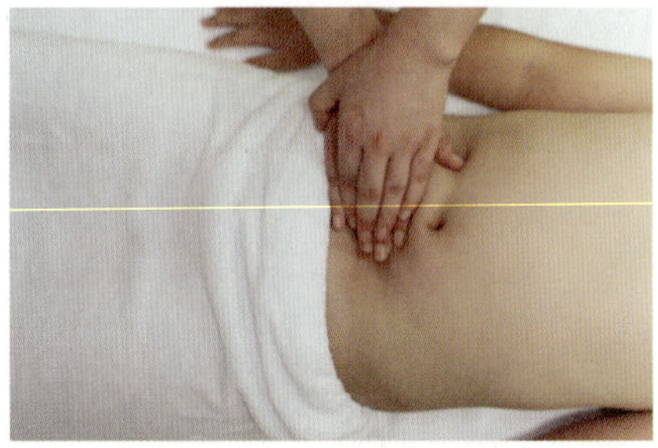

③ 독맥의 명문혈(제2요추 극돌 하연, 12늑골단과 수평지점)에서 족양명위경의 기충혈(임맥의 곡골혈에서 양옆으로 2치)까지 사지복을 이용해서 쓸어 올린다.

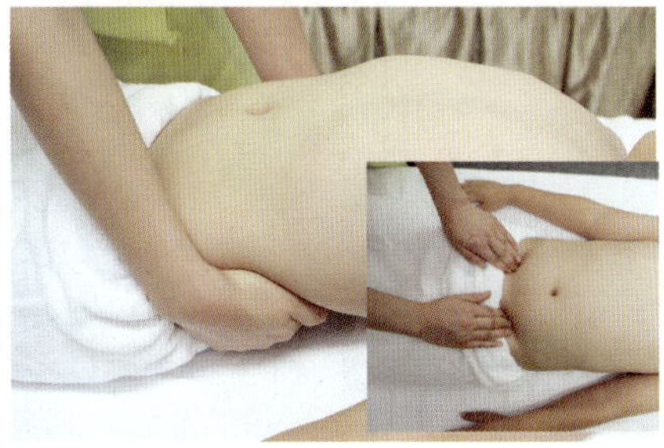

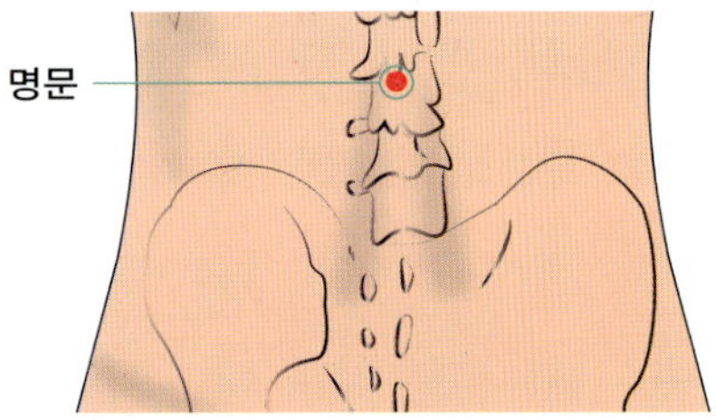

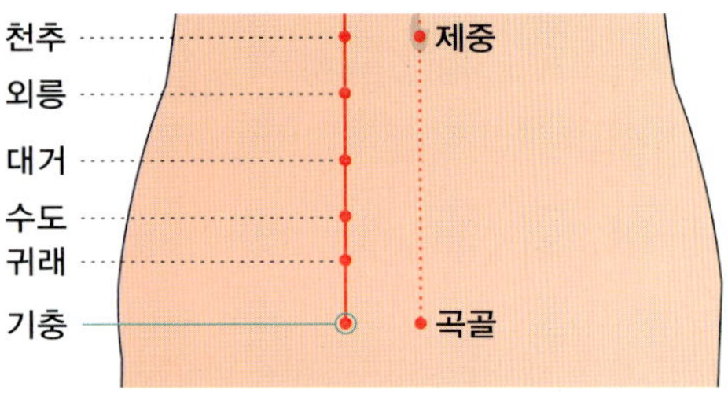

④ 모지복으로 임맥의 거궐, 상완, 중완, 건리, 하완, 수분, 신궐, 음교, 관원혈을 지긋이 압한다.

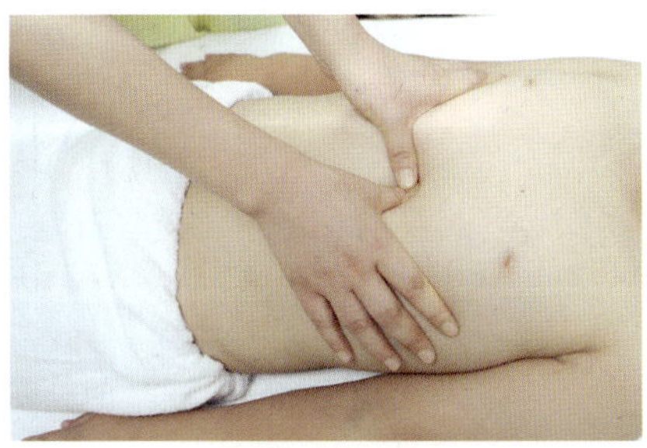

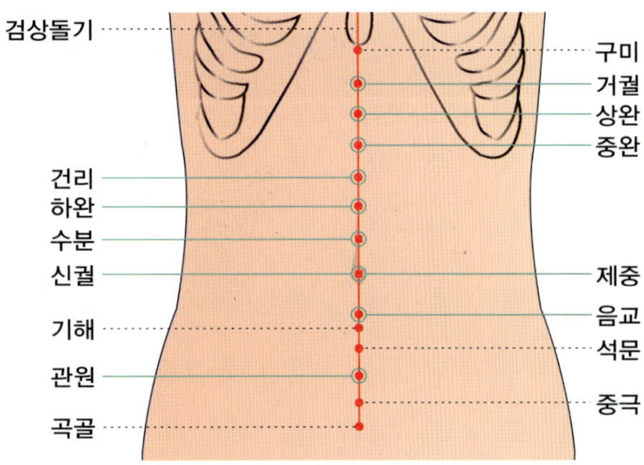

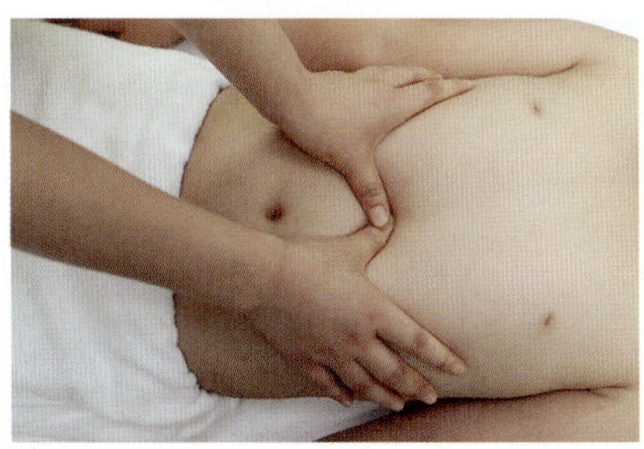

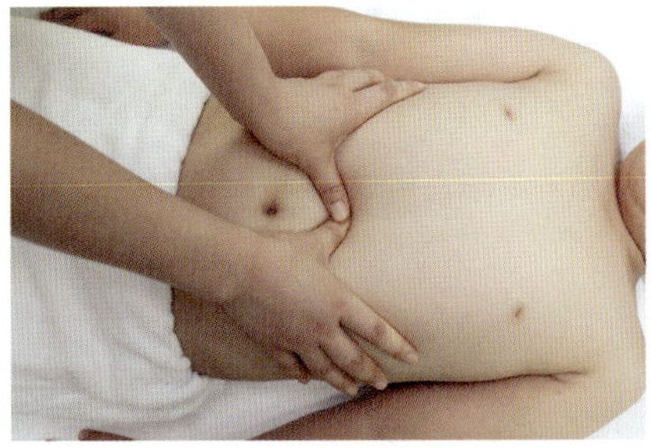

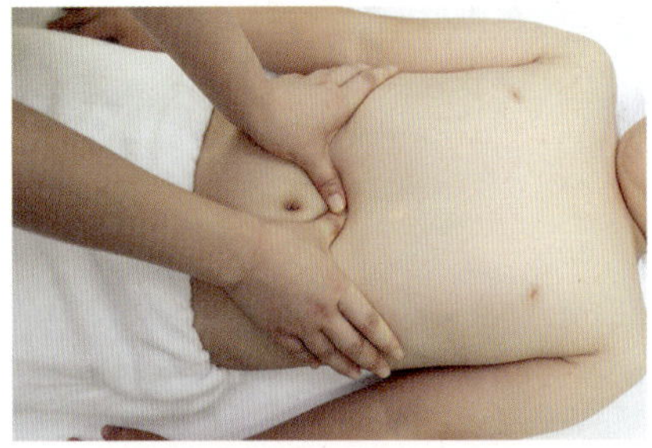

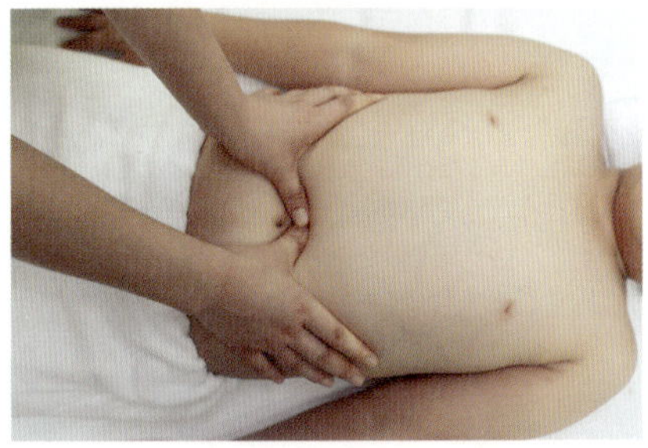

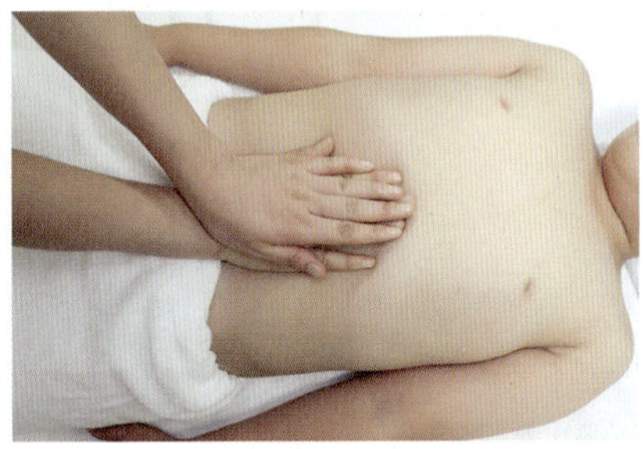

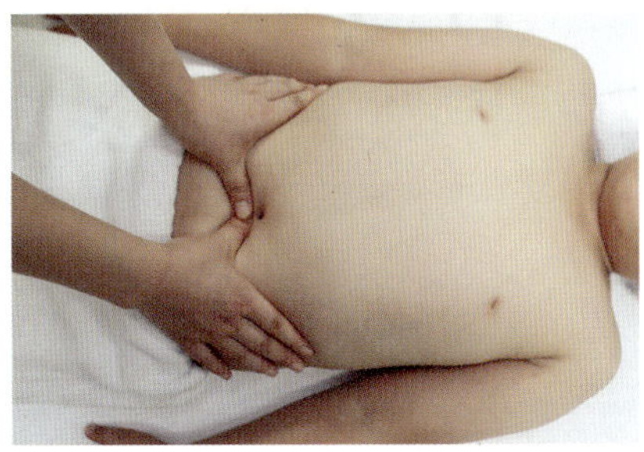

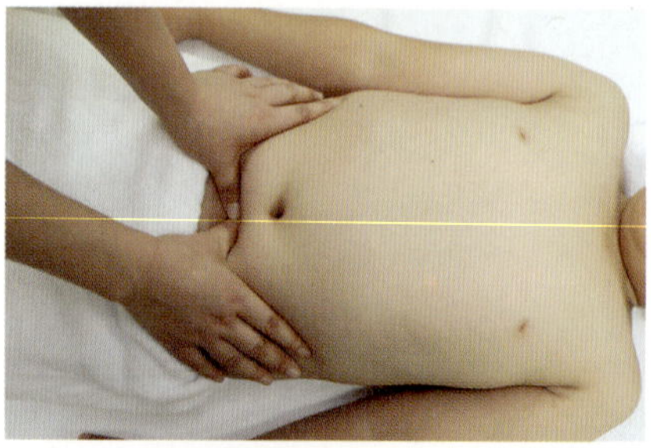

⑤ 모지복(삼지복)으로 족양명위경의 천추, 대거. 수도혈을 지긋이 압한다.

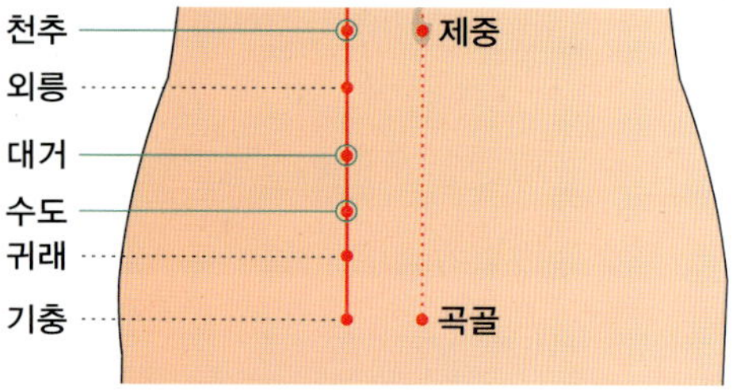

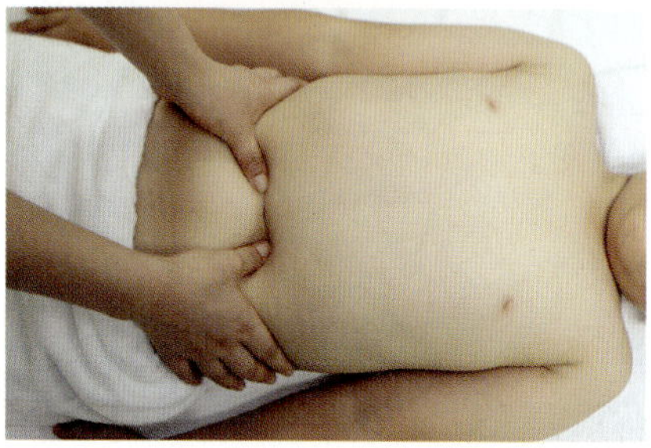

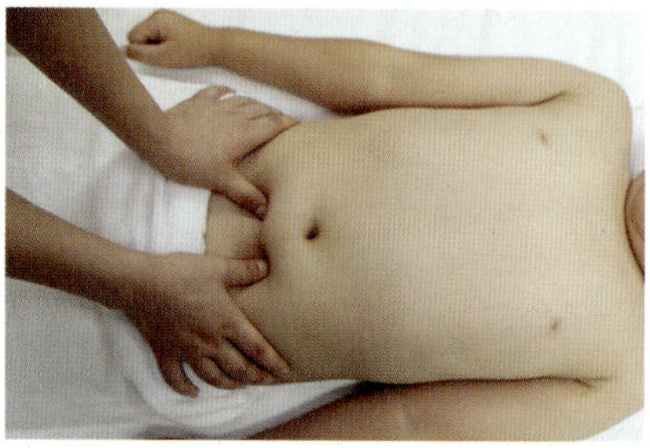

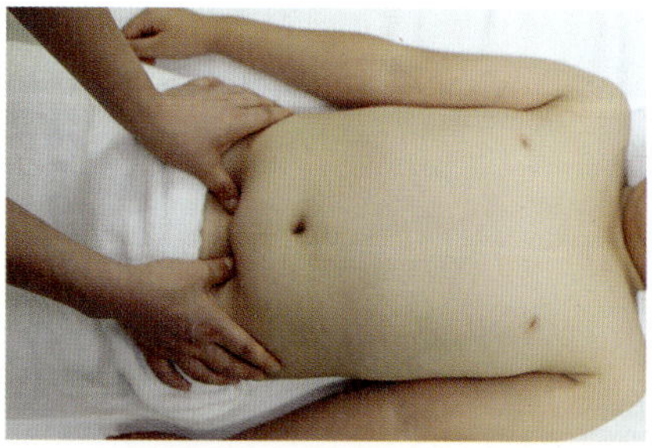

⑥ 모지복(삼지복)으로 족태음비경의 대횡, 복결혈을 지긋이 압한다.

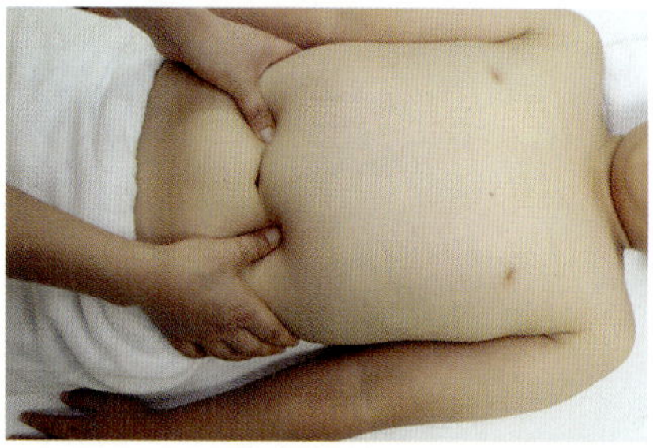

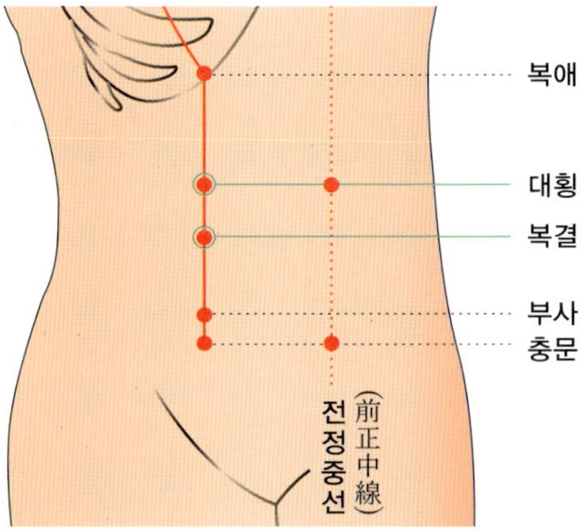

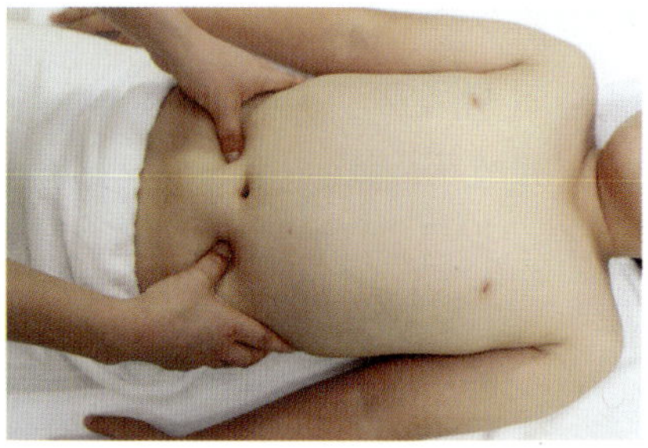

⑦ 복부를 수장사지 시계방향으로 원을 그리며 쓸어준다.

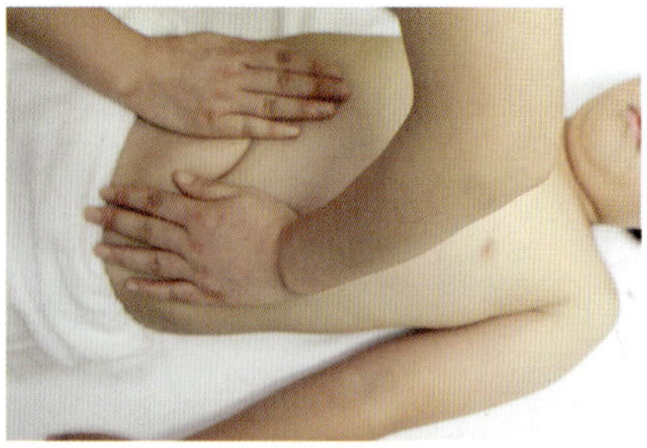

⑧ 지과를 이용하여 복부를 시계방향으로 원을 그리면서 굴려 준다.

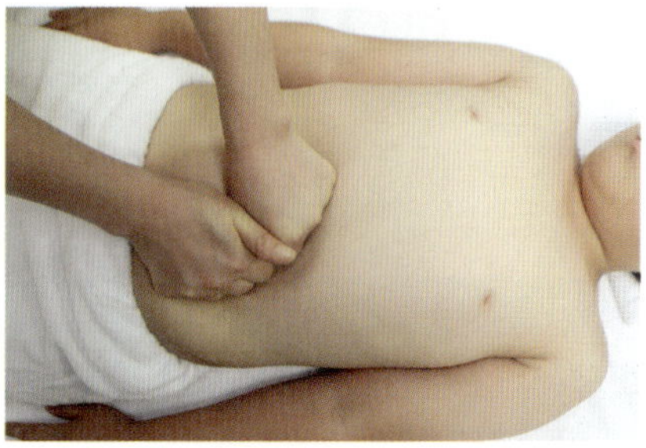

⑨ 양 손을 겹쳐서 복직근을 아래에서 위로 위에서 아래로 쓸어 준다.

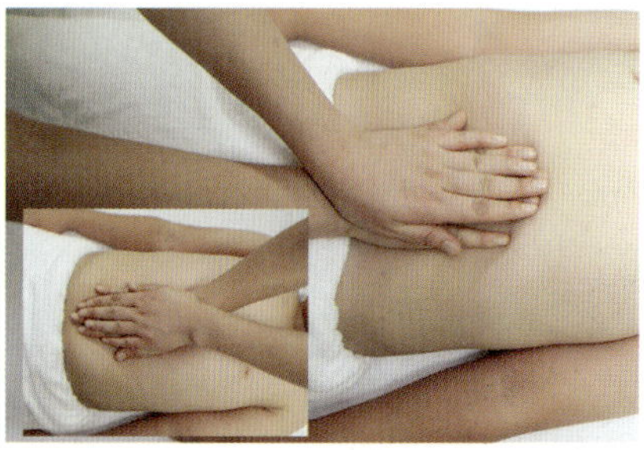

⑩ 족소양담경 라인의 옆구리를 모지복과 사지복을 이용하여 반죽하듯이 짜 준다. (왼쪽 옆구리는 피시술자의 오른쪽으로 가서 시술한다.)

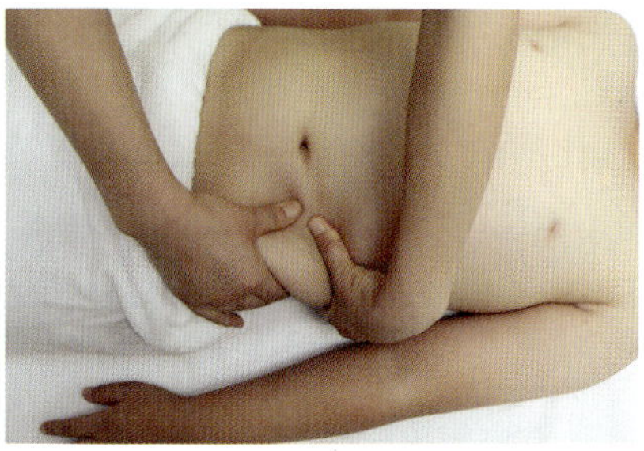

⑪ 모지구를 이용하여 임맥의 거궐에서 족소양담경의 대맥까지 쓸어내린 후, 사지복으로 대맥혈에서 족양명위경의 기충까지 쓸어 올린다. (반대편도 똑같은 방법으로 한다.)

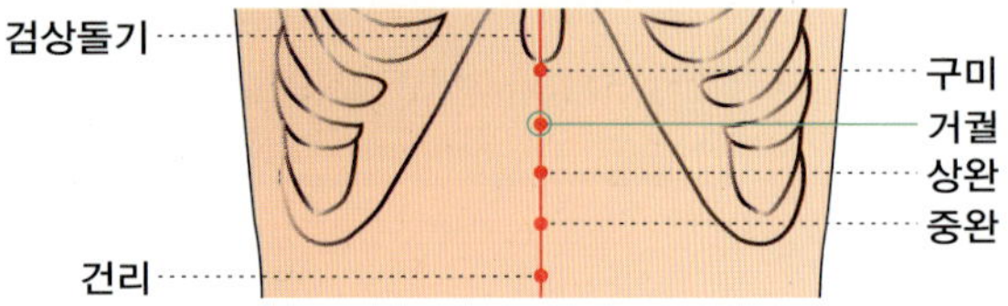

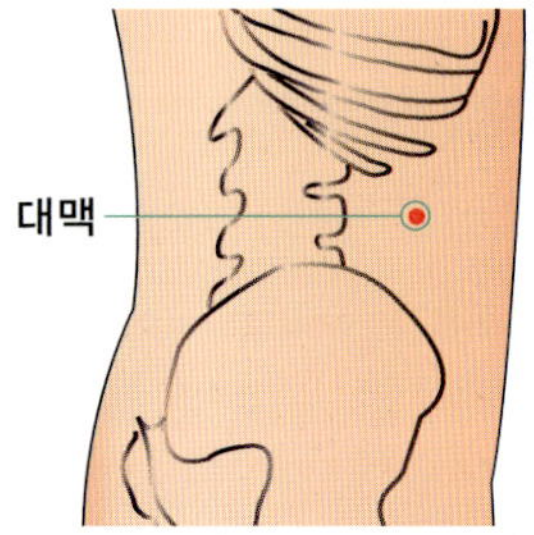

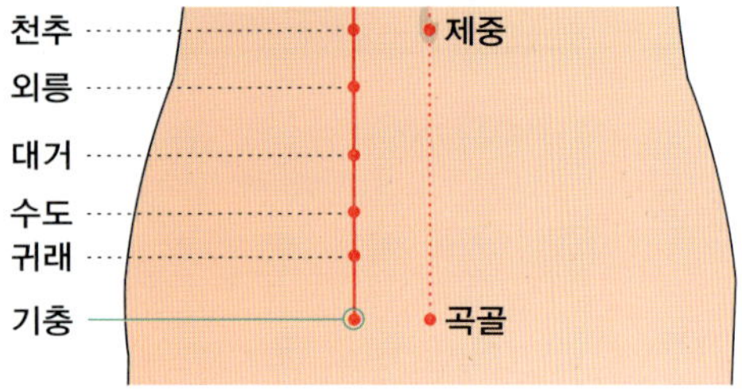

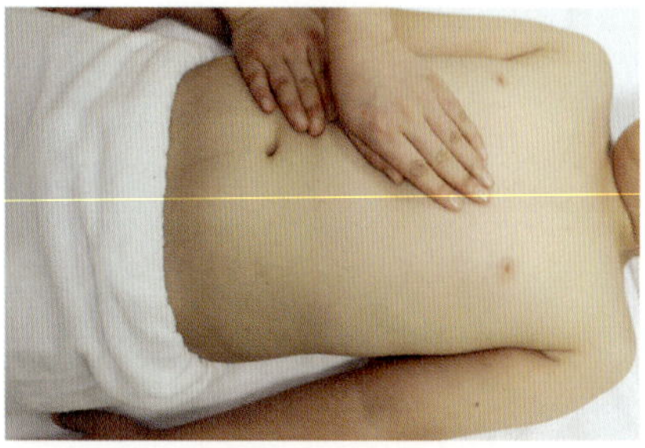

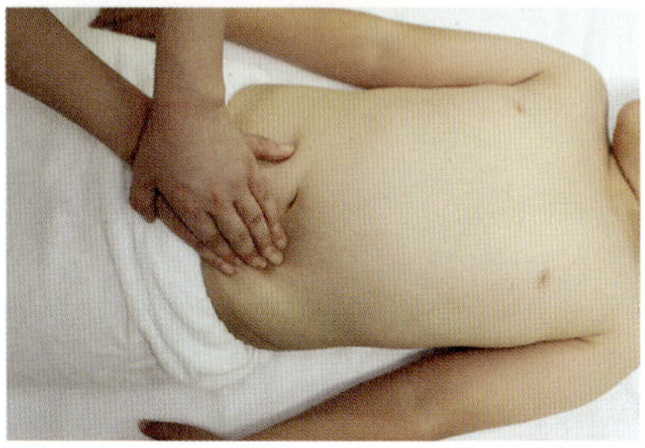

⑫ 복부 전체를 모지와 사지를 이용하여 반죽한다.

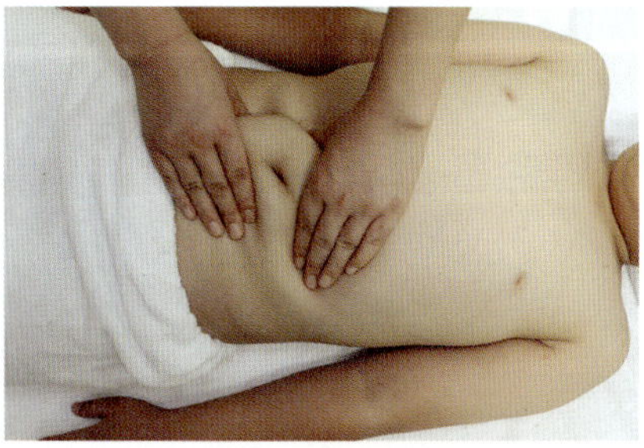

⑬ 복부를 수장사지를 이용하여 시계 방향으로 원을 그린다.

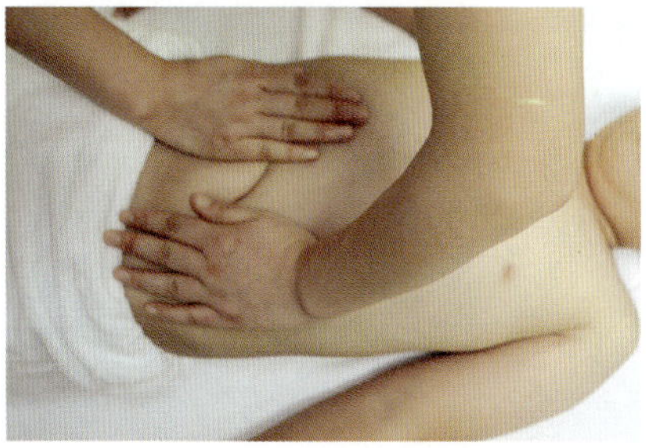

⑭ 복부의 마무리 동작으로 양 손을 배꼽 위에 포개 압하며 독소를 빼준다.

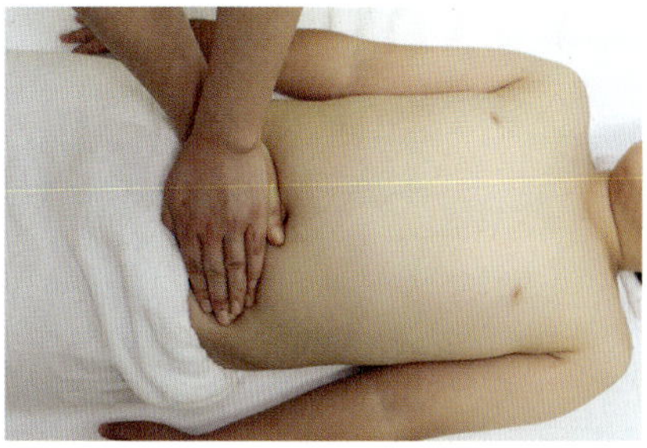

5. 5단계 비만 마사지 - 스트레칭

자전거 타기, 팔과 다리 흔들어주기, 팔과 다리 스트레칭을 한다.

Check point

마사지 후에는 물 마시기

모든 마시지 관리가 끝난 후 원활한 노폐물 배출을 위하여 피시술자에게 미온수를 마시게 한다.

Chapter 6

면역력증강 마사지

1단계 면역력증강 마사지 – 두피 마사지
2단계 면역력증강 마사지 – 등 마사지
3단계 면역력증강 마사지 – 하체 마사지
4단계 면역력증강 마사지 – 복부 · 가슴 · 팔 마사지
5단계 면역력증강 마사지 – 스트레칭

Chapter 6
면역력증강 마사지

1. 1단계 면역력증강 마사지 - 두피 마사지

1. 면역력증강 이완단계 경혈점 : 인당, 신정, 백회, 태양, 찬죽, 상영향, 영향, 예풍, 인영, 천주, 풍지, 완골

2. 면역력증강 마사지 - 이완단계 순서

① 양 손이 모지복을 겹쳐서 경외기혈의 인당혈과 독맥의 신정, 백회혈을 차례로 지긋이 압한다.

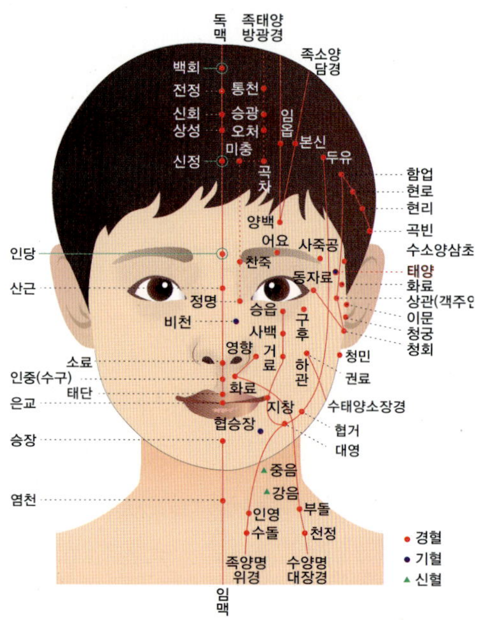

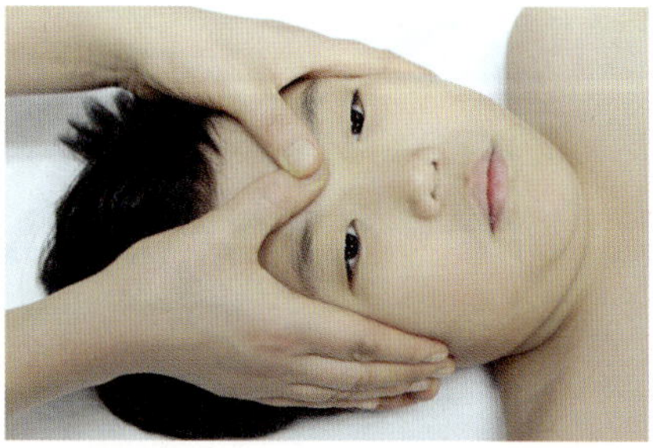

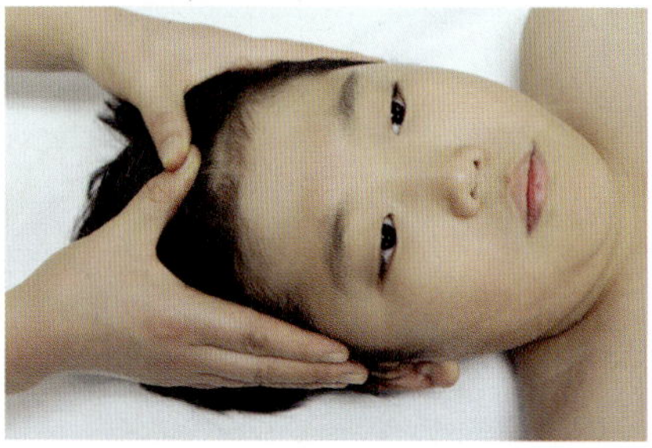

② 엄지측면을 이용하여 이마 가운데에서 경외기혈의 태양혈로 쓸어 내린 후, 태양혈을 지긋이 압한다.

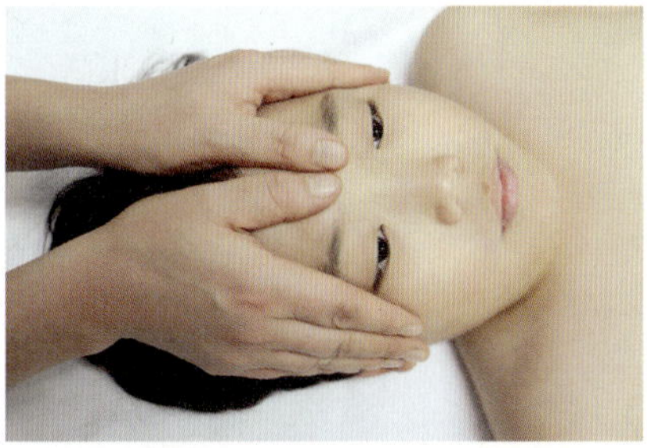

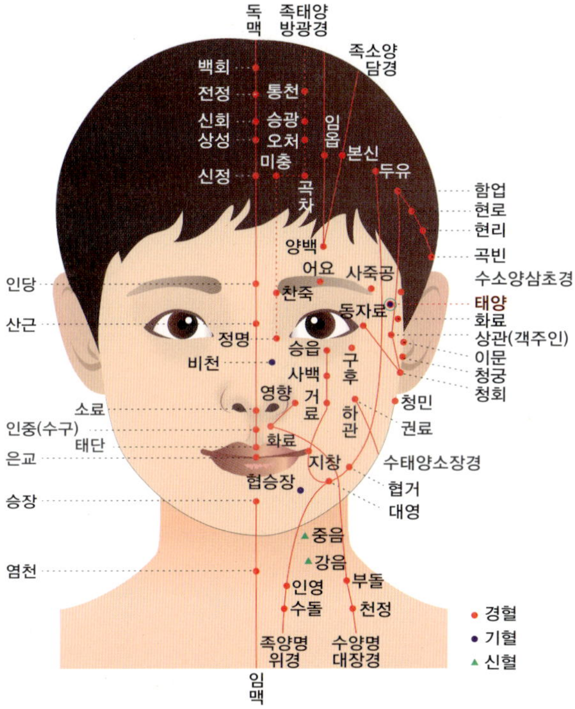

③ 양 손을 모지복으로 눈썹의 앞머리에 있는 족태양방광경의 찬죽혈을 압한 후 모지측으로 눈썹을 태양혈 방향으로 쓸어준다.

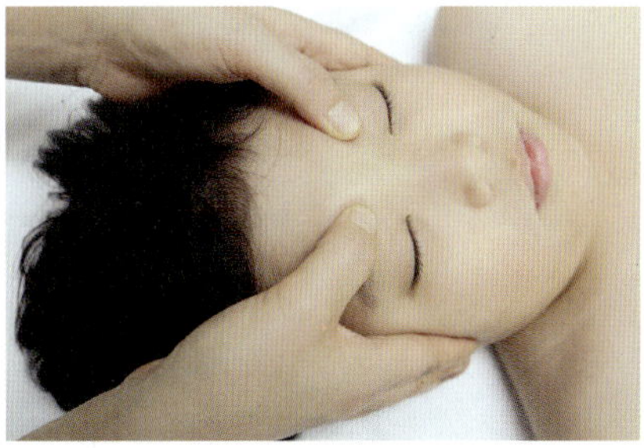

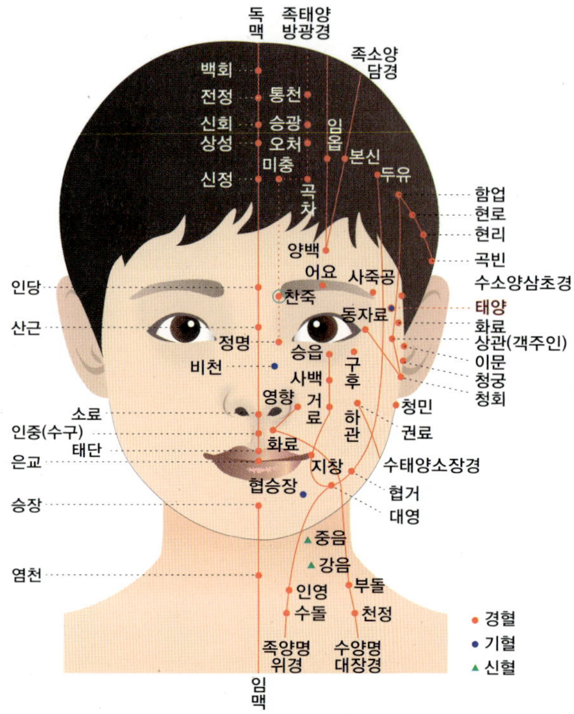

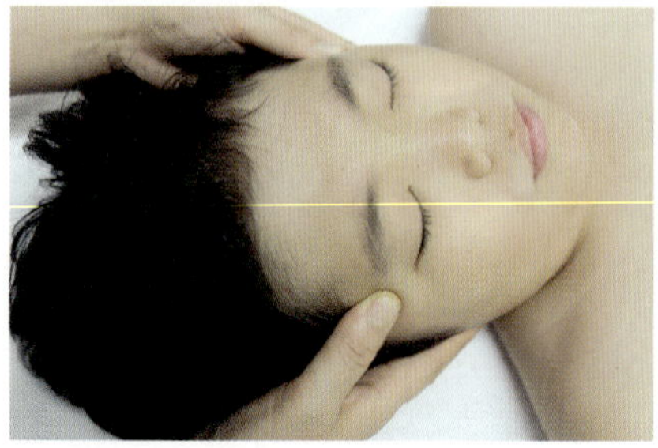

④ 코벽을 양 손의 모지측으로 쓸어 올려준 후 경외기혈의 상영향혈과 수양명대장경의 영향혈을 중지복으로 압한 후 수소양삼초경의 예풍혈을 중지복으로 지긋이 누른다.

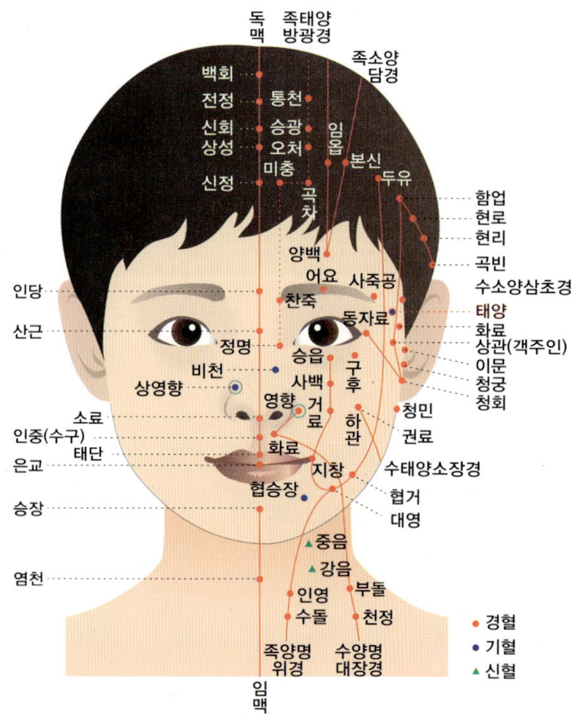

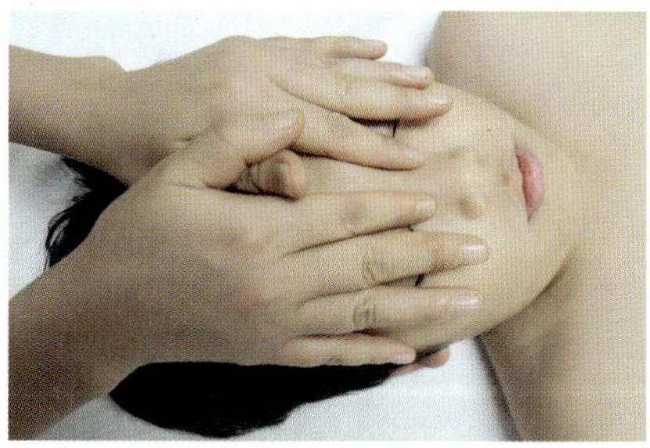

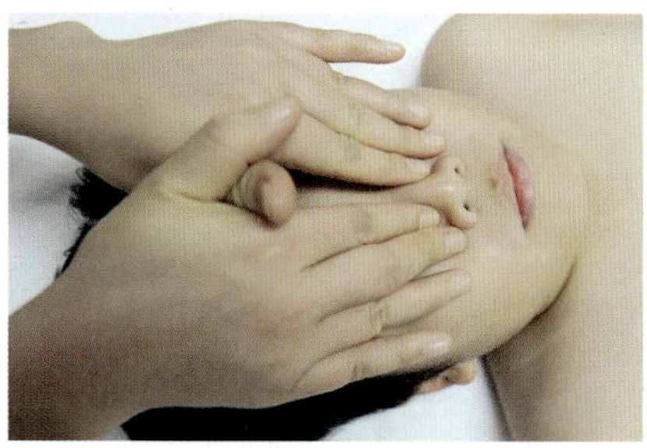

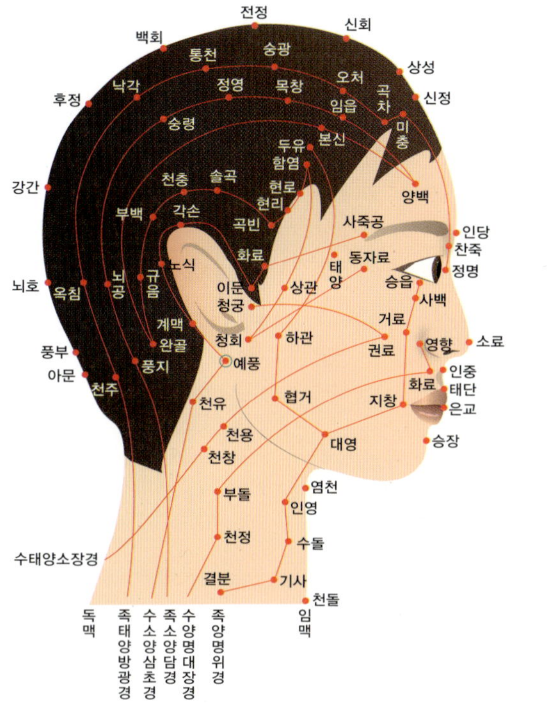

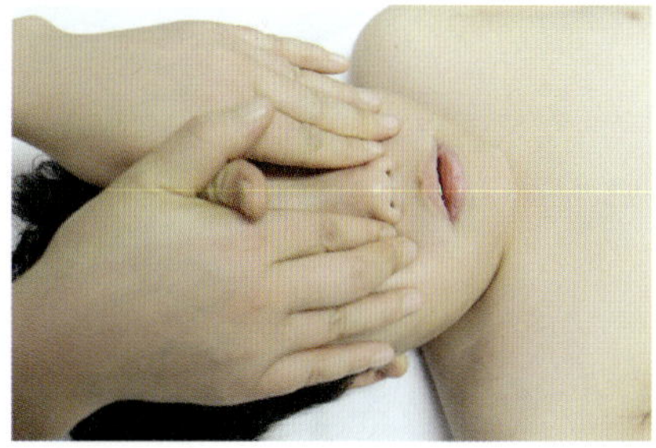

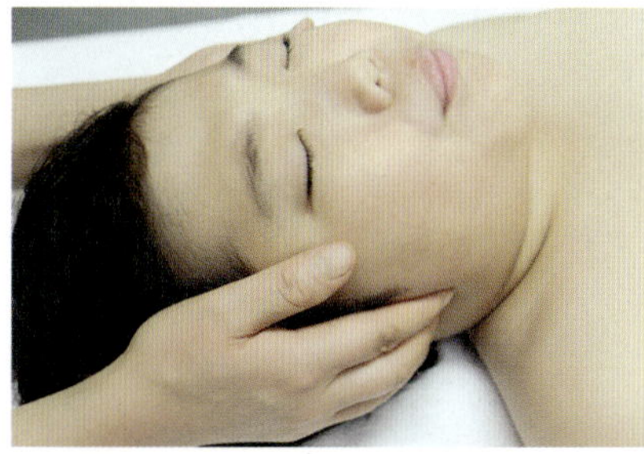

⑤ 흉쇄유돌근을 스트레칭 시킨 후 인영혈을 삼지복을 이용하여 살며시 압한다.

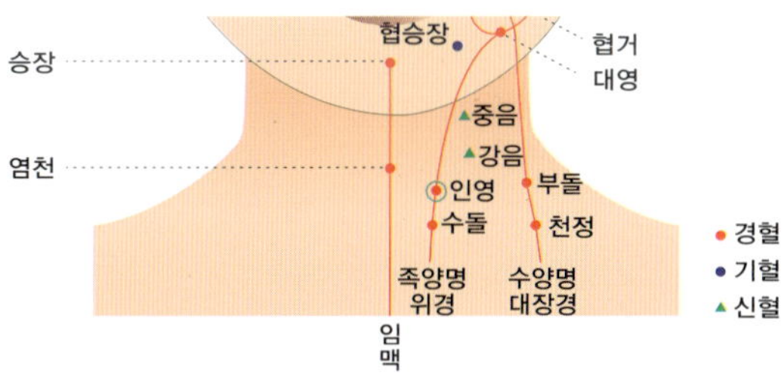

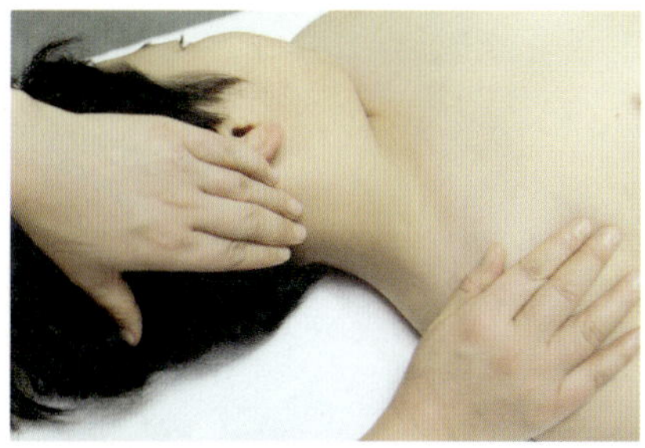

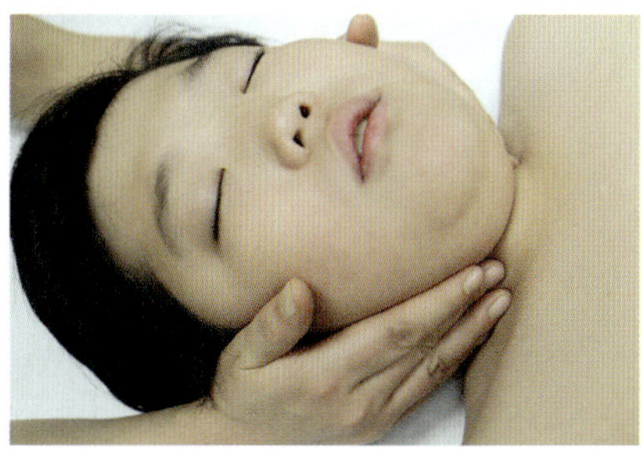

⑥ 모지복과 사지복을 이용하여 후두부를 주무른다.

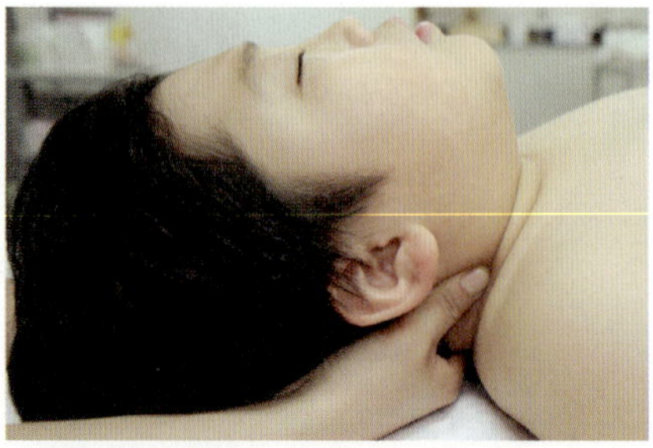

⑦ 삼지복을 이용하여 후두근에 목을 스트레칭 하듯이 위를 향해 당겨준다. 족소양담경의 완골, 풍지혈과 족태양방광경의 천주혈을 차례로 압한다.

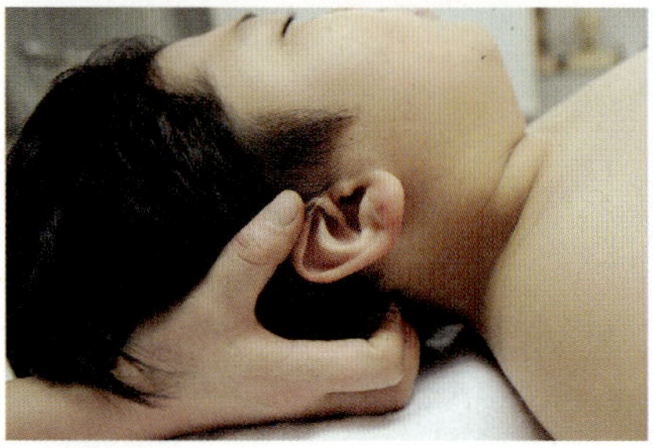

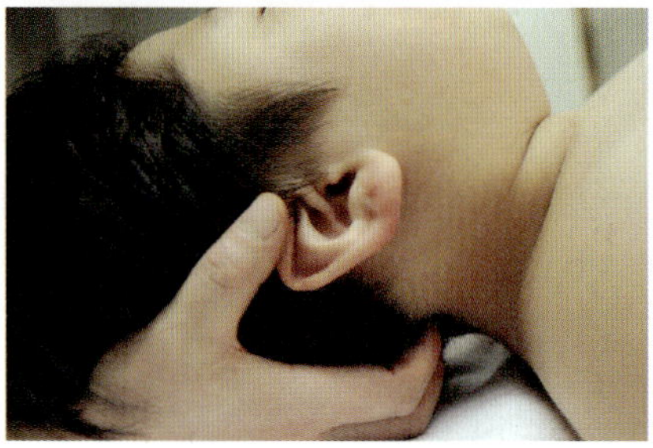

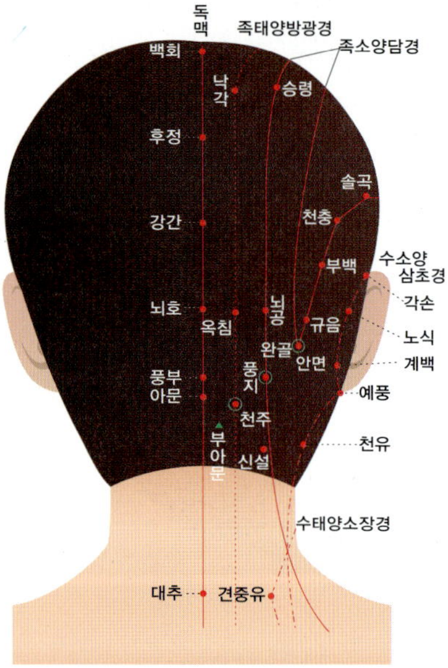

2단계 면역력증강 마사지 - 등 마사지

1. 면역력증강 등 마사지 경혈점

완골, 풍지, 풍부, 천주, 아문, 장강, 명문, 대추, 견정, 풍문, 폐유, 간유, 비유, 위유, 신유, 대장유, 방광유, 요안, 협척혈, 양지, 합곡

① 후두골을 풀어준다. 삼지복을 사용하여 족소양담경의 완골, 풍지, 족태양방광경의 천주, 독맥의 풍부, 아문혈을 지압해 주고 후두골을 사지복으로 잡고 머리위를 향해 끌어당기듯이 스트레칭을 시켜 준다.

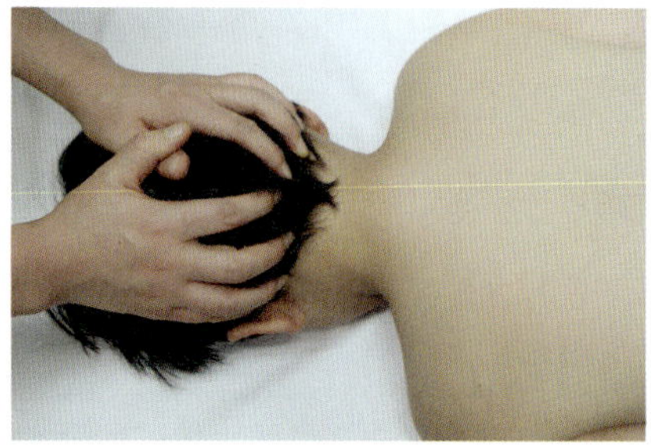

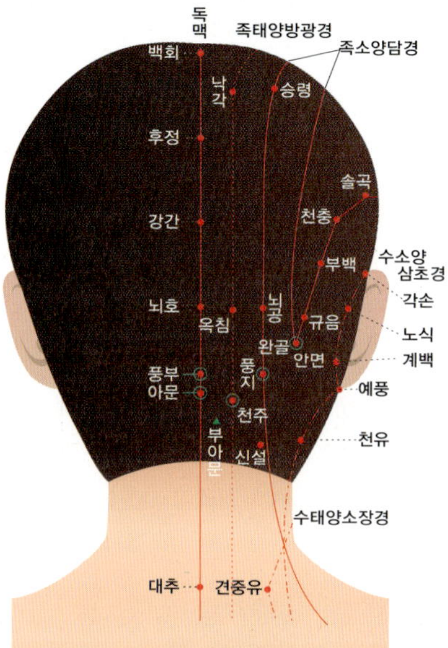

② 한 손으로는 후두근을 잡고 한 손 모지복(지과면)으로 후두골에서 어깨방향으로 쓸어내리고 올리고를 4회 반복한다.

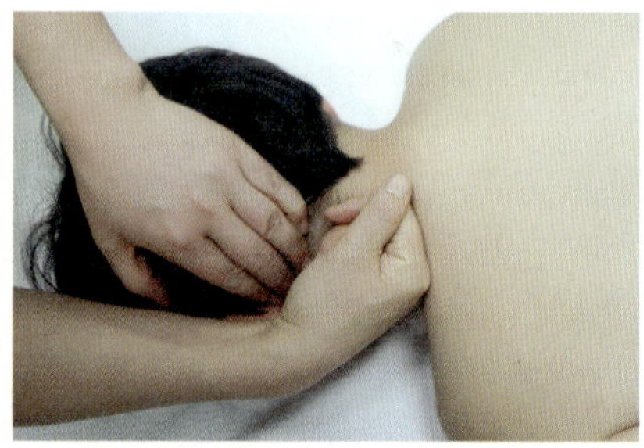

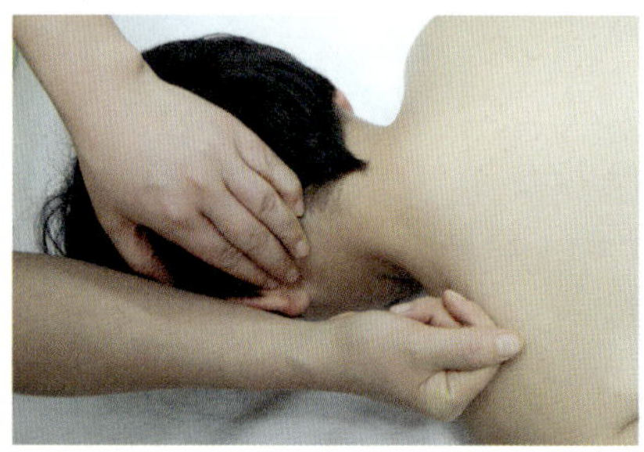

③ 양 손의 모지복(지과면)으로 양 어깨를 동시에 풀어 준다.

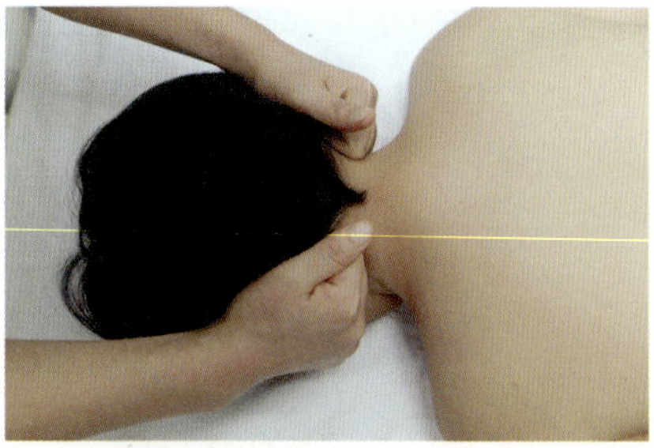

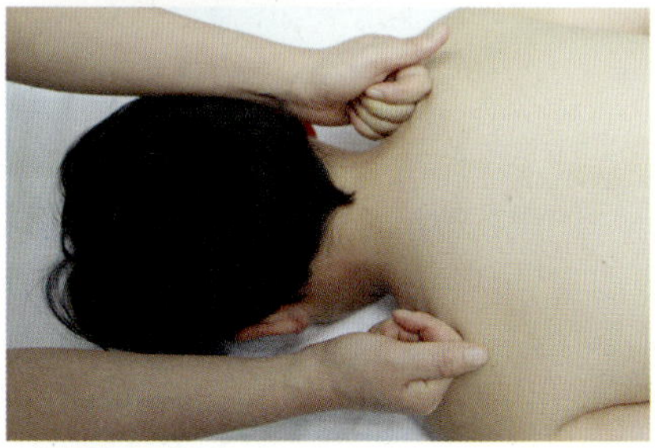

④ 엄지와 검지를 이용하여 목을 주무르듯이 풀어 주어 뇌척수액의 순환을 돕는다.

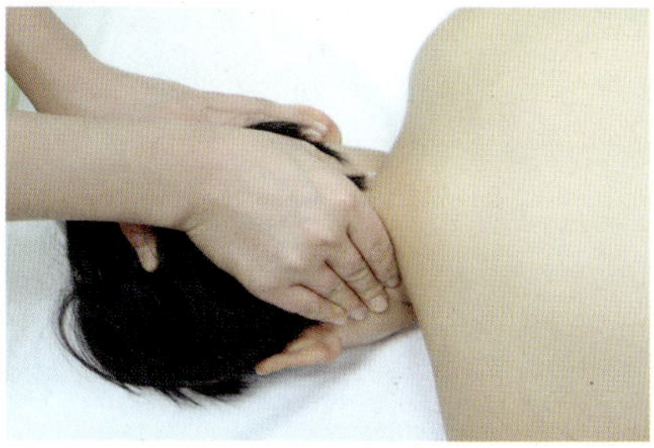

⑤ 손바닥 전체를 사용하여 등 전체에 오일을 바르면서 이완시켜 준다.

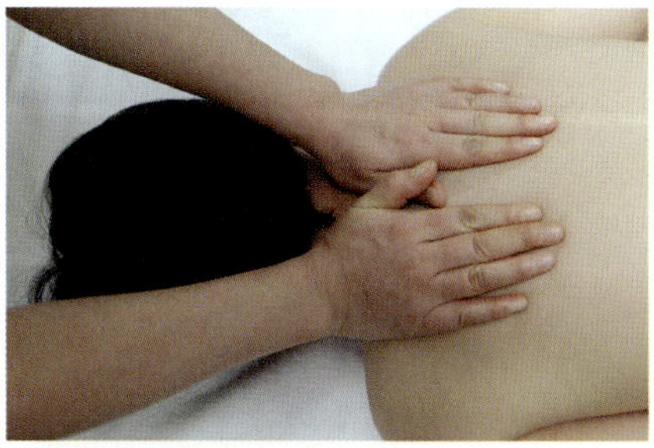

⑥ 경추 7번 아래에 위치한 독맥의 대추혈을 양 손의 모지복으로 원을 그리듯이 문질러 준 후 모지복으로 지긋이 누른다.

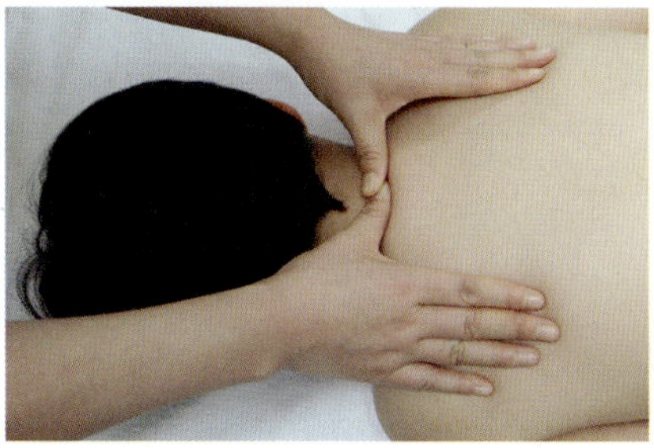

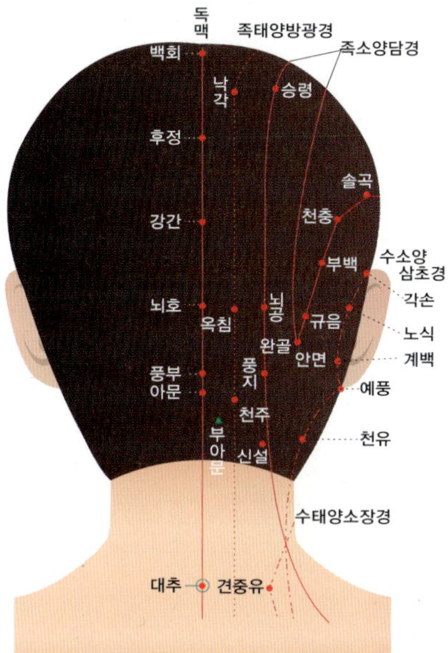

⑦ 승모근을 모지복과 모지구를 이용하여 근육을 이완시켜 준 후 족소양담경의 견정혈을 모지복으로 지긋이 압한다.

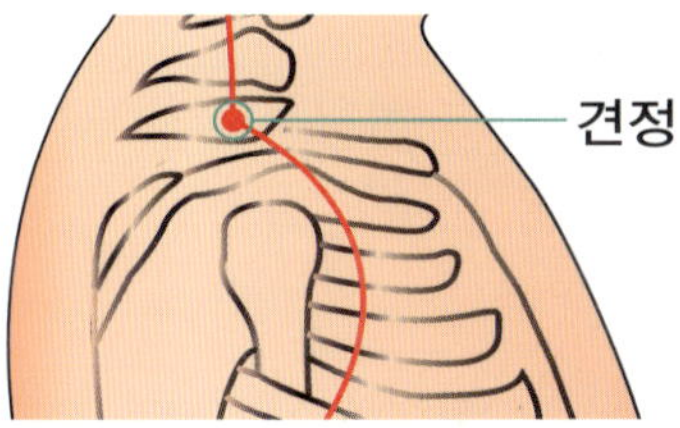

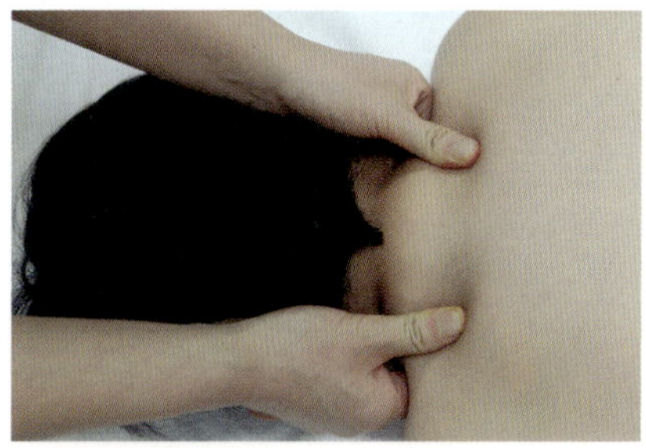

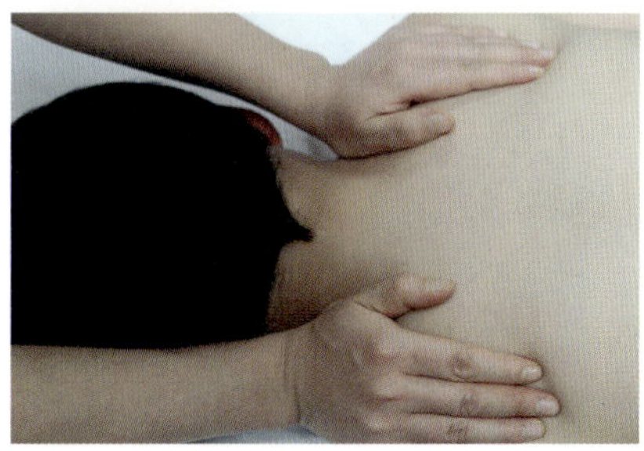

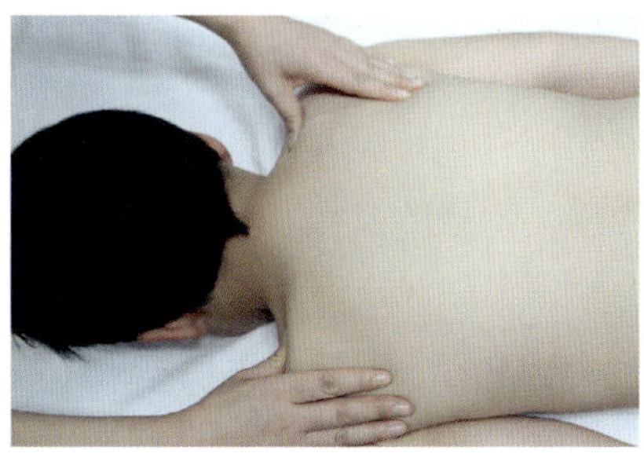

⑧ 양 손의 모지복을 이용하여 견갑골을 쓸어 준다.

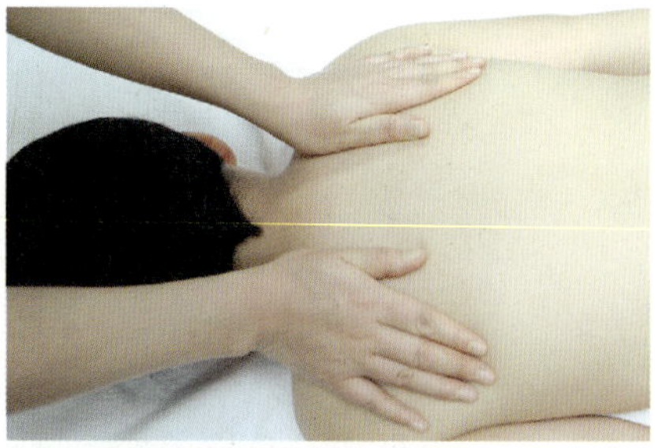

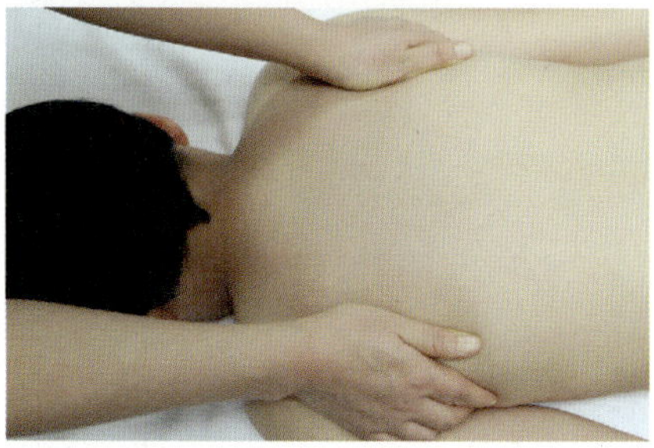

⑨ 뇌척수액의 흐름을 원활히 하기 위하여 독맥을 대추혈부터 천골까지 수장사지를 이용하여 쓸어내려 준다.

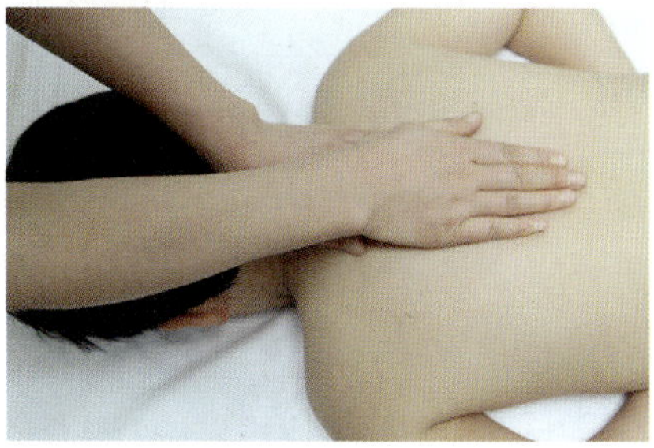

⑩ 모지복으로 독맥(척추)을 모지복을 겹쳐서 쓸어주고, 지그재그로 쓸어 내린다.

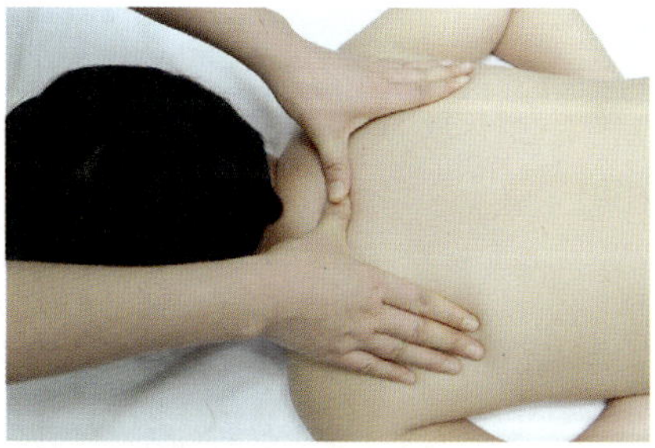

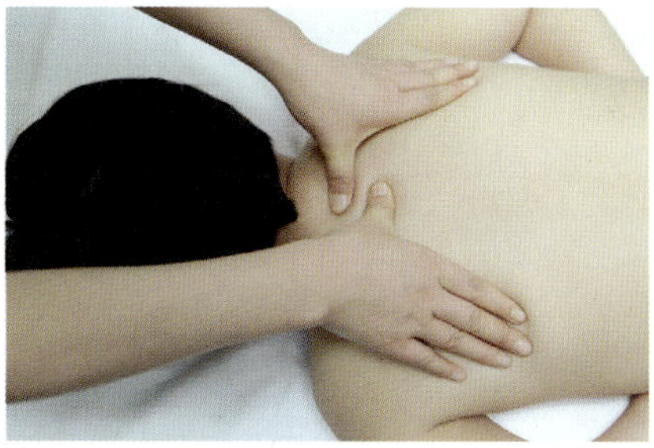

⑪ 방광경 1선을 모지복으로 쓸어 내린다.

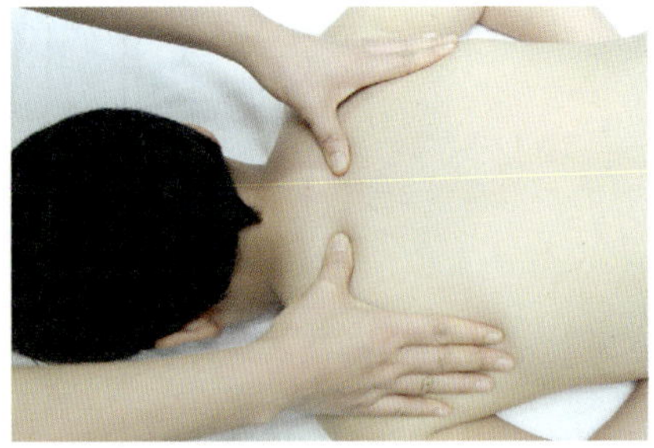

⑫ 방광경 1선을 수장사지로 쓸어 내린다.

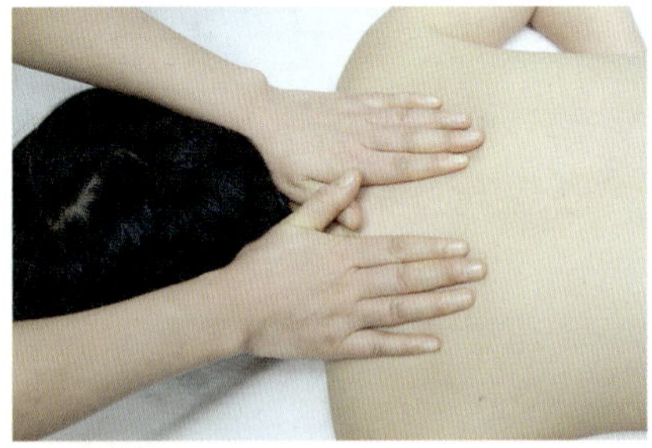

⑬ 모지복을 겹쳐서 면역력증강에 효과적인 혈자리인 독맥의 명문혈을 지긋이 압한 후 명문혈을 손바닥으로 따뜻한 기운이 스며들도록 문질러 준다.

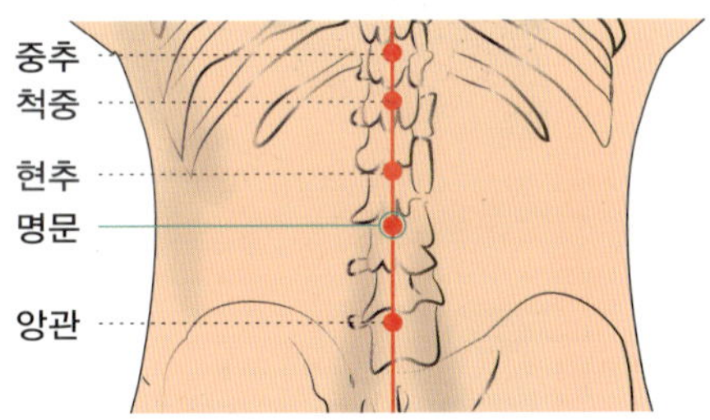

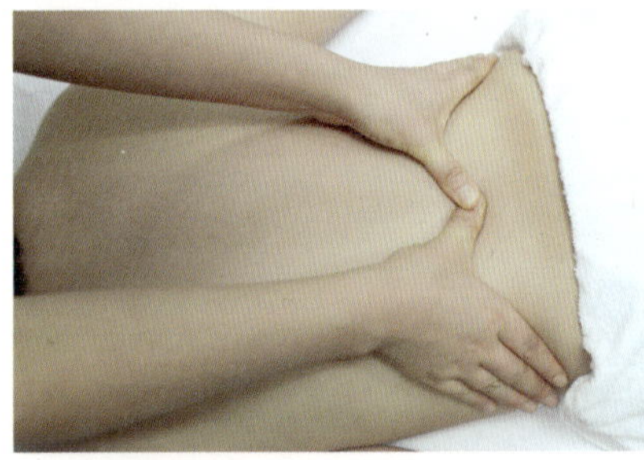

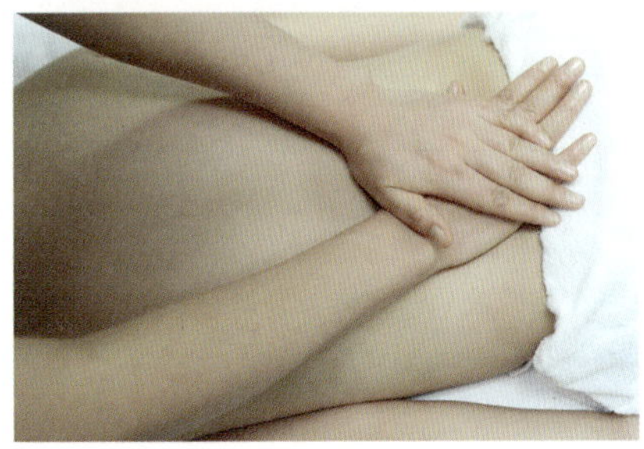

⑭ 독맥(척추)을 수장사지로 쓸어내린 후 오른손 등 위에 왼손을 올려놓아 겹치게 한다. 그리고 독맥의 장강혈을 중지복으로 지긋이 압한다.

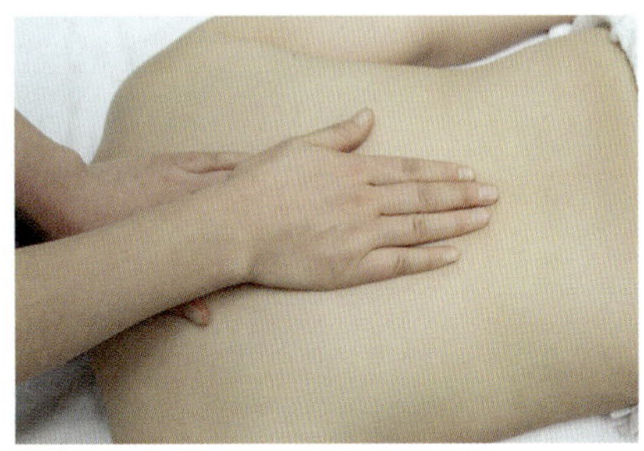

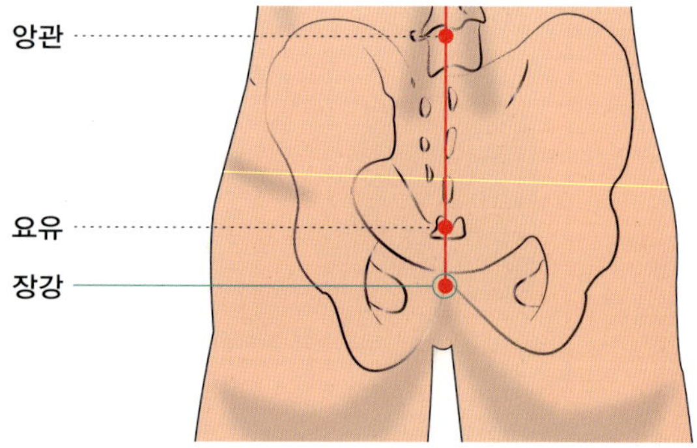

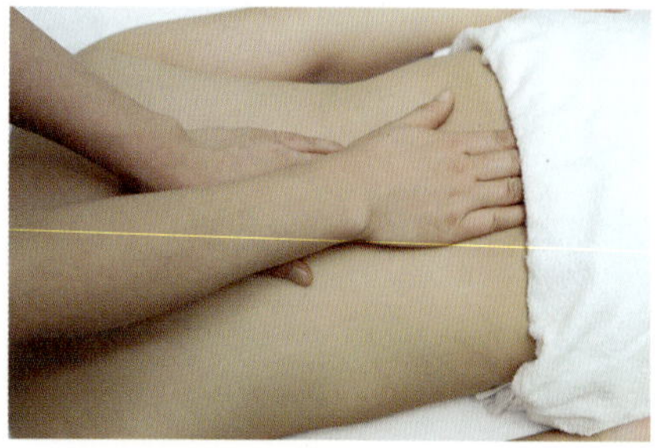

⑮ 모지복을 이용하여 방광경을 쓸어내린 후 방광경 1선의 풍문, 폐유, 간유, 비유, 위유, 신유, 대장유, 방광유혈을 지압한다. (방광경은 독맥(척추)에서 1.5치 옆에 위치한다.)

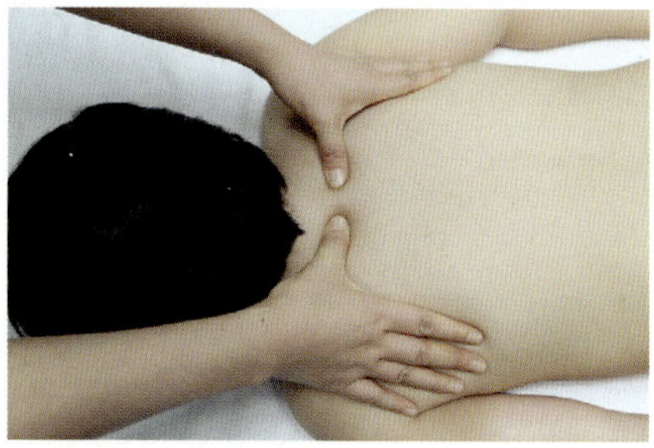

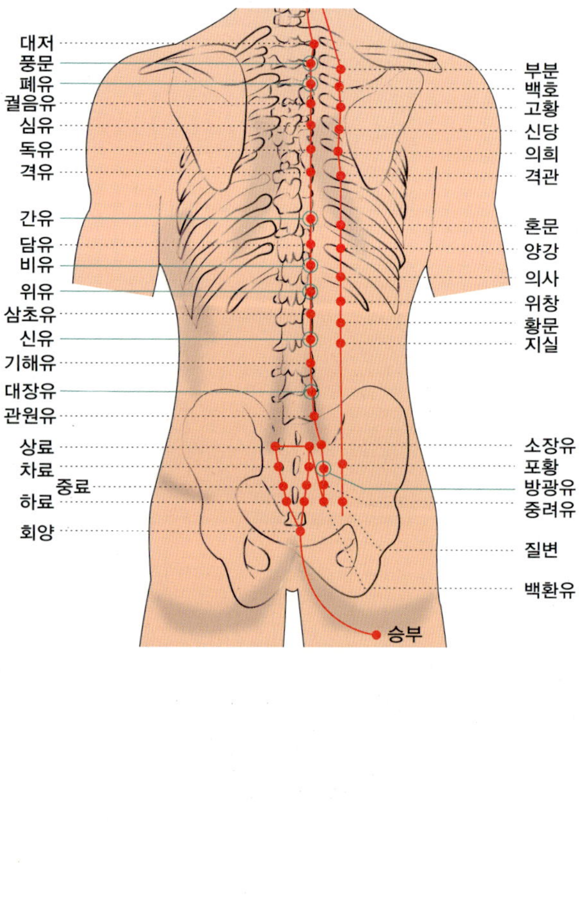

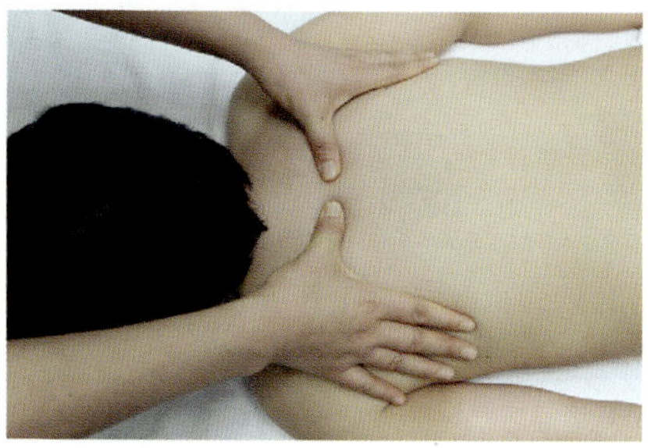

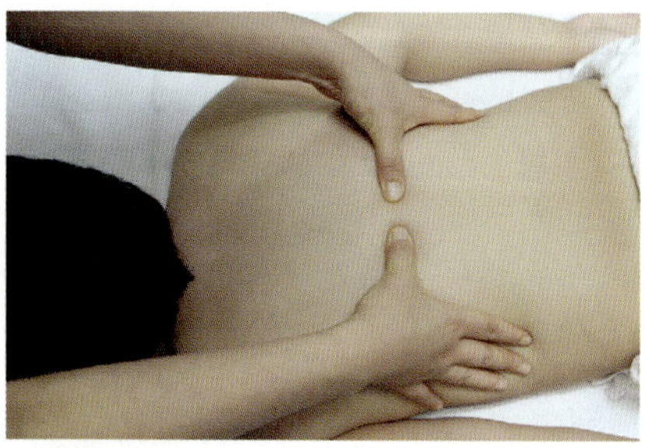

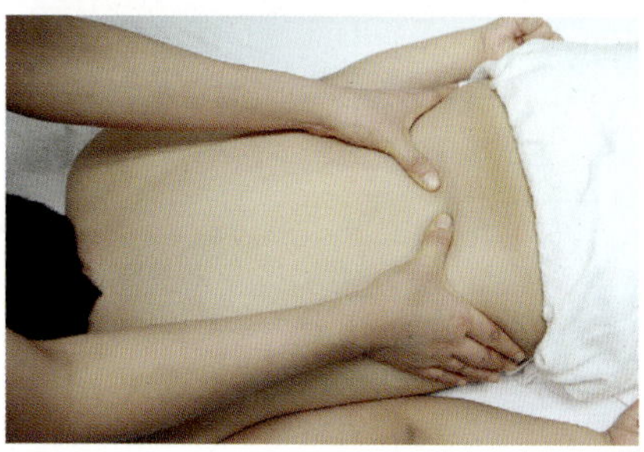

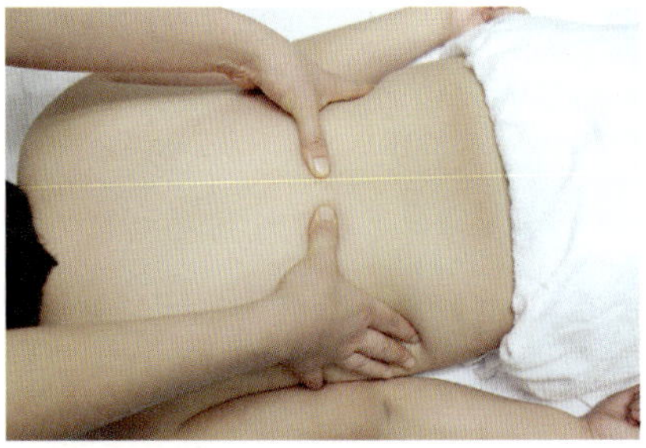

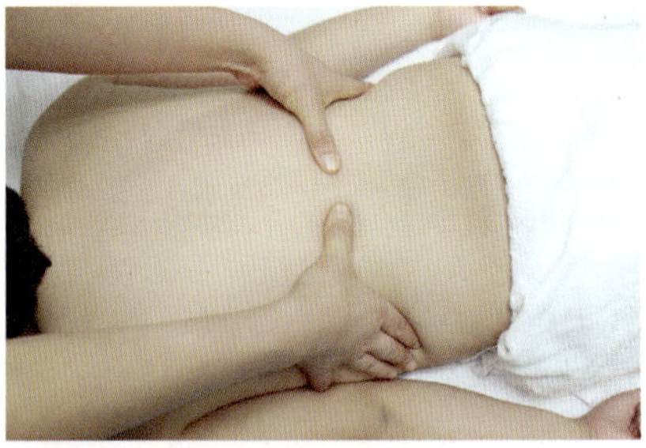

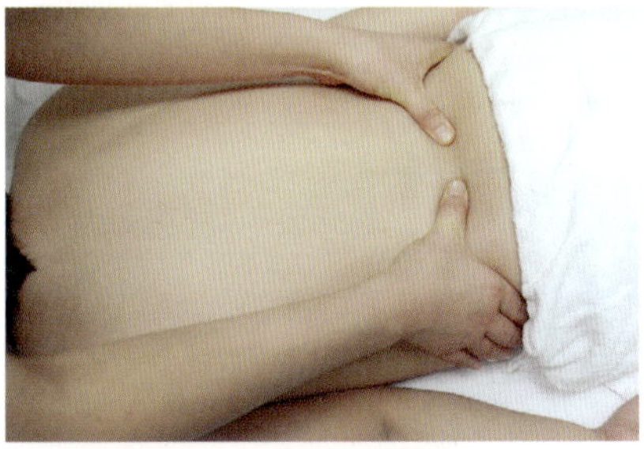

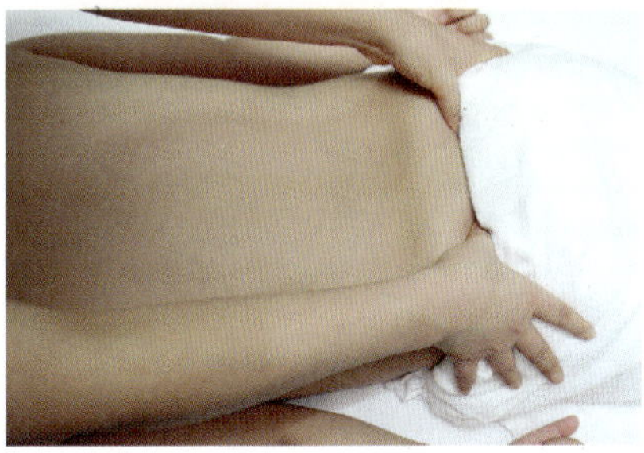

⑯ 시술자의 왼쪽에 사지로 장골능선을 따라 담 경의 대맥혈 방향으로 쓸어 내린다.

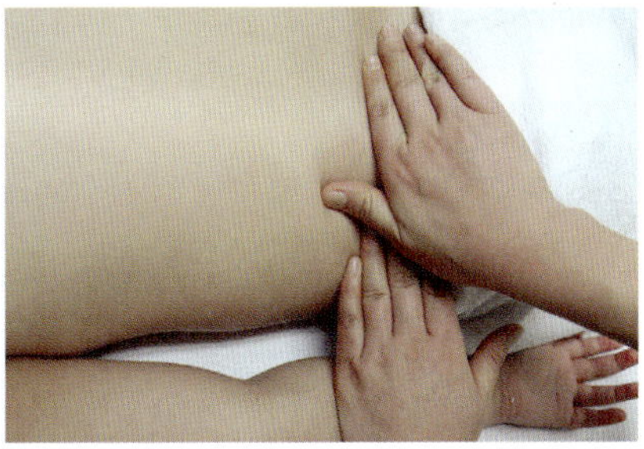

⑰ 모지복을 이용하여 경외기혈의 요안혈을 원을 그리듯이 압을 한다.

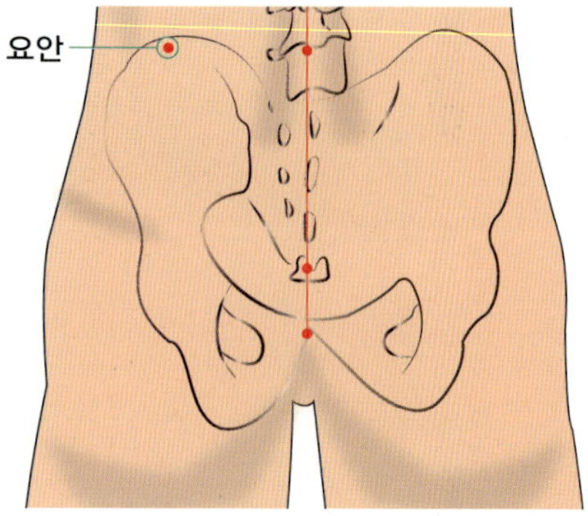

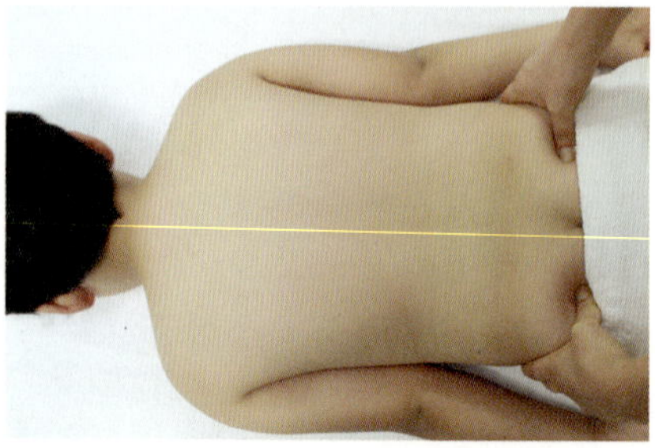

⑱ 독맥과 방광경 사이에 있는 경외기혈의 협척혈을 집기방법으로 엄지와 검지를 이용하여 촘촘히 집어준다. (화타의 협척혈은 방광경과 독맥의 중간지점이다.)

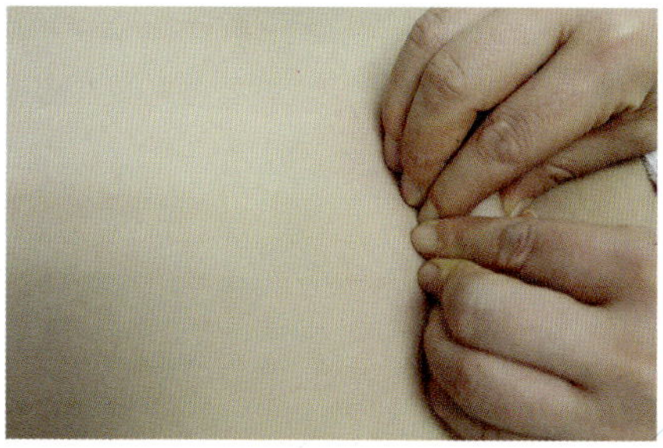

⑲ 수장사지를 이용하여 독맥을 아래에서 위로 쓸어올린다.

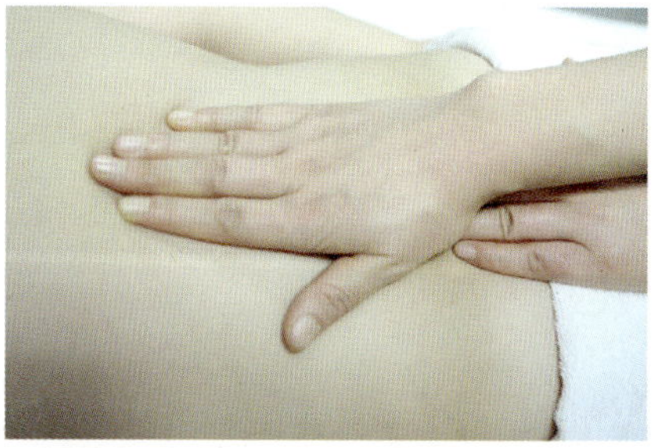

⑳ 수장사지를 이용하여 방광1선을 장골릉에서부터 어깨 방향으로 쓸어올린 후 어깨에서 손끝까지 쓸어내려 준다.

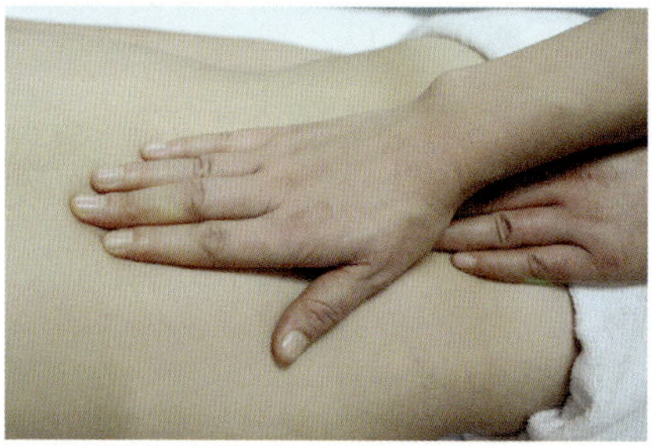

㉑ 면역력 증강에 좋은 수소양삼초경의 양지혈과 수양명대장경의 합곡혈을 모지복으로 지긋이 압한다.

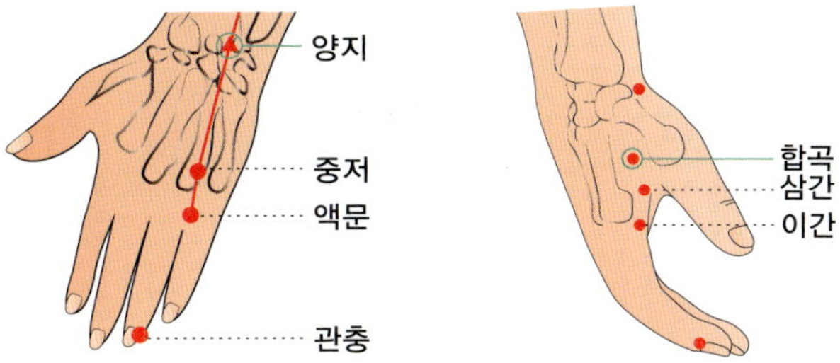

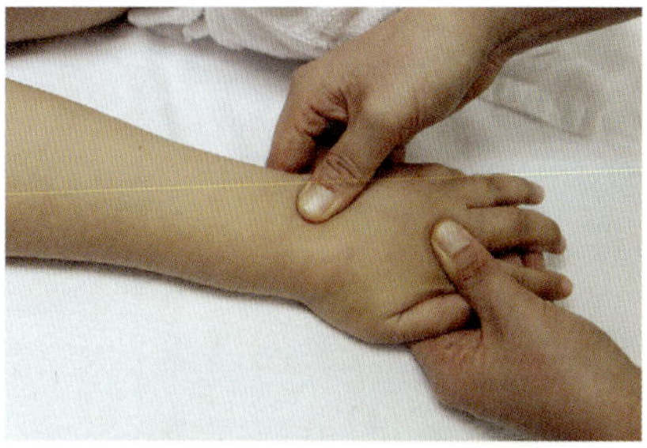

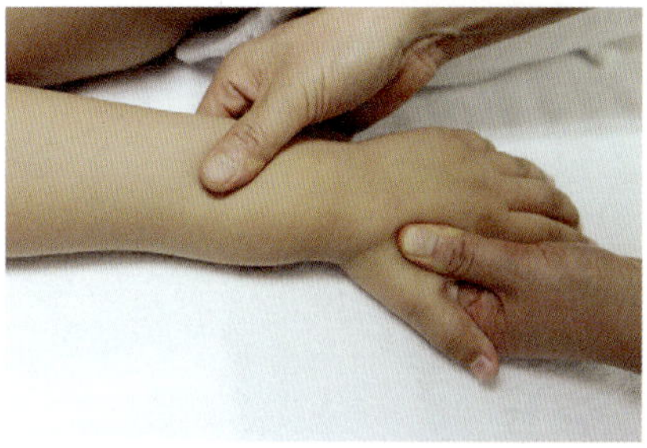

㉒ 반대편을 ⑯～㉑번까지 반복한다.

3. 3단계 면역력증강 마사지 - 하체 마사지

1. 면역력증강 하체 마사지 경혈점

용천, 곤륜, 태계, 함곡, 삼음교, 하거허, 상거허, 족삼리, 양릉천, 위중, 위양, 독비, 내슬안

2. 면역력증강 마사지 - 면역력증강(살찌우기) 하체 마사지 순서

① 다리 앞면 전체를 수장사지로 오일을 도포하며 쓸어 준다.

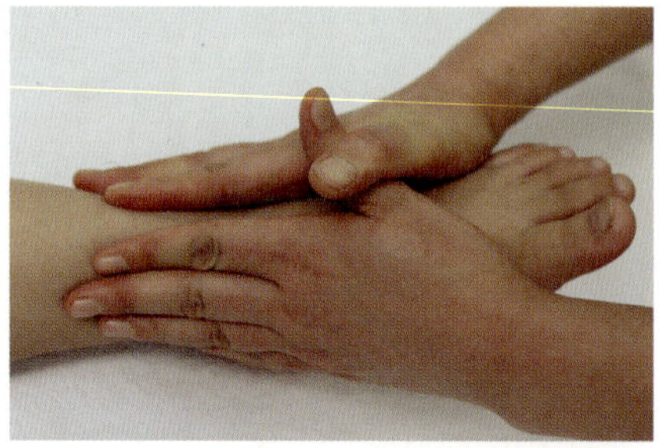

② 양 손을 이용해 발등을 쓸어 준다.

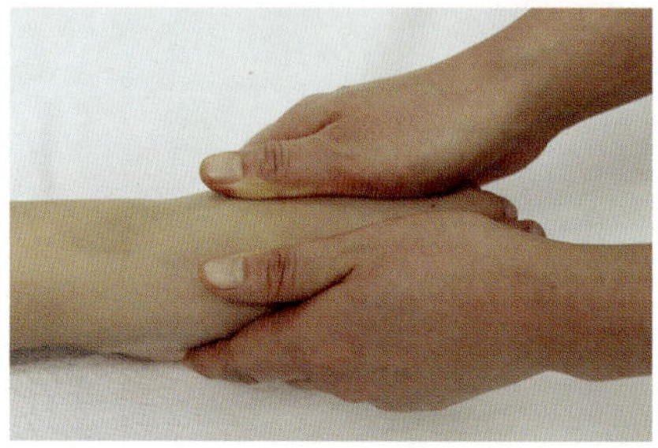

③ 발바닥과 발등을 동시에 쓸어주는데 양 손의 엄지는 발바닥에 위치하고 나머지 사지는 발등 위에 올려놓은 후 발바닥과 발등을 동시에 쓸어 준 후 족소음신경의 용천혈을 압한다.

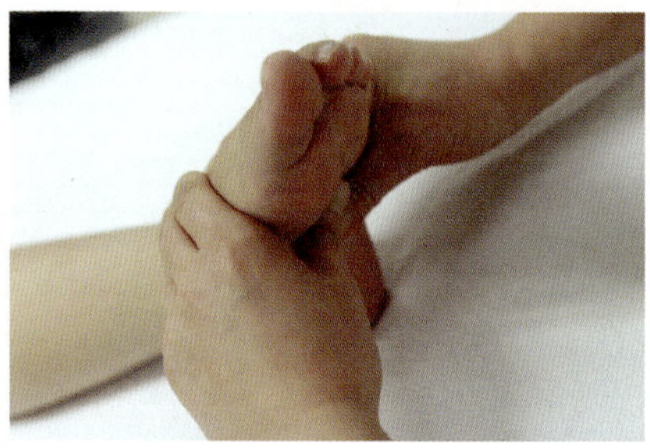

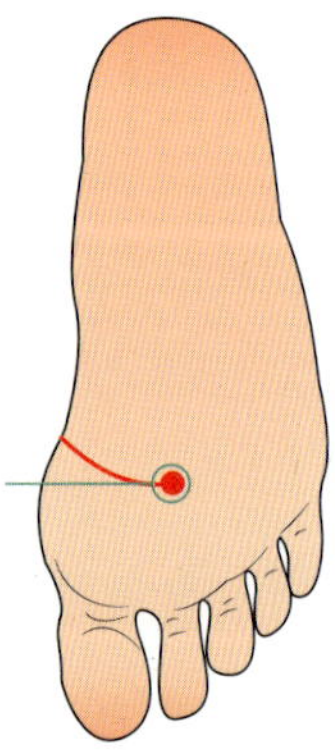

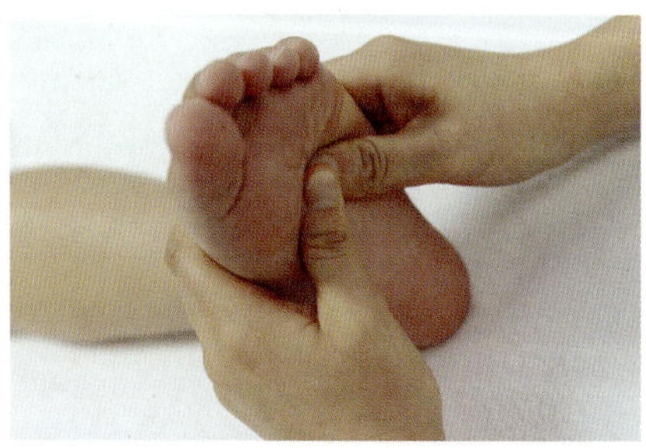

④ 발을 세워서 발등을 짜주는 데 양 손의 엄지는 발바닥에 위치하고 나머지 사지는 발등을 잡은 후에 짜주듯이 비벼준다.

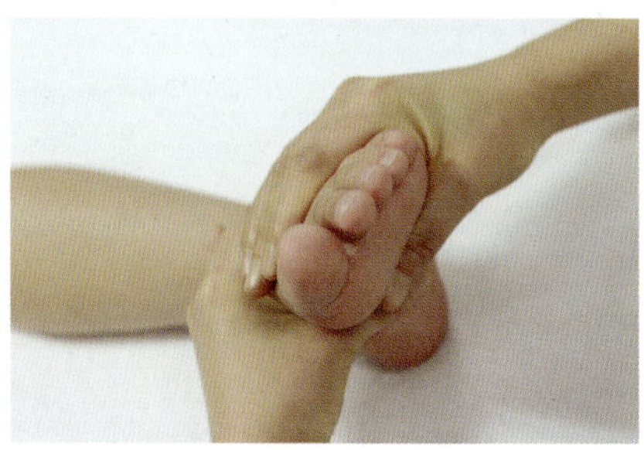

⑤ 발가락 사이사이의 임파를 풀어주는데 엄지와 검지 측면을 이용하여 쓸어 준다.

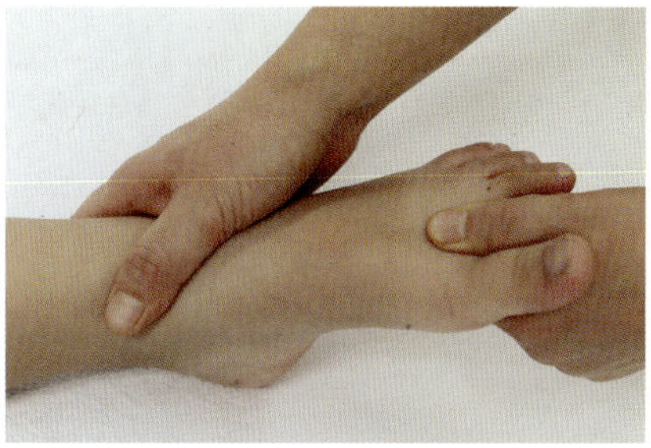

⑥ 발의 족내과(안쪽 복숭아뼈)와 족외과(바깥쪽 복숭아뼈)를 양 손의 2,3,4지를 이용하여 원그리며 문질러 준다.

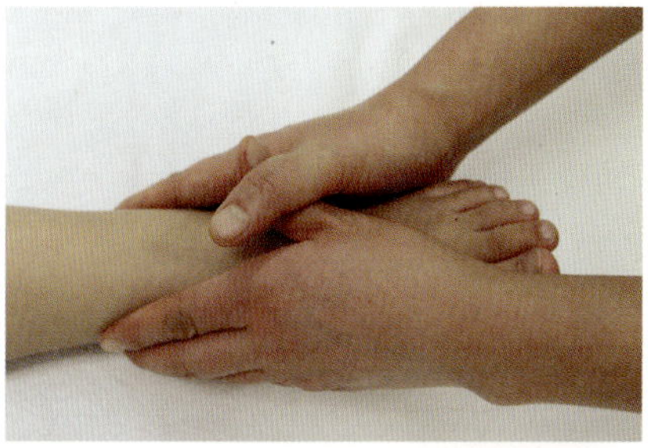

⑦ 발의 바깥쪽에 있는 족태양방광경의 곤륜혈과 발의 안쪽에 있는 족소음신경의 태계혈을 모지복으로 지긋이 누른다.

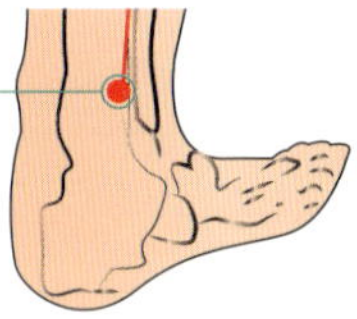

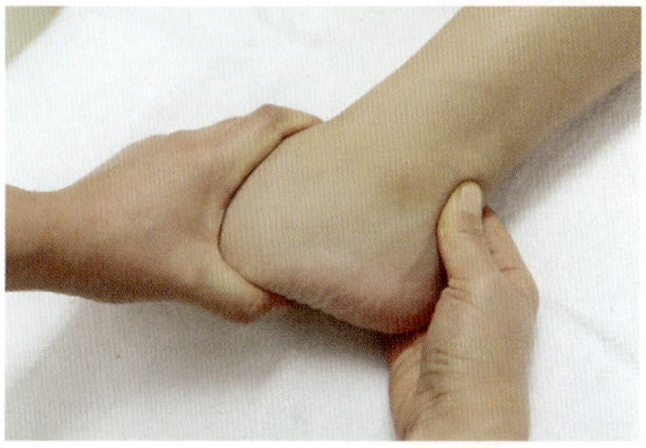

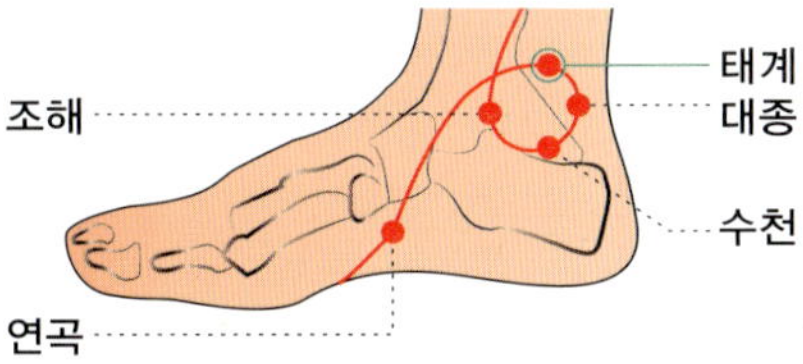

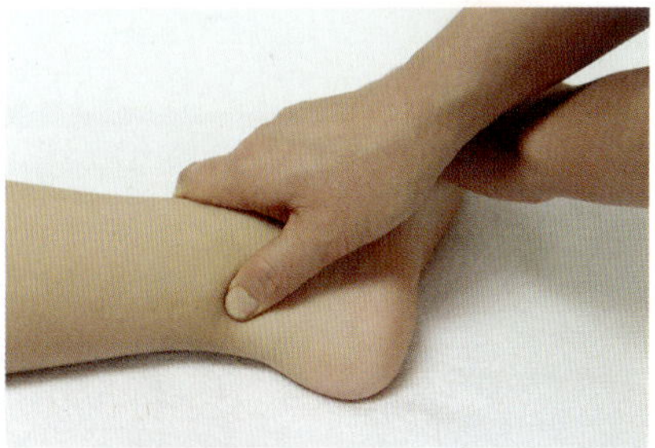

⑧ 발등의 중족골을 모지측으로 쓸어준 후 족양명위경의 함곡혈을 모지복을 이용하여 압한다.

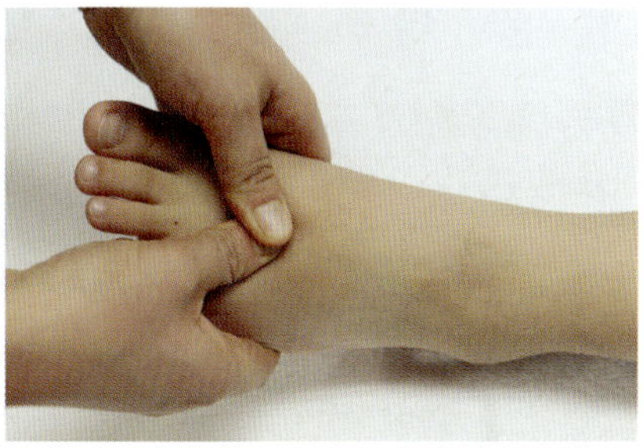

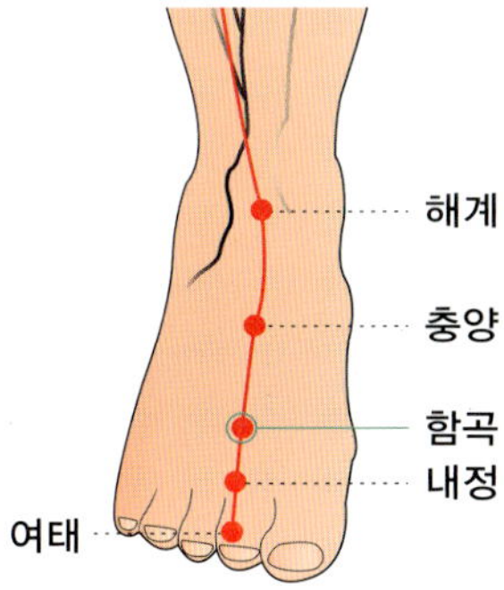

⑨ 모지복을 이용하여 족양명비경, 족태음위경, 족소양담경을 아래에서 위로 쓸어올린다.

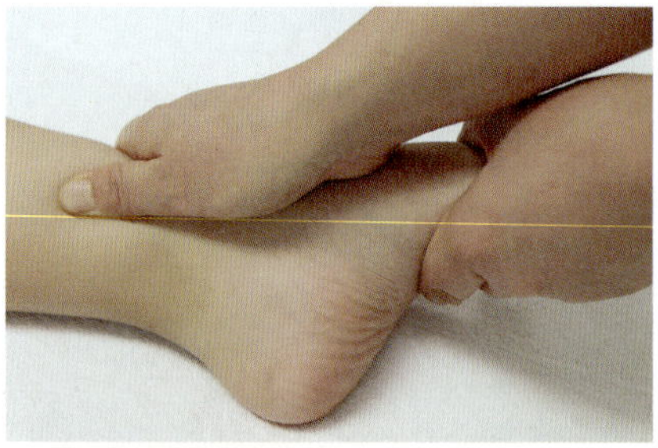

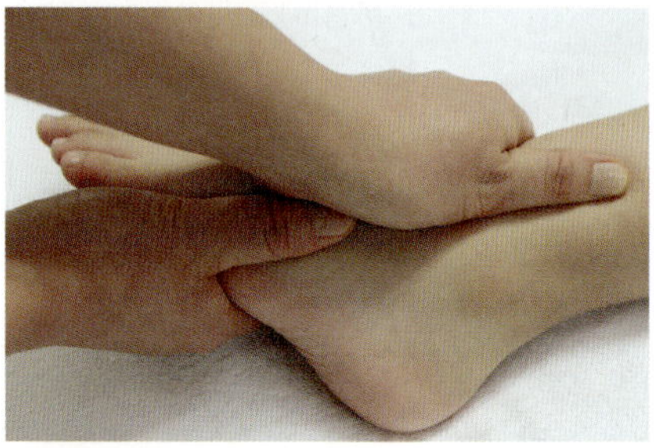

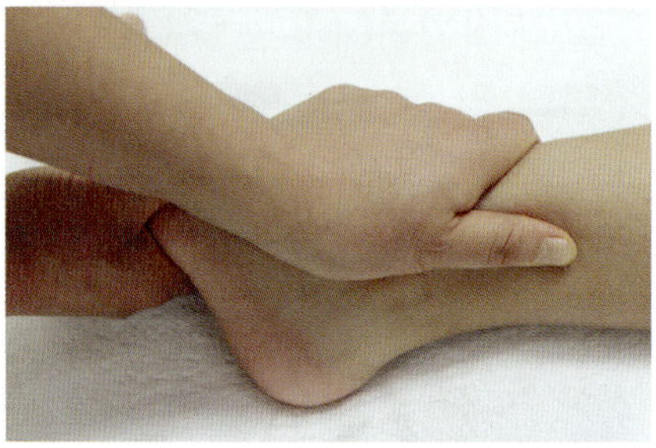

⑩ 족태음비경라인을 쓸어올린 후 삼음교혈을 압한다.

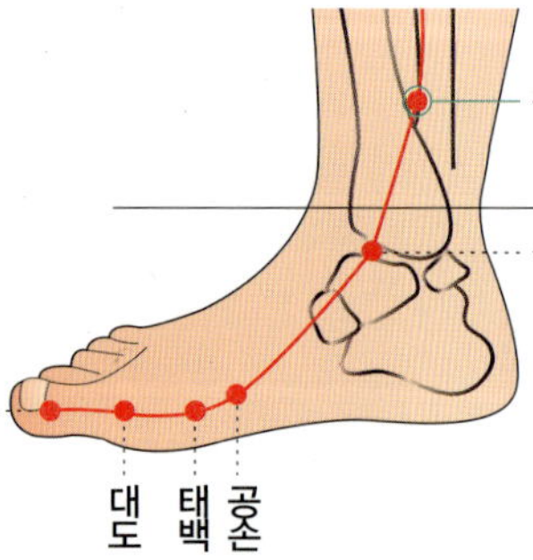

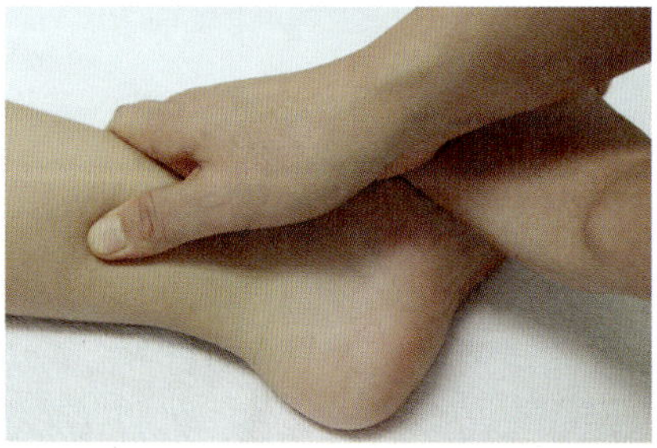

⑪ 족양명위경라인을 쓸어올린 후 독비, 족삼리, 하거허, 상거허혈을 압한다.

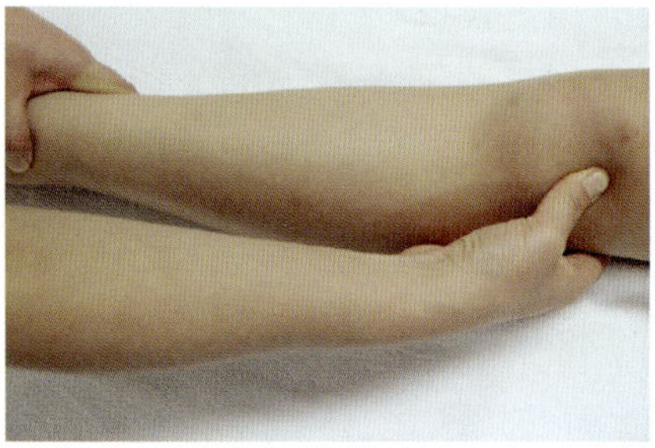

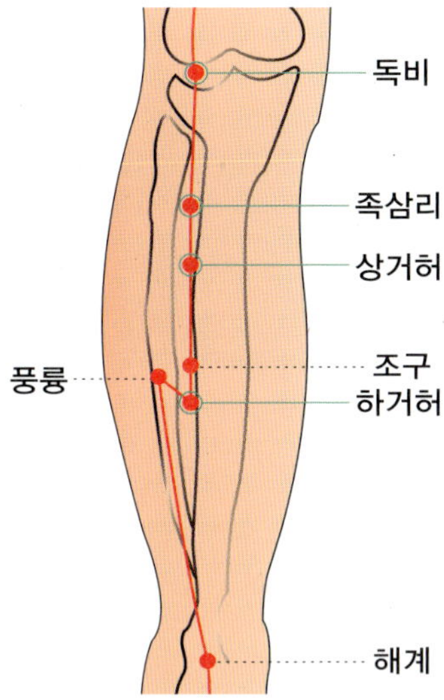

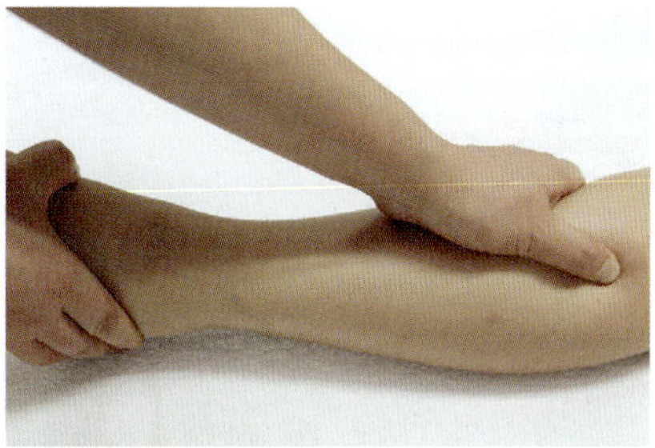

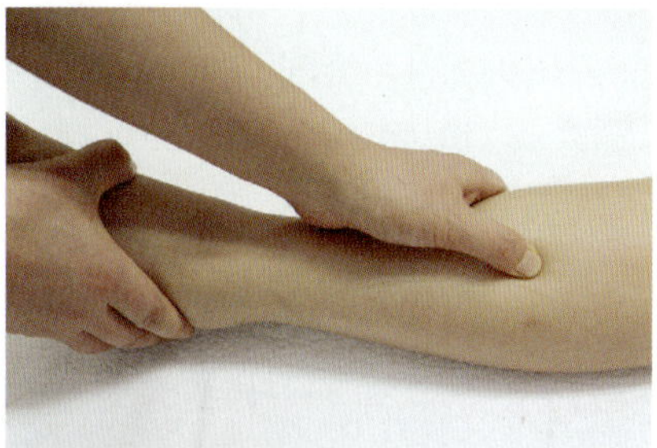

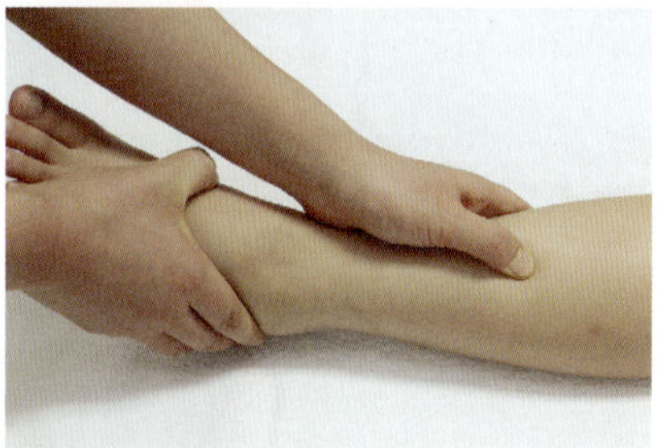

⑫ 족소양담경라인을 쓸어올린 후 모지복을 이용하여 양릉천혈을 압한다.

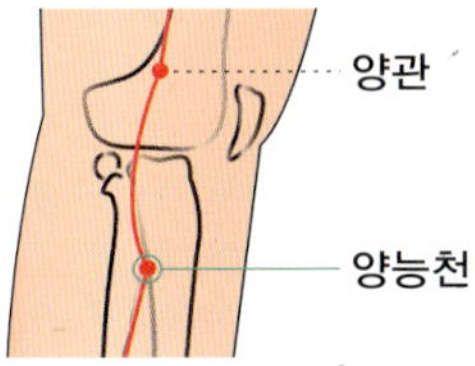

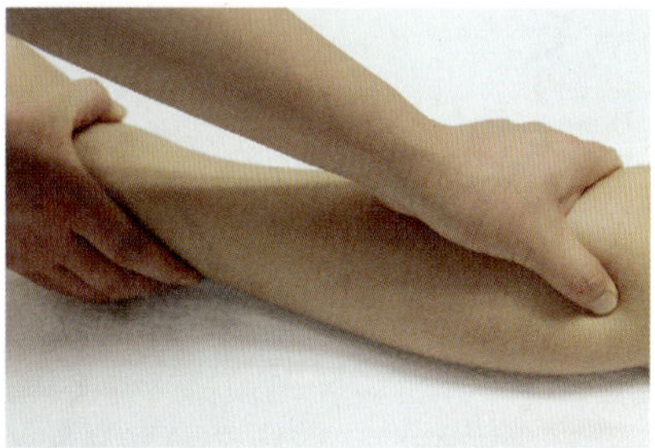

⑬ 무릎을 세워서 엄지와 검지를 이용하여 아킬레스건인 방광경을 아래에서 위로 쓸어올린다.

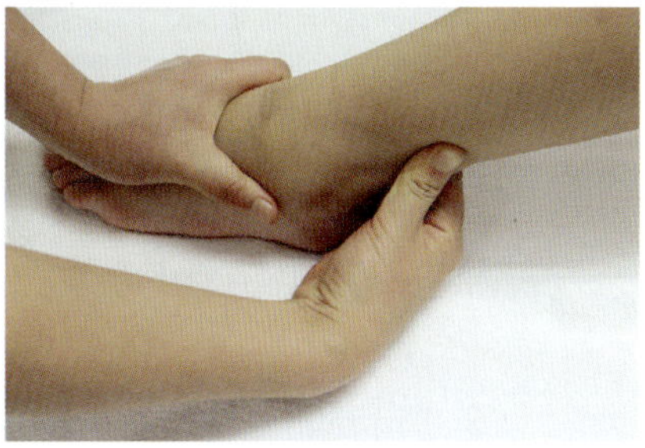

⑭ 종아리를 양 손의 사지복을 이용하여 주물러 준다.

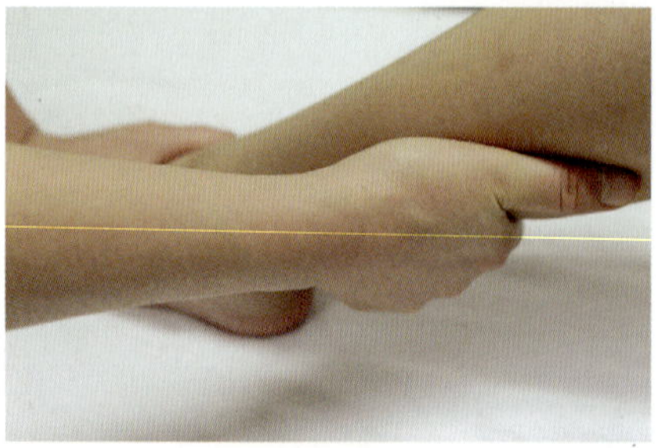

⑮ 오금에 있는 족태양방광경의 위중혈과 위양혈을 중지복을 이용하여 부드럽게 풀어 준다.

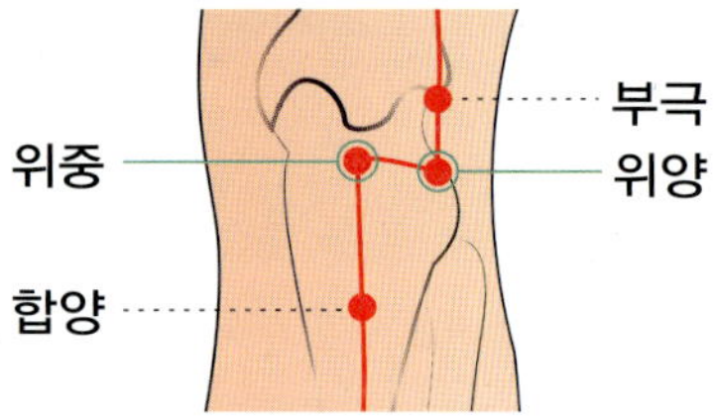

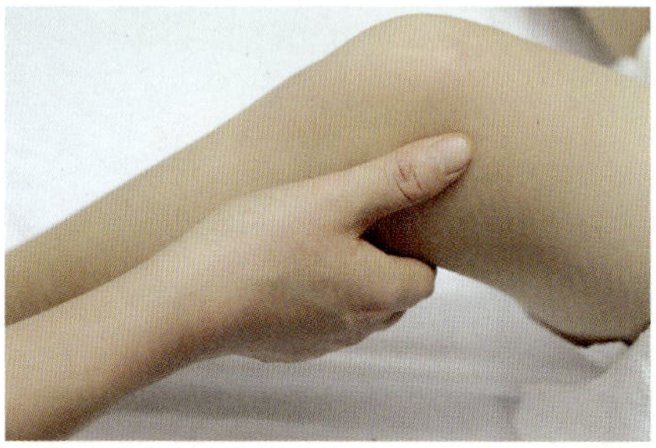

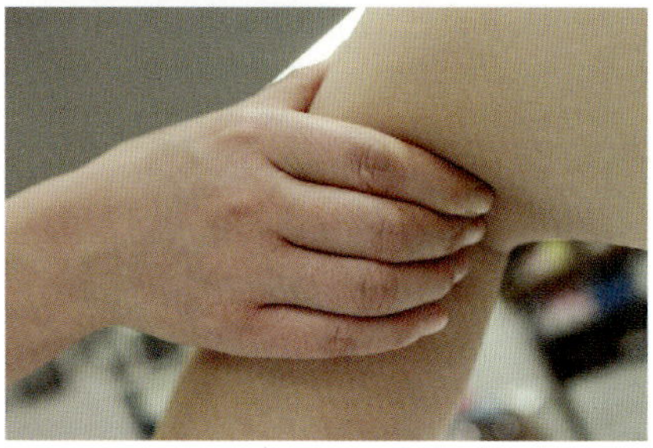

⑯ 피시술자의 다리를 펴준 후 양 손의 호구를 이용하여 발목에서 무릎까지 퍼올려 준다.

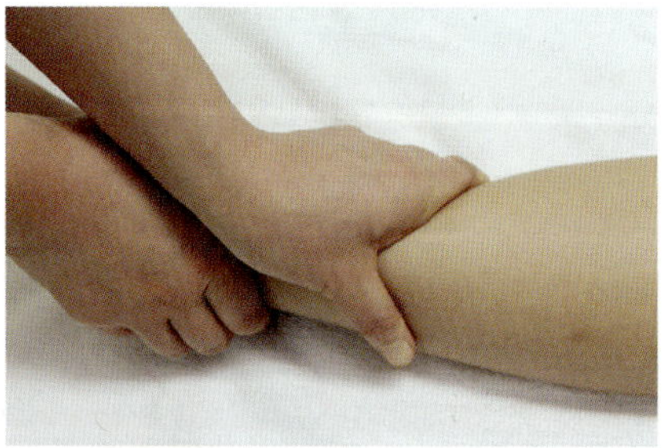

⑰ 엄지와 검지의 호구부분을 이용하여 무릎을 지그재그로 반원을 그리듯이 문질러 준다.

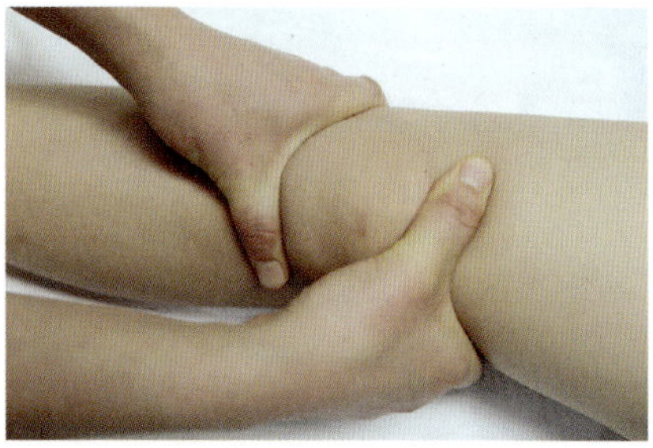

⑱ 무릎에 있는 성장점인 족양명위경의 독비혈과 경외기혈의 내슬안혈을 모지복으로 압한다.

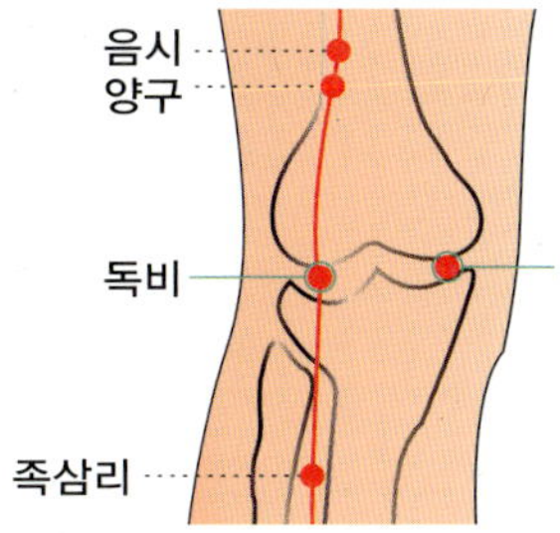

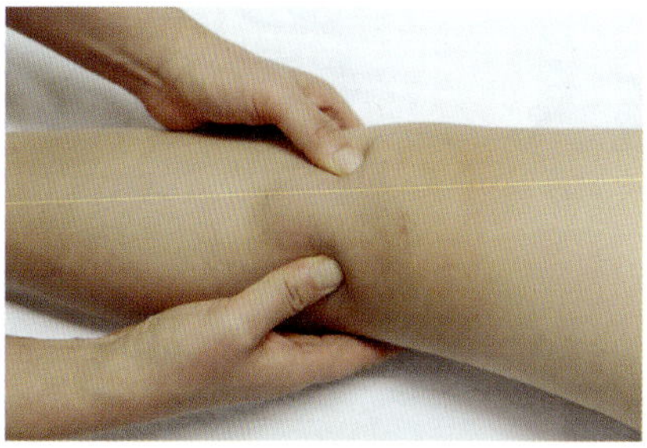

⑲ 수장사지로 다리 전체를 쓰다듬는다.

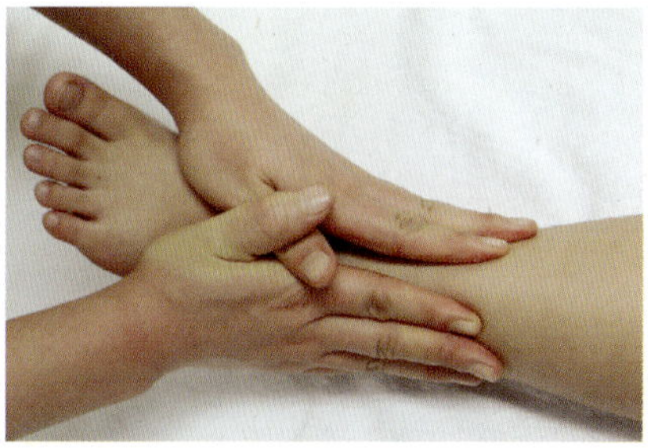

⑳ 반대편 다리를 ①~⑲번까지 반복한다.

㉑ 한 손은 오금부위를 잡고 한 손은 발목을 잡은 후 스트레칭 시킨 후 다리를 위아래로 흔들어 준다.

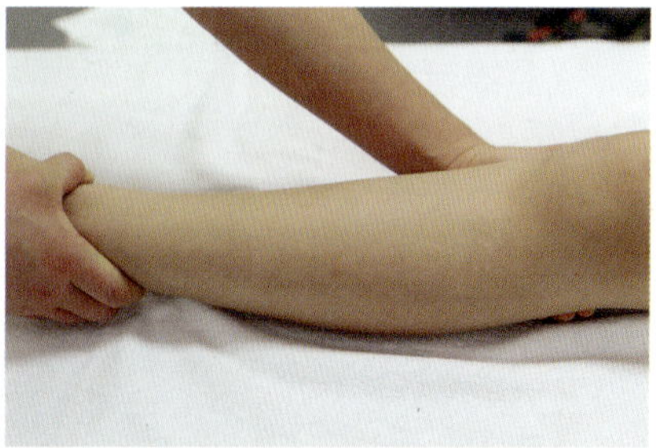

4단계 면역력증강 마사지 - 복부·가슴·팔 마사지

1. 면역력증강 - 복부·팔 마사지 경혈점

기문, 천돌, 중부, 천주, 풍지, 아문, 중완, 하완, 음교, 기해, 관원, 중극, 천추, 수도, 신궐, 전중

2. 면역력증강 마사지 - 복부 마사지 순서

① 모지구를 이용하여 가슴근육을 이완시켜 준다.

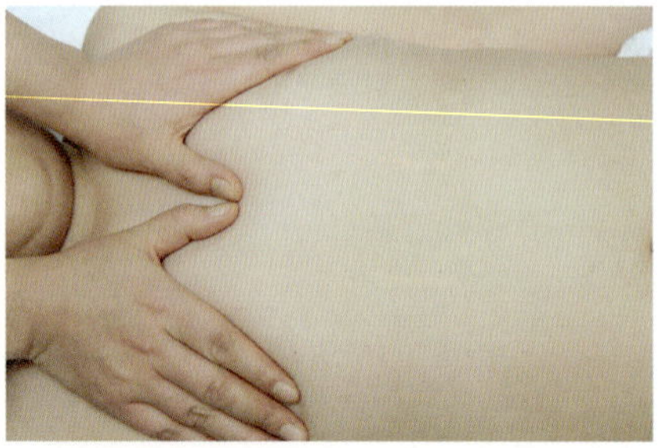

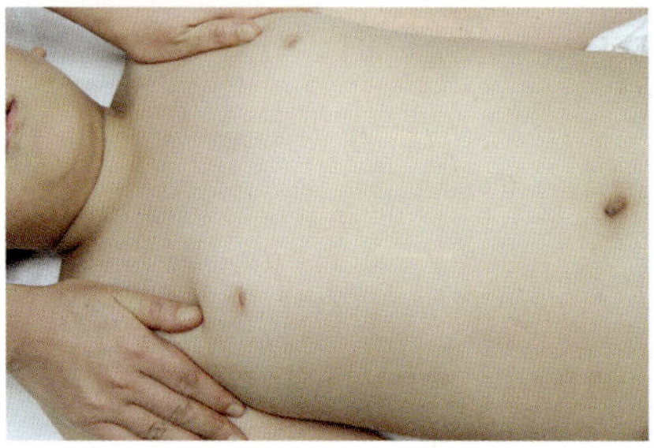

② 양 손을 포개어 임맥의 전중혈 위에 올려놓은 후 부드럽게 풀어주면서 피시술자가 편안하게 호흡할 수 있도록 한다.

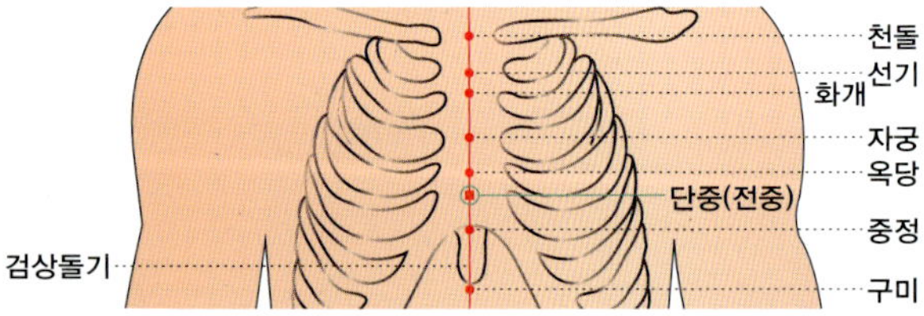

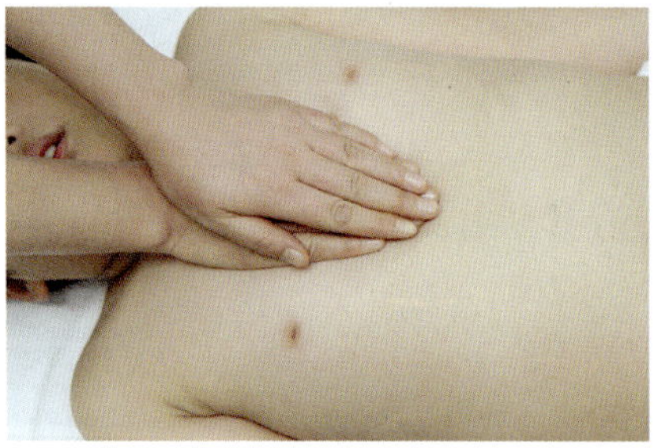

③ 족궐음간경의 기문혈을 삼지복으로 부드럽게 문질러 준 후 액와(겨드랑이)방향으로 쓸어 준다.

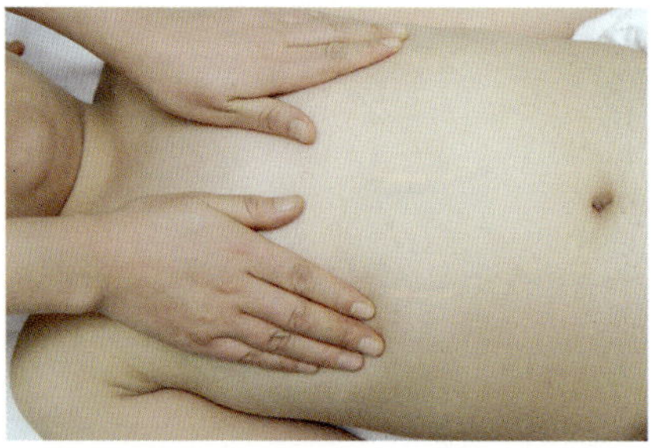

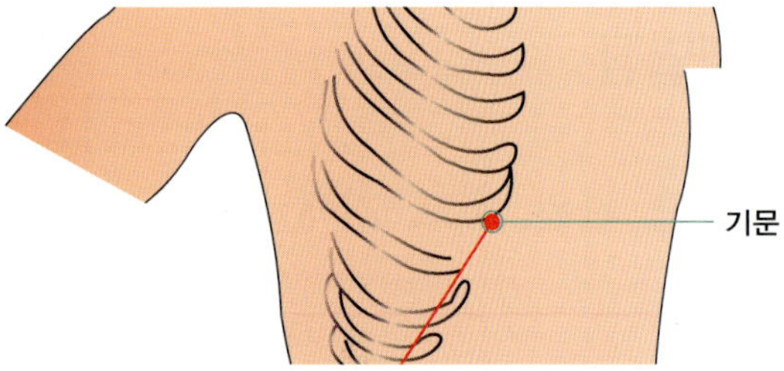

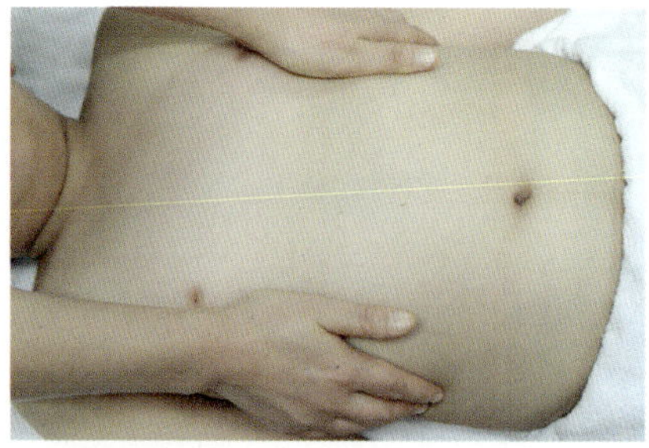

④ 임맥의 천돌혈을 양 손의 모지복을 겹친 후 살며시 누른다.

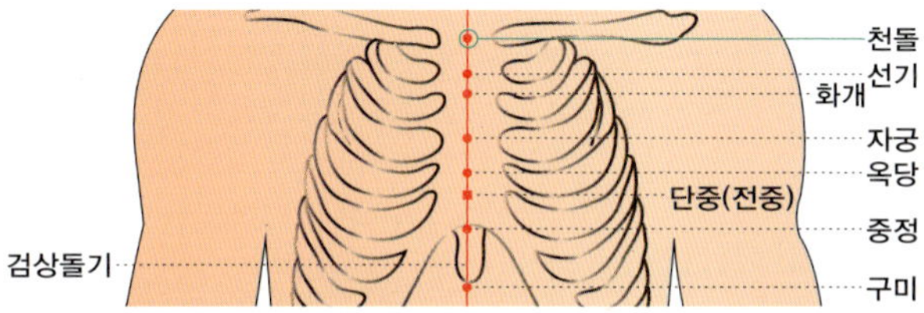

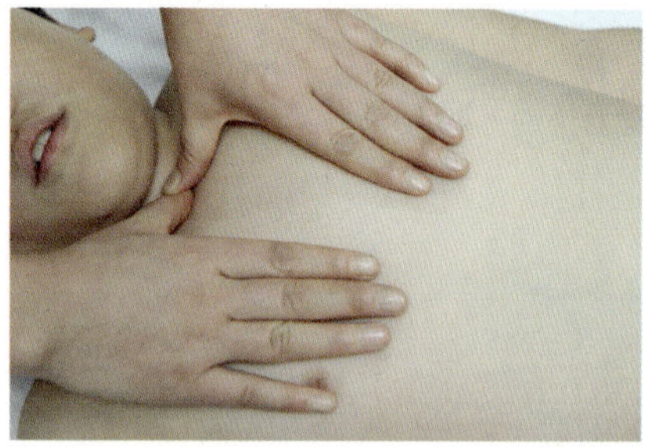

⑤ 수태음폐경의 중부혈을 모지구로 살며시 압한다.

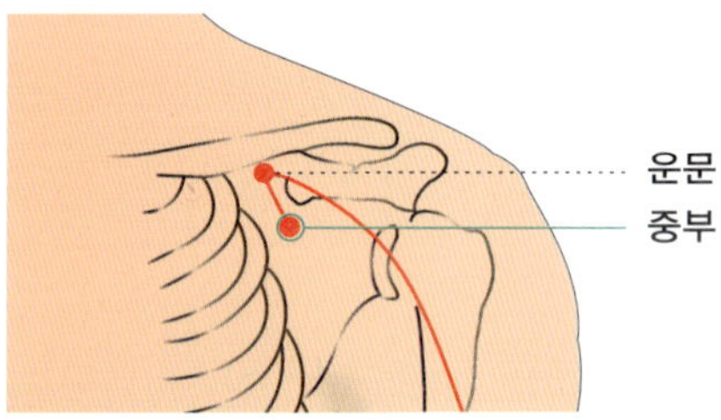

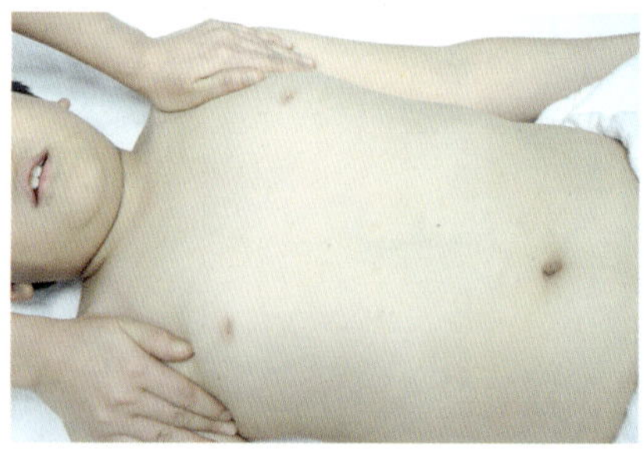

⑥ 한 손은 피시술자의 후두를 받쳐주고 다른 한 손의 호구를 이용하여 목을 아래에서 위로 쓸어올려 목의 긴장을 풀어 준다. 이는 뇌척수액의 흐름을 원활히 해주는 데 도움을 준다.

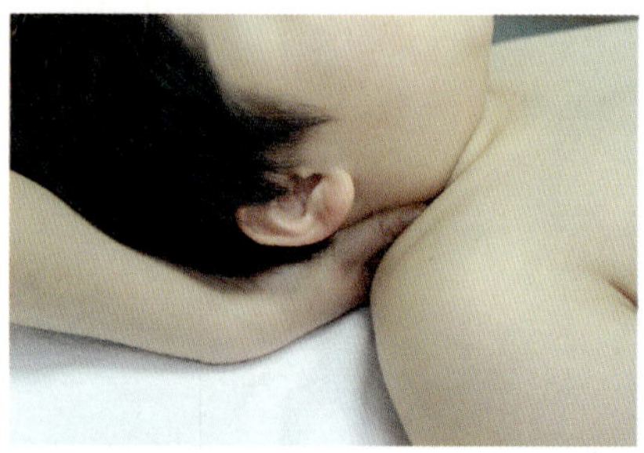

⑦ 삼지복을 이용하여 경추를 늘려주듯이 당겨준 후 족소양담경의 풍지, 족태양방광경의 천주, 독맥의 아문혈을 차례로 지압한다.

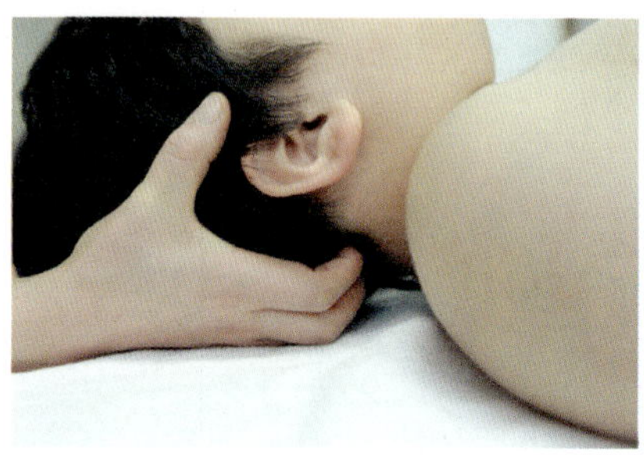

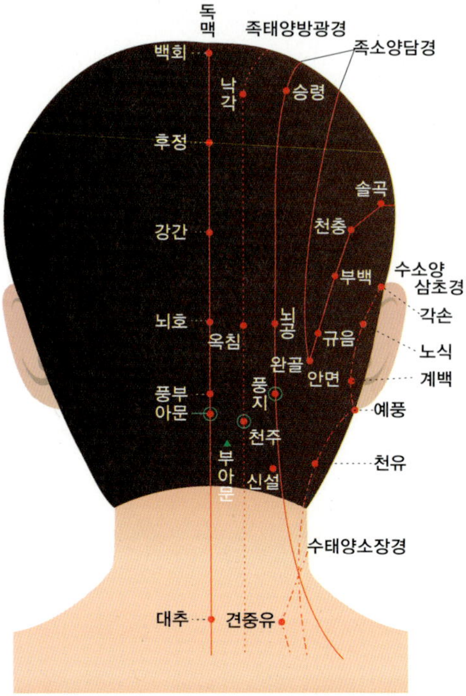

⑧ 복부 전체를 오일을 도포하며 시계방향으로 쓸어준다.

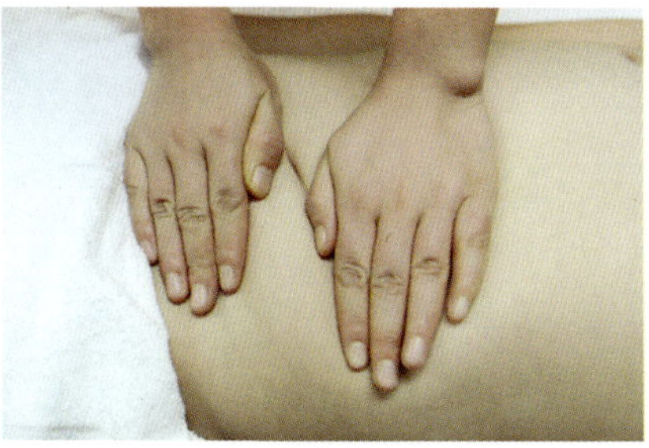

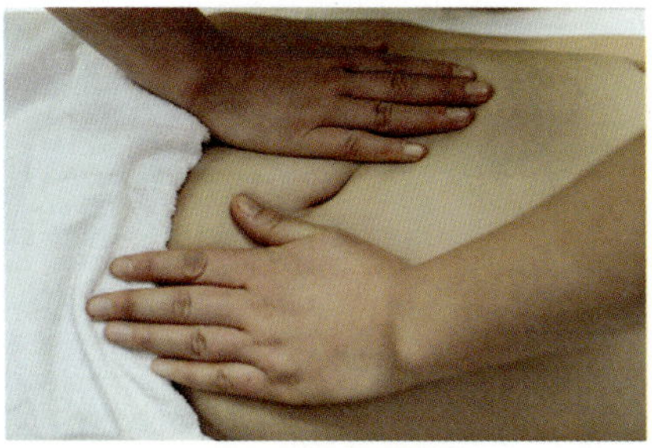

⑩ 임맥의 중완, 하완, 음교, 기해, 관원, 중극혈을 모지복으로 살며시 압한다.

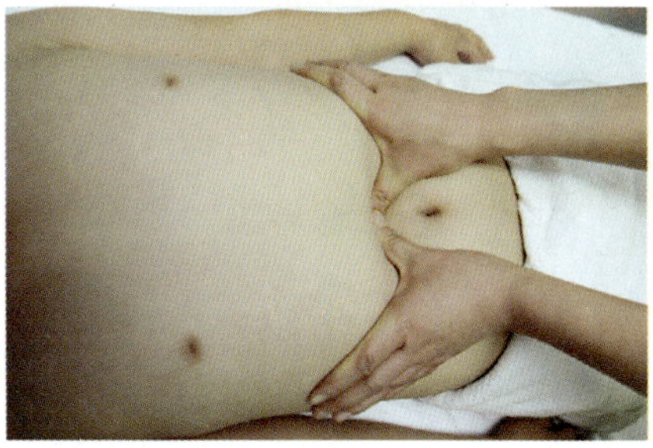

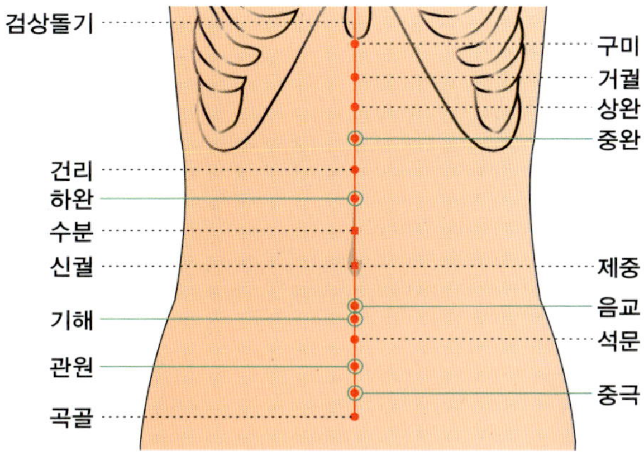
검상돌기
구미
거궐
상완
중완
건리
하완
수분
신궐
제중
기해
음교
석문
관원
중극
곡골

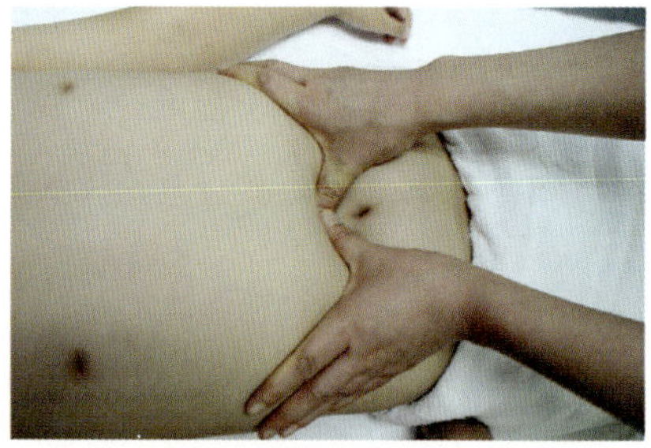

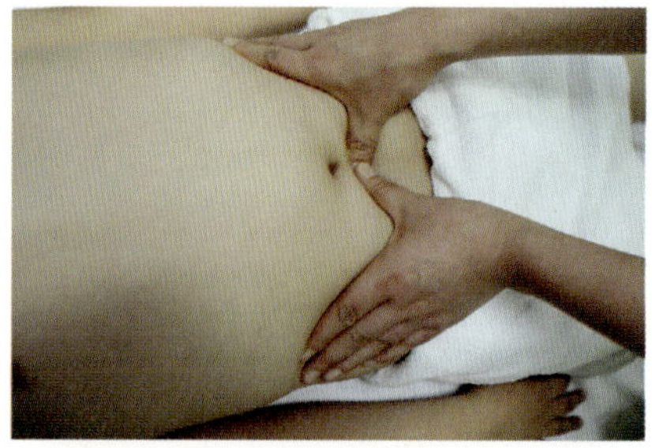

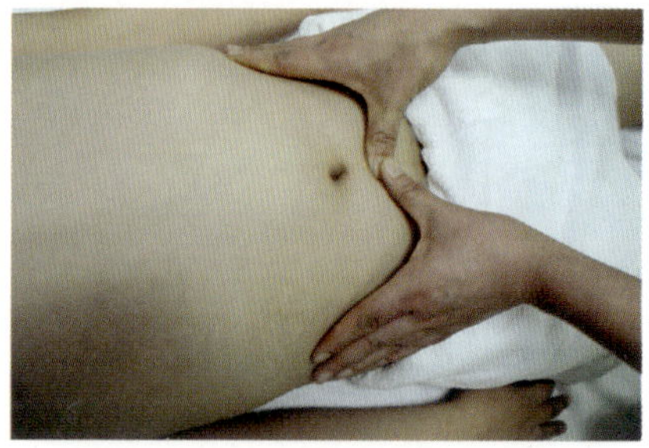

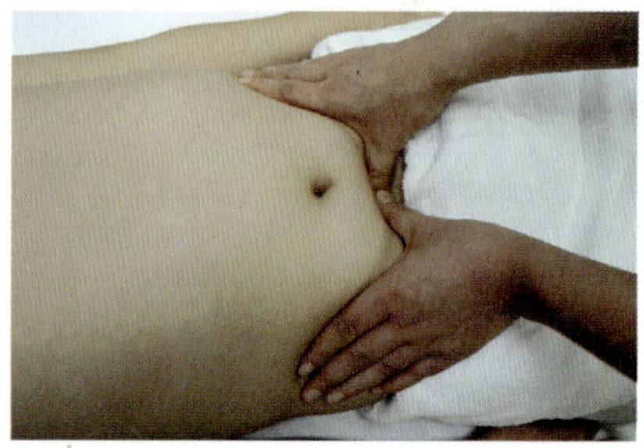

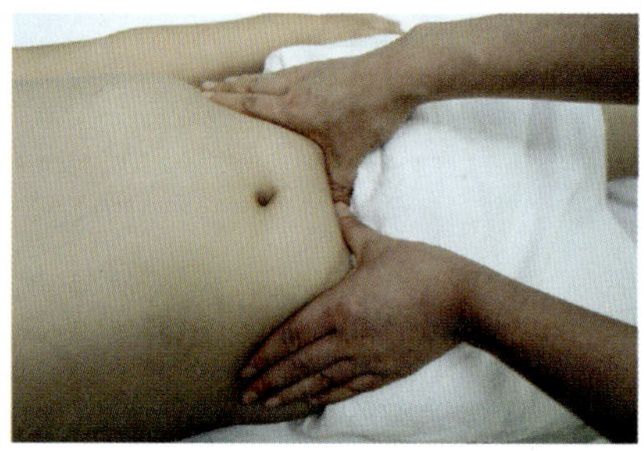

⑪ 족양명위경의 천추, 수도혈을 모지복으로 압한다.

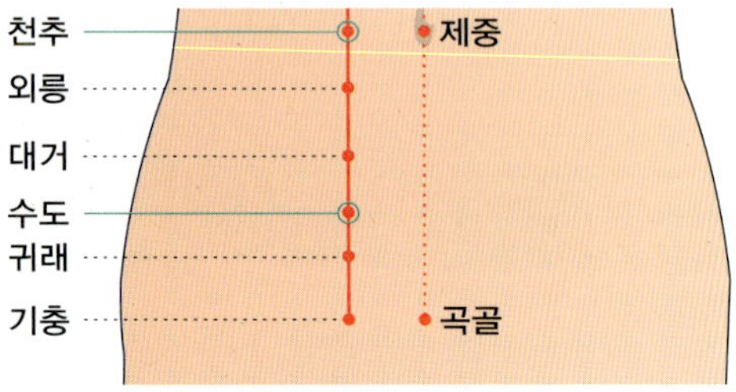

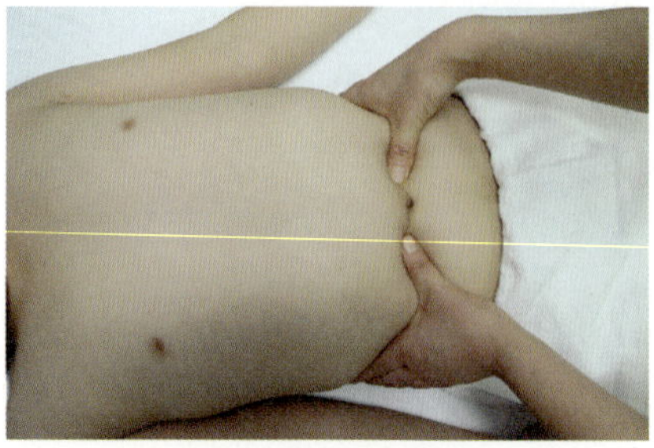

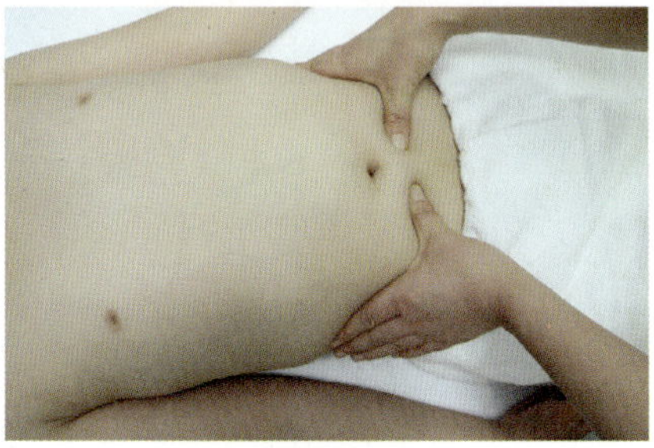

⑫ 수장사지로 배꼽주변을 시계방향으로 원을 그린다.

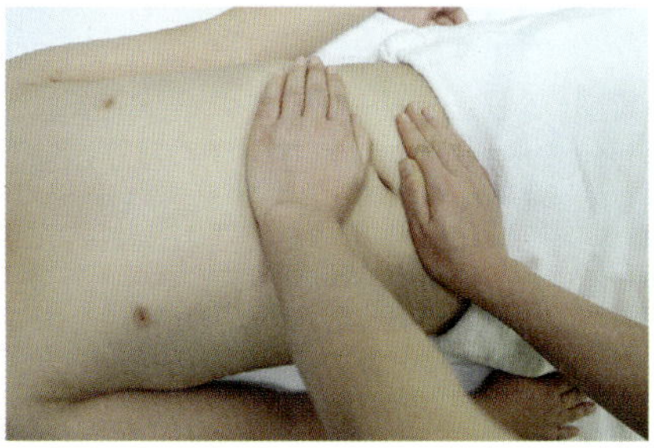

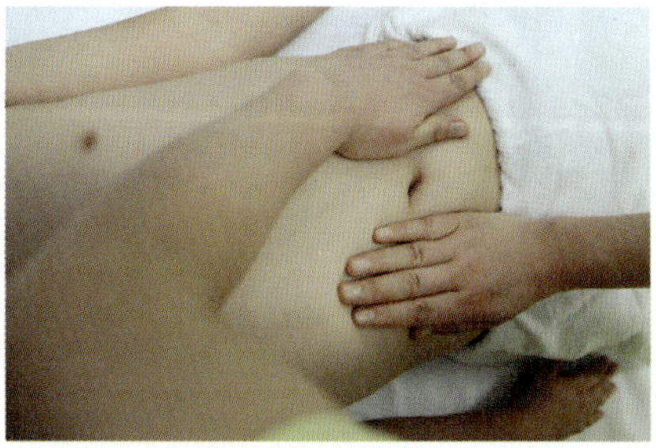

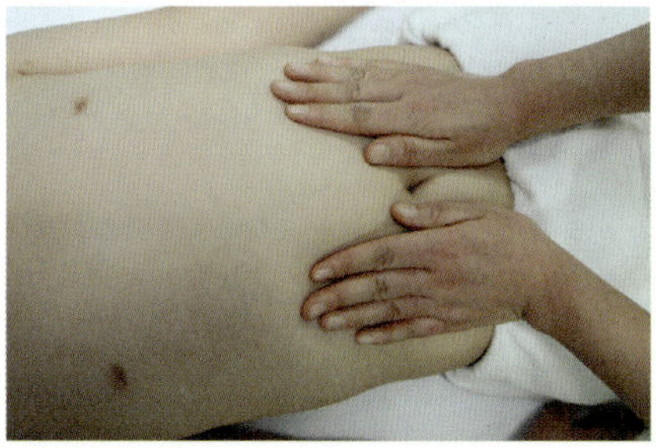

⑬ 배꼽(신궐혈) 양옆에 양 손을 올려놓은후 살며시 눌렀다 떼며 독소를 배출시킨다.

*피시술자에게 복식호흡을 하게 한다. 시술자는 피시술자가 숨을 내쉴 때 누르고, 숨을 들이마실 때 살며시 손을 뗀다.

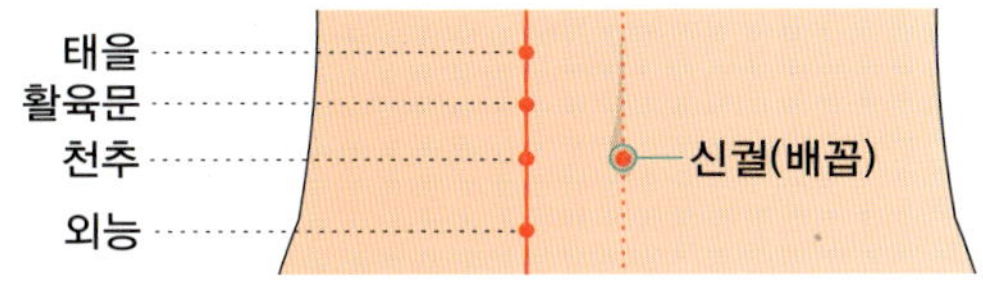

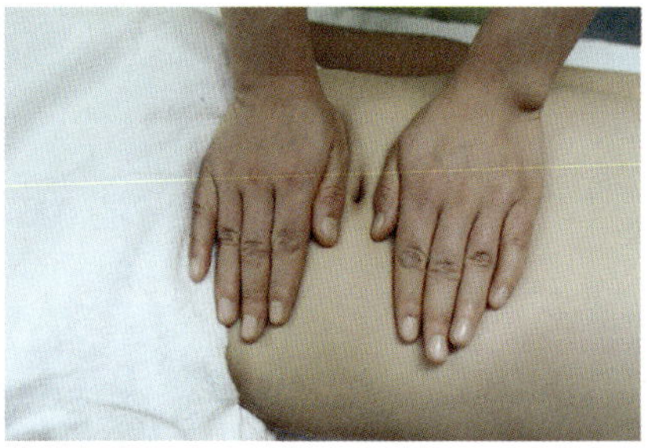

5. 5단계 면역력증강 마사지 - 스트레칭

자전거 타기, 팔과 다리 흔들어주기, 팔과 다리 스트레칭을 한다.

Check point

마사지 후 물 마시기

모든 마사지 관리가 끝난 후 원활한 노폐물 배출을 위하여 피시술자에게 미온수를 마시게끔 한다.

Chapter 7

뇌의 성장과 발달

1. 뇌는 어떻게 구성되어 있을까?
2. 뇌파란 어떤 것일까?
3. 뇌는 어떻게 성장하고 발달할까?
4. 좌뇌와 우뇌의 기능은 무엇일까?
5. 해부학적으로 본 뇌의 모습

Chapter 7

뇌의 성장과 발달

1. 뇌는 어떻게 구성되어 있을까?

뇌의 구성은 대뇌, 간뇌, 중뇌, 뇌교, 연수, 소뇌, 척수, 대뇌피질, 전두엽, 두정엽, 측두엽, 후두엽으로 이루어져 있다. 대뇌는 감각, 수의 운동, 정보의 기억, 판단, 추리, 감정 등 고도의 정신활동을 담당하는 중추로 좌우측의 2개의 반구로 되어 있으며 좌우측의 신경들은 연수에서 교차되어 반대쪽을 지배한다.

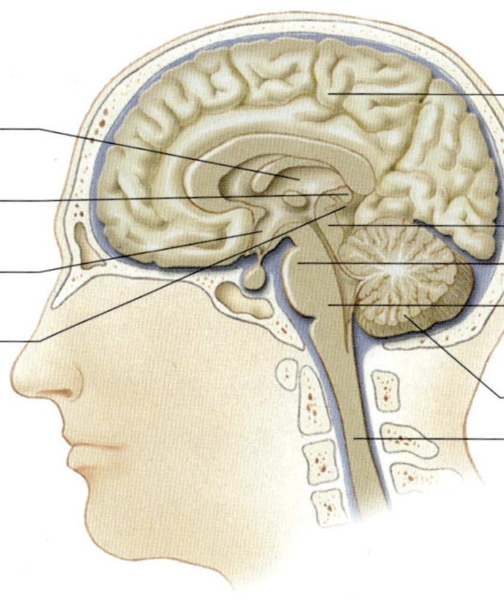

그림 7-1 뇌의 영역

2. 뇌파란 어떤 것일까?

인간의 뇌는 수십억 개의 신경세포가 상호 결합하여 정신현상, 운동, 감각 등을 관장하는 중추기관이다. 신경세포들이 서로 정보를 통신할 때 전기적인 신호가 일정하게 발생되는 것을 뇌파라고 하는데, 뇌파는 대뇌피질의 신경세포군에서 발생한 미세한 뇌전기 활동의 총화를 체외로 도출하고 이를 증폭해서 전위를 종축으로 시간을 횡축으로 해서 측정되는 것이며, 주파수란 1초당 진동수를 나타내는 것으로 Hz라는 단위를 사용한다.

뇌파는 뇌의 전기적인 신호에 따라 시시각각으로 변화하는데, 이것을 연속적으로 기록을 하게 되면 여러 형태의 파형으로 나타나기 때문에 뇌파라고 한다.

뇌파는 뇌전도(EEG : electroencephalogram)라고도 하며, 뇌파측정은 객관적, 비침습적, 연속적이다. 두뇌의 기능 상태를 뇌파의 형태로 실시간으로 나타나게 하여 평가할 수 있는 신경과학적 검사방법이라고 할 수 있다.

1. 델타파

정상적인 깊은 수면 상태로 1초에 3~4회 정도 아주 깊은 수면상태 또는 무의식적 상태의 파장으로 최고 100~200μv의 진폭과 0~3Hz 정도의 적은 주파수를 보이는 파형으로써 정상인이 깊은 수면을 하고 있을 때 나타난다. 신생아는 대부분의 시간을 잠을 자고 있으므로 생후 6개월까지 델타파가 주된 뇌파이다.

2. 세타파

수면상태의 세타파는 알파파와 같이 정상인의 수면에 나타나는데 세타파는 각성과 수면의 중간인 명상상태의 파장으로 볼 수 있으며, 즉 이완과 수면 사이에 있는 상태이다. 생후 6개월부터 5세까지 유아의 주된 뇌파가 세타파이다.

3. 알파파

안정, 휴식 상태로 20~50μv의 진폭과 8~12Hz 정도로 정상인의 안정, 각성, 폐안시 뇌파의 대부분을 차지하는 것이 알파파이다. 알파파의 방출량이 증가할수록 정신활동의 활성화, 주의력, 집중력, 기억력, 창조력, 사고력 등이 향상된다. 눈을 감았을 때 마음이 고요한 상태로 알파파가 나오지 않는다면 정신적으로 긴장이나 불안, 스트레스, 수면장애, 만성피로 등을 의심해 볼 수 있다.

4. 베타파

작업상태로 2~20μv의 진폭과 13Hz 이상의 주파수를 갖으며, 신체적 운동이나 정신활동에 의해 발생한다. 또한 베타파가 과도하면 불안과 같은 긴장 상태와 관련이 있고, 청각, 촉각, 정서적 자극에 의해 영향을 받게 된다. 각성, 집중력 향상, 인지능력, 문제해결능력, 민첩성과 관련되어 있으며, 능동적 뇌 기능 수행 시, 스트레스를 받거나 긴장하면 대뇌에 나타난다. 두뇌에서 가장 지배적이고 강력하게 활동하는 뇌파이며, 학습능력과 관련이 있다.

5. 뇌파의 형태

뇌파	형태	상태
델타파(δ)		깊은 수면상태
세타파(θ)	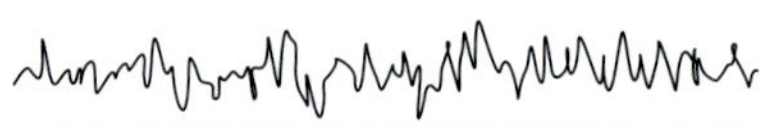	수면상태
알파파(α)		안정, 휴식상태
베타파(β)	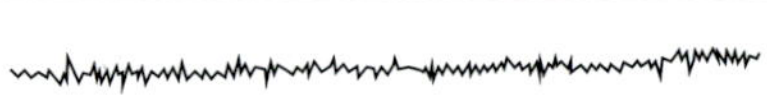	작업상태

3. 뇌는 어떻게 성장하고 발달할까?

인간의 뇌는 출생 후부터 20년이란 긴 시간에 걸쳐 천천히 완성되어 간다. 그 발달과정은 시기에 따른 단계가 있고 기능별로 결정적인 시기가 있다. 갓난 아이의 뇌는 다른 동물들과 비교하면 대단히 큰 편이다. 출생 시 뇌의 무게는 400g이고, 1년 후에는 800g으로 2배가 증가하며, 4년 후에는 1,200g으로 증가한다. 만 6~7세가 되면 성인과 같은 크기로 성장한다. 크기뿐만 아니라 시냅스의 성장도 돋보인다.

만 5~10세 사이에서 불필요한 시냅스가 대량 사멸하며, 새로운 시냅스를 탄생시켜 뇌의 균형을 형성하고, 미완성의 뇌를 완성시키기 위해 극적인 과정이 뇌 속에서 진행된다. 만일 시냅스가 없다면 정보의 흐름은 멈추게 된다.

생후 4~6년은 사고능력을 키우는 시기이다. 이 시기의 아이들은 지적 호기심이 강하기 때문에 질문이 많아지고 대뇌피질의 전전두엽의 신경네트워크(회로망)가 발달해서 뇌 전체 네트워크의 90%가 완성된다. 기억력과 사고력 등 인간의 가장 고등 정신작용을 조절을 하는 부위인 전전두엽(prefrontal lobe)은 이마 영역에 있는 뇌 부위를 말하며, 어떤 동물보다도 인간이 가장 큰 영역을 가지고 있다. 전전두엽이 잘 발달할 수 있도록 하기 위해서는 아이 스스로 생각을 하고 답을 말할 수 있도록 해주는 것이 좋다.

7~13세의 어린이는 좌뇌와 우뇌가 통합 발달되는 시기이다. 이 시기에는 인간다운 사고능력이 급속히 발달하므로 뇌의 신경 네트워크를 발달시켜 뇌기능을 최적화시켜야 한다. 외부에서 주입식으로 교육이 되는 단순 반복학습은 뇌 발달을 편향되게 만들고 신경회로망의 발달을 느리게 하므로, 능동적으로 아동 스스로 학습하고 처리할 수 있도록 해야 한다.

이 시기에 얼마나 다양하고 풍요로운 경험을 해서 두뇌를 활성화시키느냐에 따라서 수초(myelinsheath)와 수상돌기 가지가 증가하고 뇌량(corpus callosum)이 두꺼워져서 개념을 파악하고 수를 활용하는 뇌의 전문화가 이루어진다.

그렇게 됨으로써 두뇌영역 간이나 양반구 간의 처리속도는 더욱 빨라지게 된다. 이와같은 통합과 신속한 연결을 통해서 충분한 조작적 사고가 이루어지고, 초등학교 고학년이 되면 논리적인 사고가 가능해지고 아이디어와 개념을 다루는 능력이 생기고 형식적 사고가 가능해지게 된다. 시냅스의 형성보다 대뇌의 피질 부위에서는 시냅스 제거가 급속도로 이루어진다. 이는 발달하는 두뇌가 학습을 증진하거나 방해하는 상태에 신속하게 반응하고 있다는 의미이며, 대뇌의 피질 부위에서는 초당 약 33개의 시냅스가 제거된다.

4. 좌뇌와 우뇌의 기능은 무엇일까?

100억 개의 뉴런이 있는 인간의 두뇌는 좌뇌와 우뇌로 이루어져 있으며, 각각 반대편에 있는 몸의 운동과 지각을 담당하고 있다. 연수 안에는 신경의 교차점이 있어서 이 교차점을 통해 반대편으로 전달시키게 된다. 그러므로 좌뇌는 몸의 오른쪽을 맡고, 우뇌는 몸의 왼쪽을 맡고 있다.

좌뇌는 언어의 뇌로 언어중추가 자리잡고 있다. 좌뇌가 발달하면, 언어능력, 수리능력, 추리능력이 발달하고 이성적, 분석적이게 된다. 좌뇌는 청각, 시각, 이미지 등의 뇌 기능을 관장하고, 음악, 스포츠, 미술적 능력이 발달하여, 직관능력과 같은 감각적인 분야를 담당한다. 이렇게 좌뇌와 우뇌가 하는 일에는 차이가 있지만 흔히 좌뇌는 언어뇌, 우뇌는 이미지 뇌로 불리며 서로 정보를 교환하면서 기능을 보완하고 있다.

좌·우뇌의 불균형이 오면 자율신경의 조절능력이 떨어지면서 여러 가지 증상이 나타나게 되는데, 육체적인 불균형과 언어장애, 정서장애, 학습부진, 활성장애 등 다양한 불균형으로 인한 문제점들이 발생한다. 이런 경우 아무리 IQ가 높아도 좌·우뇌가 비대칭이면 학업을 성공적으로 수행하기 어렵다. 그러므로 좌·우뇌가 적절한 균형을 이루는 것이 중요하다고 할 수 있다.

두뇌 발달 마사지를 받게 되면 항진된 근육이나 신경을 안정시켜 주는 작용이 있어 몸과 마음이 편안한 상태에 이르게 되고, 이에 따라서 뇌의 신경전달 물질인 도파민이라는 호르몬이 체내에서 분비된다. 이 때에 알파파가 발산되며, 뇌를 안정·각성시키고 쾌감을 일으키면서 좌·우뇌의 균형을 유지하여 상호 유기적으로 연결됨으로써 뇌를 활성화시켜 주의력, 집중력, 기억력, 사고력을 높여준다. 또한 마사지는 신경안정, 두통과 불면증 해소, 내분비계 기능조절의 향상, 심리적 안정감, 스트레스 해소, 림프순환, 독소배출, 혈액순환 등 신체적·심리적인 건강 문제를 해결하는 데 효과적인 방법이다.

5. 해부학적으로 본 뇌의 모습

뇌는 1,000억 개 이상의 신경세포와 이들의 약 10배 정도 되는 신경교세포를 지니고 있다. 또한 뇌는 백질과 회백질로 나눌 수 있는데, 내부의 백질은 피질 밑에 있는 것으로 미엘린 수초로 싸인 신경섬유로 구성되어 있고, 외부는 회백질로 얇지만 많은 신경세포들의 세포체와 수상돌기로 이루어져 여러 층으로 구성되어 있다. 척수는 이와는 반대로 뇌에 약간의 손상이라도 입게 되면 기능을 충분히 발휘할 수 없게 되고, 사람으로서의 역할을 할 수 없는 결과로 이어지게 된다. 정교한 뇌를 보호하기 위해서 뇌는 젤라틴과 같은 물질로 되어 있는 두개골 이외에도 뇌척수막이라 불리는 3겹의 질긴 보호막인 뇌경막, 지주막, 뇌연막으로 둘러싸여 두개골과 함께 뇌를 보호한다. 또한 이 뇌막 사이의 공간과 뇌의 내부 공간들은 약 150mL의 뇌척수액으로 채워져 있으며, 이 뇌척수액은 압력과 충격을 흡수하는 역할을 한다.

뇌는 내부에 각기 다른 기능을 가진 여러 개의 뇌로 구성되어 있으며, 단순한 덩어리가 아니며 매우 복잡하고 민감한 구조로 구성되어 있다. 또한 뇌는 정교하면서 체계적인 상호작용을 통해 외부의 다양한 정보들을 종합하여 그에 맞는 적절한 명령을 전달하여 몸 내부의 다양한 종류의 기능들을 원활하게 진행이 되도록 한다.

뇌는 많은 양의 에너지를 소모하면서 매우 활발한 물질대사를 일으키기 때문에 순환계의 활용도가 높다. 뇌는 전체 몸무게의 2% 밖에 안 되는 작은 크기이지만 에너지는 몸 전체의 20%를 사용한다. 이 에너지의 양은 몸무게의 50%나 되는 근육의 에너지 소비량과 비슷한 양이다. 1분당 750mL의 혈액을 공급받아 피가 운반해 온 많은 양의 산소와 당분을 사용하게 된다. 휴식상태에는 심장에서 나오는 혈액의 15%를 공급받으며, 에너지와 산소가 결핍되면 뇌는 제 기능을 하지 못하게 된다.

뇌는 대뇌, 소뇌, 척수 등 세 개의 기본적인 부위로 구성되어 있으며, 대뇌는 3층 구조로 대뇌피질, 대뇌변연계, 뇌간으로 이루어져 있는데 뇌간은 '생명의 뇌', 대뇌변연계는 '감정의 뇌' 대뇌피질은 '생각의 뇌'로 분류할 수 있다. 대뇌가 맡은 역할과 각각의 기능을 제대로 수행하면 총체적이고도 신비로운 정신 활동의 결과가 나온다.

1. 신경세포(Neuron)

신경세포는 우리 몸에 모든 신경계의 기본적 구성단위로서 일반적인 다른 체세포와는 달리 세포에 '수상돌기'가 있는데, 이는 다른 신경세포의 축삭종말들이 시냅스로 연결되어 정보를 받아들이고, 받아들인 정보를 처리하여 다른 세포로 보낼 수 있는 분화된 세포이다. 신경세포(뉴런)는 전신에 퍼져 한 계통을 이루고 있으며, 그 기능에 따라서 중추신경계, 운동 신경세포, 감각 신경세포 등 세 가지로 나뉜다.

뇌는 신경세포(뉴런)가 모여서 신경계를 통합하는 최고의 중추기관이며, 뉴런의 크기는 5~100㎛로 육안으로 식별이 불가능하다. 하나의 신경세포는 미세부분으로 구성되어 핵이 자리 잡고 유전물질을 지니고 있으며, 뉴런은 하나의 세포체를 중심으로 위로는 수상돌기가 뻗어 있고, 아래로는 축색돌기가 뻗어 있다.

태 내에서는 신경세포가 약 2000억 개 가량이 생성되지만 출생 전후와 영아기를 거치면서 1천억 개는 죽고 1천억 개가 남게 된다. 뇌세포 분열은 출생과 동시에 정지되고 다시 이루어지지 않고 일생을 살아간다. 그렇기 때문에 신경세포들은 신체의 다른 세포들과는 달리 한 번 죽으면 다른 세포로 대치되지 않는다.

두뇌가 발달하는 것은 그 신경회로를 기반으로 해서 회로가 얼마나 복잡하고 커다란 회로를 만들어 가느냐에 따라서 결정된다. 그러므로 우수한 두뇌는 학습과 깊은 사고를 하게 되면 뇌신경세포 사이의 시냅스 회로가 더욱 복잡해지고 활성화되어 연결되기 때문에 뇌세포 자체의 크기와 영역이 확대되고 세포 사이의 연결이 더 복잡하게 이루어져 많은 세포가 그 일을 생각하는 데 참여함으로써 두뇌가 발달하게 된다. 이 때 신경세포(뉴런)의 수상돌기와 축삭돌기가 복잡하게 뻗어나가는 것을 '뉴런의 성장', 또는 '뇌의 발달'이라고 한다.

2. 대뇌 (Cerebrum)

인간의 뇌 용적 중 대뇌가 전체 뇌의 75% 정도를 차지하며, 소뇌가 10%, 나머지의 뇌가 15%를 차지한다. 다른 동물에 비해 인간의 대뇌는 5~10배 크다. 대뇌는 두 반구로 나누어져 있는데, 좌반구는 대뇌의 왼쪽 절반을, 우반구는 대뇌의 우측 절반을 말하며, 각각 반대쪽의 신체를 조절한다. 두 반구는 약 3억 개의 신경세포 섬유들로 구성되어 뇌량에 의해 연결되어 있으며, 대뇌는 부위에 따라 대뇌피질, 대뇌수질, 대뇌핵 및 변연계로 구성된다. 각 대뇌반구는 신경세포와 주름으로 이루어진 대뇌피질로 덮여 있으며, 신경섬유는 정보를 받아들이고 그것을 대뇌피질에 전달하고, 대뇌피질로부터 통합되어 내려온 메시지를 다른 부분으로 전달하는 역할을 한다. 따라서 대뇌가 많이 손상된 사람은 모든 것이 마비되기 때문에 아무것도 느낄 수 없게 된다.

3. 대뇌피질 (대뇌겉질, Cerebral cortex)

대뇌반구의 바깥쪽의 얇은 층으로 일명 회백질이라고도 한다. 사람의 대뇌피질은 1mm^{3}당 약 10만 개의 신경세포로 채워져 있는 신경세포들의 집합체이다.

두께는 1.5~4.5mm이고, 전체면적은 약 2,200cm^2 정도이며, 이 중 표면 쪽으로 융기된 곳을 이랑이라 하고 그 사이 움푹 들어가서 보이지 않은 고랑이 대뇌피질의 약 2/3를 차지한다.

대뇌피질의 역할은 외부로부터 들어오는 자극정보를 분석, 판단하여 행동을 결정하고 사물을 탐구하여 말과 글로 표현하는 역할을 하며, 뇌간과 대뇌변연계가 하는 일에 관여하여 조절하고 통제할 수 있다. 대뇌피질은 네 개의 엽(葉)으로 구성되어 있는데, 이랑과 고랑의 모양에 따라 앞부분을 전두엽, 가운데 뒤쪽을 두정엽, 뒷부분을 후두엽, 좌·우 양 옆을 측두엽이라고 한다.

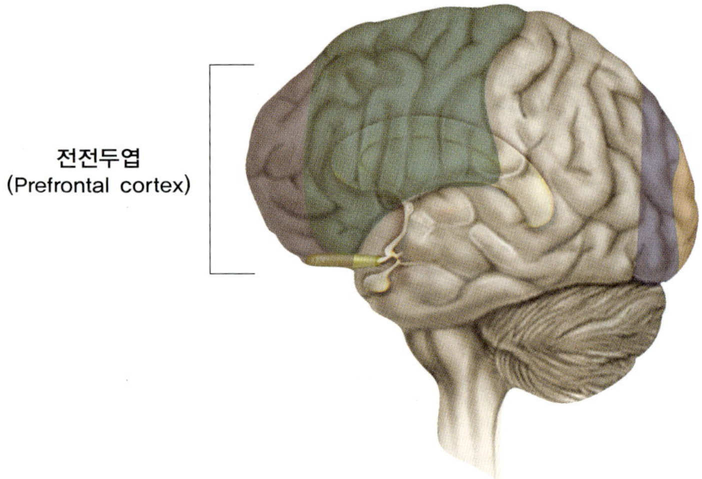

(1) 전두엽(Frontal lobe)

전두엽은 이마엽이라고도 하며, 가장 큰 대뇌엽으로 대뇌변연계와 밀접하게 연결되어 있다. 대뇌반구의 앞에 있는 부분으로 뇌의 앞부분 1/3을 차지하며 신체와 뇌의 각 부분의 감독기관 같은 역할을 한다. 전두엽을 예측의 뇌, 판단의 뇌, 문명의 뇌라고 부르며, 전두엽의 활동이 낮으면 주의 집중 시간이 짧고 충동적이며 목표가 뚜렷하지 않고 추진력이 떨어질 수 있다.

(2) 전전두엽(Prefrontal cortex)

전두엽의 압부분인 전전두엽의 기능은 결정하고 계획하는 기능을 맡고 있다.

뇌의 발달은 뇌의 뒤쪽부터 시작하여 중앙부분을 지나 마지막의 전전두엽으로 뇌가 발달하는데, 이 전전두엽은 약 18~21세 때 성숙하게 된다.

(3) 측두엽(Temporal lobe)

측두엽은 관자놀이 바로 밑 눈 뒤쪽에 위치하고 있어 관자엽이라고도 하며, 언어와 단기 기억, 정서적 안정감, 기질적 문제, 어떠한 사물에 대해 인지하고 무엇인지 명명하는 일을 한다. 측두엽에 문제가 발생하면 기억의 문제, 감정 표현의 불안정, 정신분열증 문제가 발생할 수 있다. 측두엽을 '정체파악 경로'라고도 부른다.

(4) 두정엽(Parietal lobe)

두정엽은 마루엽이라고도 한다. 뇌의 뒤쪽 상층부에 위치하고 있으며, 기관에 운동명령을 내리는 운동 중추가 있고, 체감각 피질과 감각 연합 영역이 있어서 공간, 감각기능을 관장하기 때문에 방향감각과 지각과 관련된 부위로 '위치파악 경로'라 부르기도 한다. 두정엽이 손상받게 되면 인지불능의 상태가 될 수 있다.

(5) 후두엽(Occipital lobe)

후두엽은 뒤통수엽이라고도 한다. 뇌의 뒷쪽에 위치하고 있으며, 시각연합영역과 일차 시각피질이라고 하는 시각중추가 있어서 시력과 시각 분석을 담당한다. '시각 경로'라고 부르며 사물의 위치에 대한 정보를 처리하는 역할을 한다. 후두엽이 손상받으면 앞을 보지 못할 수도 있다.

4. 대뇌변연계(Limbic system)

대뇌변연계는 대뇌피질과 뇌간 중간에 위치하는데 기억과 감정, 그리고 호르몬을 조절한다. 대뇌변연계는 대뇌피질과 간뇌를 구성하는 핵이 들어 있으며, 생명보존을 위해 중요한 기본 욕구와 희로애락의 감정, 애정과 애착심 등의 행동 동기와 감정 상태에 관련된 기능을 한다. 대뇌변연계의 주요 부분은 시상,

시상하부, 편도핵, 해마, 송과선, 뇌하수체로 이루어져 있다.

대뇌변연계에는 해마와 편도핵을 지니고 있으며, 편도핵과 해마는 기억의 저장과 상기에 중요한 역할을 하는 기관이기 때문에 대뇌변연계가 손상되면 학습기능과 기억기능이 사라져 버릴 수 있다. 시상하부는 섭식조절, 체온조절, 수면조절, 뇌하수체를 조절한다.

대뇌변연계의 편도와 시상하부에 자리 잡고 있는 여러 특수기능센터의 조정을 받아 공포, 슬픔, 기쁨, 화냄 등과 같은 감정을 조절하고, 대뇌피질은 인간에 대한 애정이나 우정, 사랑, 애국심 등을 조절한다. 대뇌변연계와 대뇌피질 사이에 긴밀한 협조 관계가 있어서 이성과 감정 사이의 상호작용을 원만하게 할 수 있게 하는데, 대뇌피질에서 작용하는 인체의 인지작용과 이성의 판단작용이 충분히 강해서 대뇌변연계에서 나오는 감정을 조절할 수 있을 때 비로소 인간다운 삶을 살 수 있다.

5. 뇌간(Brainstem)

뇌간은 뒤통수 바로 밑 오목한 곳 안쪽의 대뇌변연계와 척추 사이에 있으며 뇌의 한가운데에서 뇌와 척수를 이어주는 줄기 역할을 해서 '뇌줄기'라고도 부른다. 뇌간은 척추 속의 신경인 척수가 윗부분으로 확대되면서 형성된 것으로 뇌간과 척수는 이어져 있으며 뇌의 중요부분 중에 하나이다. 뇌간은 기본적인 호흡, 혈압, 심장 박동, 소화작용 등 생명 유지를 담당하는 생명중추로 생리적 자율기능을 수행하는 역할을 한다. 이처럼 뇌간은 생명과 직결된 기능을 하며 감정이나 사고같은 고등적인 기능과는 관계가 없다.

뇌간은 세부분으로 나뉘는데, 대뇌반구와 척수를 이어주는 가장 윗부분의 중뇌(중간뇌)와 뇌의 다리라는 뜻의 뇌교(다리뇌), 뇌의 가장 밑 부분에서 무의식 운동을 조정하여 불수의 신경계에 의한 반사작용을 조정하는 연수(숨뇌)로 나뉜다.

6. 대뇌기저핵

대뇌기저핵은 대뇌변연계의 양쪽 옆에 위치하여 시상, 뇌간, 대뇌피질에 연결되어 있다. 이 부위는 운동을 조절하여 자연스러운 동작을 유지하며 세밀한 운동을 할 수 있는 기능을 수행한다.

7. 소뇌

소뇌는 뇌 전체 무게의 약 10% 정도의 크기이며 대뇌의 1/8 정도로 대뇌의 아래 부분, 중뇌의 뒤쪽, 연수의 위쪽에 위치하고 있다. 몸의 평형, 몸의 위치, 근육긴장의 유지, 공간 운동을 조절하는 기능을 한다. 소뇌는 운동중추로서 운동을 관할하지만, 소뇌 자체로는 운동을 일으킬 수 없으며, 대뇌피질의 운동센터에서 나오는 명령이나 전신 근육에 들어오는 운동 신호들이 소뇌를 경유하며 검열 조정하여 움직임을 균형잡히도록 한다. 또한 소뇌는 신경섬유의 다발을 뻗어서 대뇌피질, 시상, 시상하부, 중뇌, 척수와 연결되어 있다.

8. 척수

척수는 약 40~45cm 길이로 성인 남자는 약 45cm, 여자는 42~43cm이며, 엄지 손가락만한 굵기의 신경다발이다. 인간의 대뇌는 원시적인 어류의 척수에서 발달해 온 것이므로 척수는 모든 뇌의 뿌리라고 볼 수 있다. 척수는 뇌의 연수 아래쪽에서 이어져 제1경추의 윗가두리 근처에서 연결되어 제1~2요추까지 이어지는 뇌가 좁다랗게 계속되는 부분이라고 할 수 있으며, 뇌와 말초신경 사이를 연결하는 역할을 한다.

척수는 척추관 내에 보호되어 있고 뇌와 마찬가지로 안쪽부터 척수연막, 척수지주막, 척수경막의 질긴 세 겹 뇌막으로 둘러싸여 있는데, 뇌막 안쪽에 뇌척수액이 있어서 완충작용을 한다.

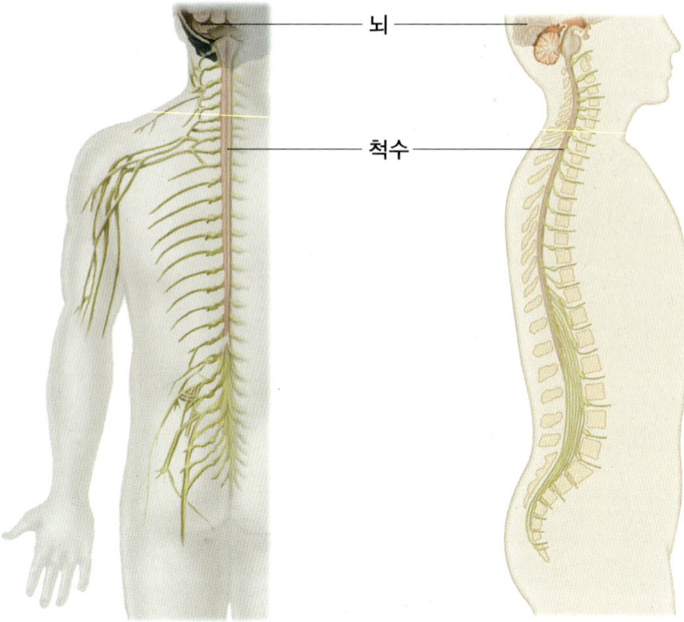

척수신경은 척수로부터 경수, 흉수, 요수, 천수로 일정한 간격을 두고 나뉘며, 경신경(8쌍), 흉신경(12쌍), 요신경(5쌍), 천골신경(5쌍), 미골신경(1쌍) 등 31쌍의 척수신경이 있다.

9. 신경계

신경계는 중추신경계와 말초신경계로 나뉘는데, 사람의 중추신경계는 뇌와 척수로 구성되어 있으며, 말초신경계는 중추신경계 이외의 신경으로 구성되어 있다. 중추신경계의 각 부위로부터 나와서 온몸으로 퍼져나간 구조이며, 외부 자극을 중추신경계로 전달하고 중추의 명령을 전신의 각 기관에 전달하는 역할을 한다. 말초신경계는 다시 체성신경계와 자율신경계로 나뉘며, 체성신경계는 운동신경계와 감각신경계로 구성되고, 자율신경계는 교감신경계와 부교감신경계로 구성된다.

10. 뇌혈관계

뇌혈관계는 혈액을 통해서 영양과 산소를 공급받고 세포 활동에 의해 생긴 노폐물을 운반하는 기능을 담당한다.

경동맥과 척추기저동맥을 통해서 뇌에 혈액을 공급하는데 경동맥은 목의 양옆을 따라 좌우 한 개씩 있고 주로 뇌의 앞부분에 피를 공급하며, 경동맥은 다시 두 가닥으로 나뉘어서 한 가닥은 내경동맥으로 머릿속으로 들어가고 머릿속에서 전대뇌동맥과 중대뇌동맥으로 나뉘어 각각 대뇌의 앞부분과 중간부분으로 피를 공급한다.

Chapter 8

두뇌 발달 마사지의 이해

1. 마사지가 두뇌 발달에 영향을 미치는 원리
2. 동양의학과 두뇌 발달 마사지의 연관관계
3. 오감자극 반사요법

Chapter 8
두뇌 발달 마사지의 이해

1. 마사지가 두뇌 발달에 영향을 미치는 원리

최근 인간의 뇌를 과학적으로 활발히 연구하는 추세이다. 실제로 뇌의 기능에는 우리가 알지 못하는 기능들이 무수히 많다. 뇌는 인체의 다른 부위에 비해 작지만 뇌가 인체의 모든 기능을 제어하기 때문에 뇌가 인체에 미치는 영향이 크다.

근육에 노폐물이 쌓여 신경을 자극하는 물질이 누적되면 근육이 긴장되고 근육경련이 일어난다. 이렇게 조직 기능이 저하된 신경이나 근육에 마사지를 통하여 흥분작용을 유도하여 항진효과를 높여 기능 회복을 도울 수 있다. 또한 항진된 근육이나 신경을 진정시키는 작용도 한다. 편안한 상태가 되면 신경전달물질인 도파민 호르몬이 체내에서 분비되는데, 이 때 뇌에서 알파파가 발산되어 좌·우뇌의 균형을 유지하며 뇌를 활성화시킨다.

뇌의 해부학적 구조를 보면, 두피는 대부분이 근육이 아닌 근막의 형태로 단단한 두개골 전체를 감싸고 있다. 근막은 근육보다 좀 더 탄성이 적고 질긴 구조로 근육을 고무줄에 비유한다면, 근막은 비닐봉지와 같다고 비유할 수 있다. 즉 근막은 인체의 구조를 지지하는 결합조직으로 인체의 모든 부분, 뼈, 근육, 신경, 내부 장기 등을 거미줄처럼 둘러싸며 서로 연결하는 얇은 막이다. 근막의 광범위한 연결을 전신의 근 골격과 장기, 뇌와 신경 간의 소통을 가능하게 한다.

어떤 문제가 발생하여 근육이 뭉치고 근막 사이에 염증이나 노폐물이 축적되면 몸의 균형이 깨지게 되고 상태가 변화함으로써 자세의 불균형이 나타나게 된다. 이 근막은 근육처럼 경계가 명확하지 않고, 거의 온몸을 따라 거미줄처럼 엮어져 있어서 발가락부터 정수리까지 연결되어 있다. 또한 근육은 탄력적이며 근막은 가소성이라고 할 수 있는데, 신체의 균형을 바로잡기 위해서는 변형된 근막을 원상복구해야 한다.

뇌와 척수는 3겹의 뇌막에 의해 둘러싸여 있는데 가장 바깥쪽부터 경막, 지주막, 연막이 있으며, 이 중 경막은 가장 바깥 부분에 있는 막으로 콜라겐 다발로 가장 단단한 결합조직으로 구성되어 있고, 이 조직 안쪽의 뇌척수막층과 바깥쪽 골막층의 두겹으로 이루어져 있다.

이 층들은 대후두공과 추간공에서 지속적으로 접합하고 있고, 경막층은 말총을 감싸다가 미골 골막과 접합하는데, 두개경막이 전두골과 후두골로 두개관의 골내막을 형성하고 석회화되어 있지 않은 움직이는 가동봉합을 거쳐 두개골 외표면의 골막에 연결되어 있다.

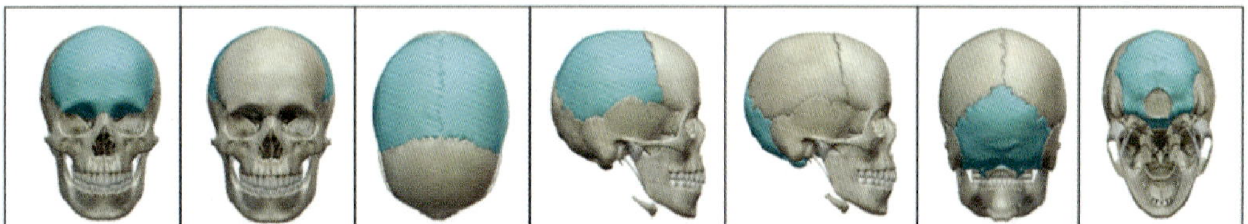

전두골 | 두정골 전면 | 두정골 상면 | 두정골 측면 | 후두골 측면 | 후두골 전면 | 후두골 기저면

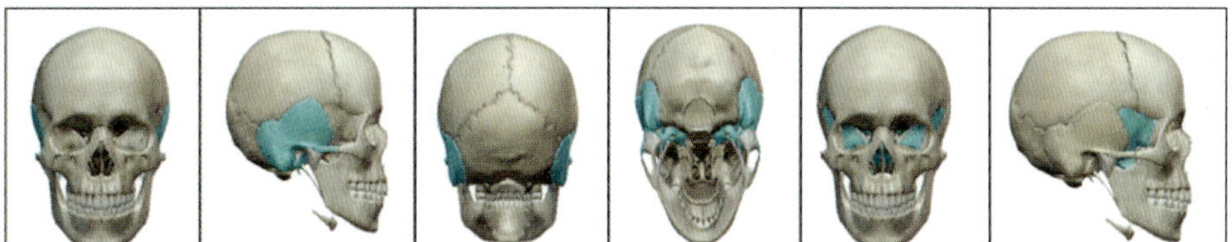

측두골 전면 | 측두골 측면 | 측두골 후면 | 측두골 기저면 | 접형골 전면 | 접형골 측면

· 관상봉합 : 전두골과 두정골
· 시상봉합 : 두정골의 정중선

· 람다봉합 : 두정골과 후두골 사이
· 인상봉합 : 측두골의 두정골 사이

앞의 그림에서 본 바와 같이 두개골은 봉합에 의해 합쳐져 있다. 과거에는 머리 봉합이 움직이지 않는 부동봉합이라고 알려졌으나 실제로는 각기 봉합면에서 움직임을 갖고 있다는 것이 밝혀졌다. 앞쪽의 이마는 전두골이라 하며, 뒤쪽으로 전두골과 두정골을 이어주는 관상봉합, 두정골 사이의 정중선을 시상봉합, 두정골과 후두골을 이어주는 것을 람다봉합, 측두골과 두정골 사이를 인상봉합이라고 부른다.

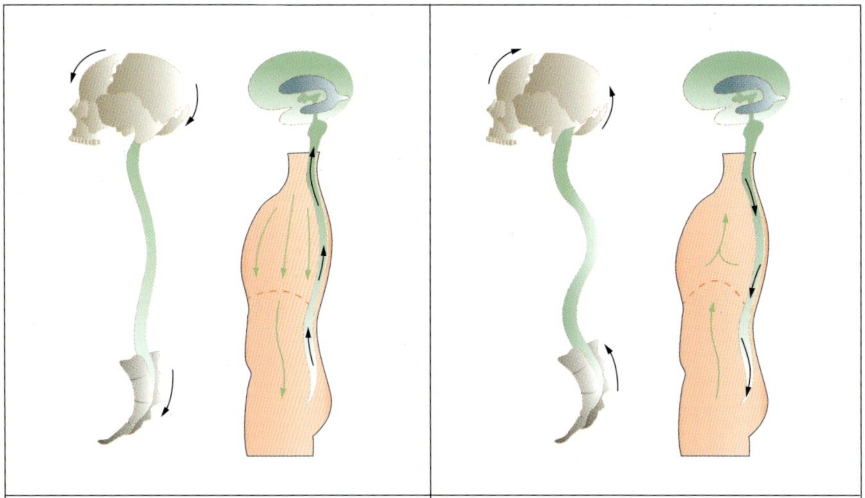

〈흡기시 두개골과 뇌척수액의 흐름〉	〈호기시 두개골과 뇌척수액의 흐름〉

위의 그림에서와 같이 봉합면의 움직임은 선천적 호흡의 움직임이라고 하고 횡격막이 중심이 되는 폐호흡을 후천적 호흡이라고 하는데, 이들 두 호흡은 서로 긴밀한 연결성을 갖고 있다. 흡기 시에는 두개골의 봉합이 열리면서 후두골은 내려가고 뇌의 공간이 커지며, 천골이 전방으로 굴곡되면서 천골 부위 지주막의 공간은 좁아지게 됨으로써 펌핑작용에 의하여 뇌척수액이 압출되면서 넓어진 두개강 쪽으로 올라가게 된다.

호기 시에는 후두골이 올라가고 두개 봉합이 닫히게 되어 두개강이 좁아지며 천골이 후방으로 신전되면서 천골부위 지주막의 공간이 넓어지면서 뇌척수액이 뇌에서 천골로 내려가게 된다. 이와 같이 호흡은 뇌와 뇌척수액의 흐름을 원활하게 하여 중추신경계가 정상적으로 활성화될 수 있도록 한다.

뇌의 경막은 두개골, 척추, 천골, 미골까지 감싸고 있어 골반뼈가 틀어지게 되면 근막이 틀어지게 되고, 심하면 얼굴 변형까지 오게 된다. 얼굴뼈와 머리뼈는 두 개의 관으로 연결되어 있어 그 관 중 하나는 뇌를 싸고 척추 안에서부터 꼬리뼈(미골)까지 가는 뇌척수막이고, 다른 하나는 혀부터 항문까지 하나의 관으로 연결되어 있는 소화기계로 볼기뼈(관골)와 엉치뼈(천골)에 고정되어 있다.

뇌척수액은 뇌에서 꼬리뼈까지 순환을 하면서 완충작용, 노폐물 배출, 부력, 내분비 물질 공급중개 기능 등을 통해 뇌세포 하나하나에 개입하여 뇌척수 신경기능 활동에 지대한 영향을 끼치게 된다. 두개봉합, 경막긴장, 경막의 비틀림, 경추의 이탈구, 골반의 비틀림, 근육의 긴장 등에 의해서 두개 천골의 움직임에 이상이 오게 되면 뇌척수액의 순환장애가 오게 되고, 뇌의 중추조절 기능과 척수신경전도 기능, 주위 골격사이의 쿠션 기능을 제대로 할 수가 없어서 뇌와 척수를 보호하는 기능에 문제가 발생하여 전신의 근육이 긴장되고 뇌순환의 부전 등 각종 질환이 발생할 수 있다.

뇌파촉진 마사지는 뇌의 봉합상태를 촉진하여 뇌를 감싸고 있는 두개골의 운동을 증진시켜 주는 수기요법으로 두개골과 경막, 근막을 손으로 자극하여 중추신경계와 자율신경계를 활성화시켜 주어 뇌의 긴장을 완화하여 두개골과 척수 사이에 뇌척수액의 흐름을 원활하게 하여 긴장을 이완시켜 준다.

그 결과 두개천골리듬의 정상화는 근육의 이완과 인체의 항상성을 증진시켜, 뇌의 기능을 최적화하고 극대화시킴으로써, 두통과 불면증 해소, 내분비계 기능조절의 향상, 기억력 감퇴, 언어장애, 정서장애, 주의력과 집중력 장애, 긴장과 불안, 건망증의 완화, 흥분상태에서 심리적 안정, 만성피로, 집중력 강화 등 정서적인 건강 문제와 공부하는 학생들의 기억력, 집중력, 창의력을 발달시키는 데 도움을 줄 수 있다.

언어습득과정을 보면 알 수 있듯이 어렸을 때가 두뇌 성장이 상당히 빠른 시기이다. 그러므로 생후 6개월부터 부모가 자녀에게 마사지를 해주면 아이의 건강은 물론, 두뇌 개발을 시키는 데 많은 도움을 줄 수 있다.

2. 동양의학과 두뇌 발달 마사지의 연관관계

경락 마사지는 전신의 경락을 순환시켜 뇌에 충분한 산소가 공급되도록 하여 사용하지 않던 뇌세포를 활성화시킴으로써 우리 몸을 육체적, 정신적으로 건강하게 만들어 주는 수기요법이다. 인간의 뇌는 두개골 속에 있기 때문에 뇌를 직접적으로 마사지를 한다는 것은 불가능한 일이다. 그러나 두뇌와 연결된 경락을 마사지함으로써 두뇌 마사지가 간접적으로 가능하며, 이것은 두뇌 발달에 영향을 미칠 수가 있다.

① 족태양방광경과 독맥은 뇌 부위를 지나가는 경락이므로 간접적으로 뇌를 자극할 수 있게 해준다. 또한 족태양방광경에는 장부의 배수혈이 있어 방광경을 마사지함으로써 장부의 기능이 원활해지고 혈액순환이 좋아지며, 뇌척수액의 흐름이 원활해져서 면역력을 증강시키며 두뇌 발달에 도움이 된다.

② 수소양삼초경은 삼초에 속하고 심포에 연결되어 있어 서로 상호 보완적인 역할을 한다. 상초는 인후를 따라 위로 올라가서 횡격막을 관통하여 흉중을 뜻하며, 중추는 횡격막의 하부에서 배꼽의 상부의 위치로 비, 위, 간, 담 등을 뜻하며, 하초는 배꼽의 하부로 음부, 대장, 소장, 신장, 방광, 생식기 등을 뜻한다. 그렇기 때문에 삼초는 모든 장부를 통제 관리한다고 할 수 있다. 삼초를 '척수신경'이라고 할 수 있다.

수소양삼초경의 경락이 흐르는 팔을 마사지해줌으로써 그 자극이 눈과 귀, 머리에 영향을 미치면 뇌 발달에 도움이 된다.

③ 심장을 에워싸고 있는 것은 심포이며, 심포경은 정신과 기억, 지식의 경락이라 부른다. 그 심포의 경락이 수궐음심경이며, 뇌는 곧 심포라고 하는데 그 이유는 뇌는 사려를 주관하고 정신을 주관하는 것은 심장이기 때문이다. 심장을 주관하는 것은 심주이고 심주는 심포이니 심포는 뇌이다. 따라서 수궐음심포경락은 '뇌의 경락'이라고 할 수 있다.

또한 수소양삼초경과 수궐음 심포경은 서로 밀접한 관계가 있어서 상호 보완적인 역할을 하며 순환기계통, 정신질환 등에 효과를 주는 경락이라고 할 수 있다. 심포는 뇌, 삼초는 척수신경이라고 하여 두뇌 발달에 좋은 경락이라고 할 수 있다.

④ TV, 컴퓨터, 스마트폰 등의 보급으로 인해 시력이 저하되어 안경을 착용하는 아이들이 늘어나고 있다. 시력의 저하는 학업 성적에도 영향을 미치게 될 수 있다. 눈의 피로를 풀어주는 정명, 찬죽, 사죽공, 동자료, 태양, 예풍 등을 자극해주는 것도 효과적이다. 족태양방광경의 지음혈은 뇌 후두엽의 시신경 영역에 영향을 주는 혈자리이다.

3. 오감자극 반사요법

두뇌가 잘 발달하기 위해서는 출생 후부터 만 6세까지 이루어지는 감각운동의 발달이 중요하다. 촉각발달에 문제가 생기게 되면 두뇌로 입력되는 감각정보에 민감하게 반응하여 주의산만과 예민한 성격으로 나타나게 된다.

손과 발의 마사지는 손가락과 발가락의 말단부에 감각수용체가 많기 때문에 손과 발을 자극함으로써 뇌에 자극을 주어 두뇌를 발달시키는 원리이다.

손은 제2의 두뇌라고 할 정도로 인간의 뇌는 손과 연관되어 있다. 특히 손으로 무언가를 만들기를 하는 동작은 두뇌개발에 좋은 방법이라고 할 수 있으며. 손을 쓰는 과정에서 두뇌가 활성화되기 때문에 아이가 물건을 만지는 단순한 동작도 뇌를 발달시킬 수 있다. 그러므로 손을 마사지 하는 것만으로도 건강은 물론, 두뇌 발달에 도움을 줄 수 있다.

발반사 요법은 약 5000년의 역사를 가지고 있는 수기요법으로 인체의 축소판인 발을 자극하여 신체 각 기관의 정상적인 기능을 원활하게 하여 인체 고유의 자연치유능력을 되살릴 수 있는 지압요법이라고 할 수 있으며, 인체의 내장 및 기관들과 연결되어 있는 반사점을 자극하여 혈액순환 촉진, 림프순환 촉진, 면역력 증강, 신체적·정신적 이완, 스트레스 완화, 수면과 피로회복에 도움을 주는 마사지 요법이다.

또한 아이의 집중력을 키워줄 수 있는 두뇌 발달 반사구인 뇌하수체, 전두동, 액두, 대뇌, 소뇌, 혈압조정점, 뇌간, 삼차신경, 소뇌, 간뇌, 경부, 눈, 귀 등과 뇌의 발달에 관련이 있는 심장과 간, 그리고 발의 내측 반사구인 코, 경추, 흉추, 천추/미추, 내미골 등의 반사구를 자극하면 뇌의 활동이 활발해진다.

그 결과 아이의 집중력과 두뇌개발에 도움을 줄 수 있다.

Chapter 9

두뇌 발달 마사지

1단계 두뇌 발달 마사지 – 등 · 팔(후면) 마사지
2단계 두뇌 발달 마사지 – 두피 · 가슴 · 팔(전면) 마사지
3단계 두뇌 발달 마사지 – 하체 마사지 발반사요법 · 정맥 마사지

Chapter 9
두뇌 발달 마사지

1. 1단계 두뇌 발달 마사지 - 등·팔(후면) 마사지

1. 등·팔 마사지 경혈점

완골, 풍지, 풍부, 천주, 아문, 대추, 견정, 신주, 신도, 영대, 지양, 명문, 장강, 대저, 풍문, 궐음유, 심유, 간유, 담유, 삼초유, 신유, 협척혈, 천종, 노회, 소낙, 외관, 중저, 액문, 관충

2. 두뇌 발달 마사지 - 등·팔 마사지 순서

뇌로 연결되어 있는 족태양방광경과 독맥을 마사지해주면 뇌부위를 지나가는 경락이므로 간접적으로 뇌를 자극을 할 수 있게 된다. 족태양방광경에는 장부의 배수혈이 있어서 방광경을 마사지 함으로써 장부의 기능이 원활해지고 혈액순환이 좋아지며, 뇌척수액의 흐름이 원활해져서 두뇌개발에 큰 도움이 된다.

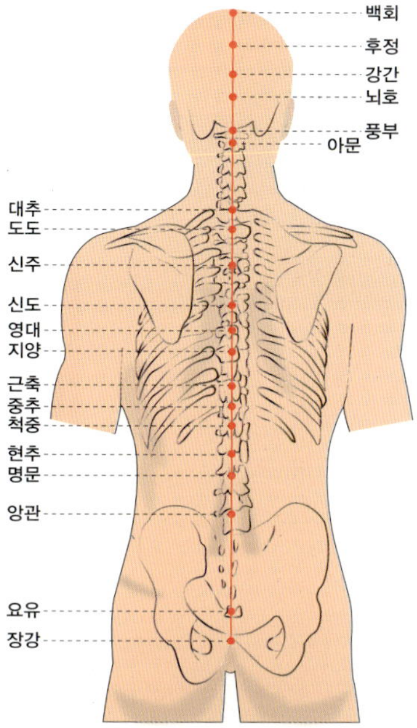

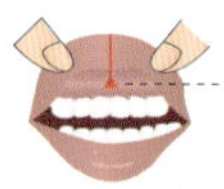

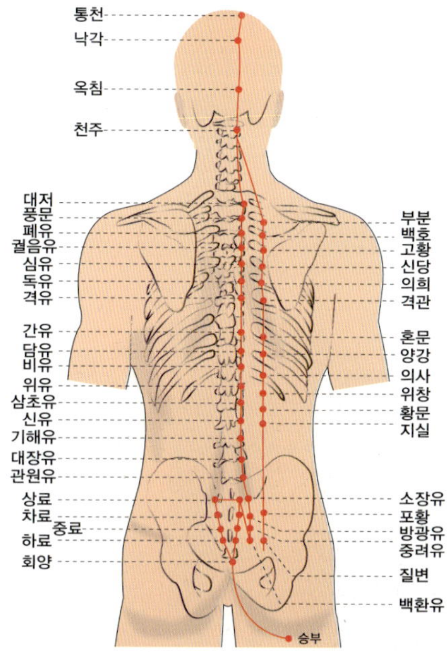

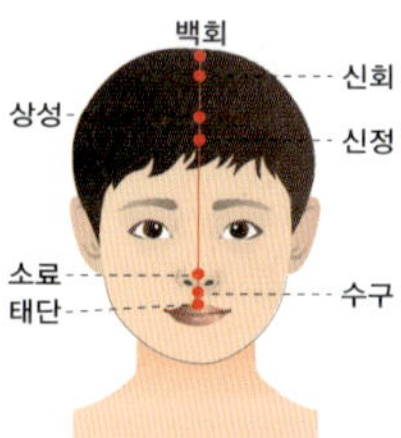

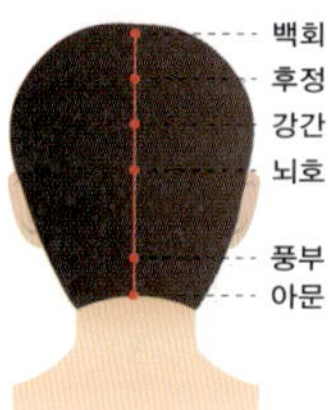

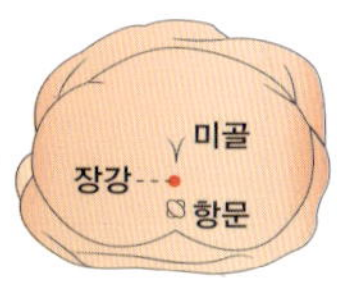

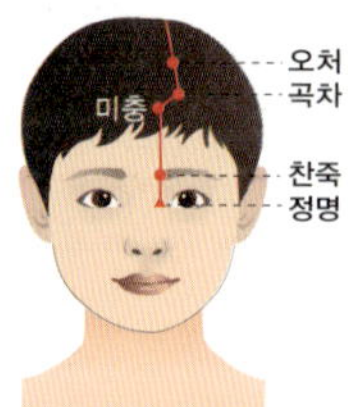

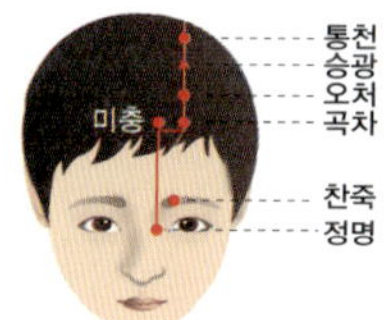

① 양손의 모지복으로 독맥의 강간혈에서 뇌호혈을 향해 쓸어내려 준 후 강간과 뇌호혈을 지긋이 압한다.

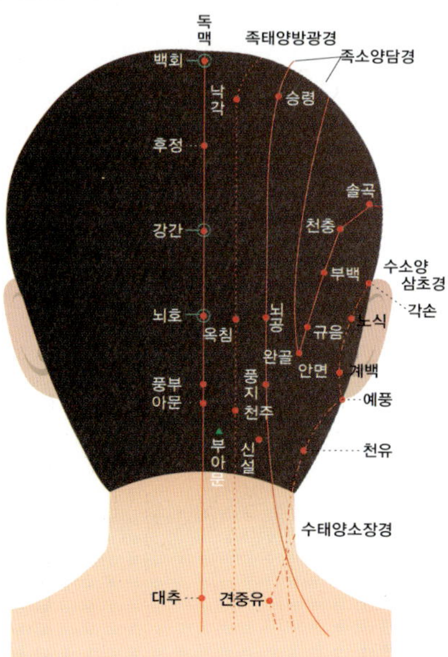

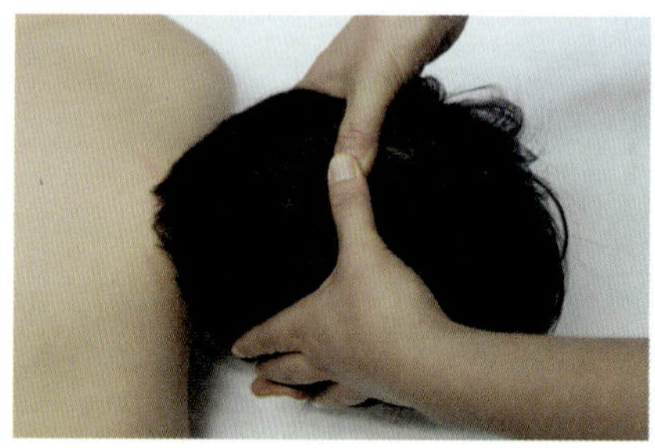

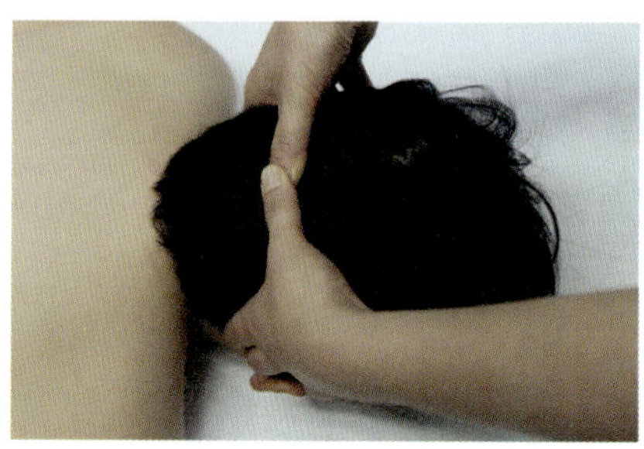

② 후두골을 풀어준다.

삼지복을 사용하여 족소양담경의 완골, 풍지, 독맥의 풍부, 아문, 족태양방광경의 천주혈을 지압해준다. 후두골을 사지복으로 잡고 머리 위를 향해 끌어 당기듯이 스트레칭을 시켜 준다.

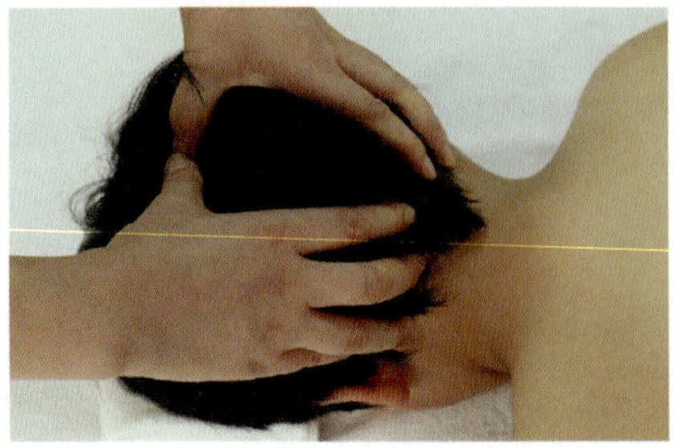

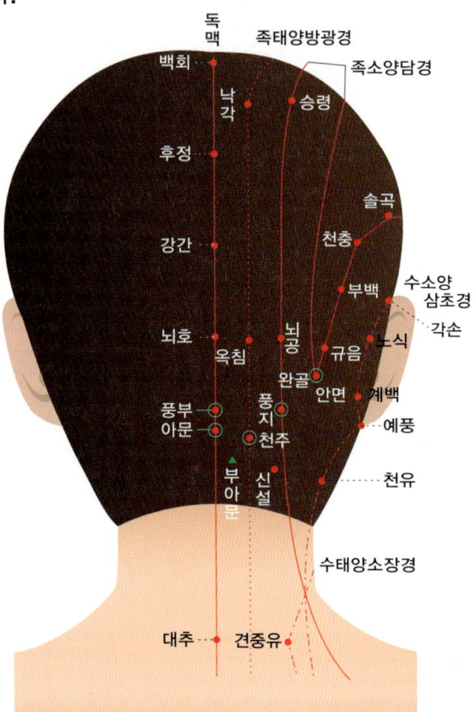

③ 한 손으로는 후두근을 잡고 한 손 지과면으로 후두골에서 어깨방향으로 쓸어내리고 올리는 동작을 한 쪽씩 한 후 양 손 지과면으로 양 어깨를 풀어 준다.

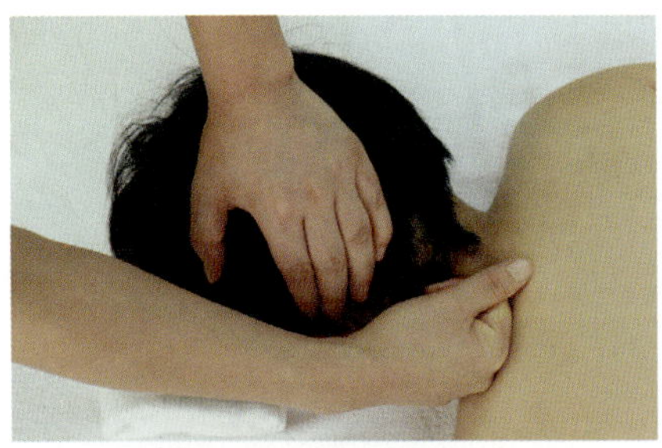

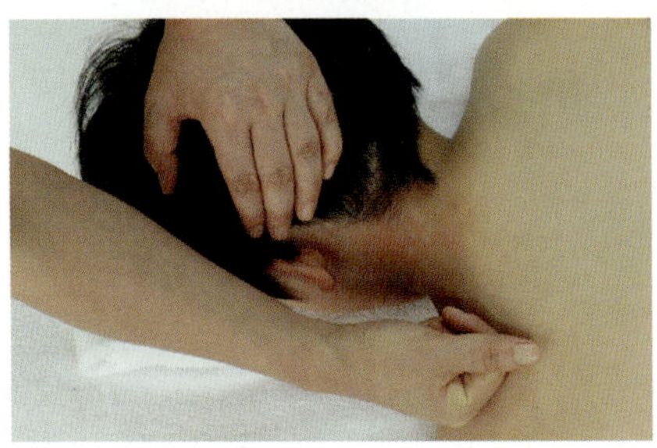

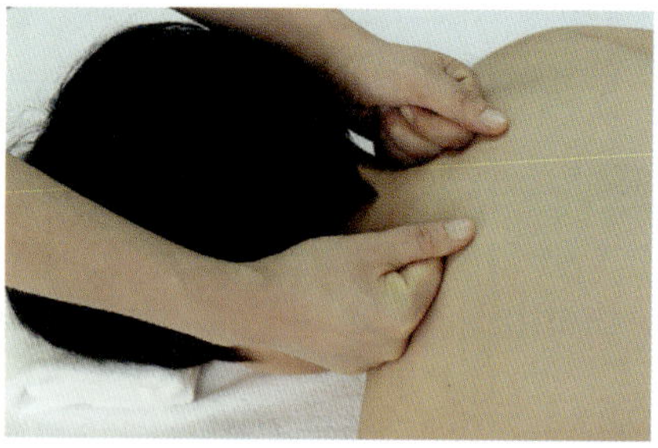

④ 호구를 사용하여 목을 주무르듯이 풀어주어 뇌척수액의 순환을 돕는다.

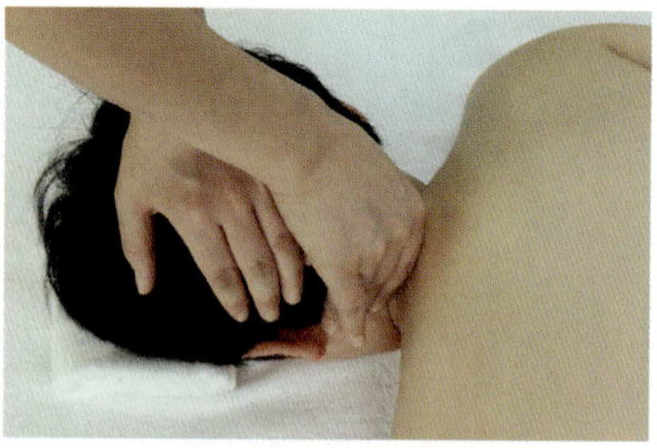

⑤ 수장사지를 이용하여 등 전체에 오일을 바르면서 몸을 이완시켜 준다.
어깨에서 엉덩이 방향으로 쓸어내리고 옆구리 쪽을 쓸면서 올라간 후 어깨를 감싸 팔로 쓸어내린다.

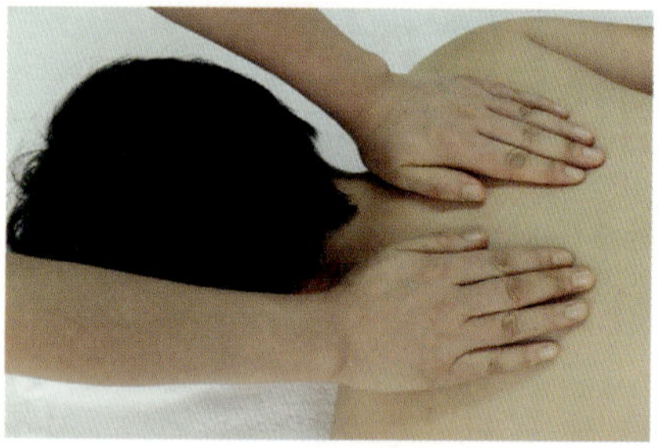

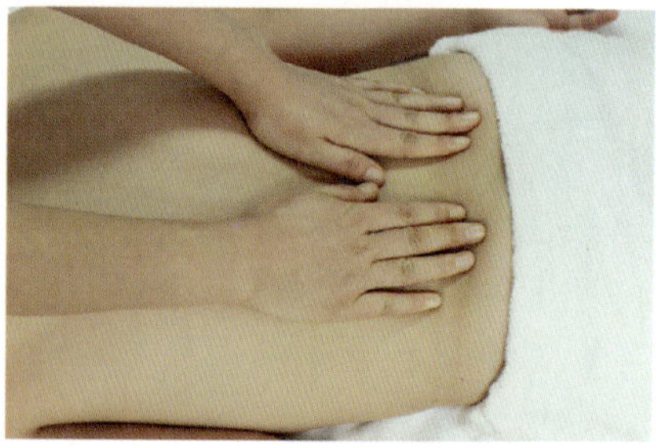

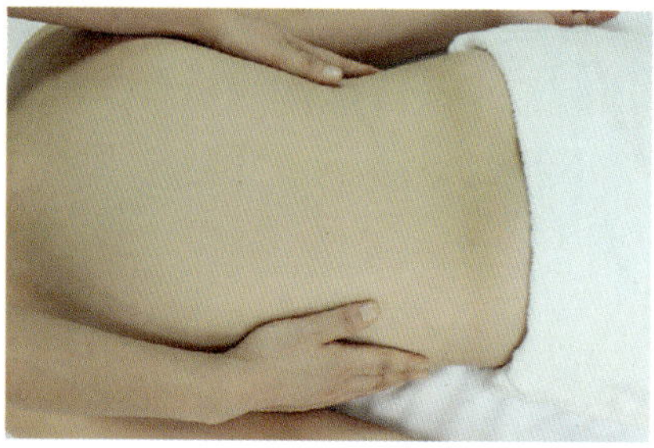

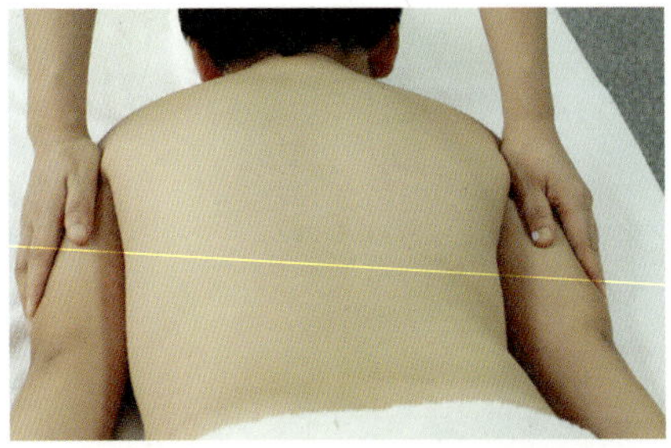

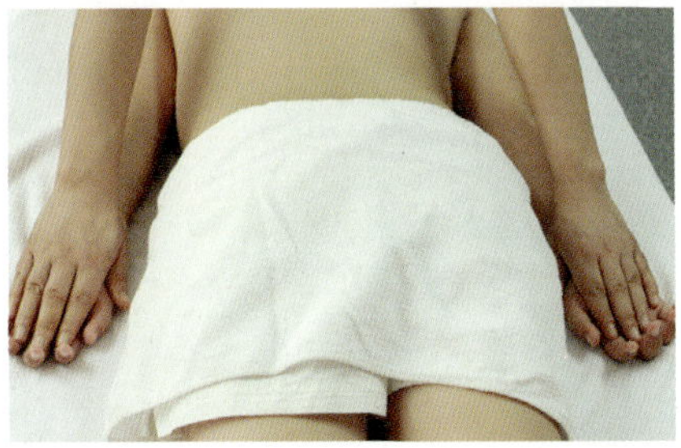

⑥ 모지복으로 독맥의 대추혈을 풀어준다.
대추혈은 6개의 양경락이 모이는 혈로 이곳이 막히면, 팔, 목, 머리, 얼굴에 에너지 공급이 차단이 되어 질병이 발생하기 쉽다.
(대추혈은 경추 7번 아래의 혈이다.)

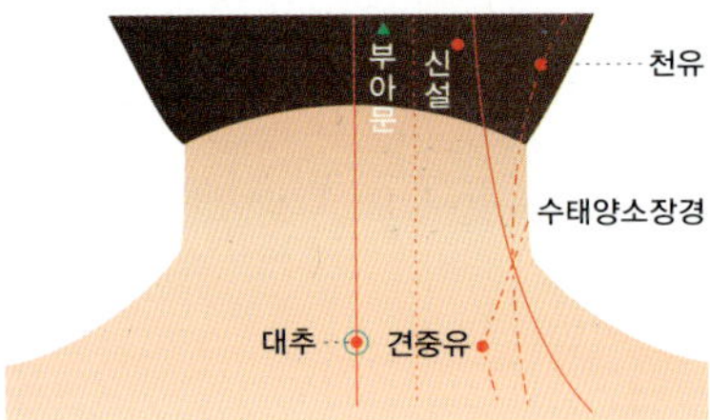

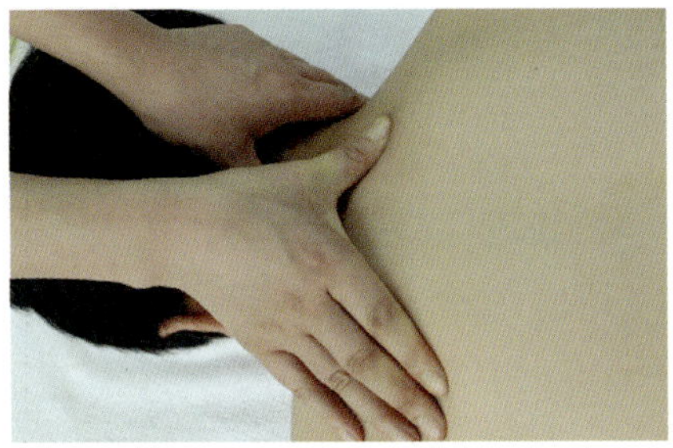

⑦ 승모근을 모지복과 모지구를 이용하여 풀어준 후 족소양담경의 견정혈을 모지복으로 지긋이 압한다.
승모근은 스트레스를 받으면 쉽게 굳어져서 스트레스 근육이라고 부르기도 한다.

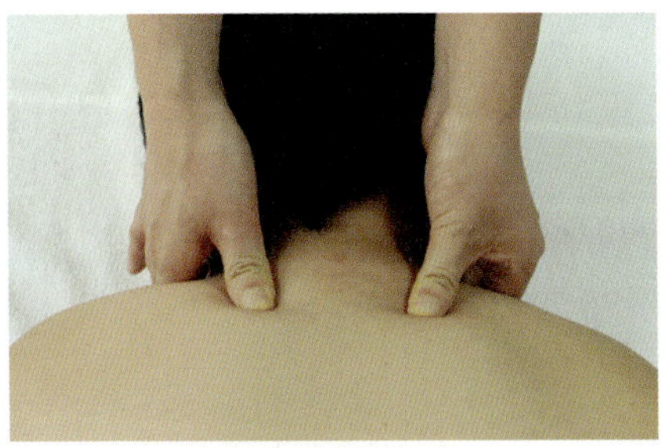

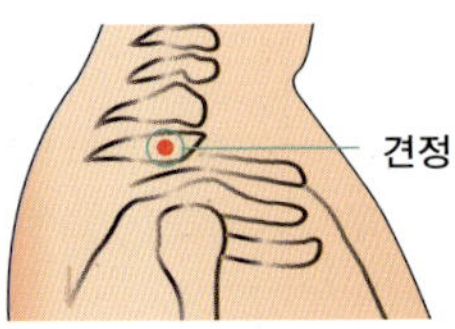

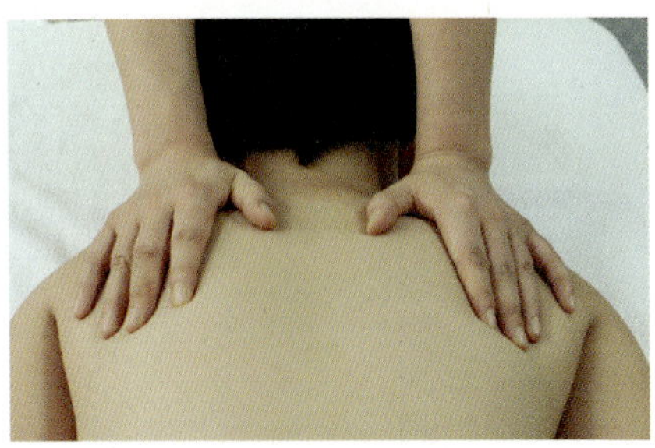

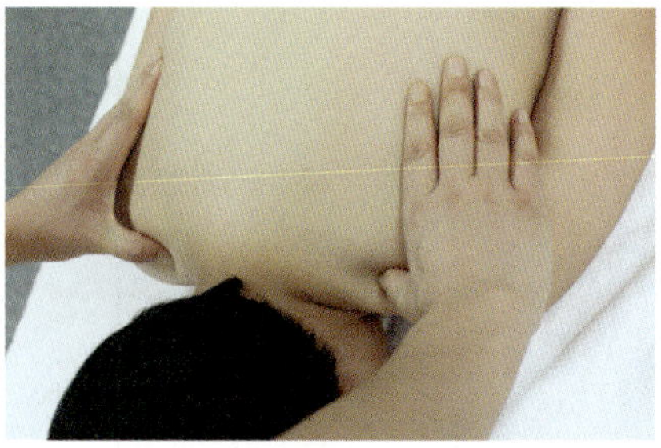

⑧ 양 손으로 견갑골을 쓸어 준다.

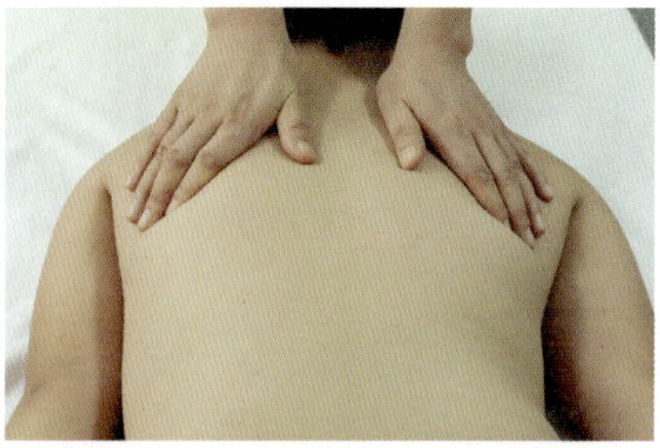

⑨ 독맥은 뇌척수액이 흐르는 곳으로 수장사지를 이용하여 천골까지 쓸어내려 준다.

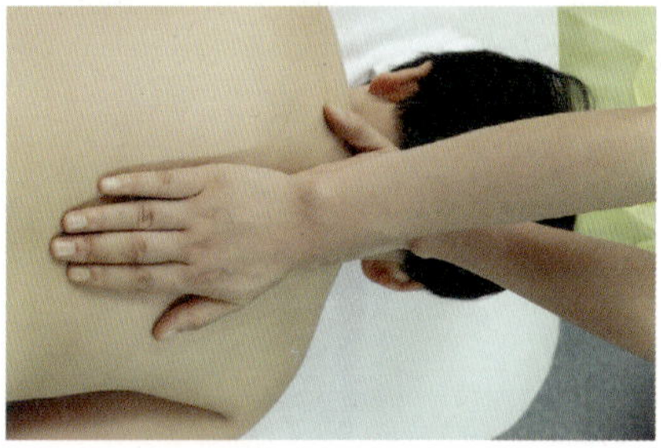

⑩ 독맥을 모지복을 포개 쓸어내린 후 다시 모지복으로 지그재그로 쓸어내린다.

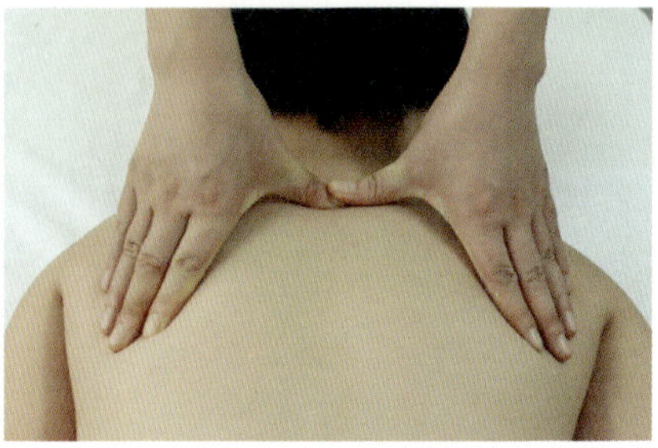

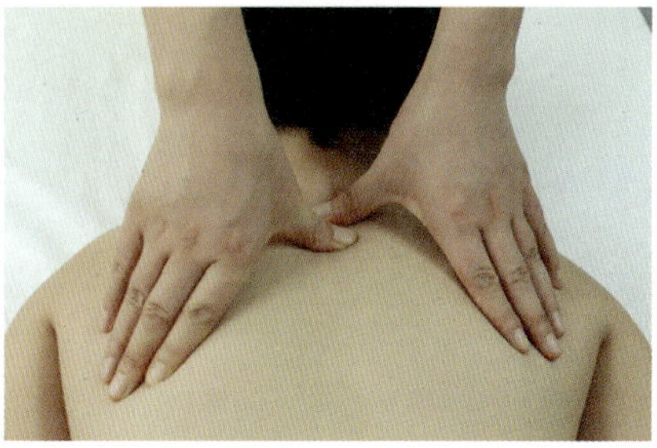

⑪ 집중력, 기억력, 두통 등 두뇌 발달에 좋은 독맥 혈자리인 신주, 신도, 영대, 지양, 명문, 장강혈을 모지복을 겹쳐서 지긋이 압한다.

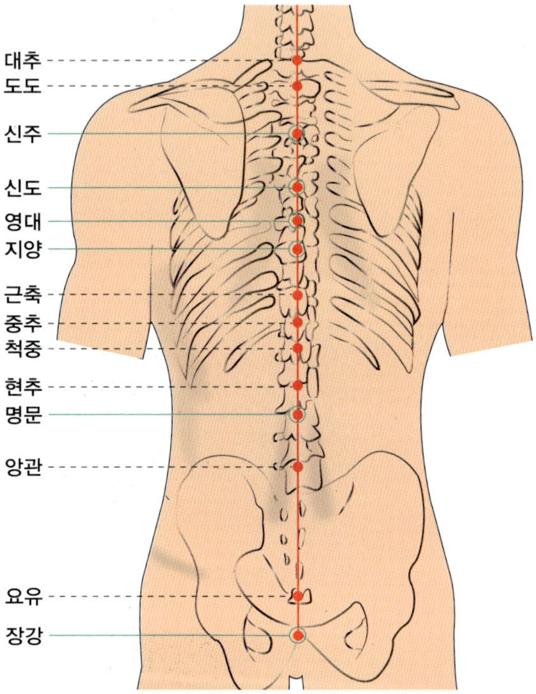

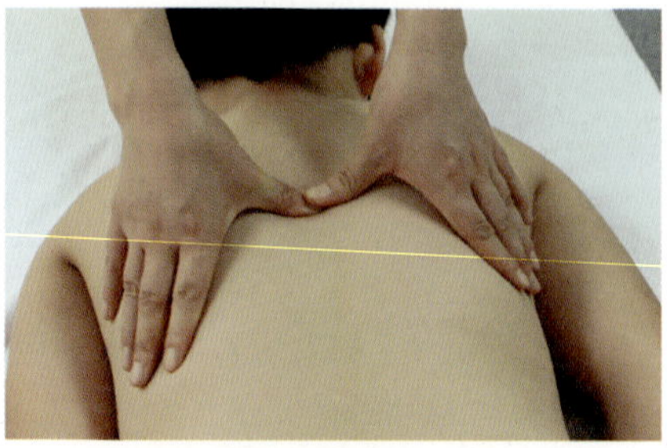

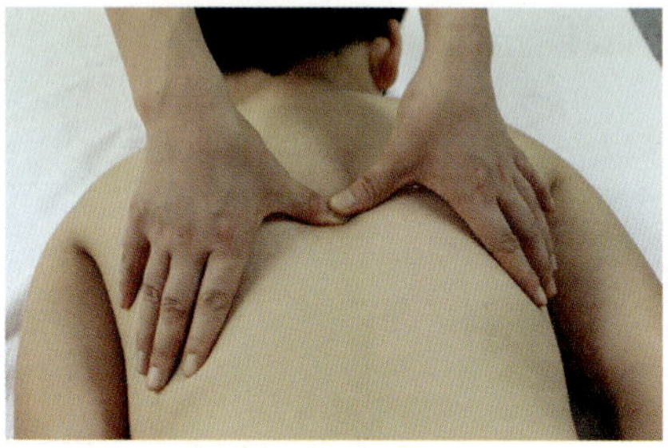

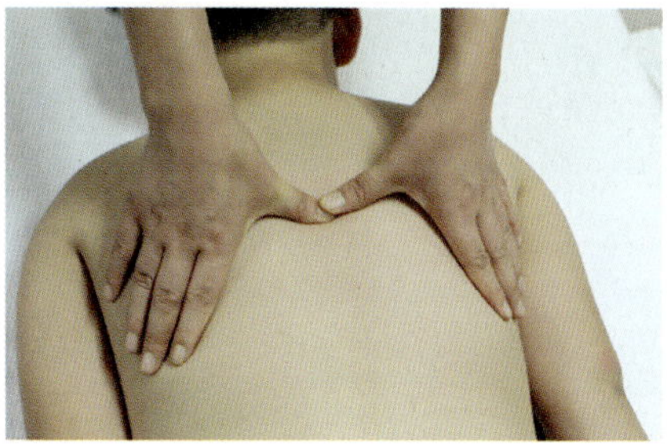

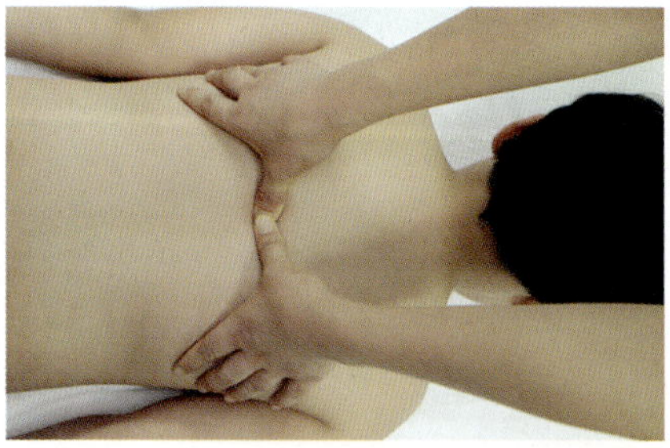

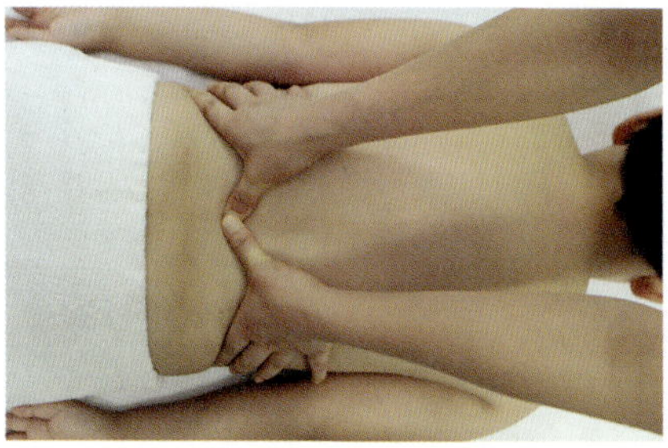

⑫ 모지복을 이용하여 방광경을 쓸어내린 후 방광경 1선의 대저, 풍문, 궐음유, 심유, 간유, 담유, 삼초유, 신유혈을 지압한다.
(방광경은 독맥(척추)에서 1.5치 옆에 위치한다.)

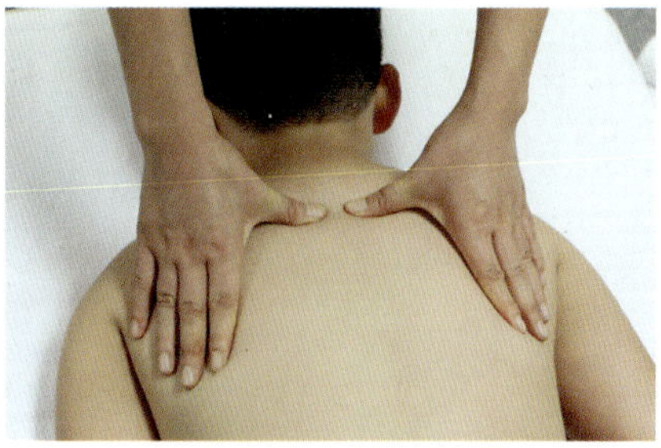

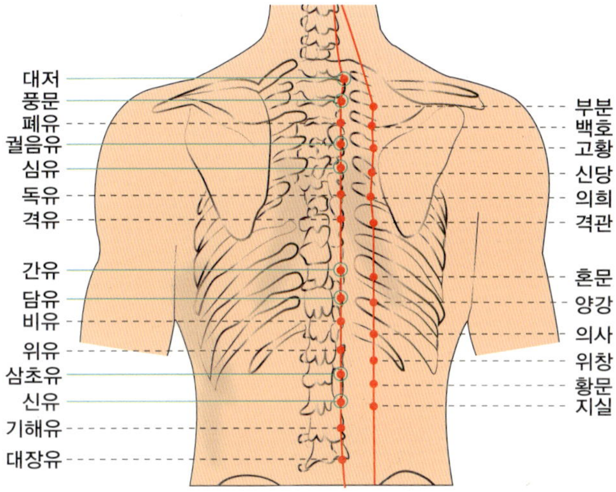

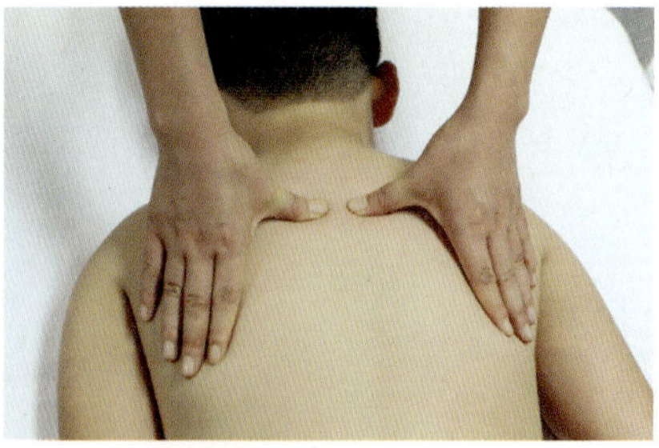

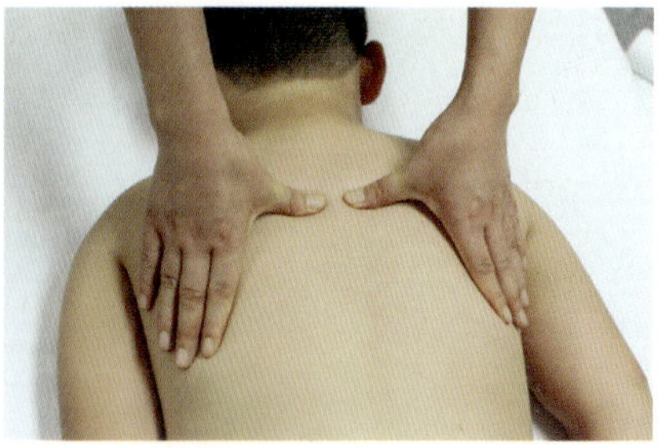

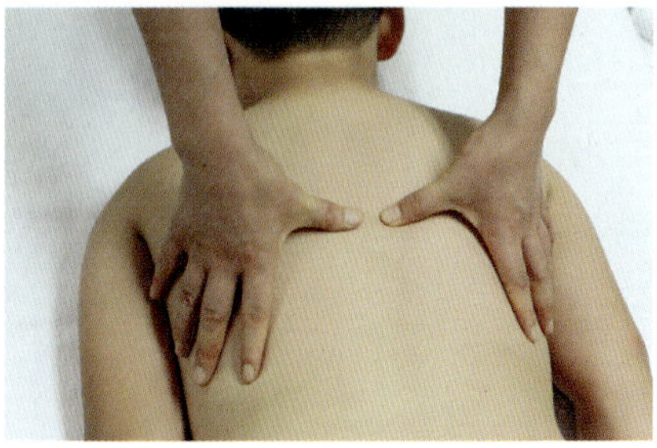

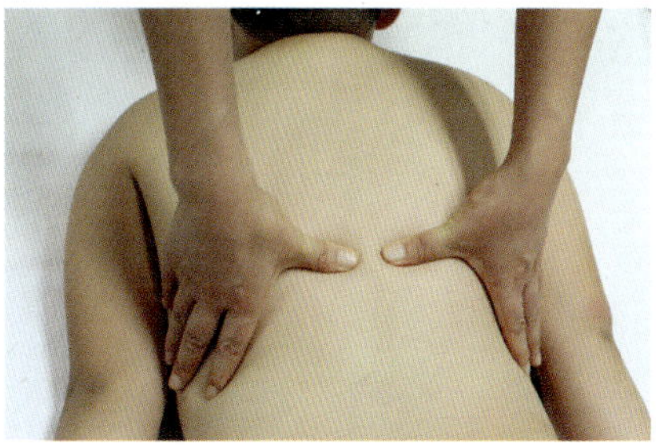

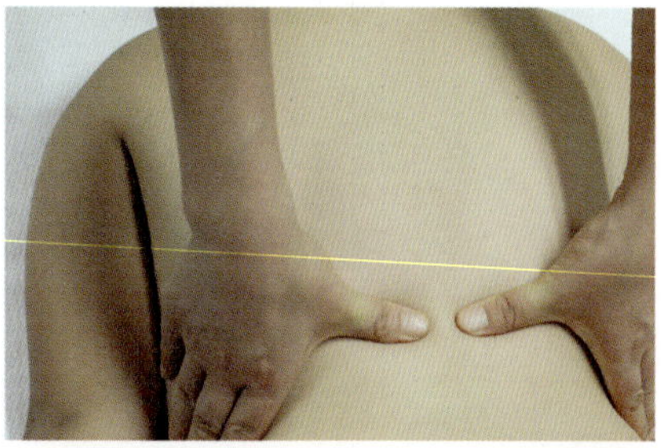

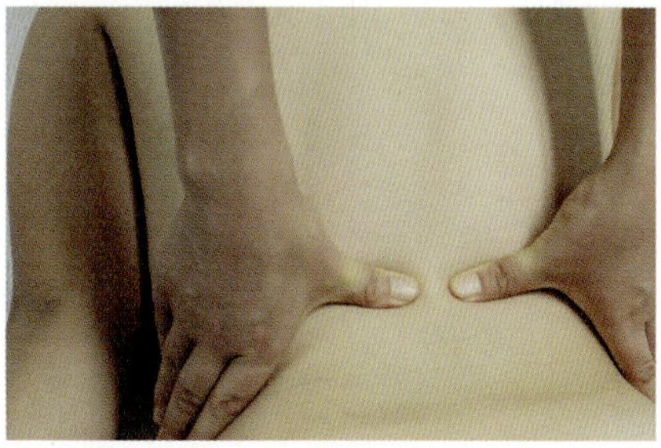

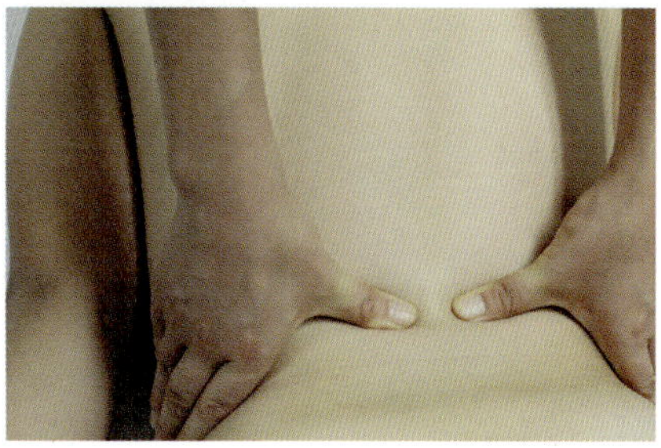

⑬ 시술자의 좌측으로 이동한 후 모지복으로 허리에서 장골능선을 따라 서혜부 방향으로 쓸어내린다.

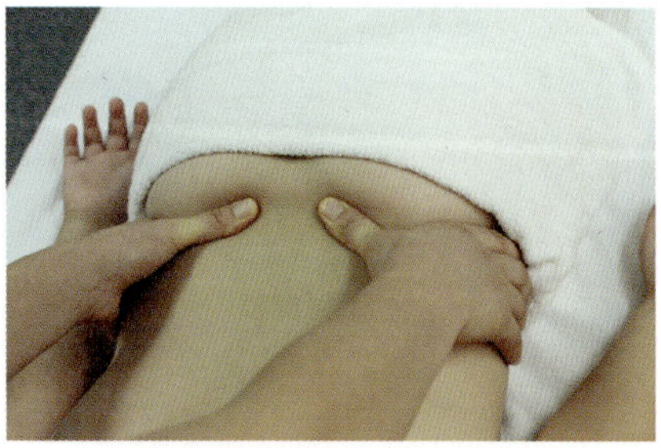

⑭ 천골에서부터 경추까지 모지복을 겹쳐서 쓸어올려 준다.

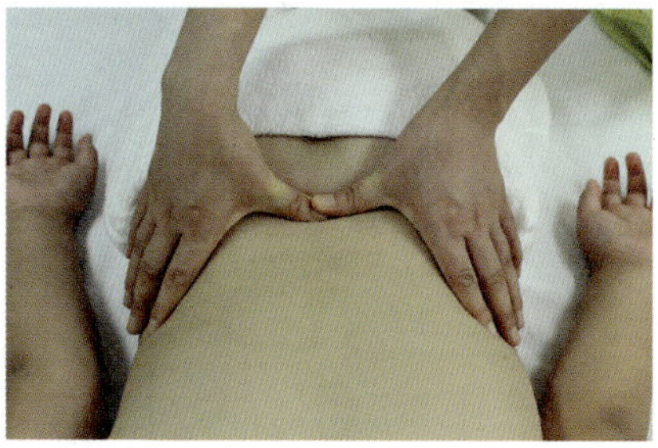

⑮ 독맥과 방광경 사이에 있는 협척혈을 모지복으로 쓸어올린다.

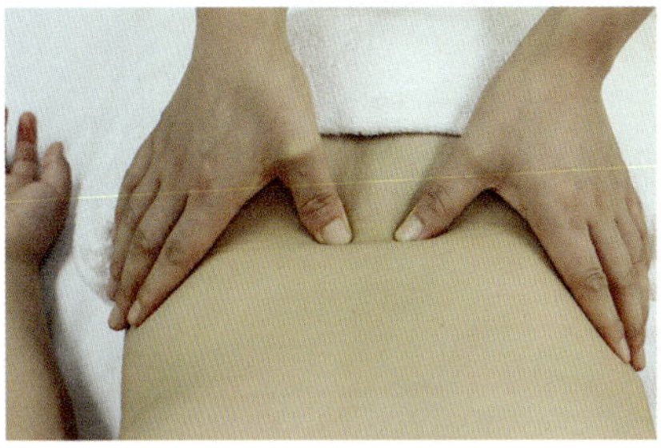

⑯ 방광경을 아래에서 위로 쓸어올린다.

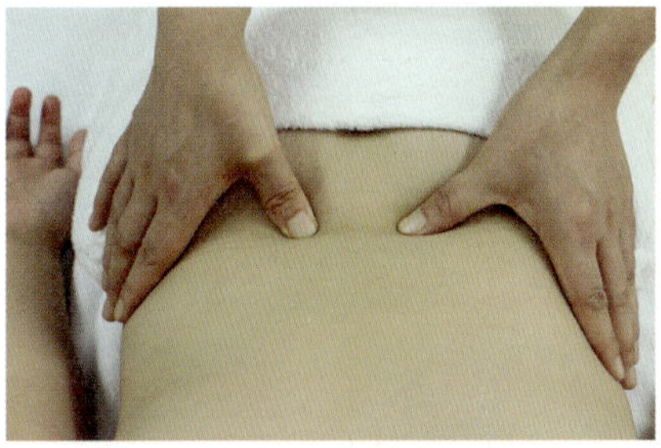

⑰ 수장사지를 이용하여 독맥을 아래에서 위로 쓸어올린다.

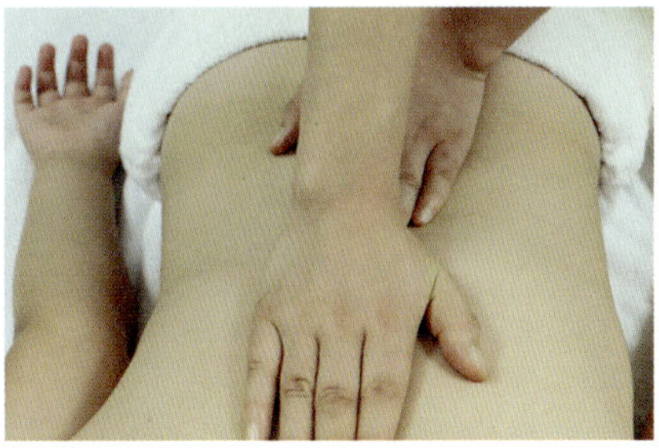

⑱ 수장사지를 이용하여 방광경을 아래에서 위로 쓸어올린다.

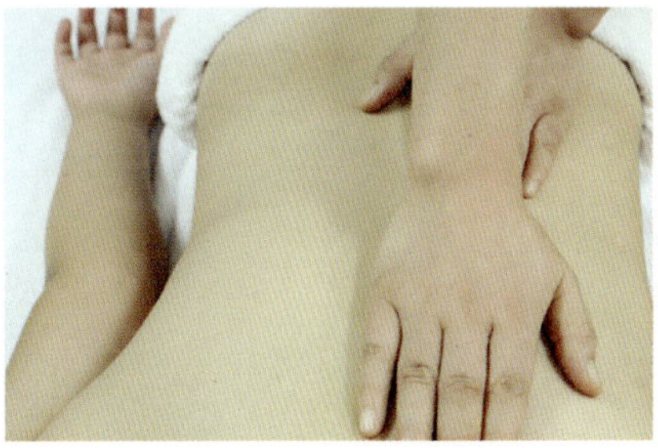

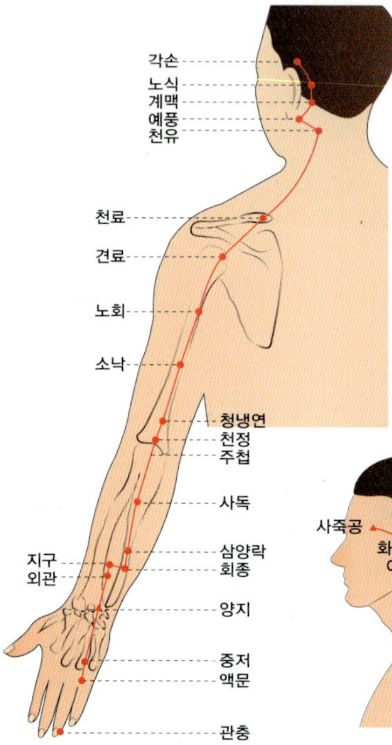

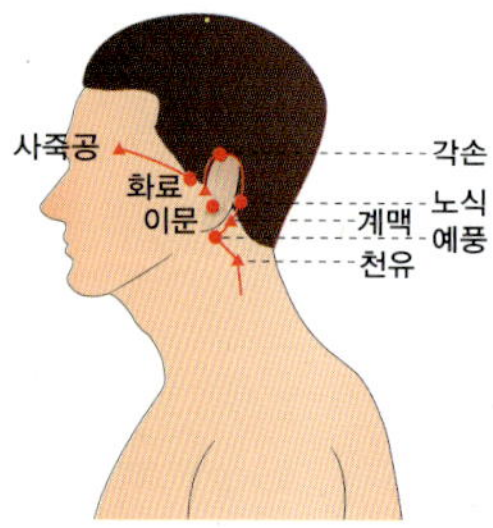

수소양삼초경은 삼초에 속하고 심포에 연결되어 있어 서로 상호보완적인 역할을 한다. 상초는 인후를 따라 위로 이어져서 횡격막을 관통하여 흉중에 뜻하며, 중추는 횡격막의 하부에서 배꼽의 상부의 위치로 비, 위, 간, 담 등을 뜻한다. 하초는 배꼽의 하부로 음부, 대장, 소장, 신장, 방광, 생식기 등을 뜻한다. 그렇기 때문에 삼초는 모든 장부를 통제 관리한다.

삼초는 내부 장기의 원활한 순환과 호흡을 돕는 역할을 하여 '척수신경'이라고도 한다.

수소양삼초경에 흐르는 경락을 마사지 해줌으로써 그 자극이 눈과 귀, 머리에 영향을 미치게 되어 뇌발달에 도움이 된다.

⑲ 수태양소장경의 천종혈을 수근으로 문질러 준 후 어깨에서 손까지 쓸어내려 준다.

◇ 천종혈의 어깨의 긴장을 이완시켜 준다.

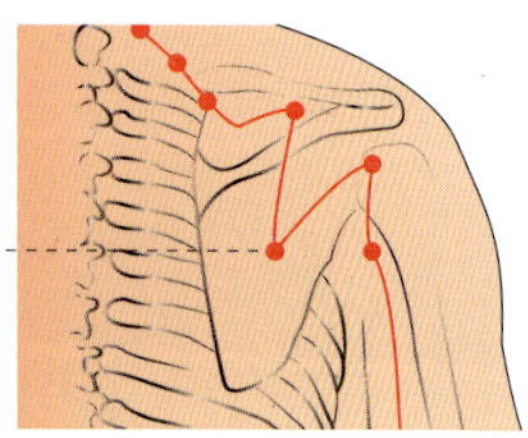

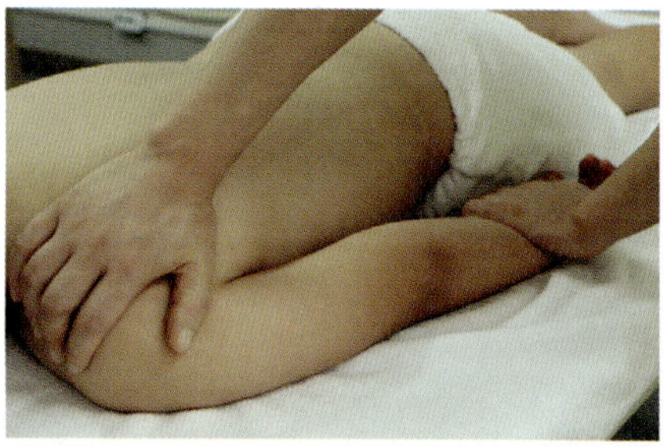

⑳ 수장사지를 이용하여 팔 전체를 쓸어 준다.

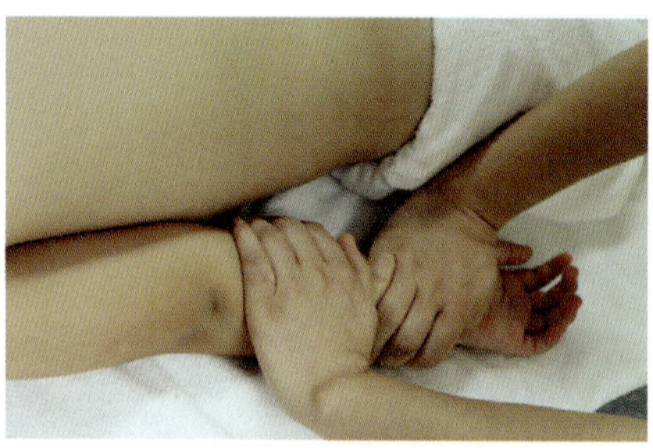

㉑ 두뇌개발에 좋은 수소양삼초경의 흐름을 원활하게 하기 위해 어깨에서부터 팔의 양경락인 뒷면으로 쓸어내려 준 후 노회, 소낙, 외관, 중저, 액문, 관충혈을 지긋이 압한다.

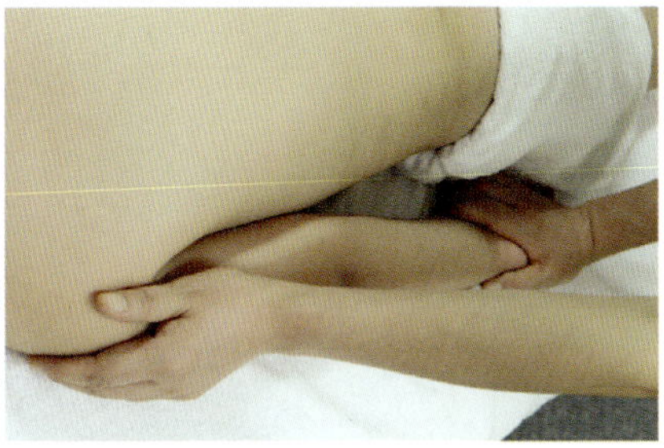

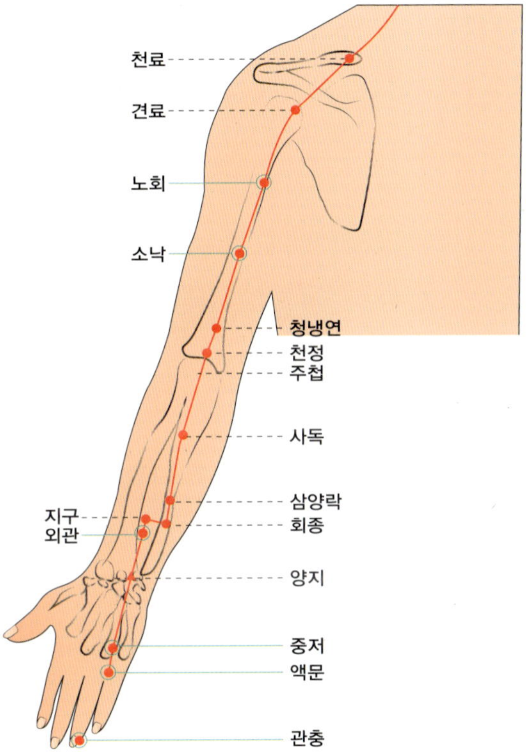

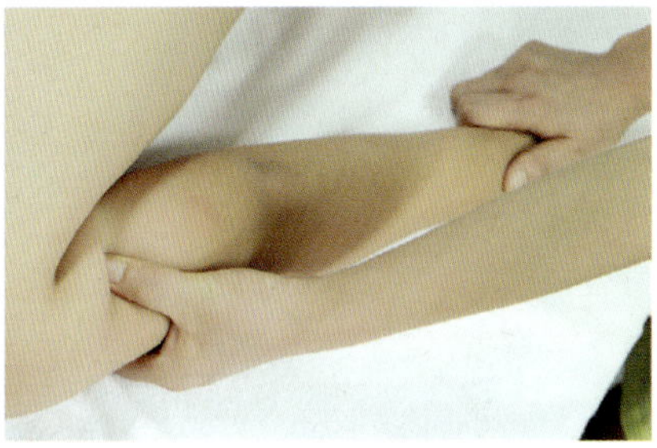

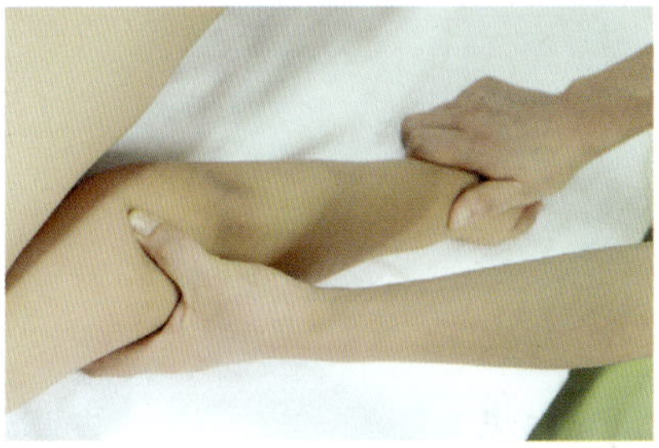

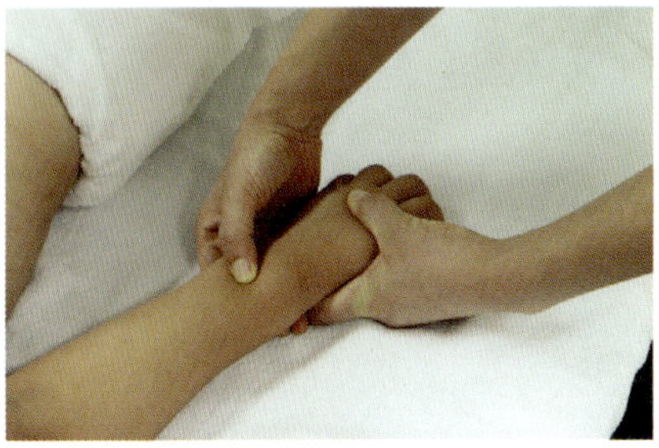

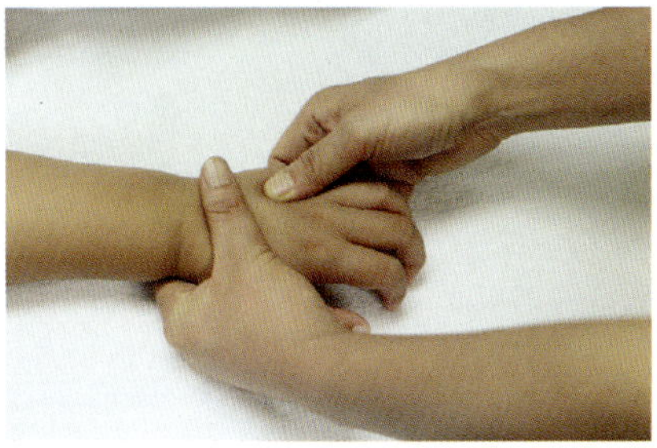

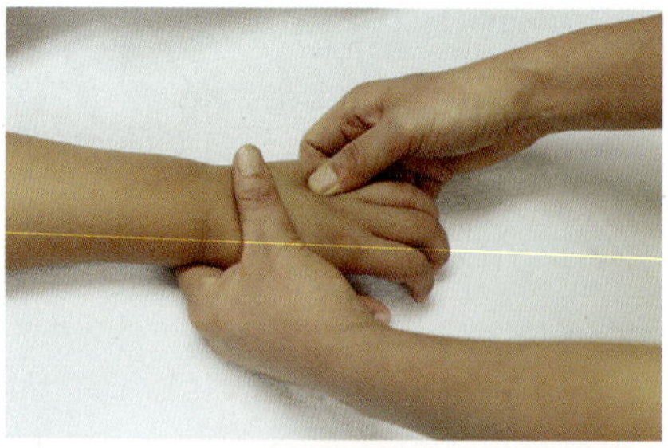

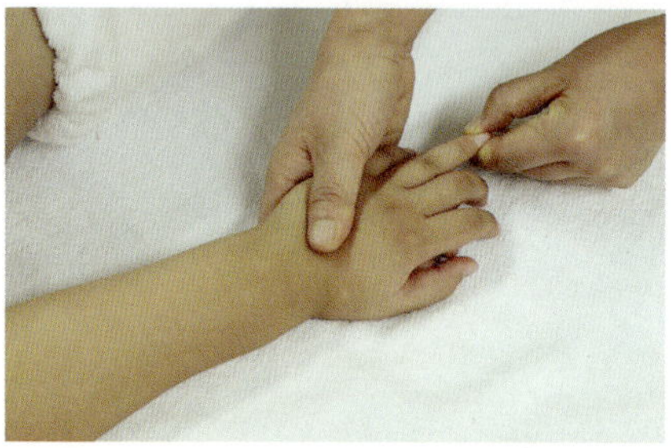

㉒ 팔 전체를 수장사지를 이용하여 쓸어준다.

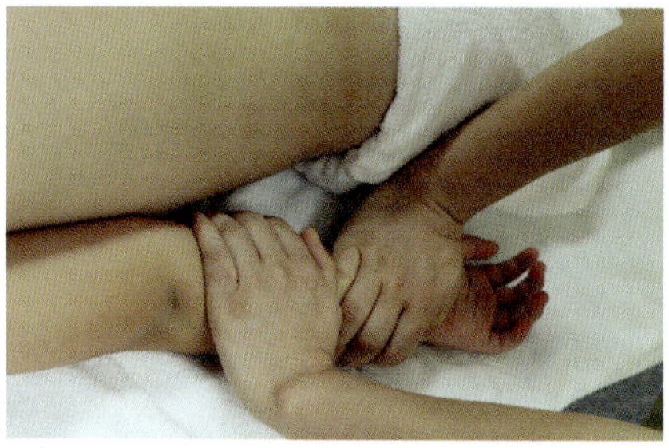

반대편도 ⑭～㉒번까지 반복한다.

2. 2단계 두뇌 발달 마사지 - 두피·가슴·팔(전면) 마사지

1. 두뇌 발달 마사지 - 두피·가슴·팔 마사지 순서

2. 두피·가슴·팔 마사지 경혈점

전중, 천주, 풍지, 아문, 인당, 정명, 동자료, 사죽공, 승읍, 사백, 사신총혈, 태양, 청회, 청궁, 이문, 화료, 각손, 노식, 계맥, 예풍, 풍부, 천지, 거골, 태능, 내관, 간사, 극문, 합곡, 어제, 노궁, 중충, 백회

① 모지구를 이용하여 가슴근육을 이완시켜 준다.

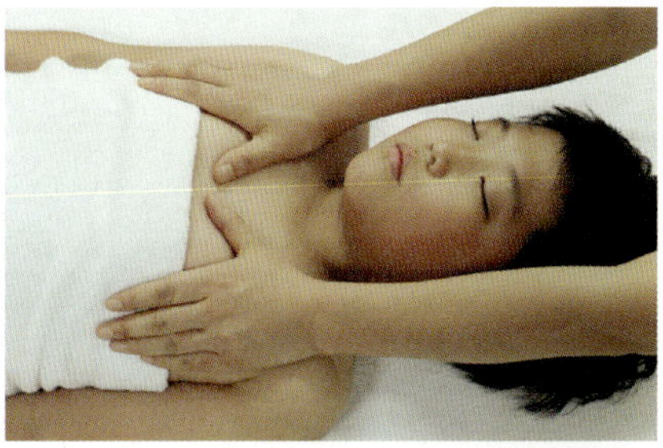

② 양 손을 포개 임맥의 전중혈 위에 올려놓은 후 부드럽게 압을 하며 풀어주면서 피시술자가 편안하게 호흡을 할 수 있도록 한다.

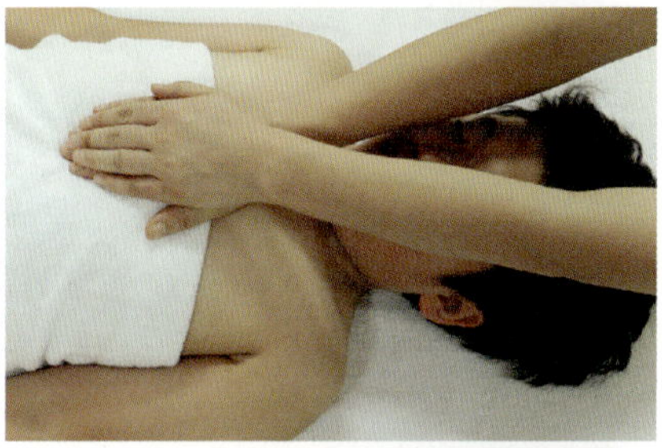

③ 한 손은 피시술자의 후두를 받쳐주고 다른 한 손의 사지를 이용하여 목을 아래에서 위로 쓸어올리듯이 풀어 주며, 목의 긴장을 풀어 준다. 목을 풀어 줌으로써 뇌척수액의 흐름을 원활히 해주는 데 도움이 된다.

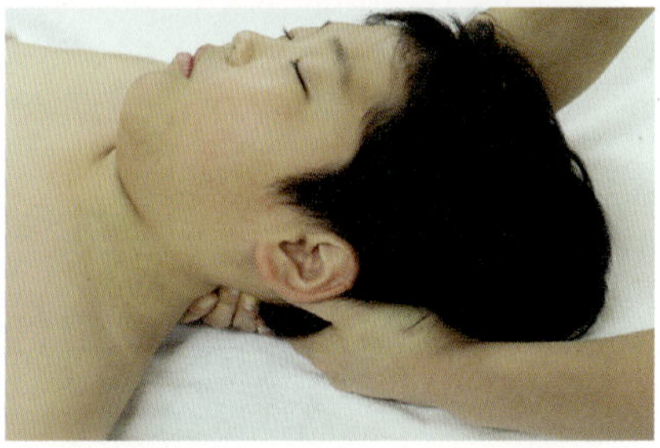

④ 중지복을 이용하여 경추를 늘려주듯이 쓸어올린 후 족태양방광경의 천주, 족소양담경의 풍지, 독맥의 아문혈을 지압한다.

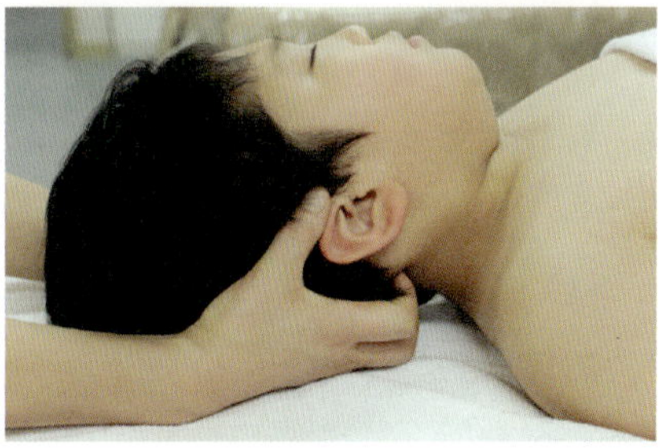

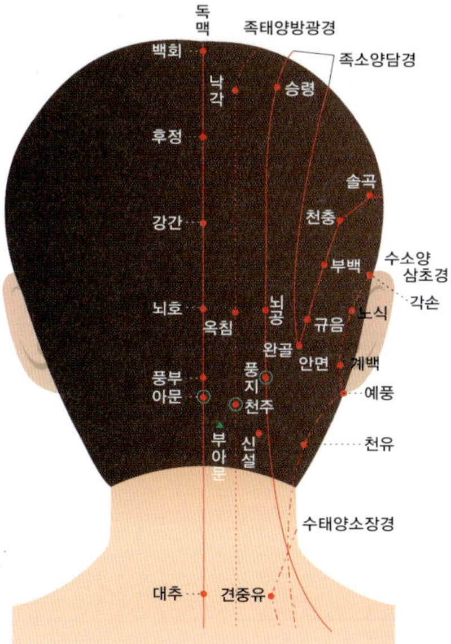

⑤ 목을 한쪽으로 돌린 후 목의 흉쇄유돌근을 손 전체로 유양돌기에서 쇄골방향으로 쓸어내려 주고, 유양돌기에서 흉골방향으로 쓸어내려 준다. 같은 방향으로 모지측면을 이용해서 반복한다.

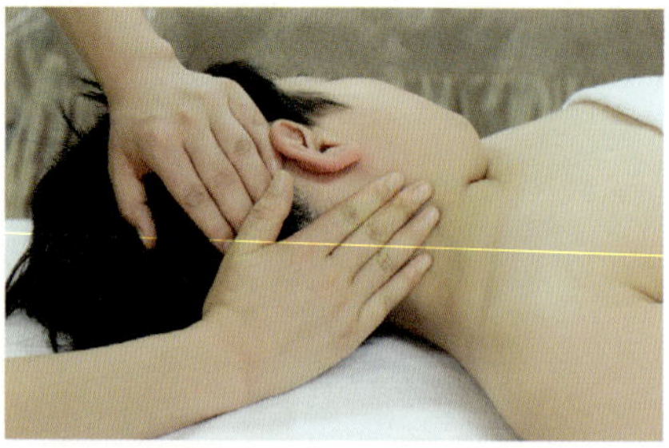

흉골지 : 흉골병의 전면부 상부에서 유양돌기와 후두골의 외측에 위치하여 있다.

쇄골지 : 쇄골의 내측 1/3 전면의 상연에서 유양돌기와 후두골의 외측에 위치하여 있다.

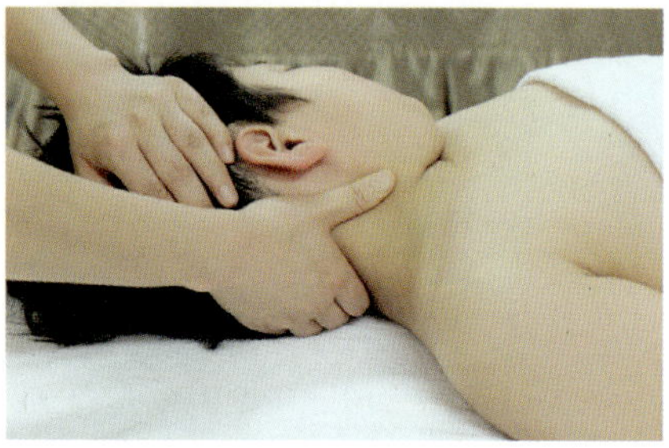

⑥ 전사각근, 중사각근, 후사각근을 이완시킨다. 전사각근은 목을 한쪽으로 돌리게 한 후 한 손은 후두근을 잡아준다. 다른 한 손으로는 쇄골아래에 올려놓은 후 살며시 스트레칭을 시켜서 전사각근을 이완시킨다.

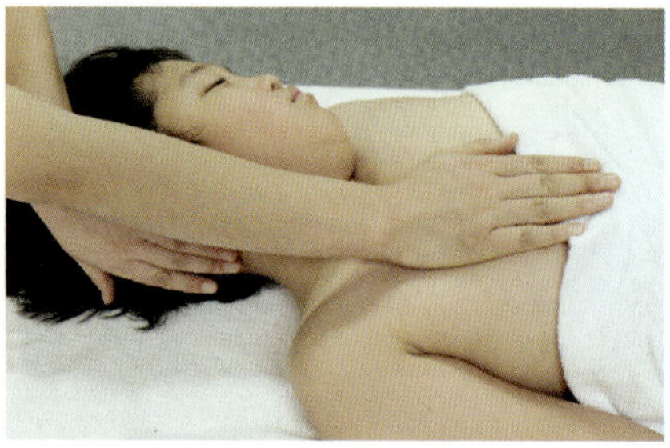

중사각근은 중부혈(쇄골의 말단 3/4 지점) 위에 올려 놓은 후 살며시 스트레칭시킨다.

후사각근은 한 손은 후두근을 잡고 한 손은 어깨를 잡은 상태에서 스트레칭을 시킨다.

- 전사각근 : 경추 제3번~6번 횡돌기에서 첫 번째 늑골의 내측연의 사각근 결절에 위치한다.
- 중사각근 : 경추 제2번~7번 횡돌기에서 첫 번째 늑골의 두측면에 위치한다.
- 후사각근 : 경추 제4번~6번 횡돌기에서 두 번째 늑골의 외측면에 위치한다.

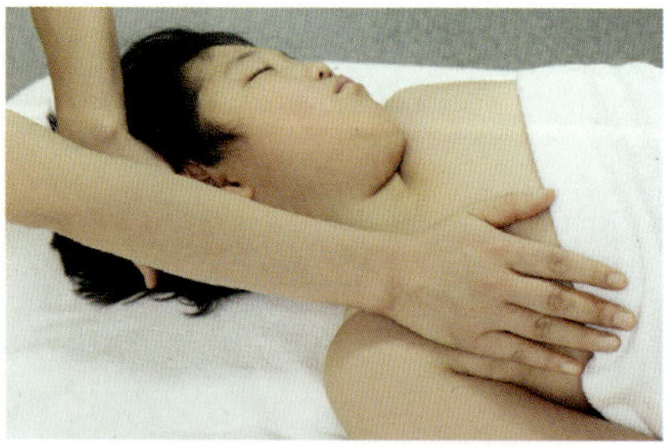

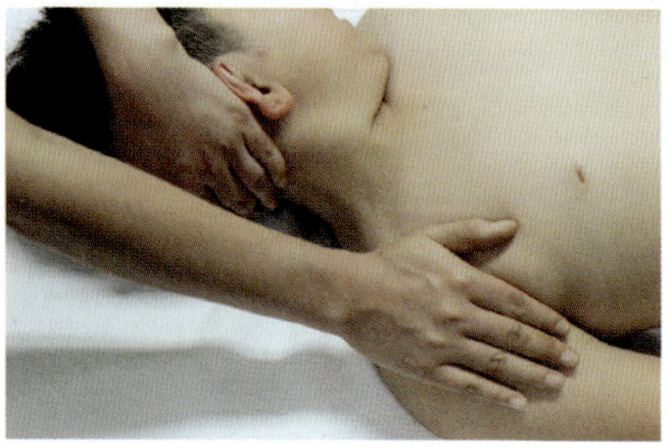

⑦ 삼지복을 이용하여 후두근을 살며시 압을 주며 풀어 준다.

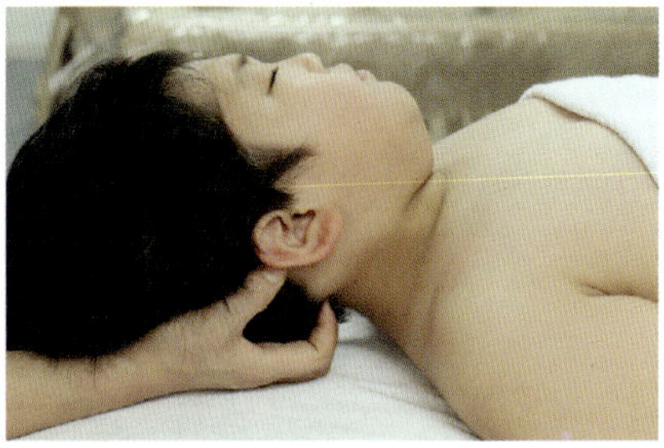

⑧ 얼굴의 집중력, 기억력, 두통, 시력 등에 효과적인 혈자리인 경외기혈의 인당, 족태양방광경의 정명, 족양명위경의 승읍, 사백, 족소양담경의 동자료, 수소양삼초경의 사죽공, 경외기혈의 태양혈을 압한다.

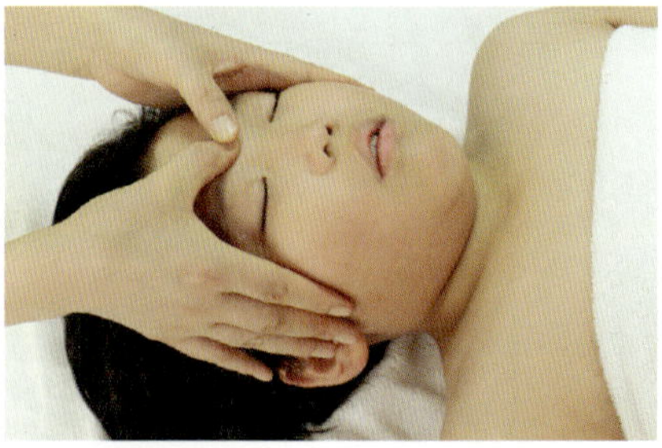

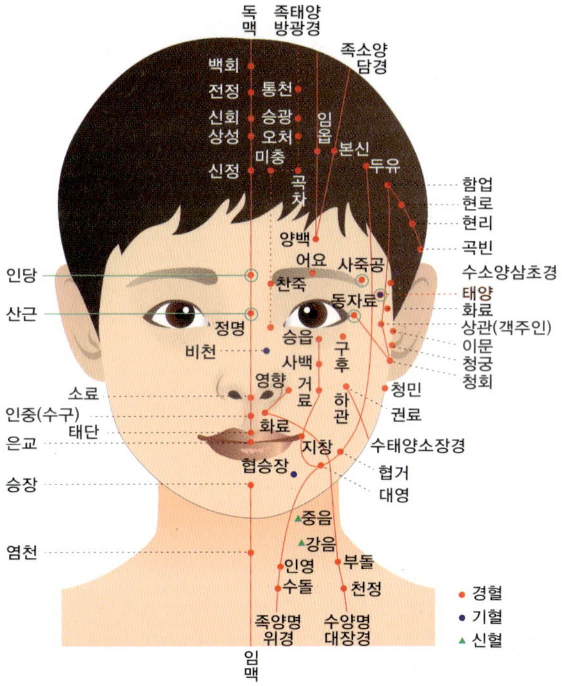

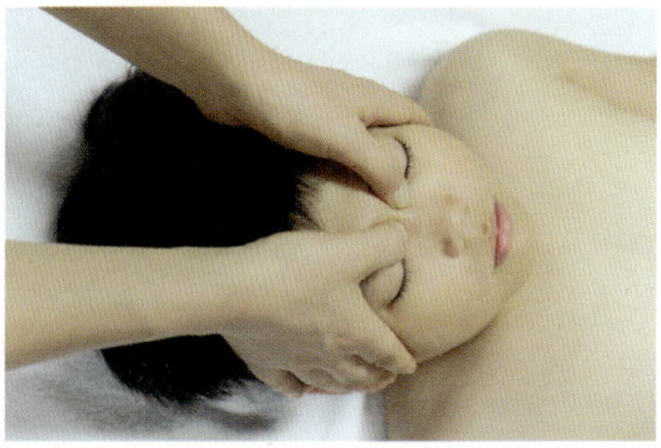

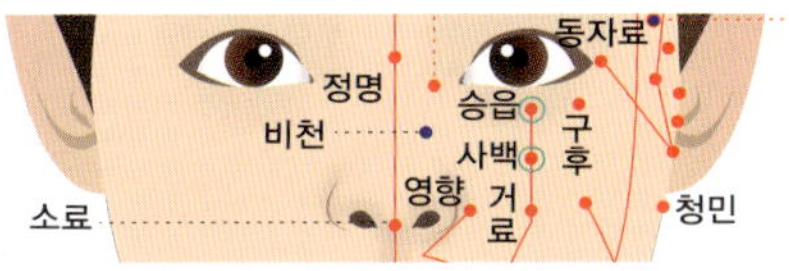

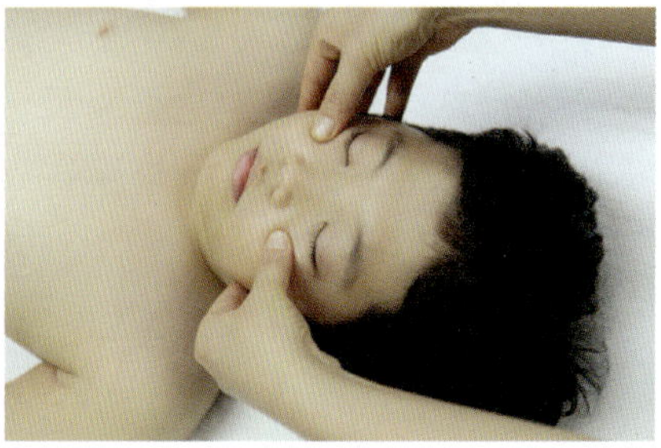

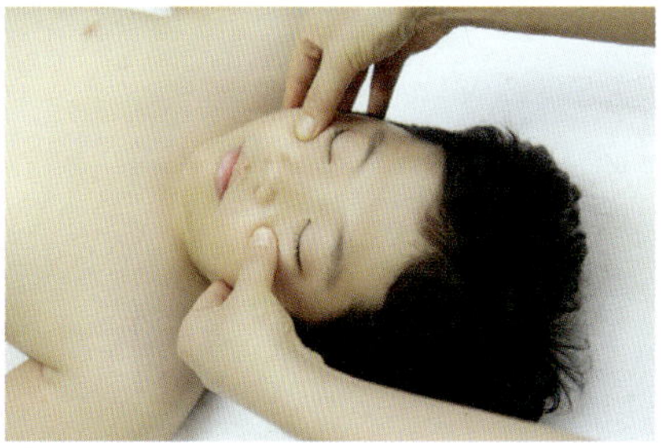

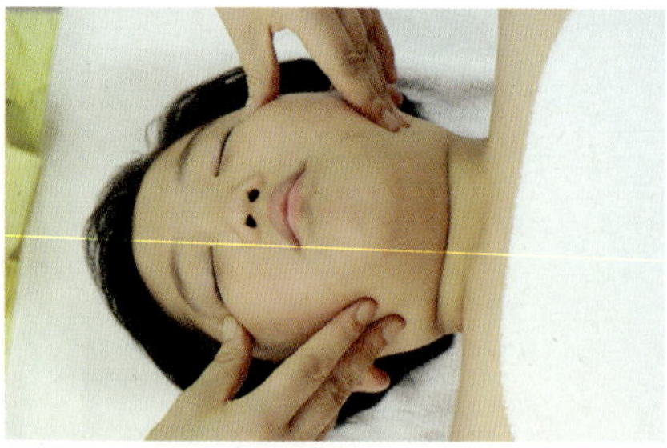

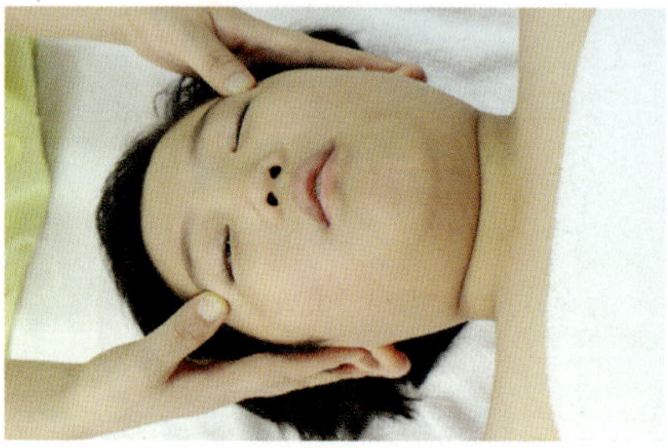

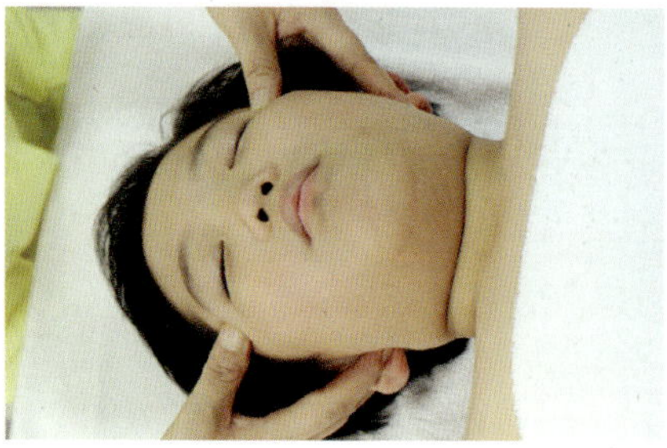

⑨ 귀 주변의 족소양담경의 청회혈을 압하고, 수소양삼초경의 청궁, 이문, 화료, 각손, 노식, 계맥, 예풍혈을 모지복을 이용하여 압한 후 2지와 중지로 아래에서 위로, 위에서 아래로 쓸어준다. 예풍혈을 중지로 압한다.

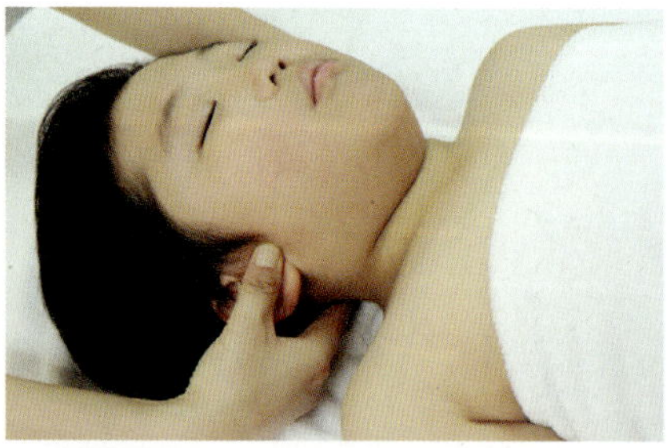

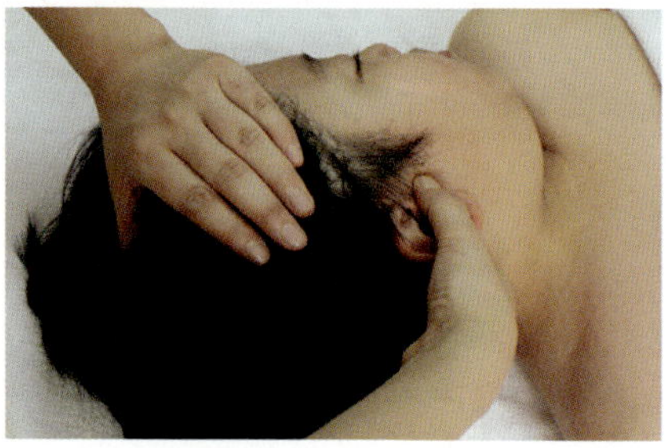

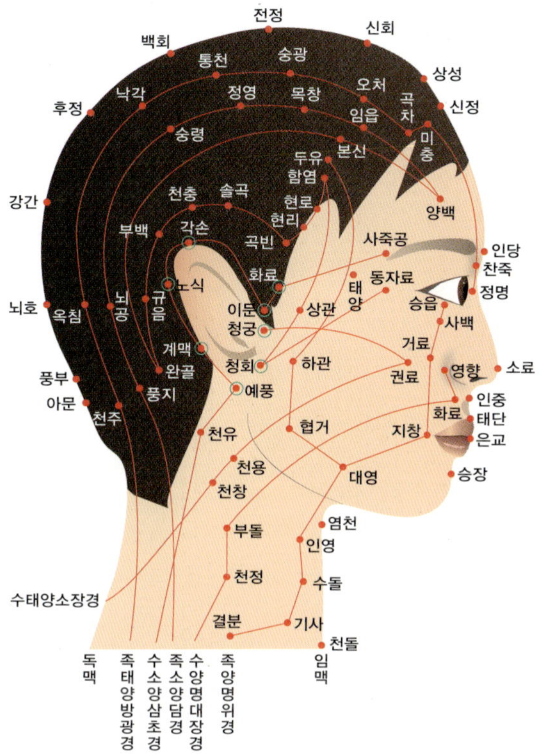
전정
신회
백회
통천
숭광
상성
후정
낙각
정영
목창
오처
곡차
신정
임읍
숭령
미충
본신
두유
함염
강간
천충
솔곡
현로
현리
양백
부백
각손
곡빈
사죽공
인당
찬죽
화료
노식
동자료
정명
태양
뇌호
옥침
뇌공
규음
이문
상관
승읍
청궁
사백
계맥
거료
하관
청회
소료
완골
영향
권료
풍부
예풍
풍지
인중
아문
천주
화료
태단
협거
지창
천유
은교
천용
대영
승장
천창
염천
부돌
인영
천정
수돌
수태양소장경
결분
기사
천돌
독맥
족태양방광경
수소양삼초경
족소양담경
수양명대장경
족양명위경
임맥

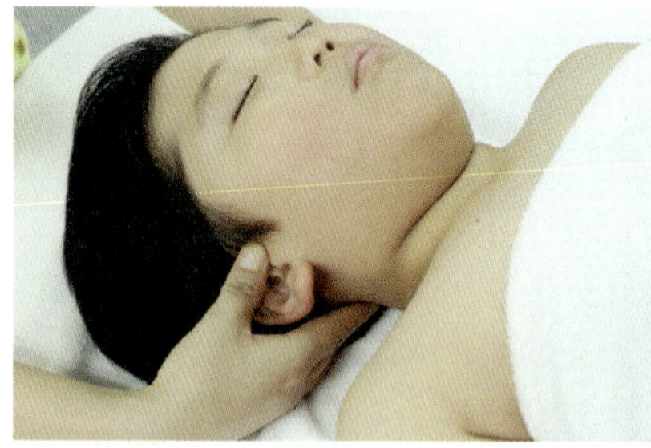

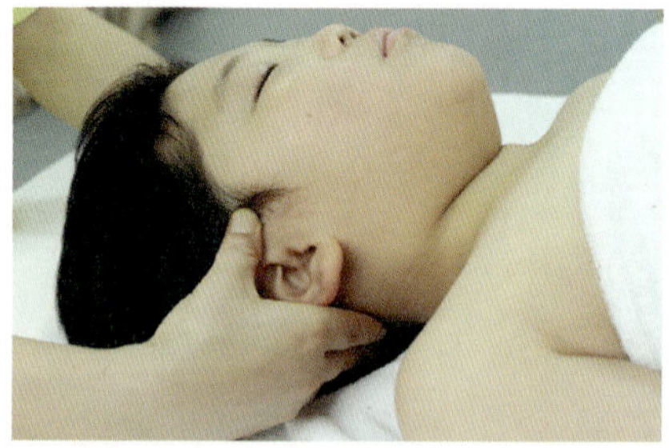

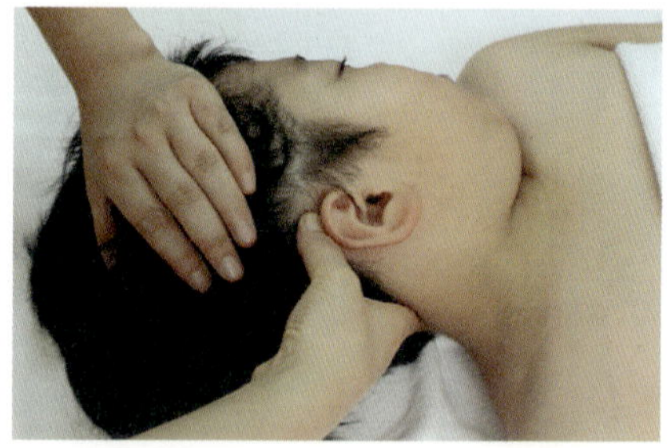

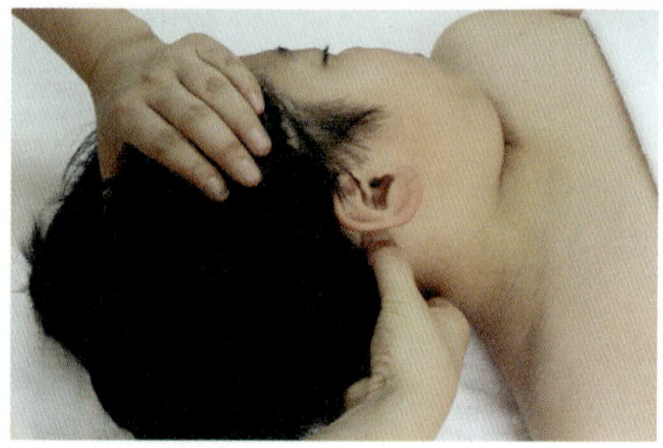

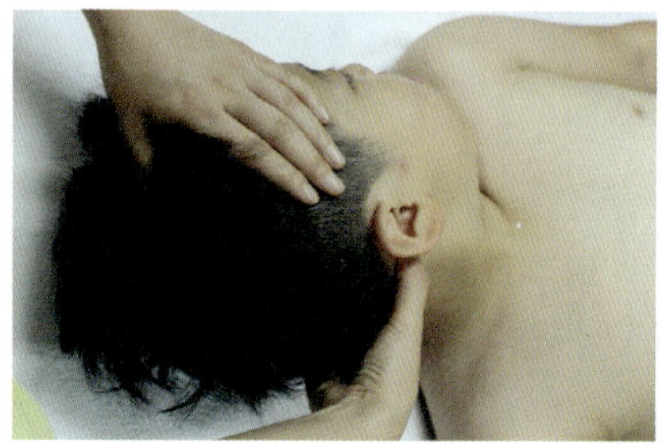

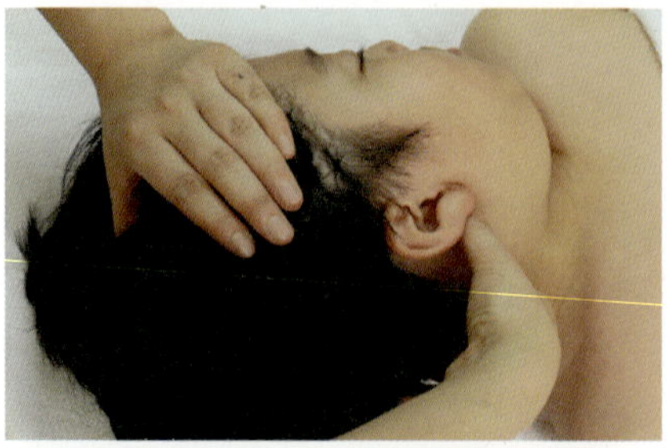

⑩ 후두골기저 풀이 : 후두골을 양 손의 어제 부위에 소어제 부위에 올려 놓은 후 엄지를 제외한 네 손가락을 사용하여 풍부혈(경추1번위) 자리에 네 손가락을 세워서 환추와 후두골을 풀어준다. 환추와 후두골이 벌어지면 뇌경막판을 위로 잡아당겨 뇌경막관의 긴장을 풀어주게 되면 뇌신경의 활성화와 뇌척수액의 흐름을 촉진시킬 수 있다.

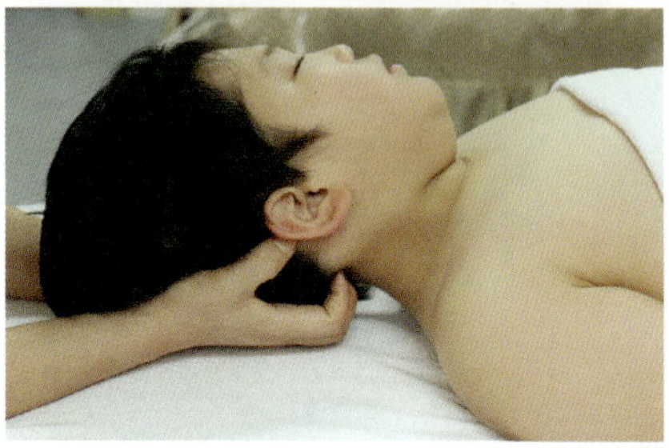

⑪ 전두골 들어 올리기 : 양 손을 깍지껴서 전두골을 들어올린다는 느낌으로 손의 어제부와 소어제로 들어올린다.

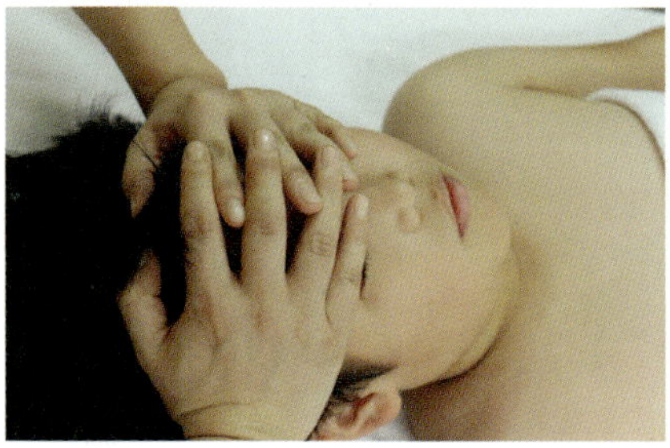

⑫ 두정골 들어 올리기 : 두정골을 피시술자의 방향으로 양 손으로 두정골을 살며시 잡고 잡아당긴다.

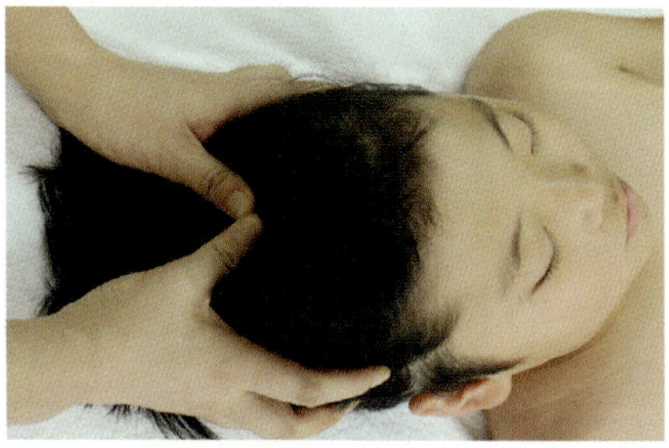

⑬ 접혈골기저 감압/가압 : 접형골은 두개골의 바닥에 있어 밖에서는 만질 수 없으므로 간접적인 방법으로 관자놀이인 태양혈 부위에서 감압과 가압을 한다. 양 손의 네 손가락으로 후두골을 고정시키듯 감싸주고 양 손의 엄지손가락을 태양혈 자리에 놓는다. 양 손의 엄지손가락을 후두골 방향으로 가압을 하고, 후두골

까지 눌러지면 접형골을 감압하는데 감압 방법은 엄지손가락 끝을 약간 비스듬하게 천정쪽 방향으로 들어 올려 접형골을 열어 준다.

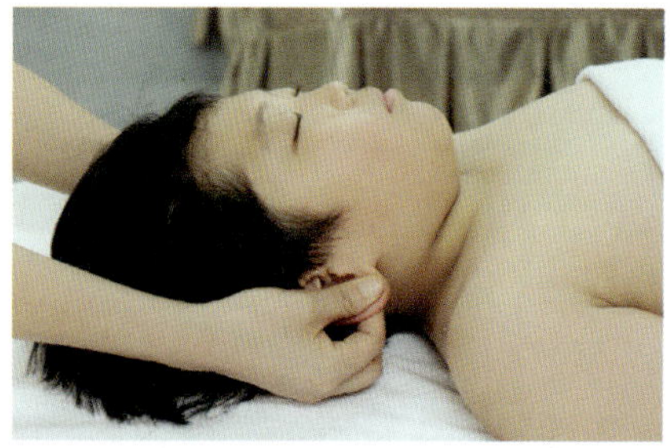

⑭ 측두골 긴장 풀어주기 : 측두골의 긴장을 풀어주기 위하여 양쪽 귀를 잡고 살며시 잡아당겨 주는데 측두골의 긴장이 풀리지 않을 경우에는 양쪽의 유양돌기를 잡고 한쪽식 압을 가해서 반대 방향으로 밀어주어 측두골의 움직임을 크게 만들어 유착되어 있는 것을 풀어준 뒤 귀를 잡아당겨 측두골의 긴장을 풀어준다.

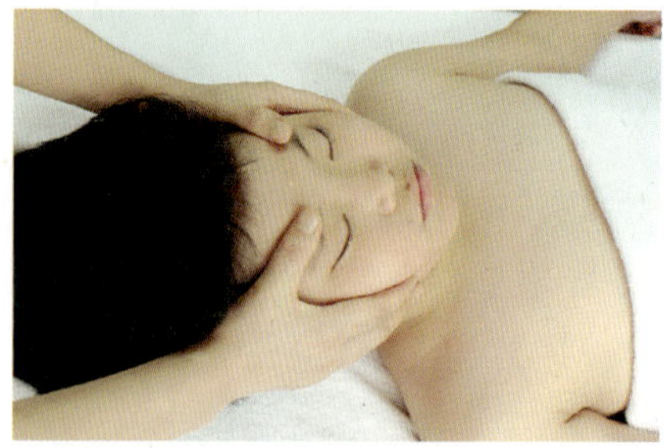

⑮ 하악의 가압과 감압하기 : 하악은 많은 근육이 하악을 고정시키고 있기 때문에 양 손으로 양쪽의 하악골을 잡고 측두골 방향으로 압을 서서히 가한 후에 더 이상 하악골이 갈곳이 없으면 15도 상방으로 손목을 돌려서 피시술자의 발쪽을 향해 잡아 늘여서 감압한다.

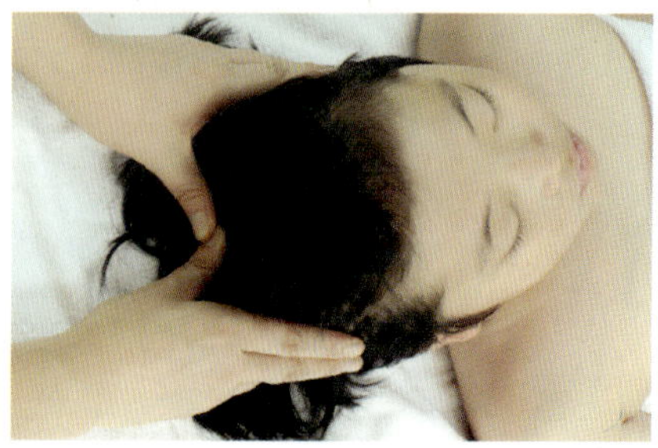

⑯ 모지복을 겹쳐서 독맥의 백회혈을 압한다. 경외기혈의 사신총혈을 압한다.

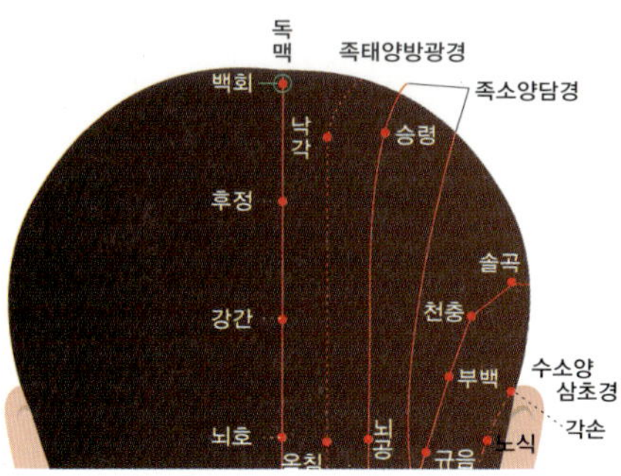

⑰ 양 손의 모지복으로 경외기혈의 사신총혈을 압한다.

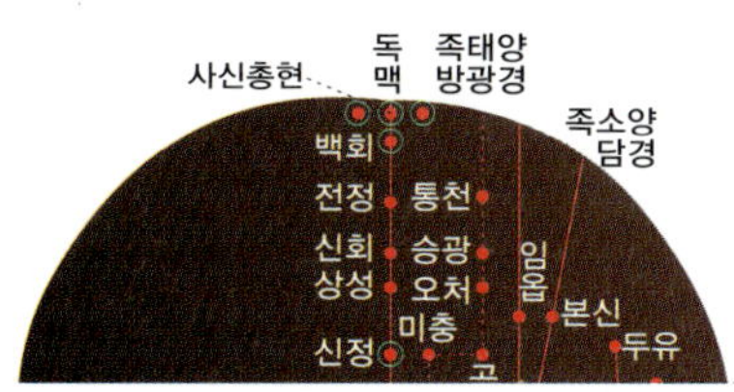

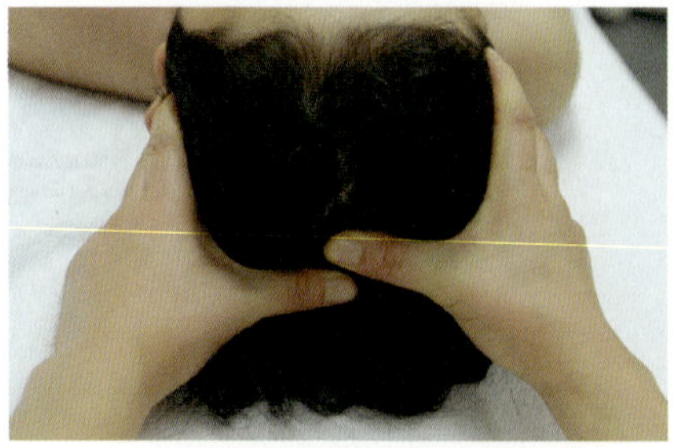

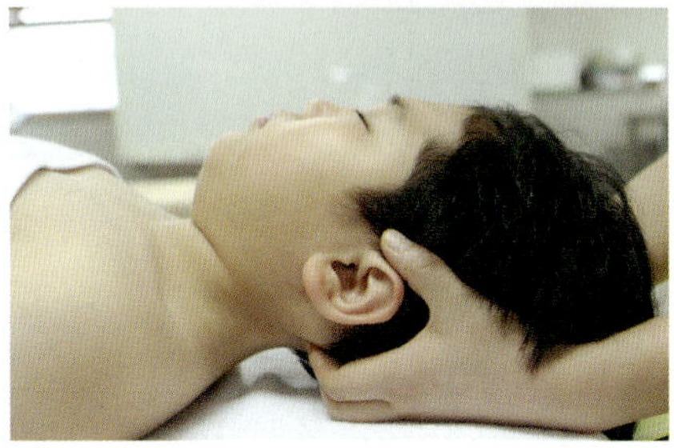

⑱ 족태양방광경의 천주, 독맥의 아문, 독맥의 풍부, 족소양담경의 풍지 혈을 삼지복을 이용하여 지긋이 압한 후 후두근 아래에 손을 놓고 지긋이 5초 정도 압을 하고 서서히 힘을 빼 주면서 뇌척수액의 흐름을 원활하게 해 준다.

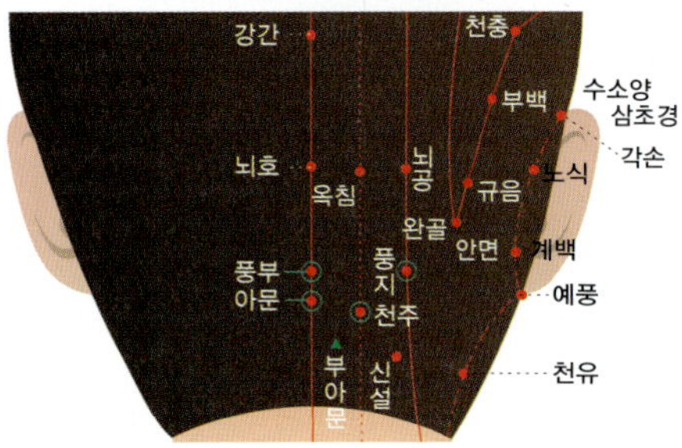

3. 두뇌개발 마사지 - 팔(전면)마사지 순서

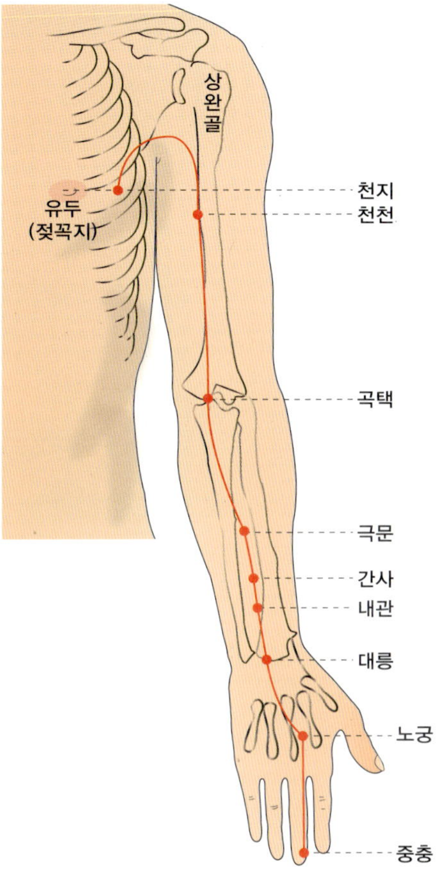

심장을 에워싸고 있는 것은 심포이며, 심포경은 정신과 기억, 지식의 경락이라 부른다. 그 심포의 경락이 수궐음심경이며, 뇌는 곧 심포라고 하는데, 그 이유는 뇌는 사려를 주관하고, 정신을 주관하는 것은 심장이다. 심장을 주관하는 것은 심주이고 심주는 심포이니 심포는 뇌이다. 따라서 수궐음심포경락은 뇌의 경락이라고 할 수 있다.

① 팔 전체에 오일을 발라 준다.

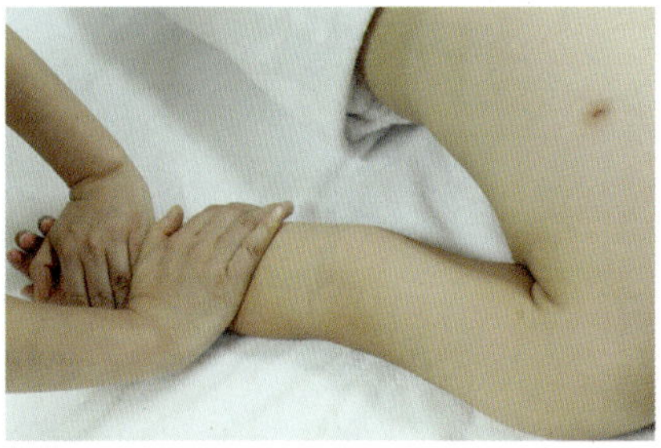

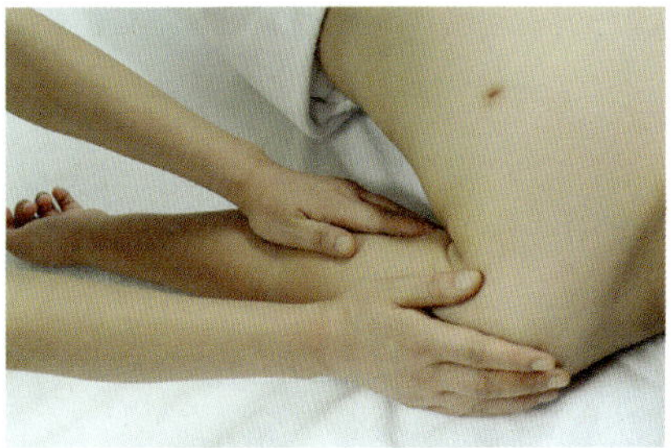

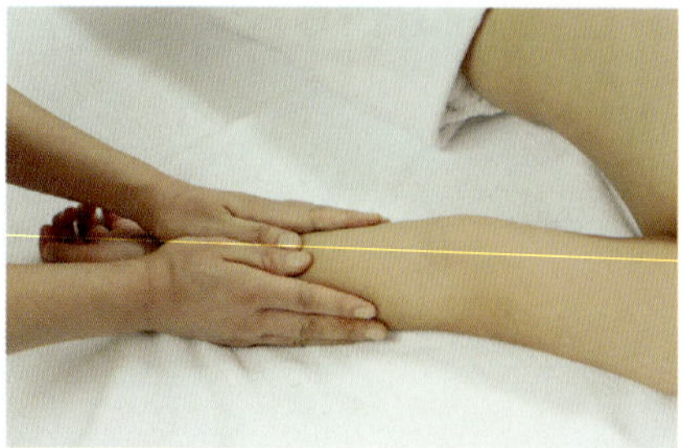

② 수궐음심포경의 천지혈(유두 외측 1치)을 모지구로 반원을 그리듯이 굴려 준다.

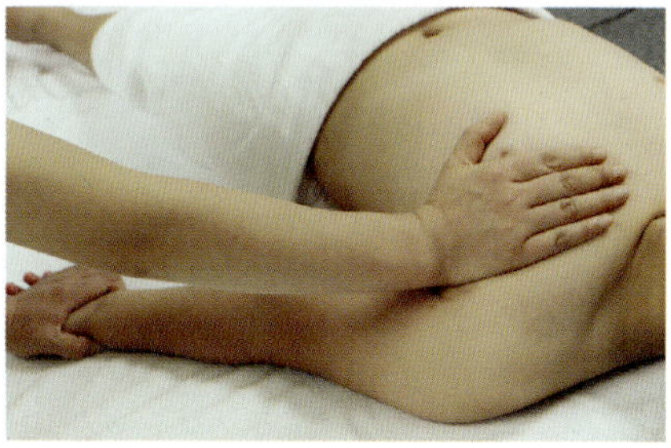

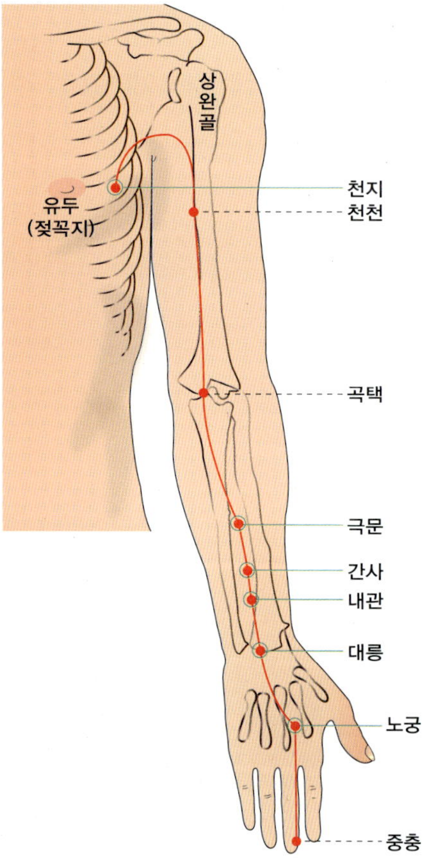

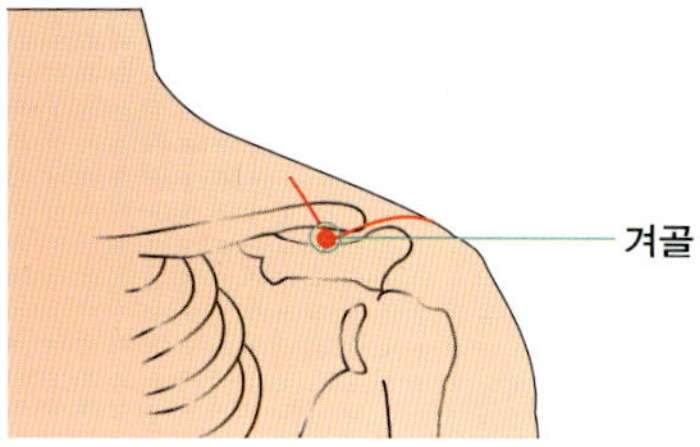

③ 수양명대장경의 거골혈을 중지복으로 약하게 압을 한후 수장사지로 쓸어 준다.

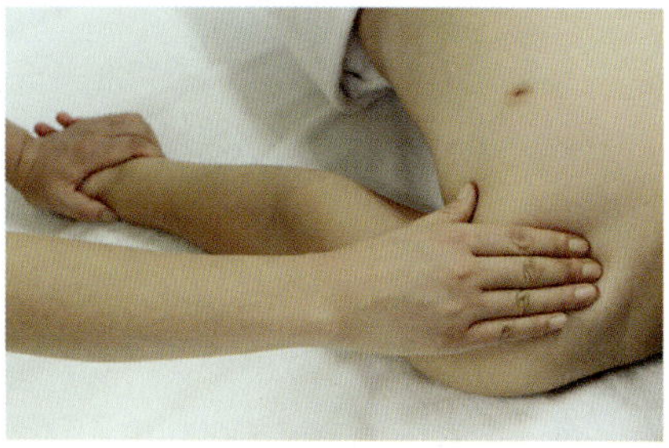

④ 수궐음심포경의 경락을 아래에서 위로 쓸어올려 준 후 태능, 내관, 간사, 극문혈을 모지복으로 지긋이 압을 한다.

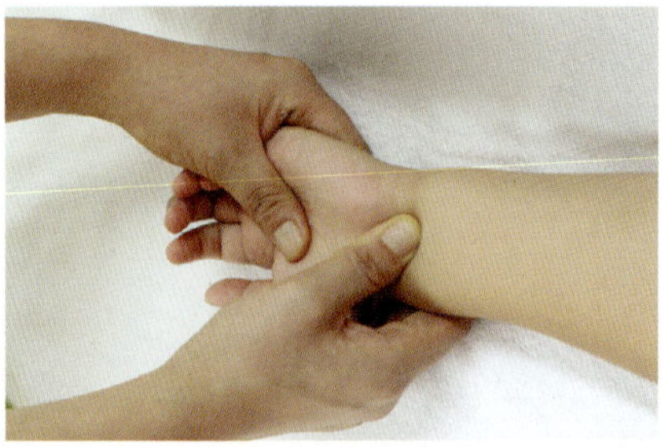

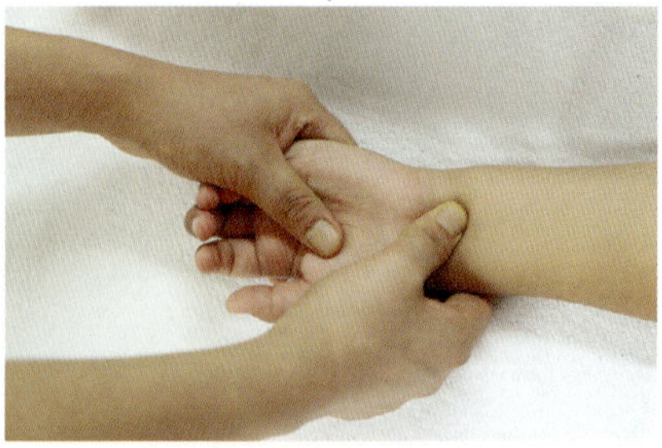

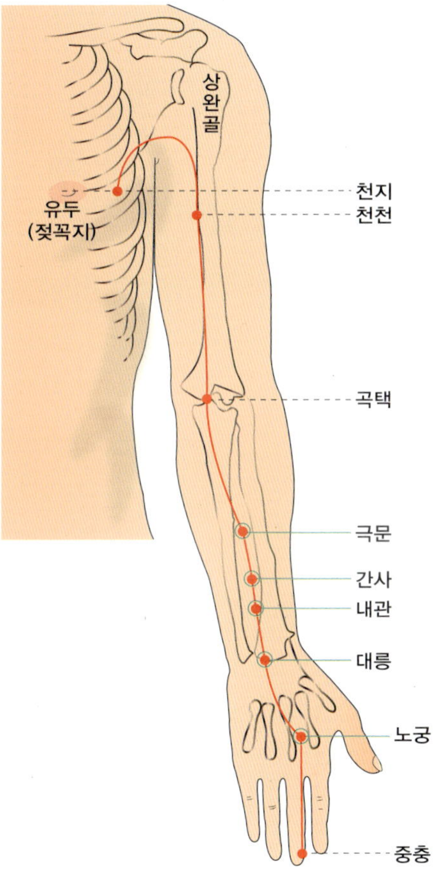

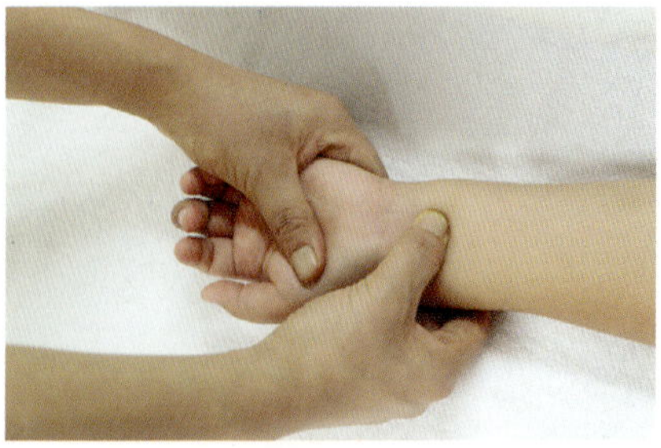

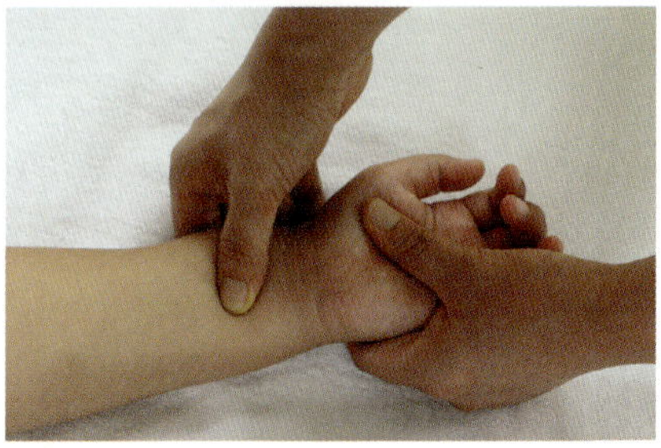

⑤ 수양명대장경의 합곡혈과 수태음폐경의 어제혈, 수궐음심포경의 노궁혈과 중충혈을 모지복으로 살며시 압한다.

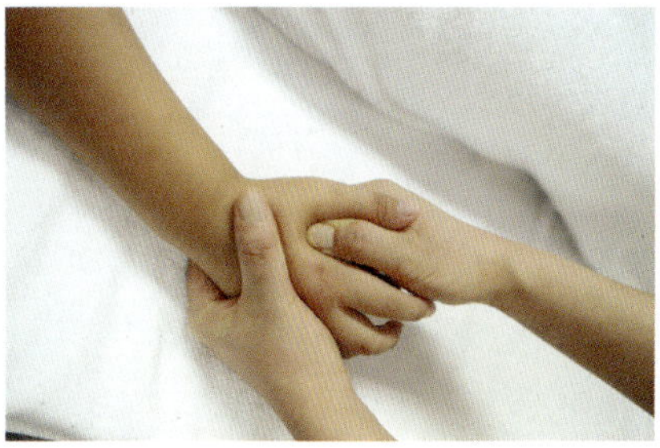

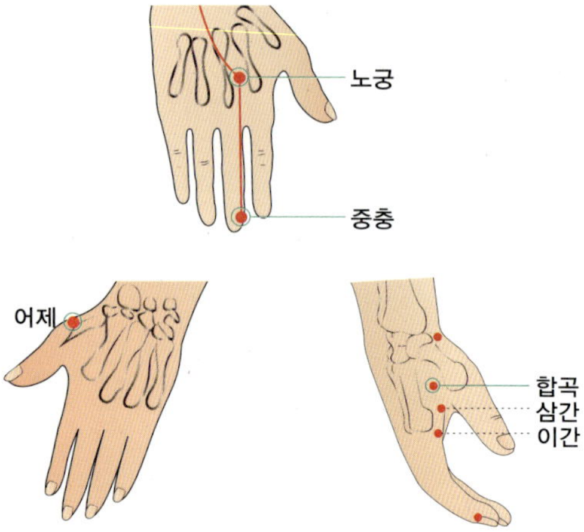

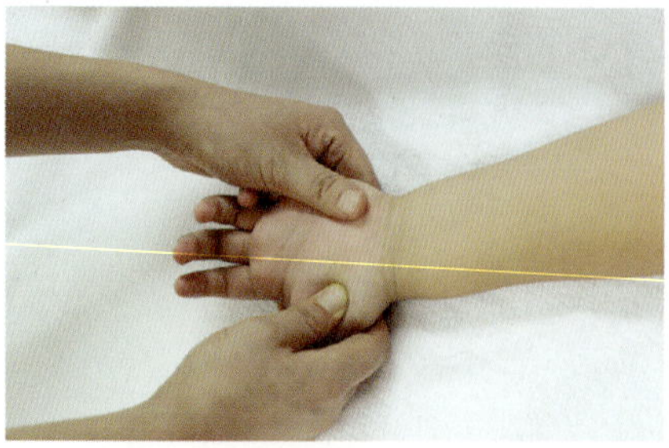

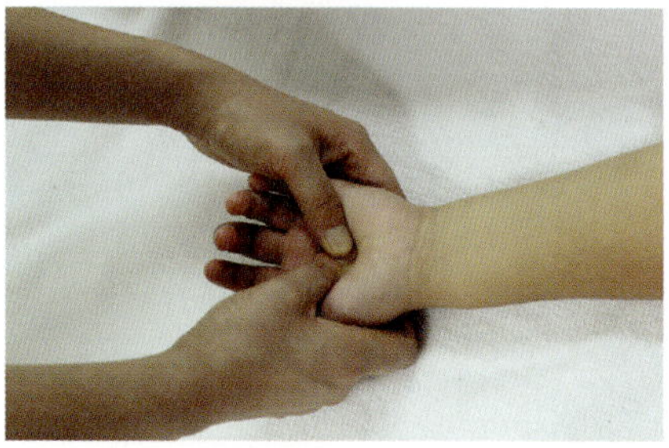

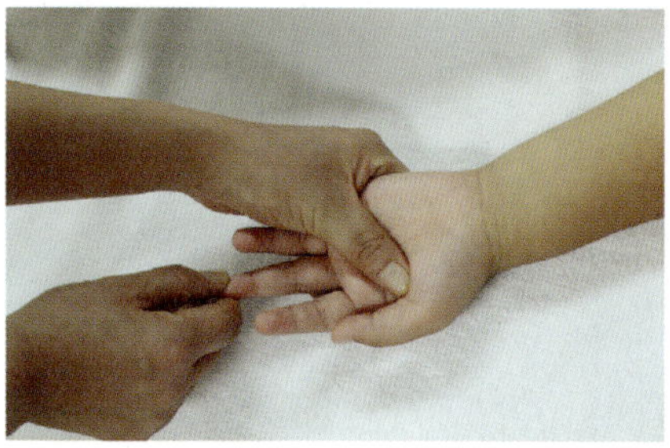

⑥ 손바닥을 모지측면으로 쓸어 준다.

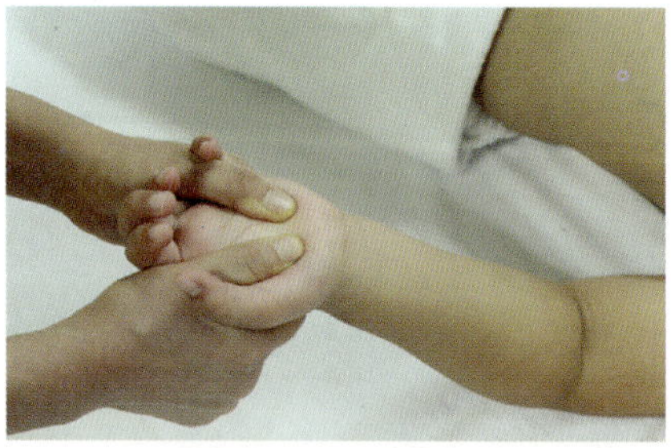

⑦ 양손으로 손바닥과 손등 전체를 스트레칭해 준다.

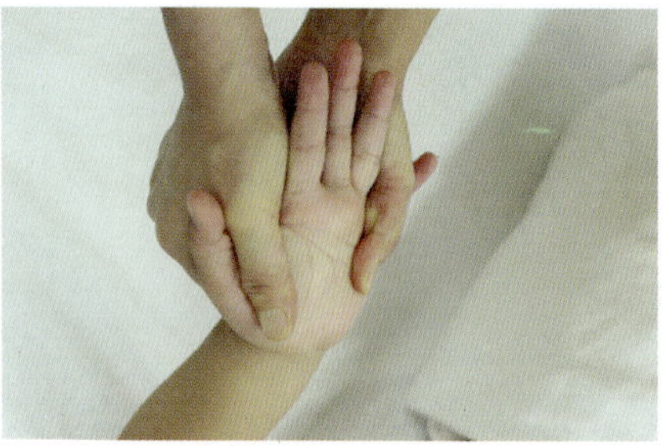

⑧ 시술자와 피시술자의 손을 깍지를 낀 후 손목을 돌려 준다.

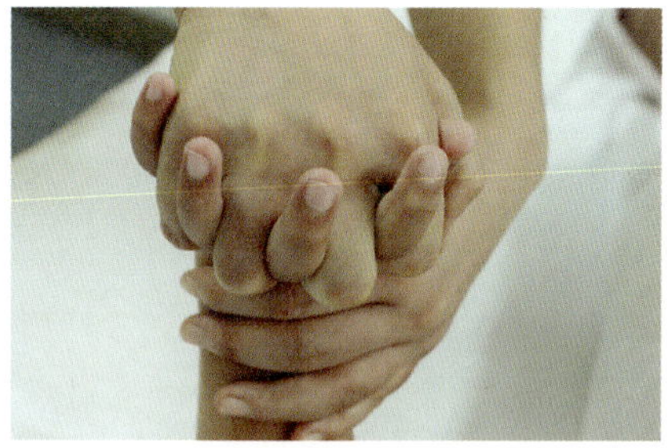

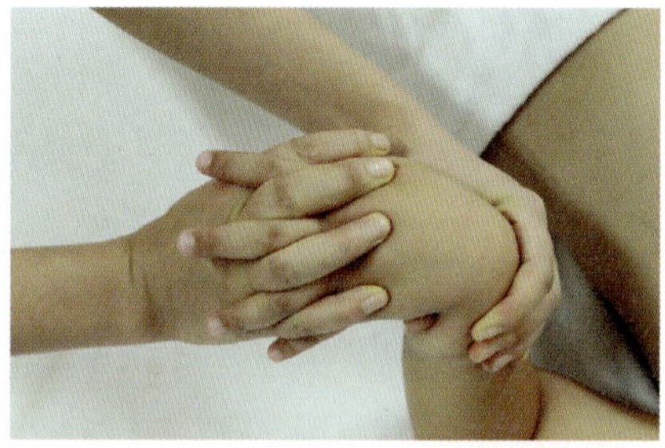

⑨ 손등을 전체를 모지측면으로 쓰다듬는다.

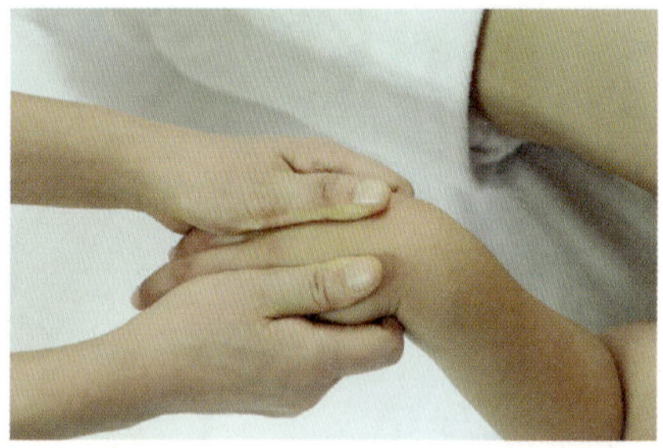

⑩ 손가락을 하나씩 검지와 식지를 이용하여 문질러 준다.

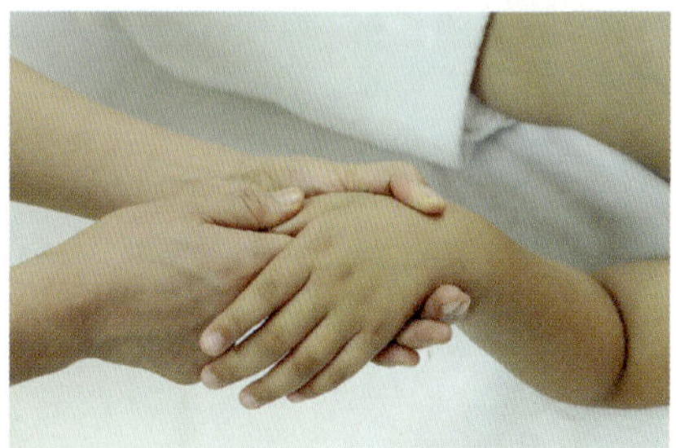

⑪ 손톱이 있는 부위를 모지복과 검지측면을 이용하여 지긋이 압을 한다.

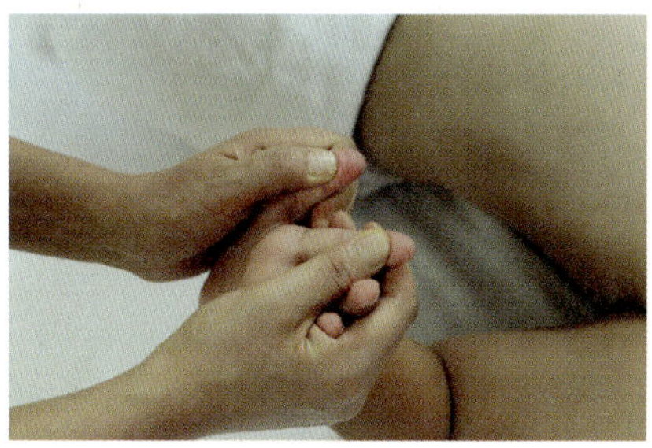

⑫ 팔전체를 양 손으로 쓸어 준다.

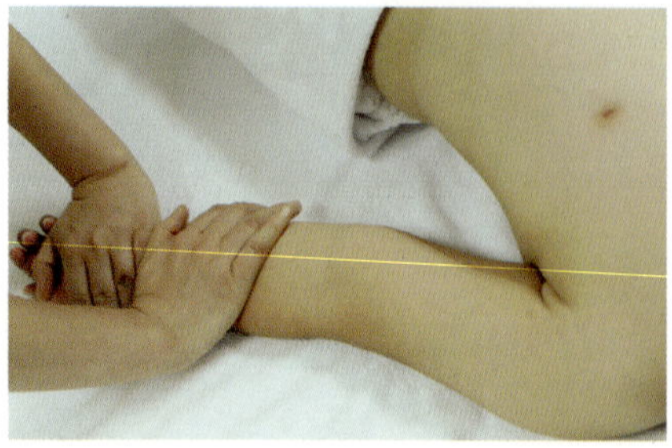

반대편도 ①~⑫번을 반복한다.

3. 3단계 두뇌 발달 마사지 - 하체 마사지 - 발반사요법, 정맥 마사지

1. 두뇌 발달 발반사요법 실시 방법

① 기본 반사구(신장, 수뇨관, 방광, 요도, 방광경 쓸어올리기, 방광경 풀어주기)

② 두뇌 반사구(뇌하수체, 전두동, 액두, 대뇌, 소뇌, 혈압조정점, 뇌간, 혀, 삼차신경, 경부, 눈, 귀)

③ 심장, 간 반사구

④ 척추 반사구(코, 경추, 흉추, 요추, 천추/미추, 내미골)

⑤ 하체 정맥마사지

⑥ 기본 반사구(신장, 수뇨관, 방광, 요도, 방광경 쓸어올리기, 방광경 풀어주기)

반사구를 3회 4초씩 압을 해 주며, 쓸어주기 방법은 6회를 실시한다.

그 밖에 반사구는 아이의 연령과 건강상태에 따라서 호흡기 반사구, 소화기 반사구, 발등 반사구와 발외측 반사구를 적용하여 준다.

2. 발반사요법 시술시 주의사항

① 발반사용법을 실시할 때 왼발부터 오른발 순으로 실시한다.

② 심장에서 먼 부위부터 가까운 부위 순으로 실시한다.

③ 기본반사구인 신장, 수뇨관, 방광, 요도 반사구를 자극해 체내의 유독물질을 배설하게 해주며 원기회복과 기를 보충해 주는 기능이 있으므로 발반사요법을 실시할 때 시작과 끝을 기본반사구로 하는 것을 원칙으로 시행한다.

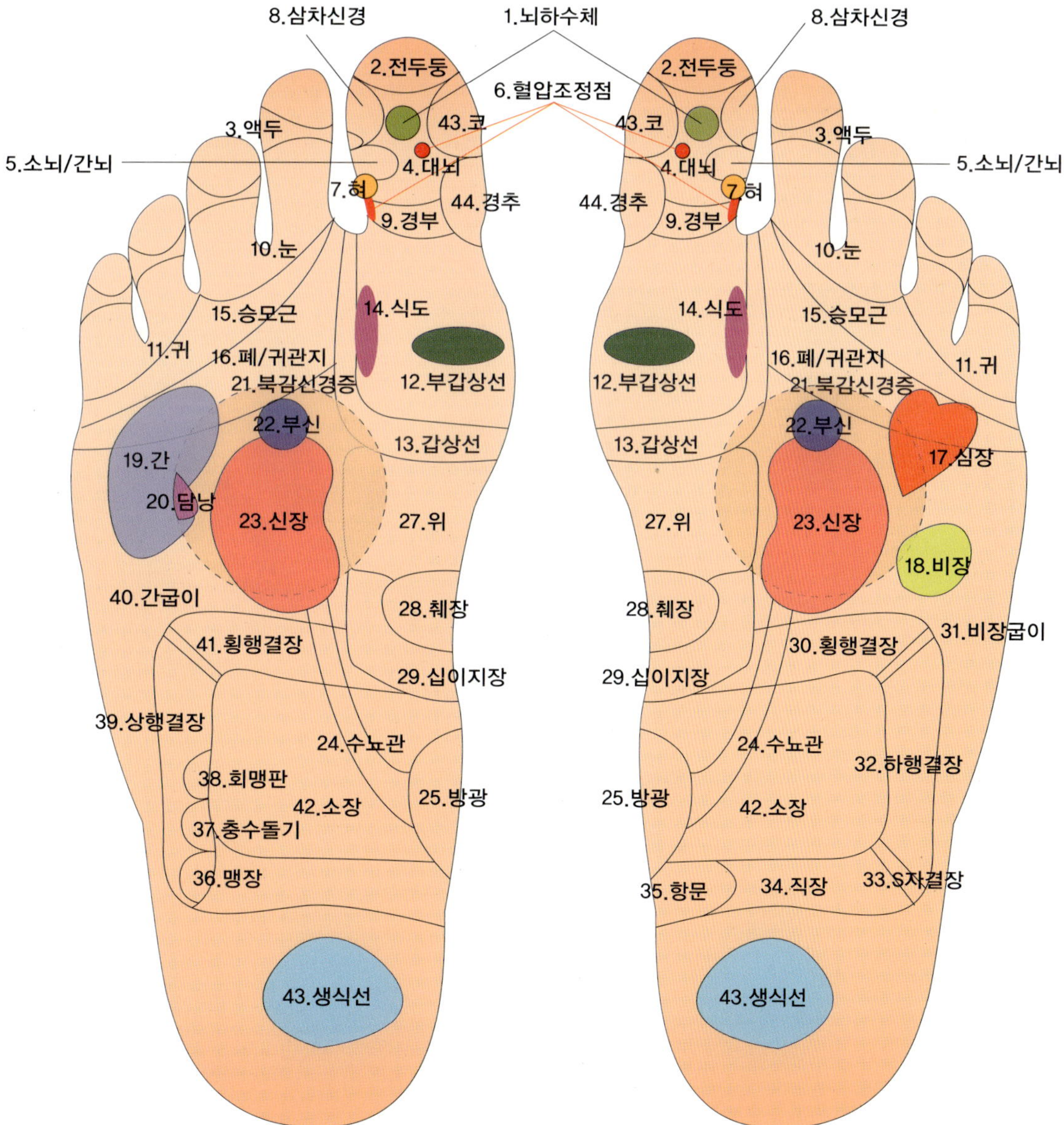

발바닥 반사구 위치

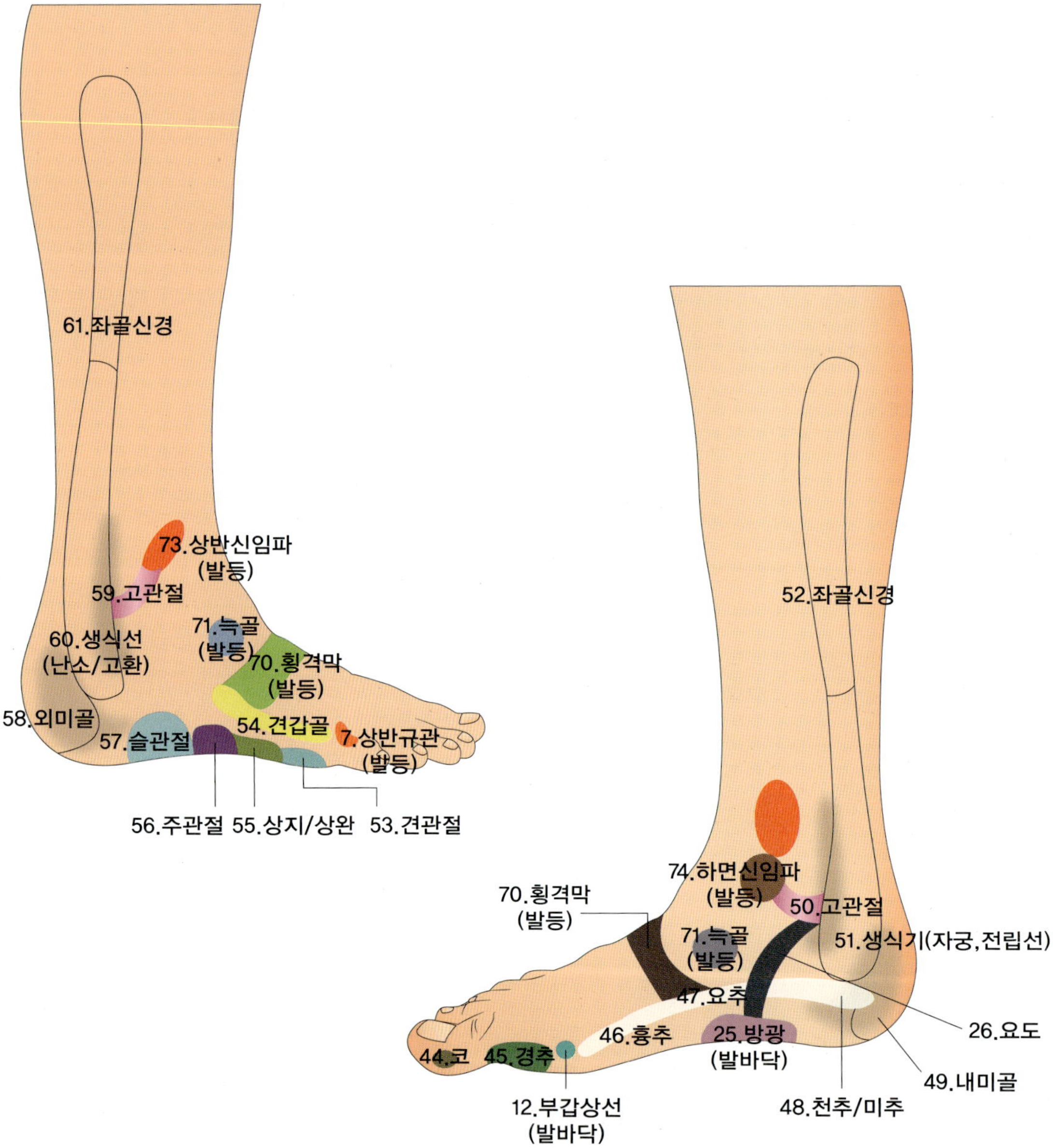

발외측/발내측 반사구 위치

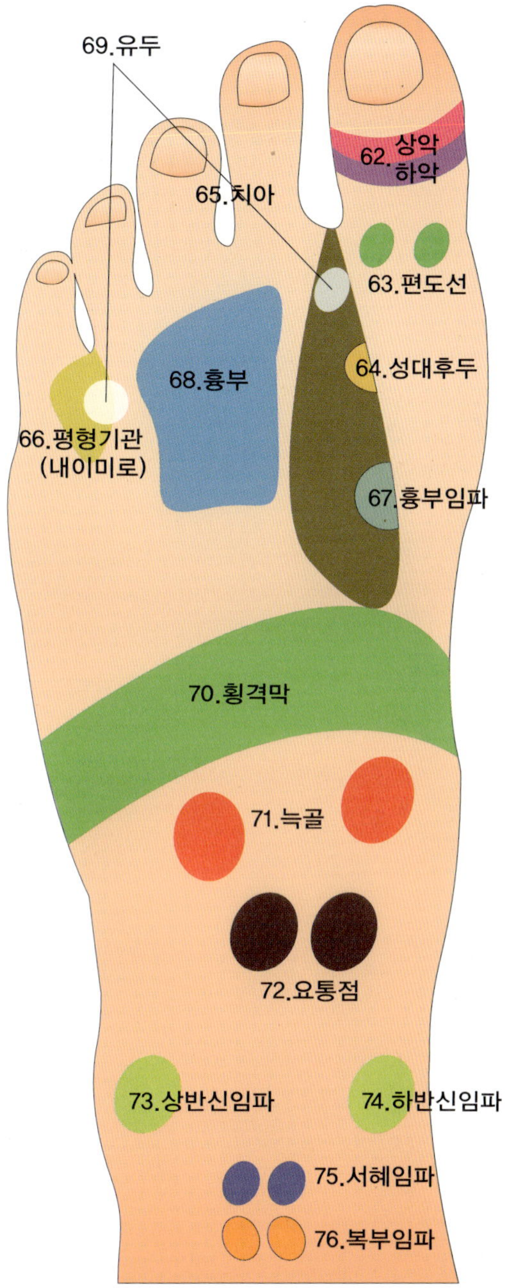
69.유두
62. 상악
하악
65.치아
63.편도선
68.흉부
64.성대후두
66.평형기관
(내이미로)
67.흉부임파
70.횡격막
71.늑골
72.요통점
73.상반신임파
74.하반신임파
75.서혜임파
76.복부임파

발등 반사구 위치

3. 두뇌발달 마사지 - 하체 마사지 발반사요법 순서

발반사요법 실시 순서는 아래와 같으며, 모든 누르기(압)는 3회 4초씩 하며, 4회 쓸어 준다.

(1) 기본 반사구

기본 반사구 신장–수뇨관–방광–요도–방광경 쓸어올리기–방광경 풀어주기

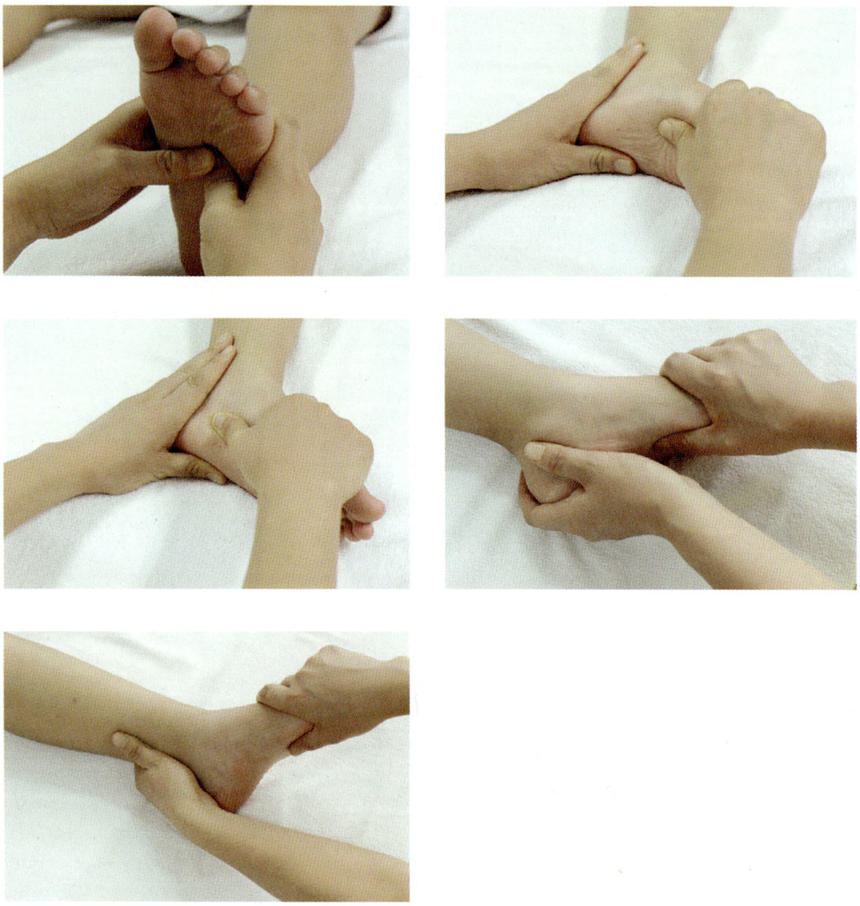

기본반사구

(2) 왼발 반사구

뇌하수체–전두동–액두–대뇌–소뇌/간뇌–혈압조정점–혀–삼차신경–경부–눈–귀–부갑상선–갑상선–식도–승모근–폐/기관지–심장–비장–복강신경총–부신–신장–수뇨관–방광–요도–위–췌장–십이지장–대장(횡행결장–비장굽

이-하행결장-S자결장-직장-항문)-소장-생식선(자궁, 전립선)

(3) 오른발 반사구

뇌하수체-전두동-액두-대뇌-소뇌/간뇌-혈압조정점-혀-삼차신경-경부-눈-귀-부갑상선-갑상선-식도-승모근-폐/기관지-간-담낭-복강신경총-부신-신장-수뇨관-방광-요도-위-췌장-십이지장-대장(맹장-충수돌기-회맹판-상행결장-간굽이-횡행결장)-소장-생식선(자궁, 전립선)

① 뇌하수체

반사구의 위치 : 엄지발가락의 내측 모서리면에 있다.

시술방법 : 엄지나 봉을 사용하여 직각으로 하여 그대로 누른다.

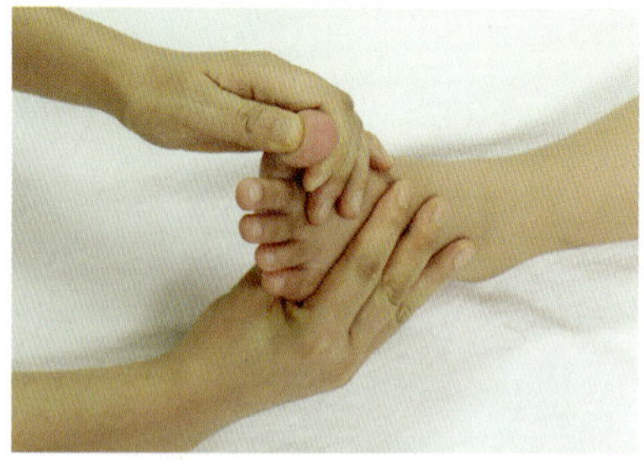

② 전두동

반사구의 위치 : 다섯 발가락의 맨 끝부분

시술방법 : 봉이나 모지침(엄지끝)을 이용하여 꾹꾹 누르며 자극해 준다.

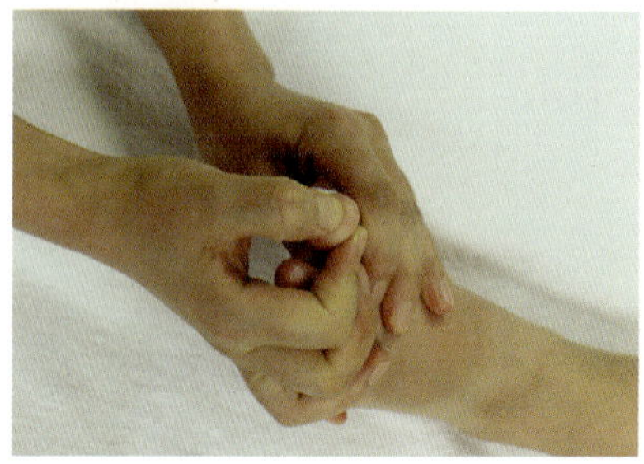

③ 액두

반사구의 위치 : 2지에서 5지 지문면과 발톱사이에 위치한다.

시술방법 : 엄지로 쓸어준다.

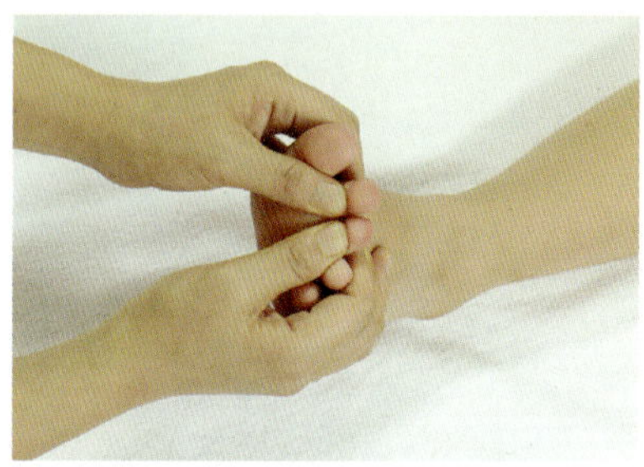

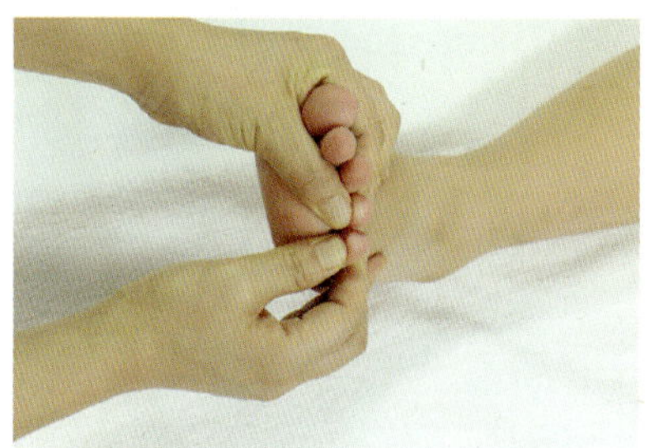

④ 대뇌 **반사구의 위치** : 전두동과 경부를 뺀 엄지발가락 지문면을 5등분하여 그 중의 3/5이다.

시술방법 : 검지손가락으로 엄지발가락을 받쳐주고 엄지로 발가락 끝을 향해 누르면서 위로 올린다.

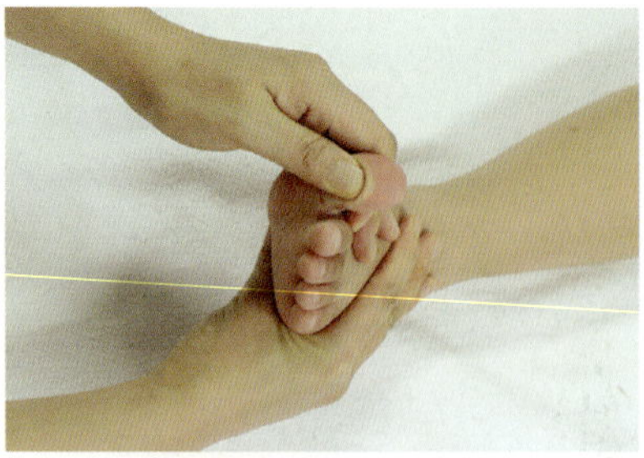

⑤ 소뇌/간뇌 **반사구의 위치** : 엄지발가락 지문면에서 대뇌 반사구를 뺀 나머지 2/5로 엄지발가락 뿌리의 안쪽 끝 지점에 있다.

시술방법 : 엄지나 검지 측면을 이용하여 부드럽게 누르면서 위로 올려준다.

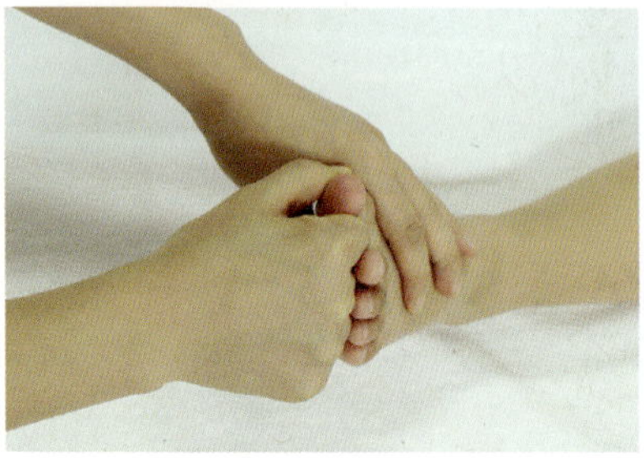

⑥ 혈압조정점 **반사구의 위치** : 엄지발가락 말절 뇌하수체 반사구의 아래와 경부 반사구의 중간 두 곳에 있다.

시술방법 : 엄지를 이용하여 바깥쪽 사선으로 쓸어주는데, 고혈압은 아래로 내려주고, 저혈압은 위로 올려준다.

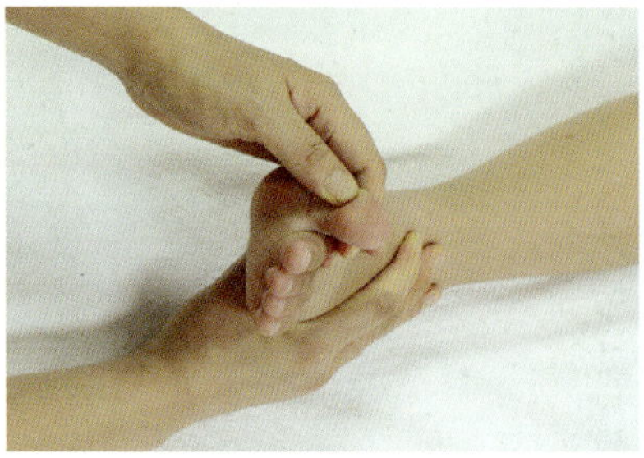

⑦ 혀 **반사구의 위치** : 발의 엄지 바깥쪽의 소뇌와 경부의 중간에 위치하고 있다.

시술방법 : 엄지나 검지 측면을 이용하여 부드럽게 밀어준다.

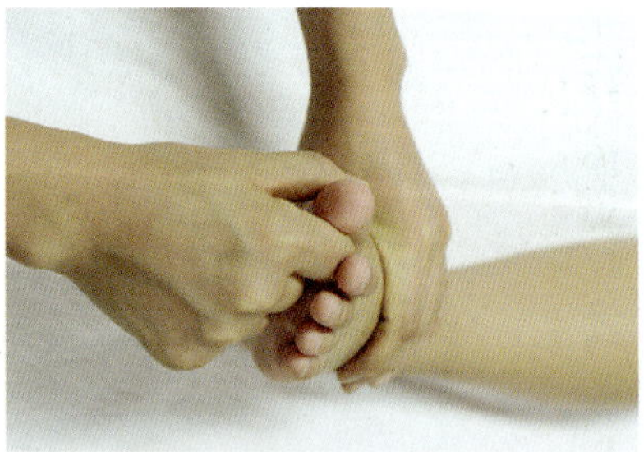

⑧ 삼차신경 **반사구의 위치** : 엄지발톱의 바깥쪽 측면에 위치하고 있다.

시술방법 : 엄지로 발가락을 잡고 2지 지과 부위로 쓸어올린다.

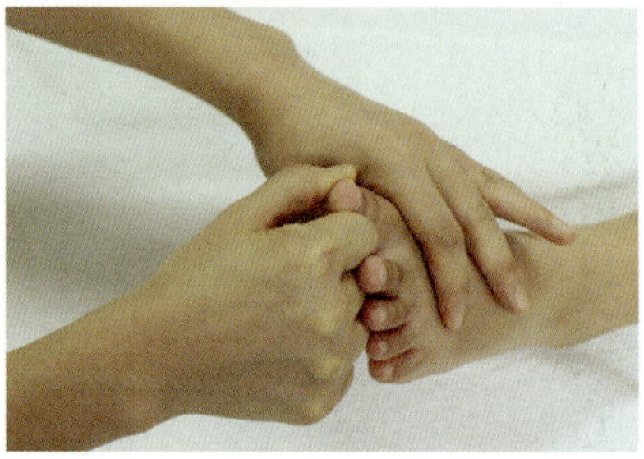

⑨ 경부 **반사구의 위치** : 엄지발가락 뿌리 전체이다.

시술방법 : 엄지로 밀어내듯이 쓸어 준다.

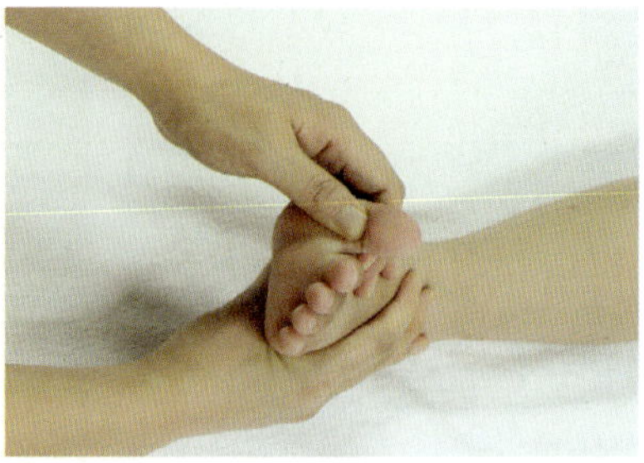

⑩ 눈 **반사구의 위치** : 2, 3번째 발가락 중앙에서 뿌리까지 부분이다.

시술방법 : 2, 3지 발가락을 양 손 엄지로 눌러 밀어올리고 누른다.

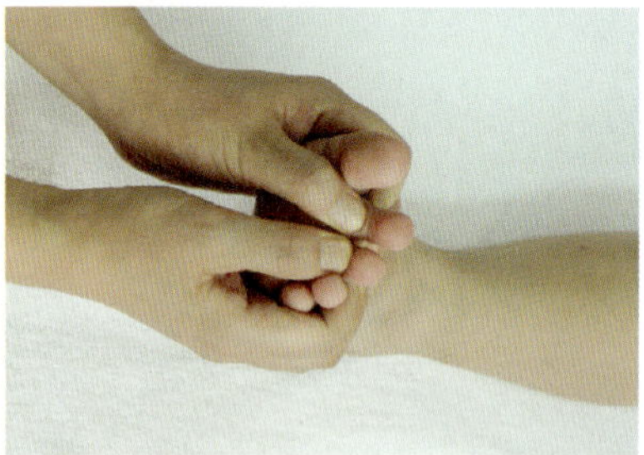

⑪ 귀 **반사구의 위치** : 4, 5번째 발가락 중앙에서 뿌리까지 부분이다.

시술방법 : 4, 5지 발가락을 양 손 엄지로 눌러 밀어올리고 누른다.

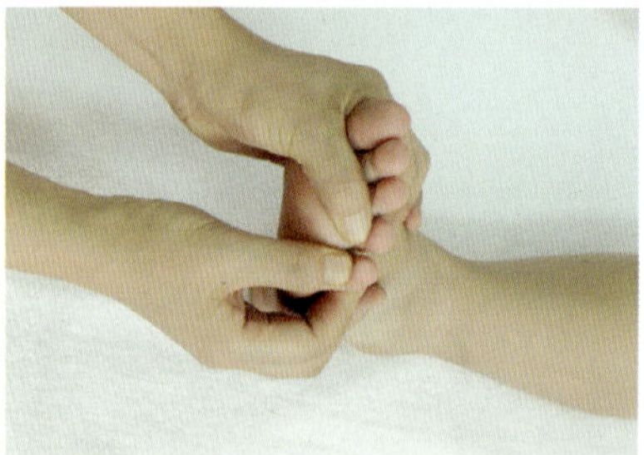

⑫ 부갑상선 **반사구의 위치** : 엄지발가락 두번째 뼈마디 바깥쪽이다.

시술방법 : 부갑상선 부위를 엄지로 눌러 주고, 갑상선 윗부분을 아래에서 위로 올려 준다.

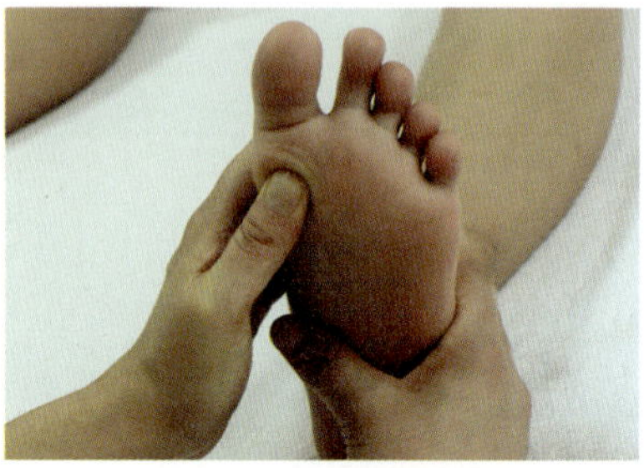

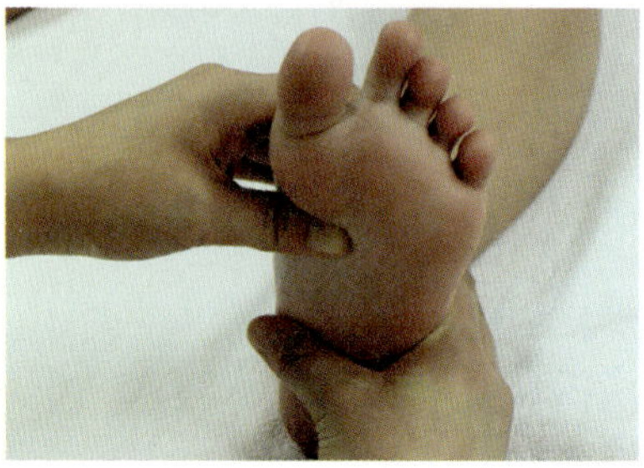

⑬ 갑상선 **반사구의 위치** : 시술방법록한 곳 밑에서 첫째 둘째발가락 사이의 끝까지 이어지는 부위이다.

시술방법 : 엄지손가락으로 엄지발가락의 1, 2지 사이를 향해 밀어준 후 발가락 뿌리부분을 향해 위로 밀어올린다.

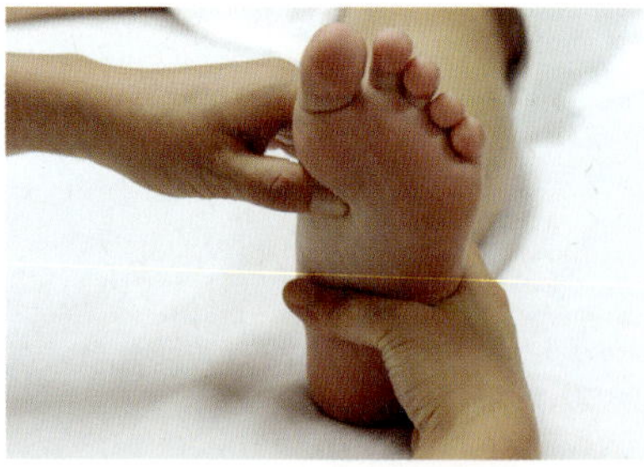

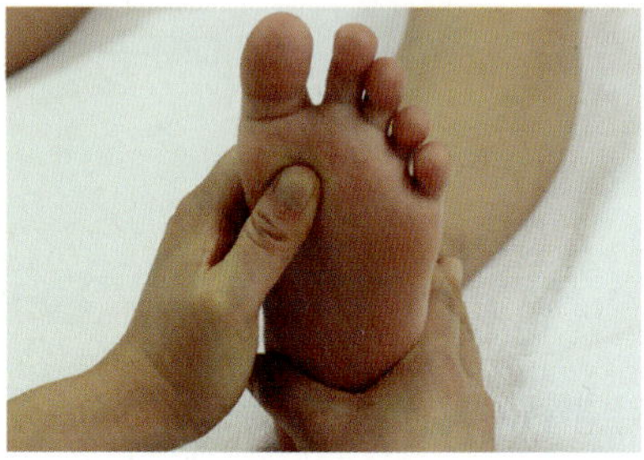

⑭ 식도 **반사구의 위치** : 1, 2지 사이의 중족골 1/3 지점에 반사구가 위치한다.

시술방법 : 양 손 엄지로 위로 밀어올린다.

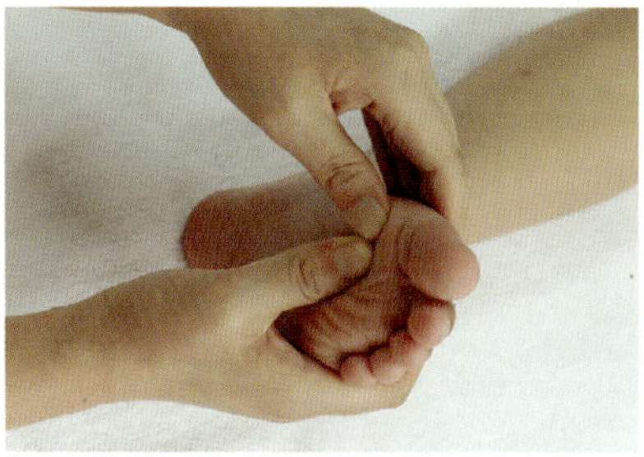

⑮ 승모근 **반사구의 위치** : 1, 2지 사이에서 4, 5지 사이 부분까지 이어지는 면이다.

시술방법 : 엄지로 발의 바깥쪽에서 안쪽으로 밀어주고 아래에서 위방향으로 밀어 올린다.

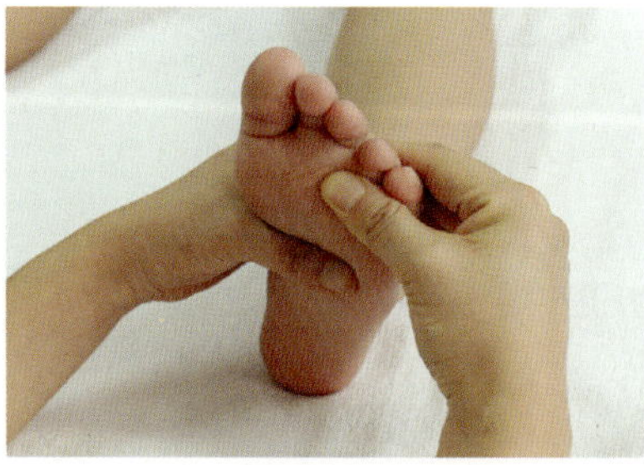

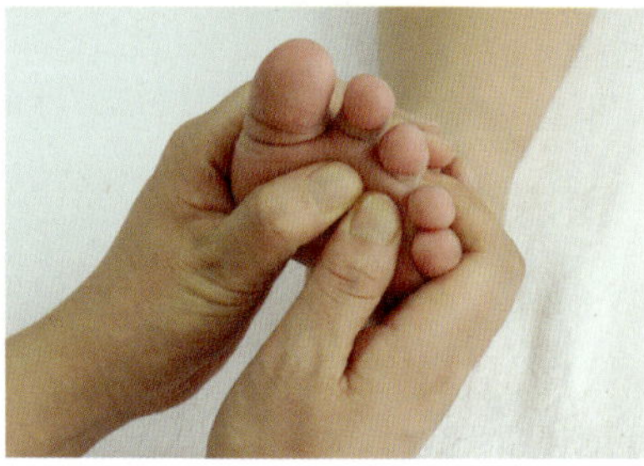

⑯ 폐/기관지

반사구의 위치 : 둘째발가락에서 새끼발가락 아래의 불룩한 부위에 위치한다.

시술방법 : 엄지로 발의 바깥쪽에서 안쪽으로 밀어주고 아래에서 위 방향으로 밀어올린다.

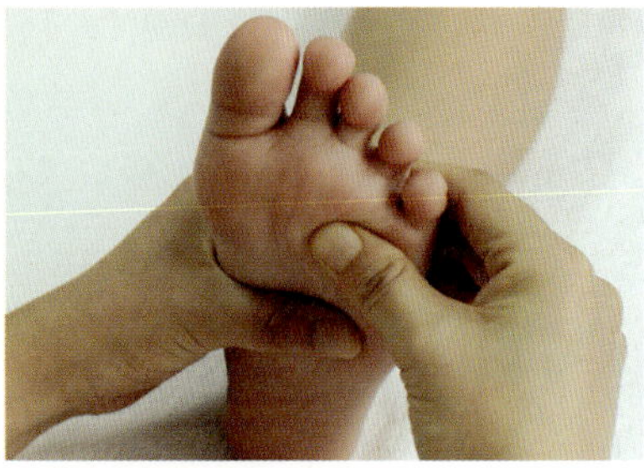

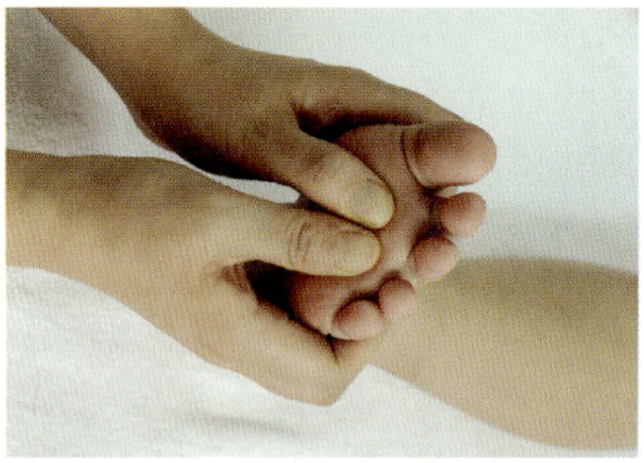

⑰ 심장(왼발)

반사구의 위치 : 왼발의 4, 5지 사이에서 중족골을 따라 내려오다 흉부가 끝나는 지점(전족부와 아치궁이 만나는 지점)에서 0.5cm 위의 부위로 발가락 불룩한 살의 아래 지점이다.

시술방법 : 엄지로 비비듯이 눌러준다.

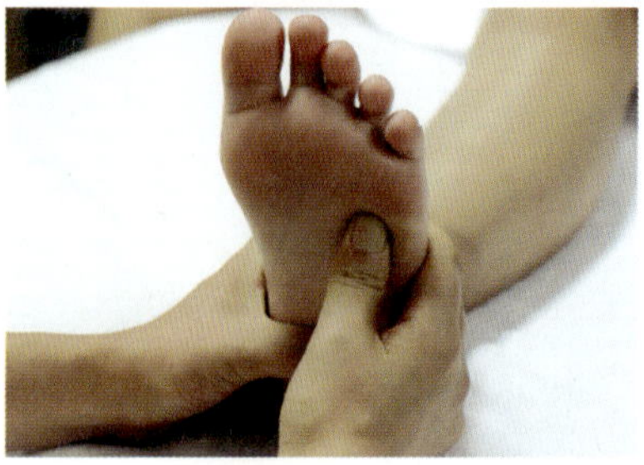

⑱ 비장(왼발)

반사구의 위치 : 왼발의 심장 반사구의 약간 외측 아래에 위치한다.

시술방법 : 엄지로 눌러 준다.

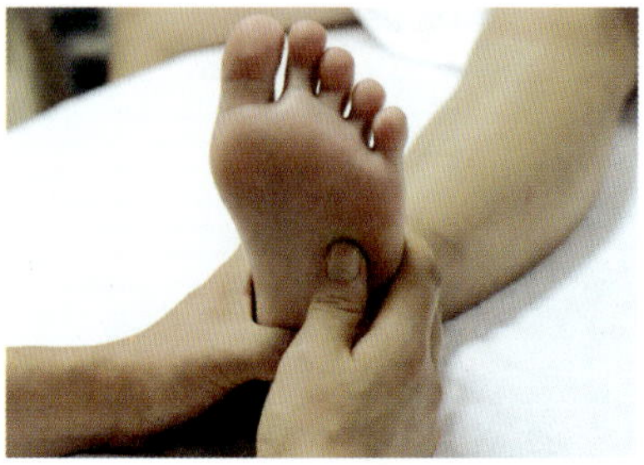

⑲ 간(오른발)

반사구의 위치 : 오른쪽 발바닥의 4, 5번째 발가락의 아래 볼록한 부분의 밑에 위치한다.

시술방법 : 엄지로 눌러 준다.

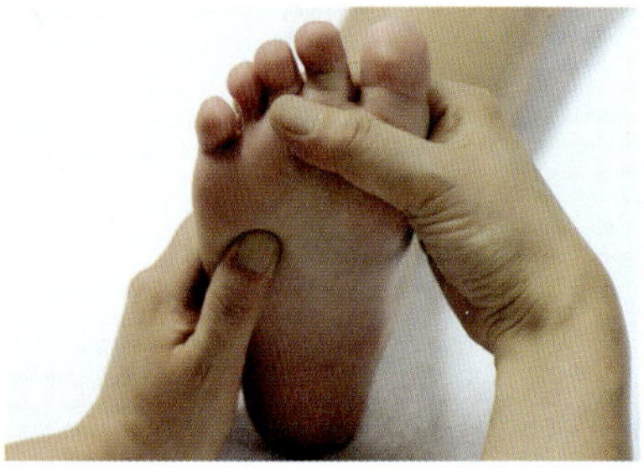

⑳ 담낭 (오른 발) 반사구의 위치 : 오른쪽 발의 간 반사구의 밑의 약간 내측으로 3지 아래이며, 췌장 상단부에서 1cm 위이다.

시술방법 : 엄지로 눌러 준다.

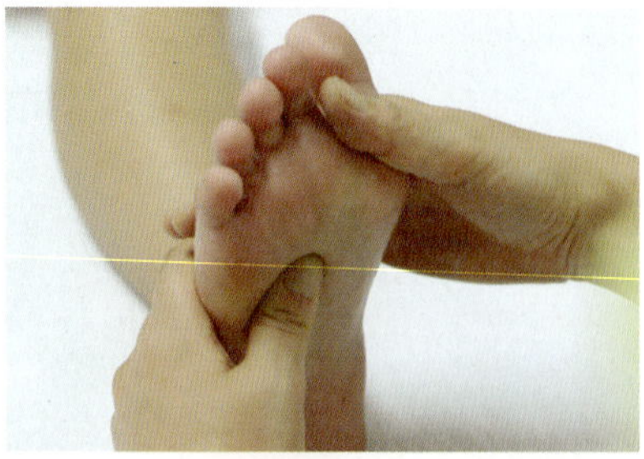

㉑ 복강 신경총 반사구의 위치 : 발가락 아래 볼록한 살의 밑 부분인 용천(부신)에서 신장 반사구가 위치한 곳까지 원을 그린 것이 복강 신경총이다.

시술방법 : 2지과로 약간의 압을 주어 시계방향으로 누르면서 원을 그린다.

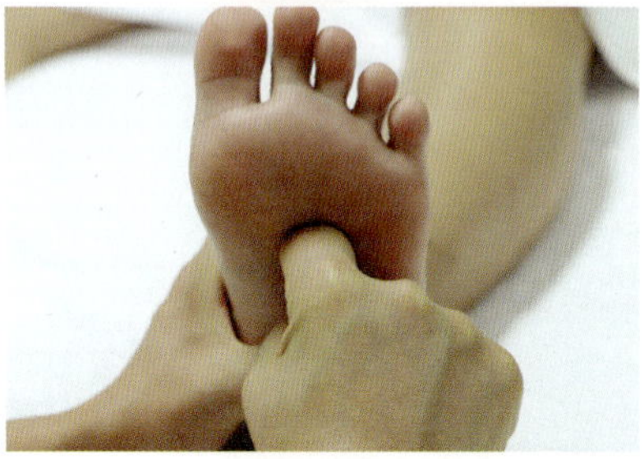

㉒ 부신 반사구의 위치 : 2, 3지 사이 흉부 하단부 위로 용천혈 자리와 같다.

시술방법 : 엄지나 2지과로 압한다.

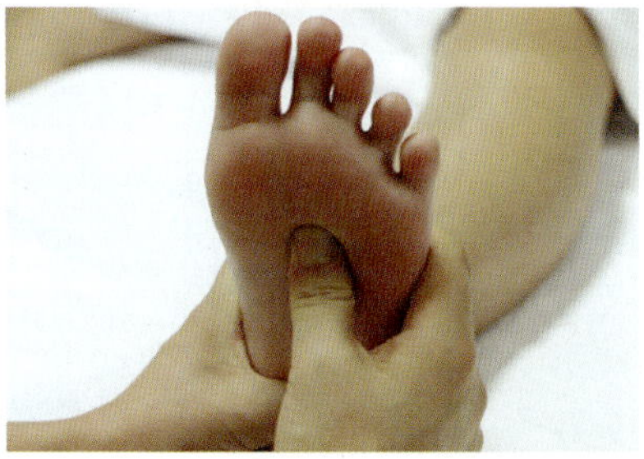

㉓ 신장 반사구의 위치 : 부신의 바로 아래지점으로 2, 3지 사이 흉부 하단부에서 0.5cm 아래에서 강낭콩 모양을 하고 있다.

시술방법 : 엄지나 2지과로 반원을 그리듯이 굴려 준다.

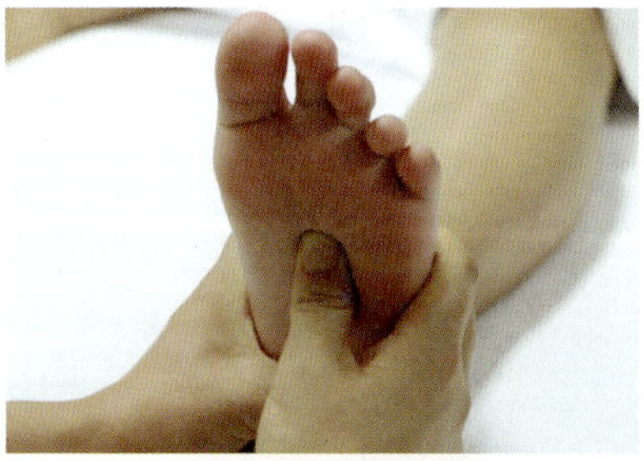

㉔ 수뇨관 반사구의 위치 : 신장 반사구의 끝에서 방광 반사구를 잇는 선이다.

시술방법 : 엄지로 방광 방향으로 밀어 내린다.

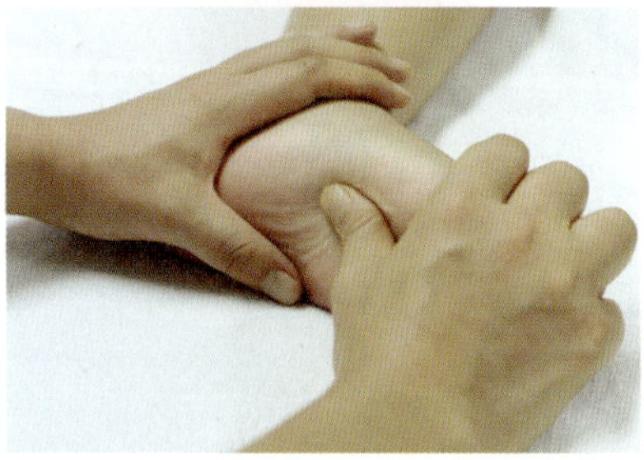

㉕ 방광 **반사구의 위치** : 발의 안쪽 복숭아뼈에서 밑부분으로 연장된 발바닥 안쪽 지점이다.

시술방법 : 엄지로, 직각으로 누르면서 압해준다.

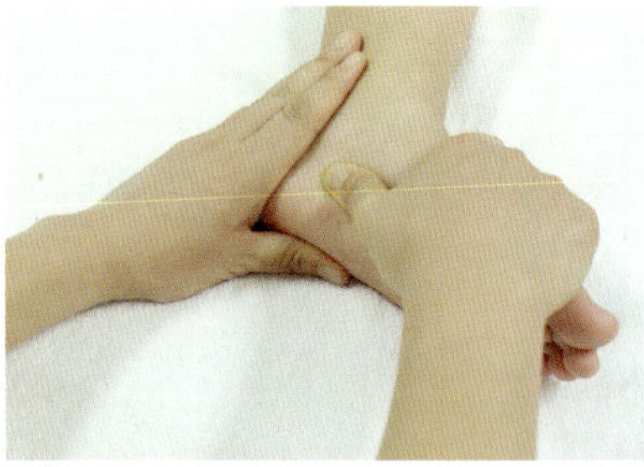

㉖ 요도 양 손 엄지로 밀어주기

반사구의 위치 : 발의 내측 방광 반사구에서 자궁까지 잇는 선으로 2cm 정도이다.

시술방법 : 엄지손가락을 이용하여 미끄러져 나가듯이 밀어 준다.

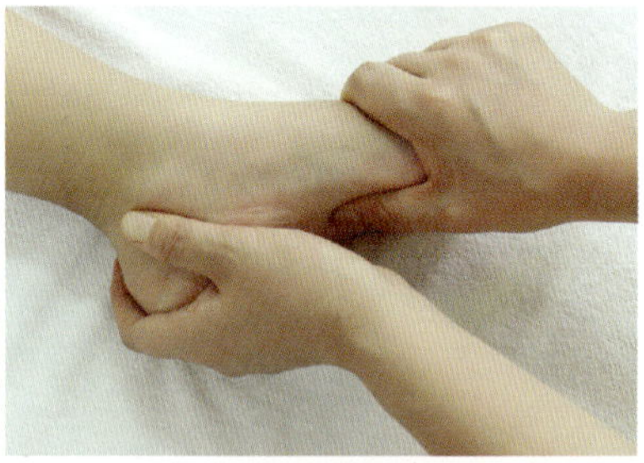

㉗ 위 **반사구의 위치** : 엄지발가락 두번째 뼈마디 부분의 볼록한 살 밑으로 갑상선 반사구의 아래에 있다.

시술방법 : 엄지로 아래에서 위로 밀어올린다.

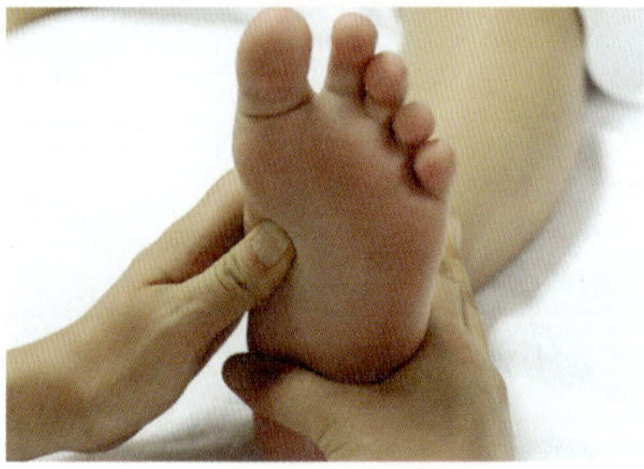

㉘ 췌장 **반사구의 위치** : 엄지발가락과 발꿈치 사이의 대략 중간 부위(위 반사구 아래)

시술방법 : 엄지로 아래에서 위로 밀어올린다.

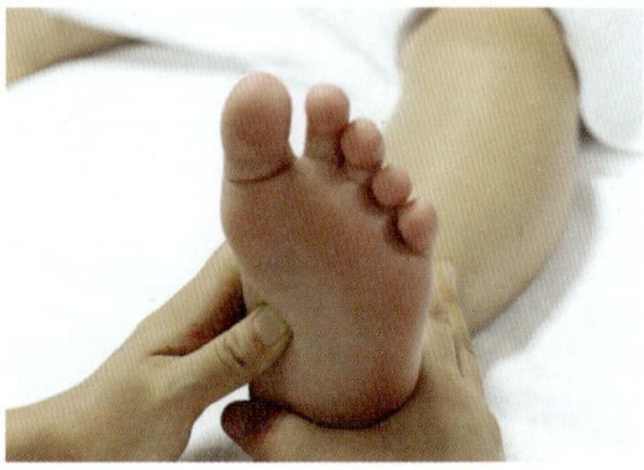

㉙ 십이지장 **반사구의 위치** : 췌장 반사구의 아래

시술방법 : 엄지로 아래에서 위로 밀어올린 후, 위, 췌장, 십이지장을 동시에 아래에서 위로 밀어 올린다.

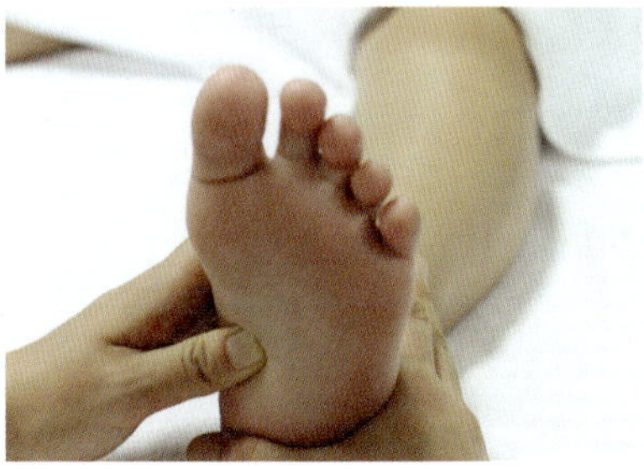

반사구의 위치 : 방광을 중심으로 "ㄷ"를 그린다.

대장 (왼발)

㉚ 횡행결장

반사구의 위치 : 발 중앙의 엄지발가락 아랫부분에서 4지와 5지 발가락 사이 아래 부분까지이다.

시술방법 : 엄지로 누르면서 위로 밀어 올린다.(안쪽에서 바깥쪽 방향으로 촘촘히 밀어 올린다.)

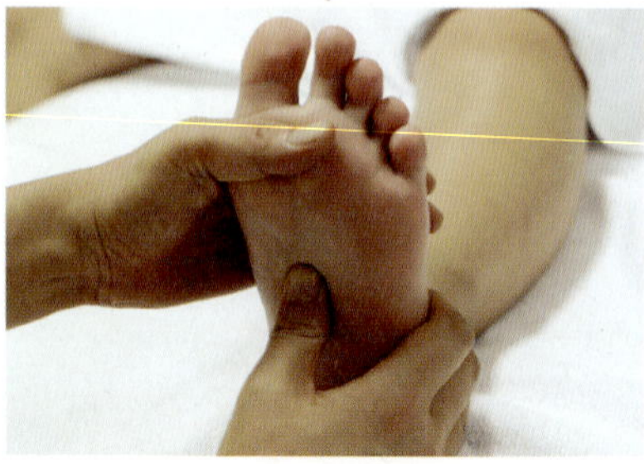

㉛ 비장굽이

반사구의 위치 : 횡행결장이 끝나는 4, 5지 사이

시술방법 : 4, 5지 사이에서 엄지를 이용하여 "ㄱ"자로 꺾어 준다.

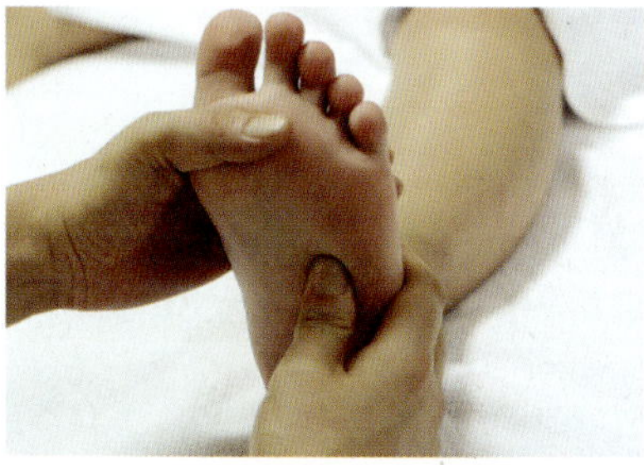

㉜ 하행결장

반사구의 위치 : 발 중앙의 제 4, 5번째 발가락 사이 아래에서 뒤꿈치 위까지 위치한다.

시술방법 : 한 번에 위에서 아래로 엄지로 긁어내리듯이 밀어 준다.

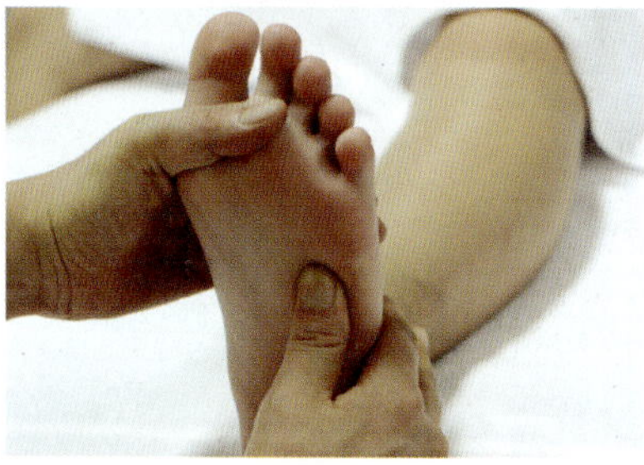

㉝ S자결장 (왼발)

반사구의 위치 : 하행결장이 끝난부분에 위치한다.

시술방법 : 하행결장 끝에서 직장 방향으로 엄지로 밀어주듯이 압한다.

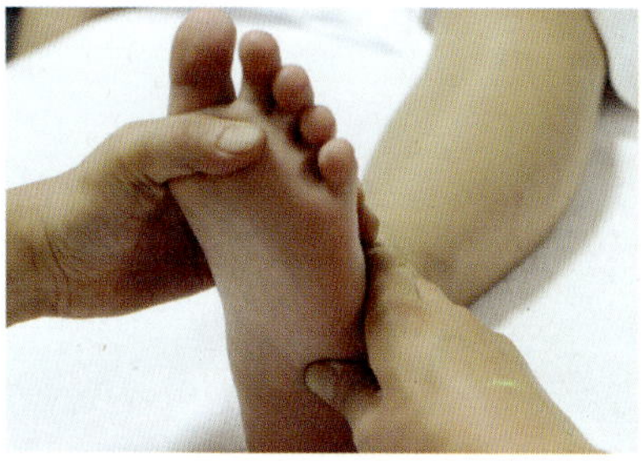

㉞ 직장 **반사구의 위치** : 왼쪽 발바닥의 소장아래 새끼발가락에서 둘째발가락 아래 부위에 위치한다.

시술방법 : 엄지로 아래에서 위로 촘촘히 밀어 준다.(발의 외측에서 내측 방향으로 밀어올린다.)

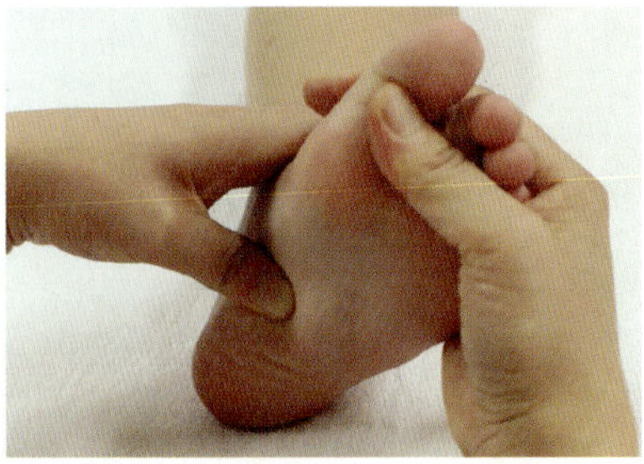

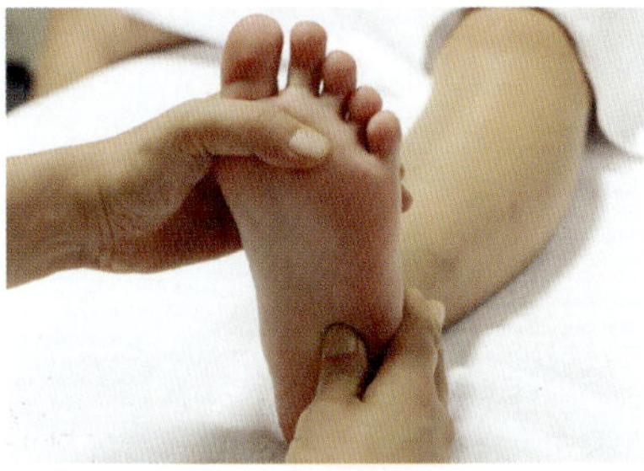

㉟ 항문 **반사구의 위치** : 직장 반사구가 끝나는 옆부위와 방광 반사구의 안쪽에 위치한다.

시술방법 : 엄지나 2지과를 이용하여 압한다.

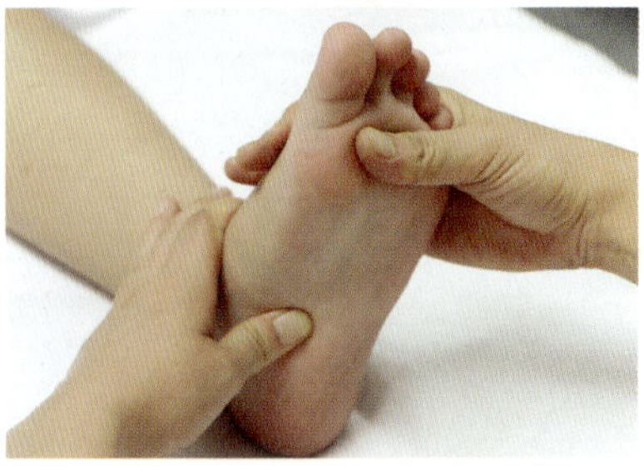

방광을 중심으로 "┌"를 그린다.

대장 (오른발)

㊱ 맹장 **반사구의 위치** : 4, 5지 사이에서 내려와 방광 끝지점과 같은 선상에 있다.

시술방법 : 엄지를 이용하여 압한다.

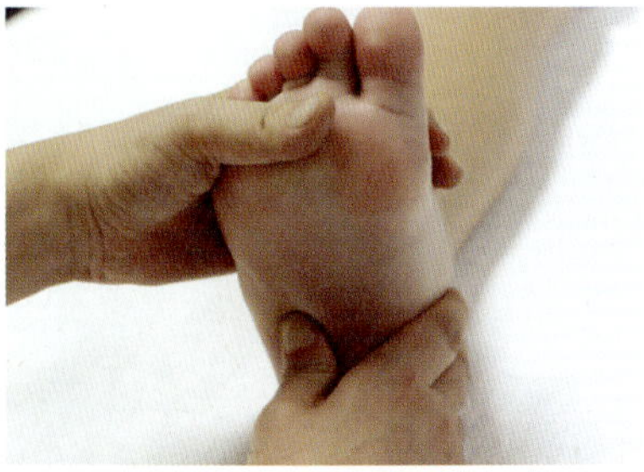

㊲ 충수돌기 **반사구의 위치** : 맹장의 바로 위에 있다.

시술방법 : 엄지를 이용하여 위로 올리듯이 밀어주며 압한다.

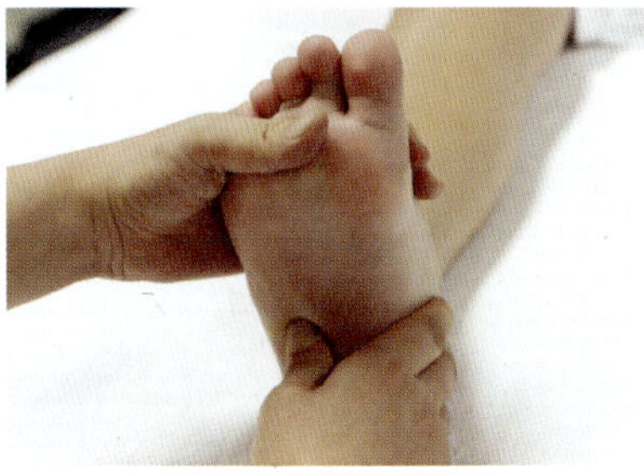

㊳ 회맹판 **반사구의 위치** : 맹장위로 약간 안쪽 지점에 위치한다.

시술방법 : 엄지를 이용하여 위로 올리듯이 밀어주며 압한다.

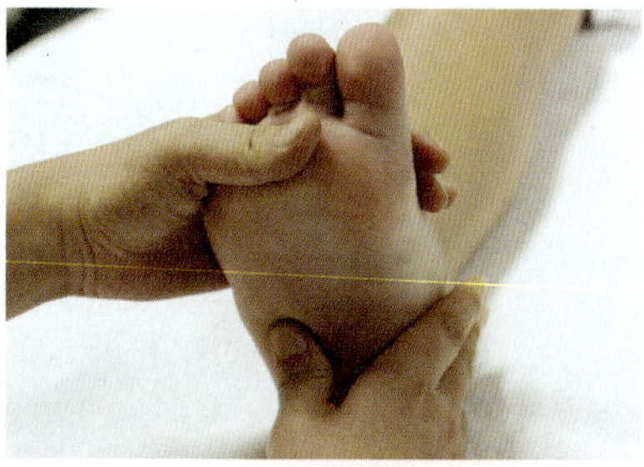

㊴ 상행결장 **반사구의 위치** : 오른쪽 발의 4, 5지 사이 아래의 뒤꿈치 위부분에서 발의 중앙까지 부위이다.

시술방법 : 엄지를 이용하여 위로 압을 주며 밀어올린다.

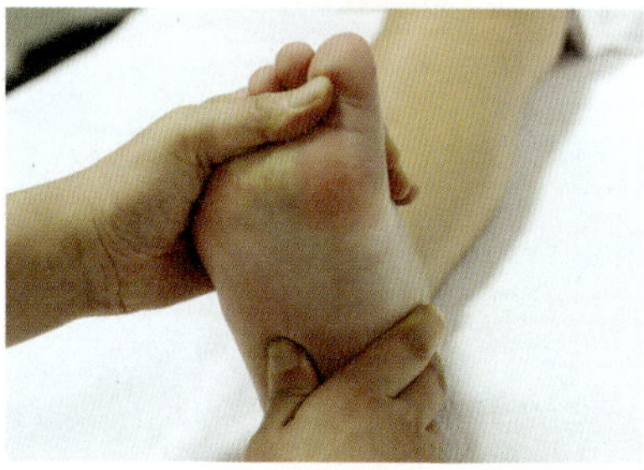

㊵ 간굽이 **반사구의 위치** : 상행결장이 끝나는 부위에 위치한다.

시술방법 : 횡행결장 방향으로 엄지로 밀어 준다.

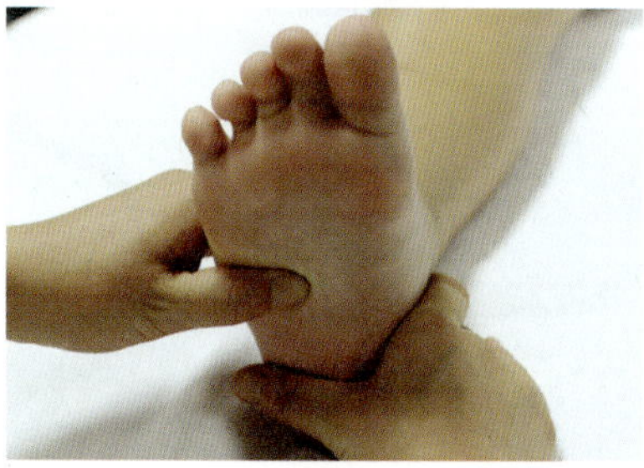

㊶ 횡행결장 **반사구의 위치** : 4, 5지 발가락 사이 아래 부분에서 발 중앙의 엄지발가락 아래 부분까지이다.

시술방법 : 엄지로 누르면서 위로 밀어 올린다.(바깥쪽에서 안쪽 방향으로 촘촘히 밀어 올린다.)

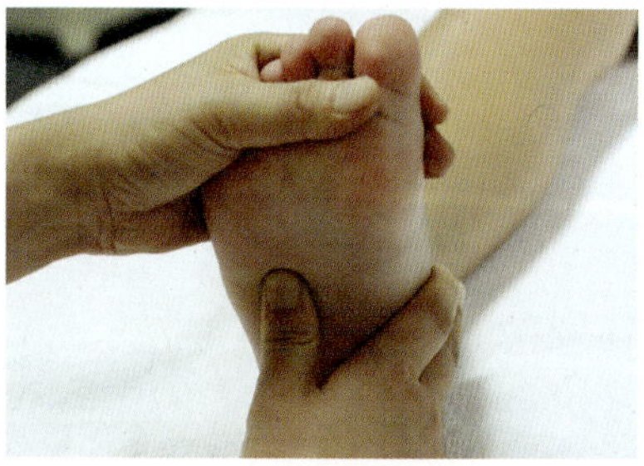

㊷ 소장 **반사구의 위치** : 대장의 중앙에 위치하고 있다.

시술방법 : 안쪽에서 바깥쪽으로 촘촘히 아래에서 위 방향으로 엄지를 이용하여 밀어올린다.

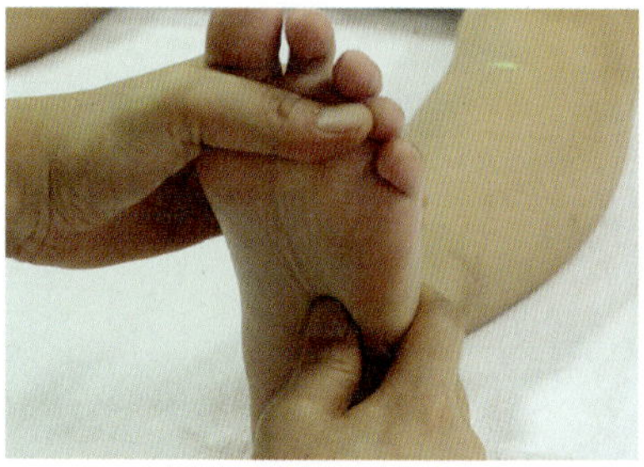

㊸ 생식선 반사구의 위치 : 발뒤꿈치이다.

시술방법 : 엄지를 겹쳐서 압한 후에 2지 과를 이용하여 위에서 아래로 긁어 내리듯이 밀어내려 준 후 주먹으로 두드려 준다.

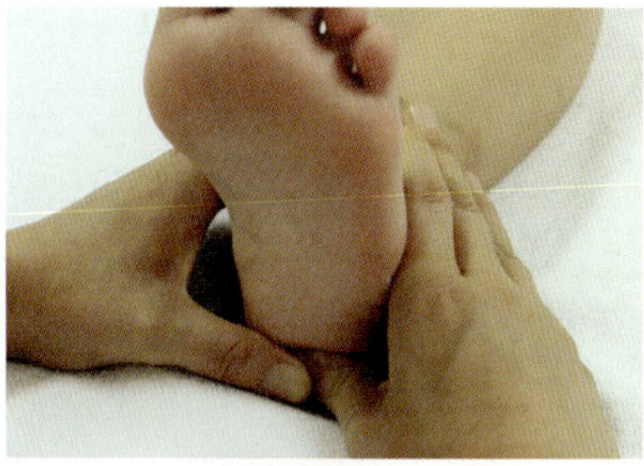

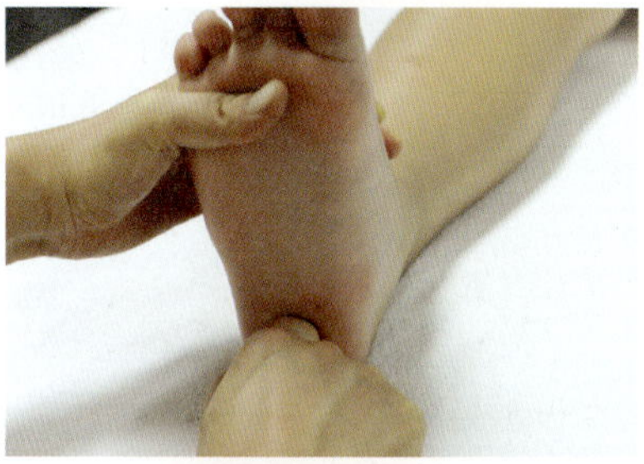

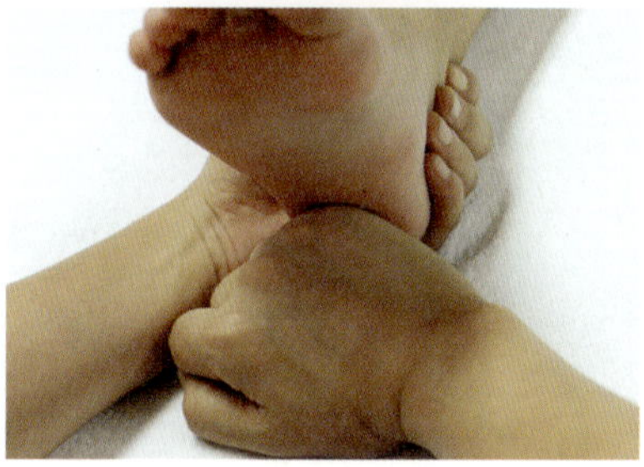

(4) 발내측 반사구

코–경추–흉추–요추–천추/미추–내미골–고관절–생식기(자궁, 전립선)–좌골신경

㊹ 코 반사구의 위치 : 엄지발가락 안쪽면 옆면에서 발톱끝 중앙까지 이어지는 부위

시술방법 : 엄지와 검지로 엄지 발가락을 잡은 후 엄지로 밀어준다.

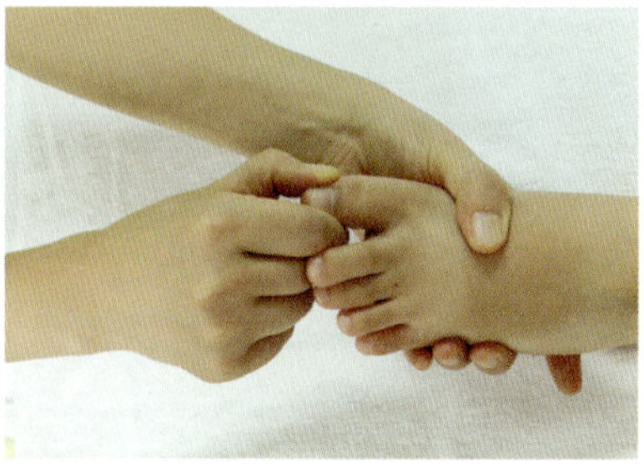

㊺ 경추 반사구의 위치 : 발 안쪽의 제 1관절 부위이다.

시술방법 : 엄지로 압을 주며 밀어준다.

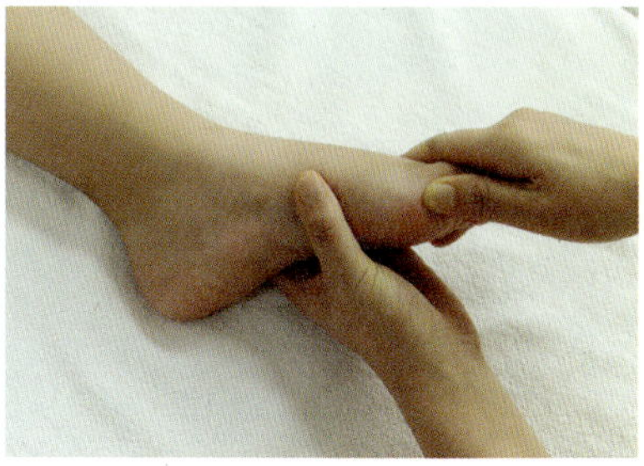

㊻ 흉추 반사구의 위치 : 발 안쪽의 볼록 튀어나온 관절의 아래 부위이다.

시술방법 : 엄지로 압을 주며 밀어준다.

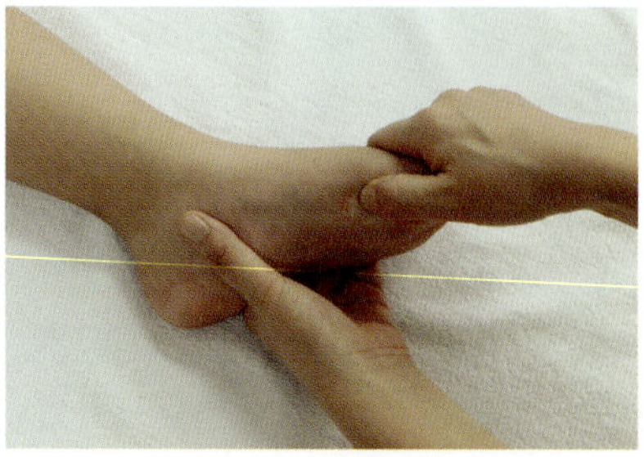

㊼ 요추 반사구의 위치 : 흉추 반사구의 아래 부위부터 복사뼈 바로 아래 부위까지이다.

시술방법 : 엄지로 압을 주며 밀어준다.

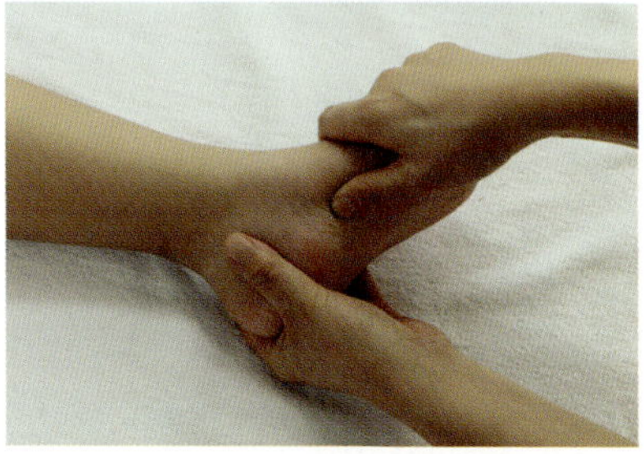

㊽ 천추/미추 반사구의 위치 : 요추반사구의 아래 부위이다.

시술방법 : 엄지로 압을 주며 밀어준다.

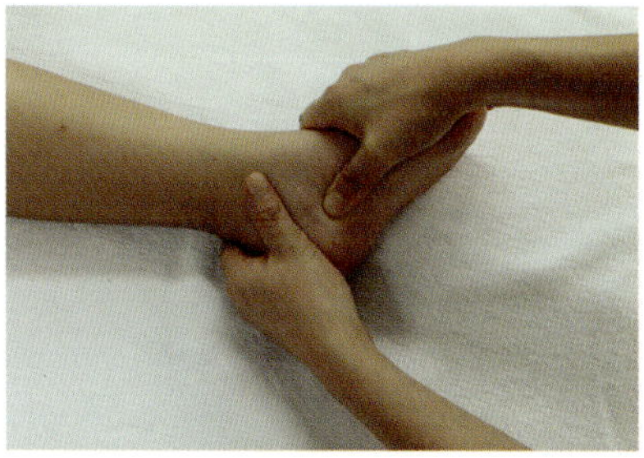

엄지를 이용하여 경추부터 미추반사구까지 한 번에 쓸어 준다.

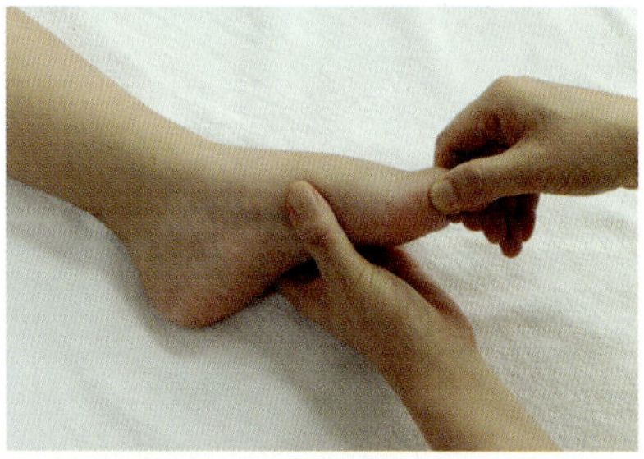

㊾ 내미골 반사구의 위치 : 발 안쪽의 발뒷꿈치 아래에서 위까지이다.

시술방법 : 엄지로 발뒤꿈치 아래에서 위로 밀어올린다.

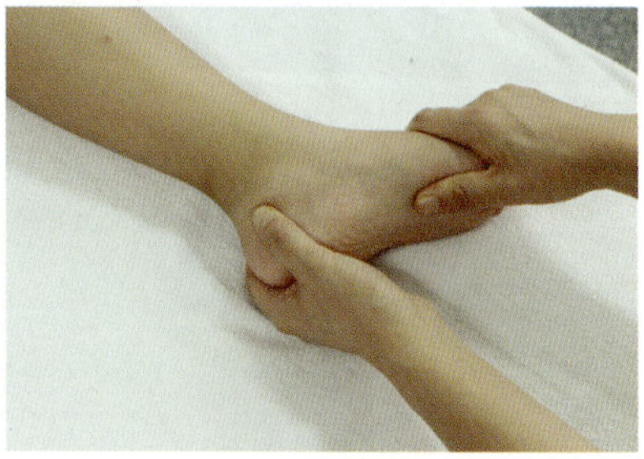

⑩ 고관절 반사구의 위치 : 발 안쪽과의 아래 부위에 있다.

시술방법 : 엄지로 원을 그리듯이 눌러준다.

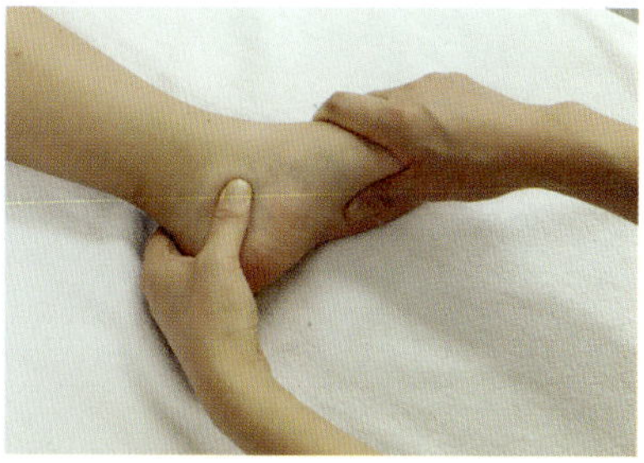

⑪ 생식기 (자궁, 전립선) 반사구의 위치 : 발 안쪽 복숭아뼈의 뒤쪽으로 내미골의 위 움푹 들어간 곳이다.

시술방법 : 엄지로 넓게 돌려 원을 그리며 올려준다.

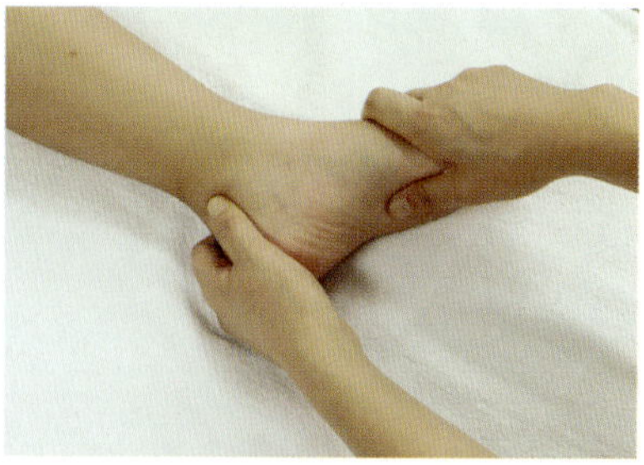

⑫ 좌골 신경 반사구의 위치 : 오른발은 안쪽, 왼발은 바깥쪽 복사뼈 위에서 무릎 아래까지이다.

시술방법 : 엄지를 이용하여 종아리 방향으로 아래에서 위로 밀어올린다.

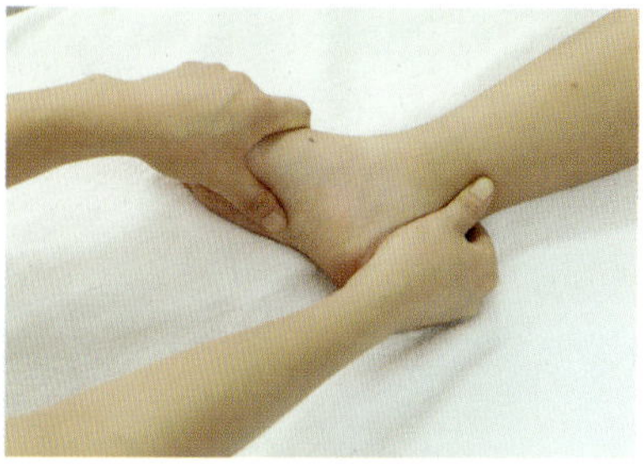

(5) 발외측 반사구

견관절–견갑골–상지/상완–주관절–슬관절–외미골–고관절–생식선(난소, 고환)–좌골신경

⑬ 견관절 반사구의 위치 : 새끼발가락 3째 마디와 중족골의 골두 아래면에 위치한다.

시술방법 : 새끼발가락에 엄지손가락을 끼우고 감자깎듯이 봉으로 밀어준다.

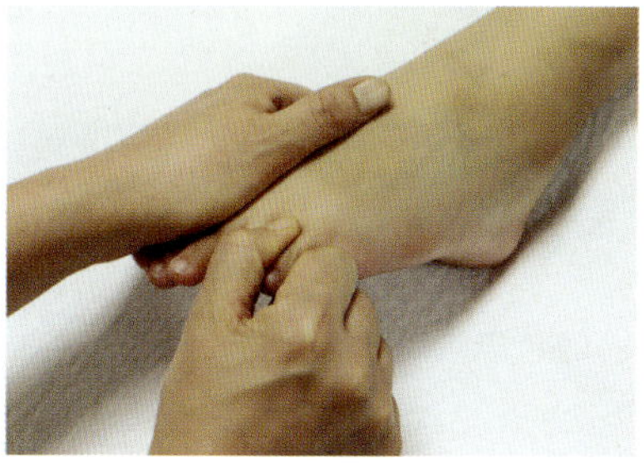

⑭ 견갑골 반사구의 위치 : 4지와 5지 사이에 위치한다.

시술방법 : 엄지를 이용하여 한 번에 밀어 준다.

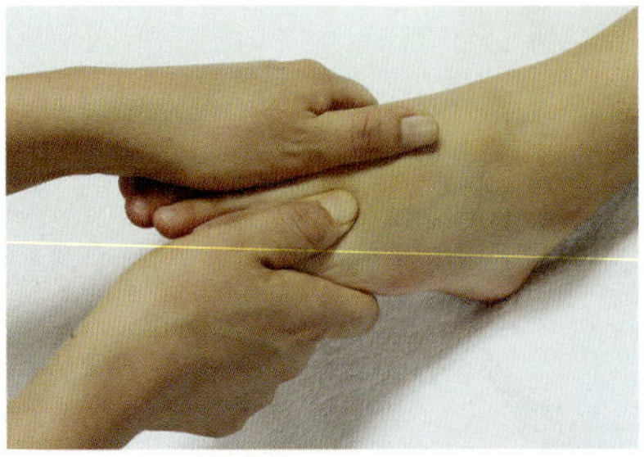

⑮ 상지/상완 반사구의 위치 : 새끼 발가락 끝에서 시작해서 주관절의 앞부분까지이다.

시술방법 : 엄지로 압하며 밀어 준다.

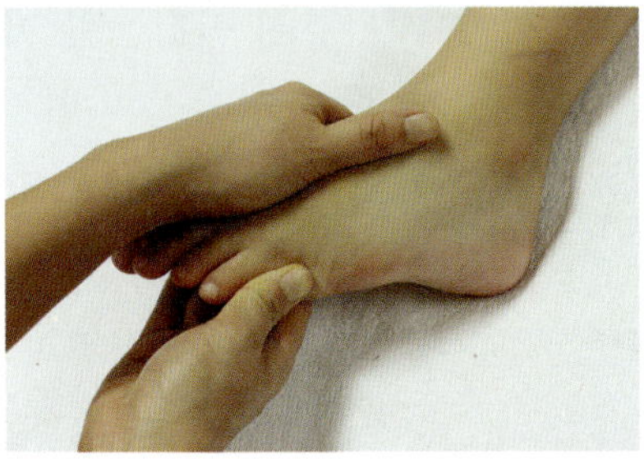

⑯ 주관절 반사구의 위치 : 발외측 중앙의 튀어나온 부위이다.

시술방법 : 엄지로 압하며 밀어 준다.

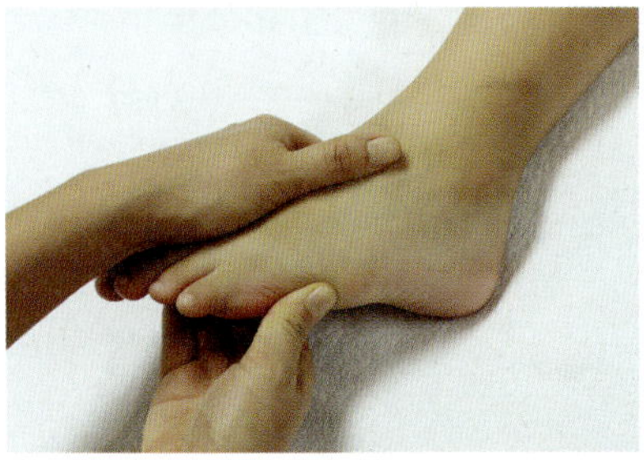

⑰ 슬관절 반사구의 위치 : 발외측 복숭아뼈 아래 부위이다.

시술방법 : 엄지를 이용하여 외미골 앞까지 밀어 준다.

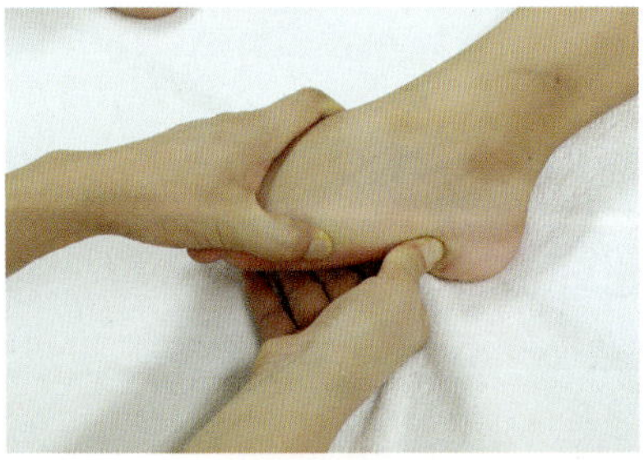

견관절에서 외미골까지 2지과를 이용하여 한 번에 밀어준 후 엄지로 한 번에 밀어 준다.

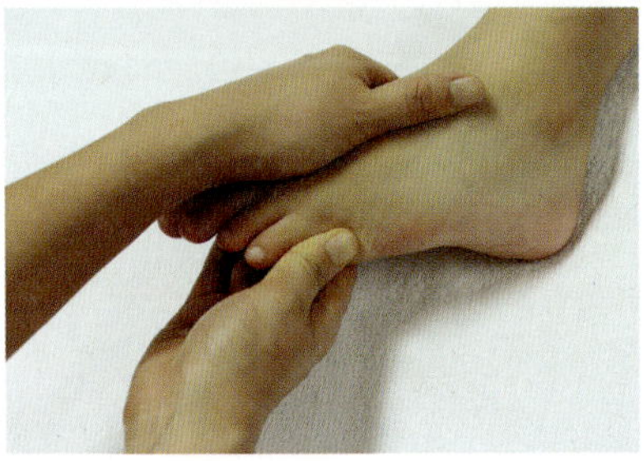

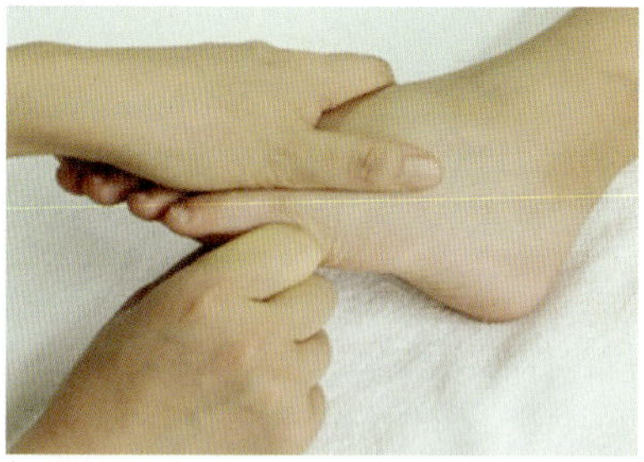

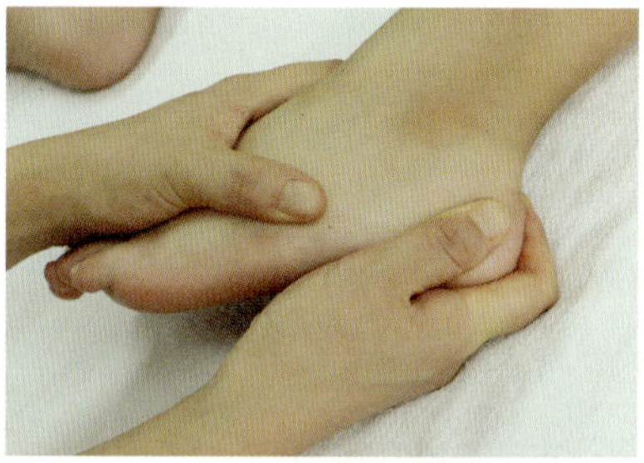

⑱ 외미골 **반사구의 위치** : 발 바깥쪽의 발 뒷꿈치에서 아래 부분까지이다.

시술방법 : 엄지를 이용하여 발뒷꿈치 쪽으로 밀어 올려 준다.

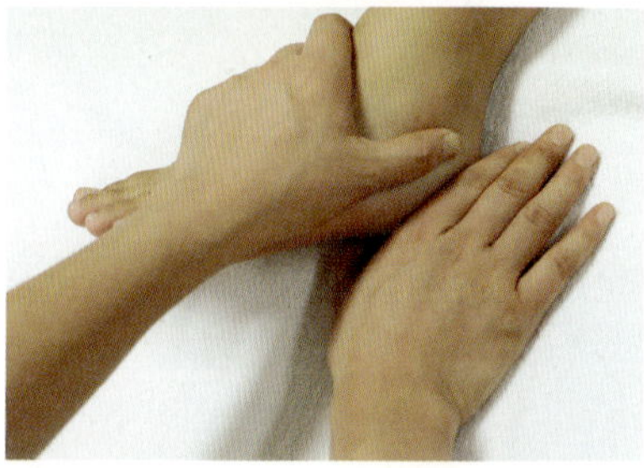

⑲ 고관절 **반사구의 위치** : 발의 바깥쪽과의 아래 부위에 있다.

시술방법 : 엄지로 원을 그리듯이 눌러 준다.

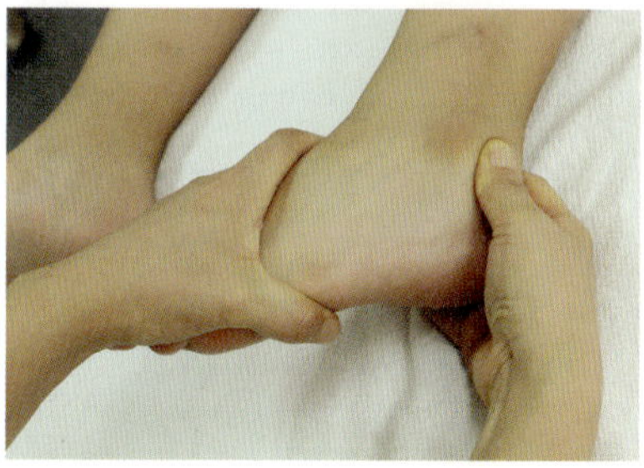

⑳ 생식선(난소/고환) **반사구의 위치** : 자궁, 전립선의 반대위치로 발 바깥쪽 복숭아뼈의의 뒤쪽에 위치한다.

시술방법 : 엄지로 둥글게 반원을 그리며 올려 준다.

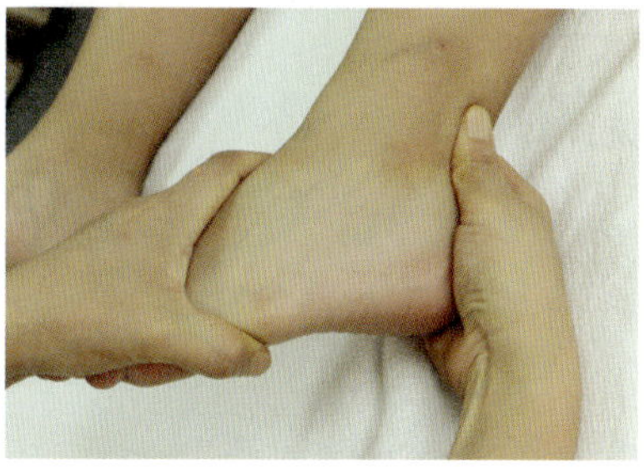

㉑ 좌골신경 **반사구의 위치** : 다리 경골의 안쪽과 바깥쪽으로 오른발은 안쪽, 왼발은 바깥쪽 복사뼈 위에서 무릎 아래까지이다.

시술방법 : 한 손은 발목 뒤를 받치고 엄지와 검지로 경골 안쪽, 바깥쪽을 따라 올려 준다.

(6) 발등 반사구

상악/하악–편도선–성대후두–치아–평형기관(내이미로)–흉부임파선–흉부–유두–횡격막–늑골–요통점–상반신임파/하반신임파–서혜임파–복부임파

⑫ 상악/하악

상악 반사구의 위치 : 엄지 족지골 첫 번째 부위

하악 반사구의 위치 : 엄지 족지골 두 번째 부위

시술방법 : 상악과 하악을 동시에 엄지로 밀어준 후 안에서 밖으로 쓸어준다.

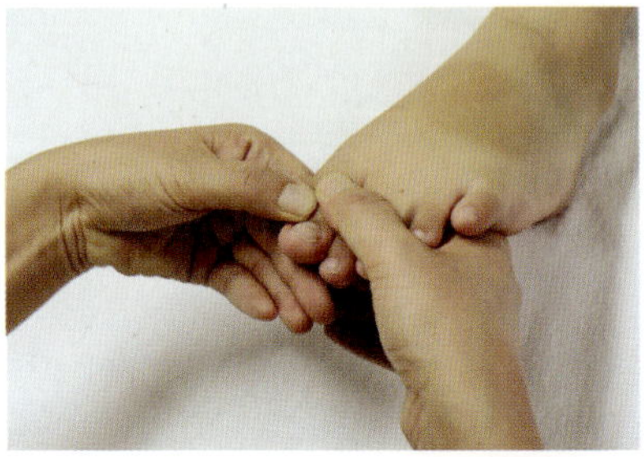

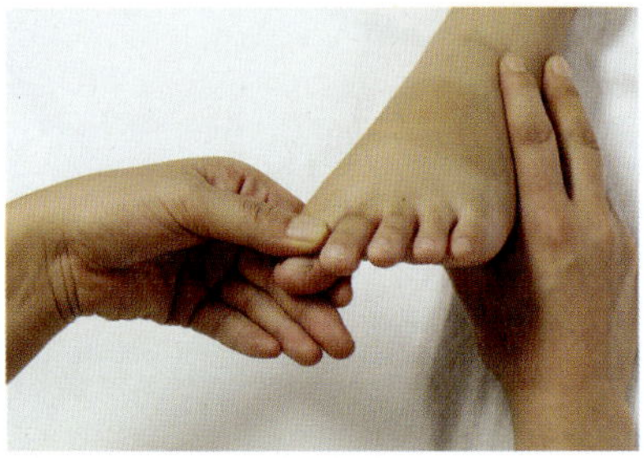

⑬ 편도선

반사구의 위치 : 엄지와 검지 발가락 발등의 두 번째 마디 중간의 오목한 부위이다.

시술방법 : 양 엄지로 지그시 누르며 발끝을 향해 쓸어 내린다.

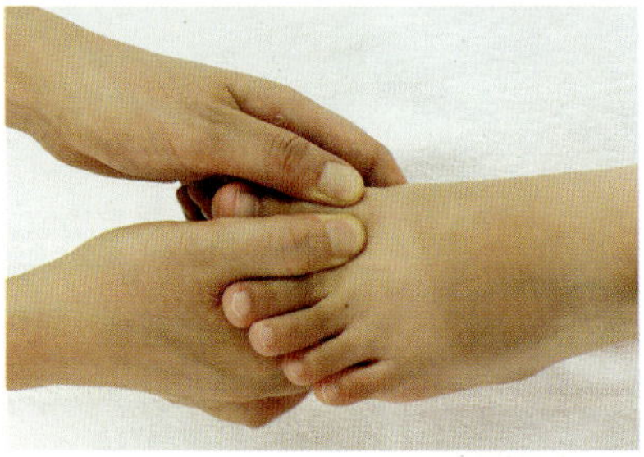

⑭ 성대후두

반사구의 위치 : 발등의 엄지발가락과 검지발가락 사이의 접합부이다.

시술방법 : 엄지로 엄지발가락 쪽으로 훑어내려 준다.

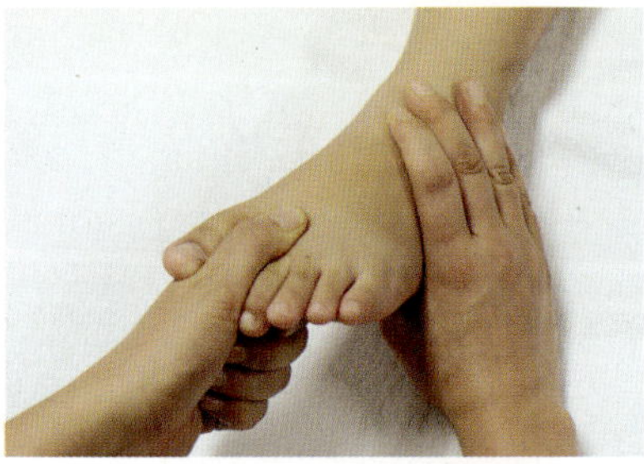

⑮ 치아

반사구의 위치 : 2지에서 5지의 발가락 족지골 부위이다.

시술방법 : 2지에서 5지 발가락 모두를 엄지와 검지를 이용하여 잡아당긴다.

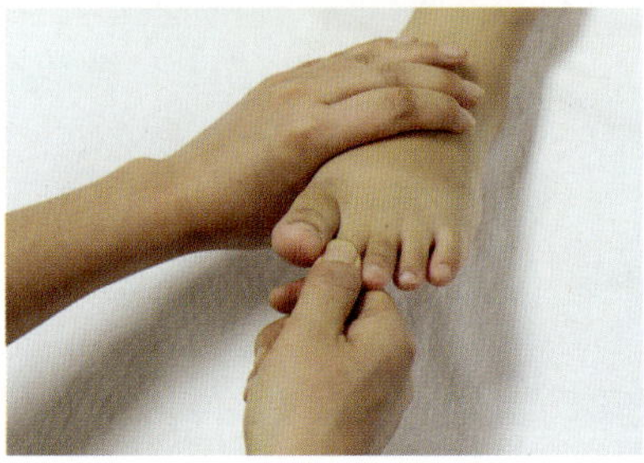

⑥⑥ 평형기관(내이미로)

반사구의 위치 : 발등의 4지와 5지 사이에 위치한다.

시술방법 : 엄지로 지그시 누르며 새끼발가락쪽으로 훑어내려 준다.

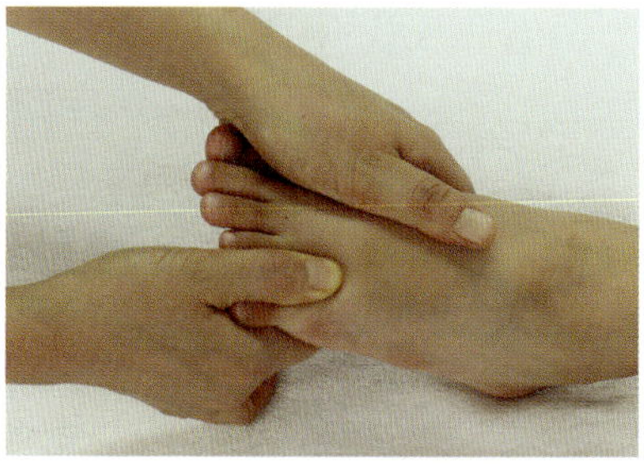

⑥⑦ 흉부임파

반사구의 위치 : 발등의 엄지발가락과 검지발가락 사이이다.

시술방법 : 엄지손가락을 45° 세워 손가락날로 밀어준다. (발가락 사이의 파인 부분)

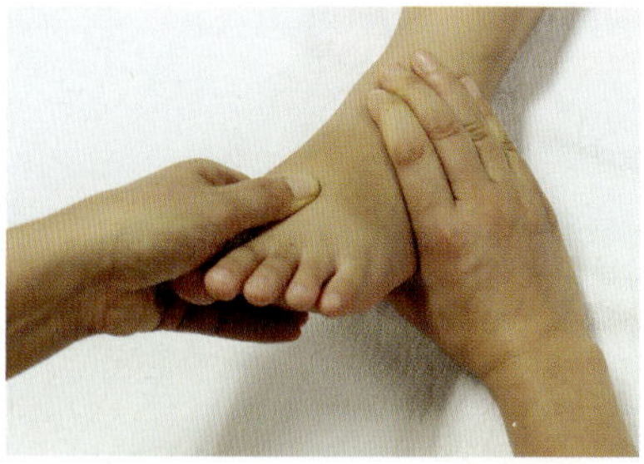

⑥⑧ 흉부

반사구의 위치 : 발가락 2~4지 족지골 위이다.

시술방법 : 양 엄지 지문면으로 부채꼴을 촘촘히 그리듯이 문지른다.

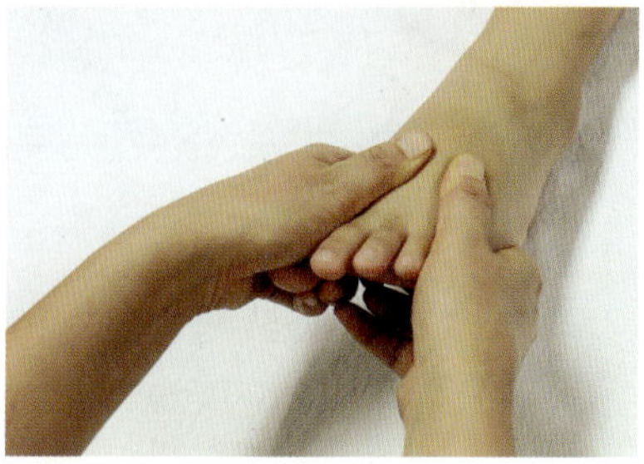

⑥⑨ 유두

반사구의 위치 : 2, 4번째 발가락의 위이다.

시술방법 : 양 손 엄지로 밀어올린다.

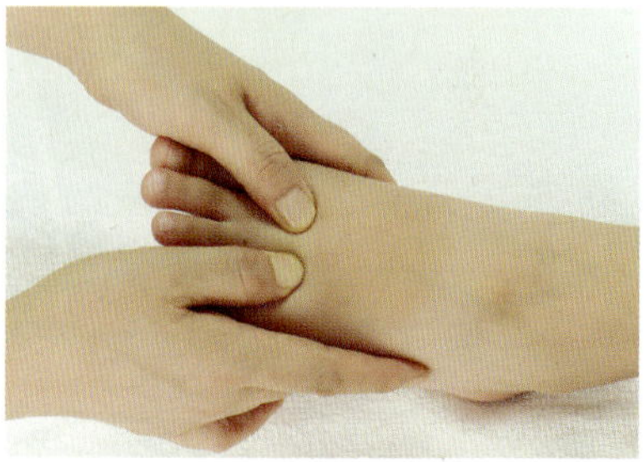

⑦⓪ 횡격막

반사구의 위치 : 발등 중앙의 가로부위이다.

시술방법 : 양 손 엄지로 교대로 밀어준다. (←→)

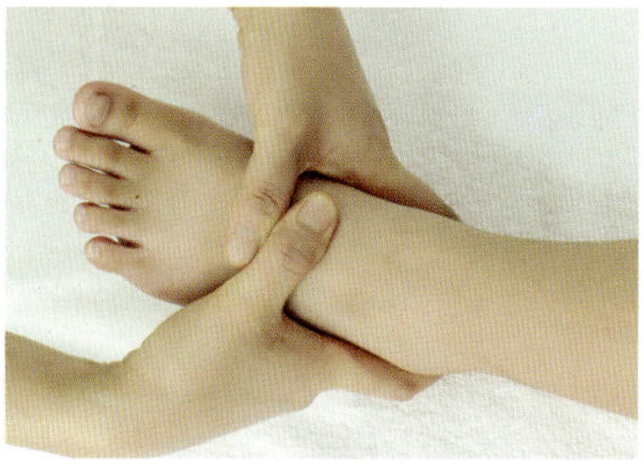

⑦1 늑골 **내늑골 반사구의 위치** : 발등 엄지발가락에서 발목 방향의 중간 지점이다.

외늑골 반사구의 위치 : 발등의 제 3, 4번째 발가락에서 발목 방향의 아래 부위이다.

시술방법 : 발등 위 쏙 들어간 첫 부위를 압한다.

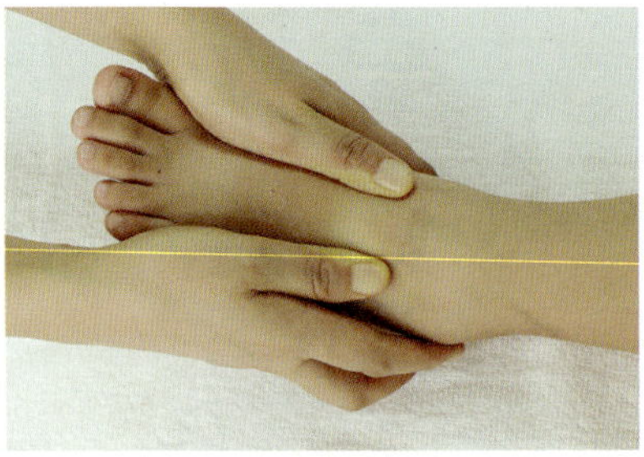

⑦2 요통점 **반사구의 위치** : 모지복으로 1, 2지 중족골을 따라 올라가다 보면 주상골 들어가는 점과 다른 모지복으로는 4, 5지 중족골을 따라 올라가다 보면 입방골 들어가는 점이 잡히는데 둘 중 한 곳이라도 잡히면 그곳으로 요통점을 잡는다.

시술방법 : 양 엄지로 압한다.

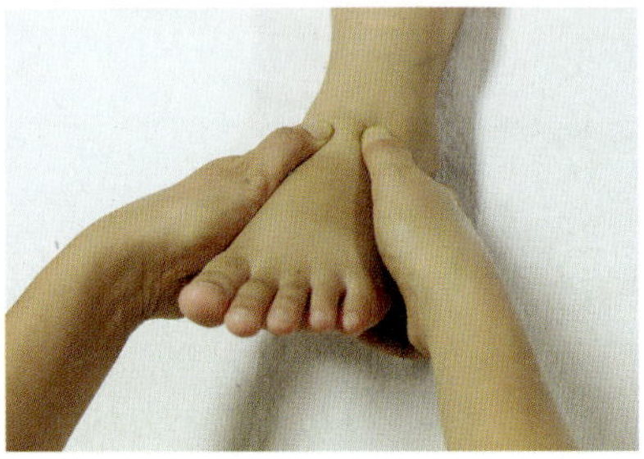

⑦3 상반신 **임파 반사구 위치** : 안쪽 복숭아뼈 위 들어간 부위

⑦4 하반신 **임파 반사구 위치** : 바깥쪽 복숭아뼈 위 들어간 부위

시술방법 : 양 2지과를 이용하여 압한다.

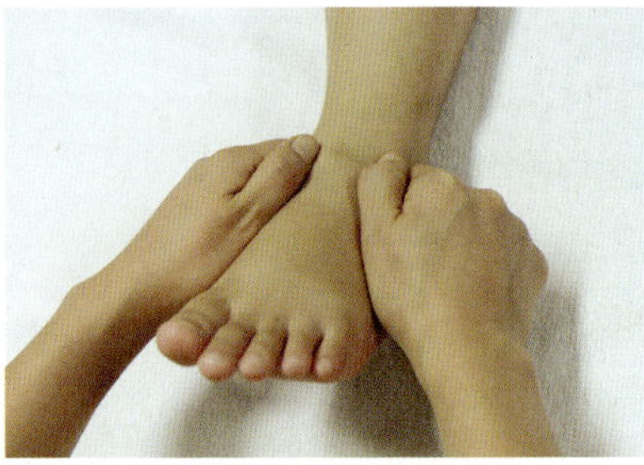

⑦5 서혜 **임파 반사구의 위치** : 발목을 구부렸을 때 첫 주름으로 복숭아뼈의 하단을 이은 선에 위치한다.

시술방법 : 양 엄지로 양쪽 복숭아뼈 하단에서 줄을 그어 발목으로 올라와 발목 중앙에서 양 엄지가 1cm 정도 떨어진 지점에서 압을 한다.

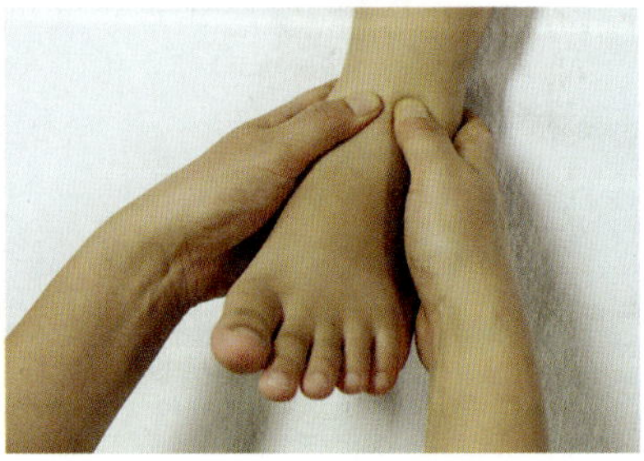

⑦6 복부 **임파 반사구의 위치** : 서혜부 임파에서 발목 위쪽으로 0.5cm 각각 올라간 발목 선에 위치한다.

시술방법 : 양 엄지 손가락으로 밀어 준다.

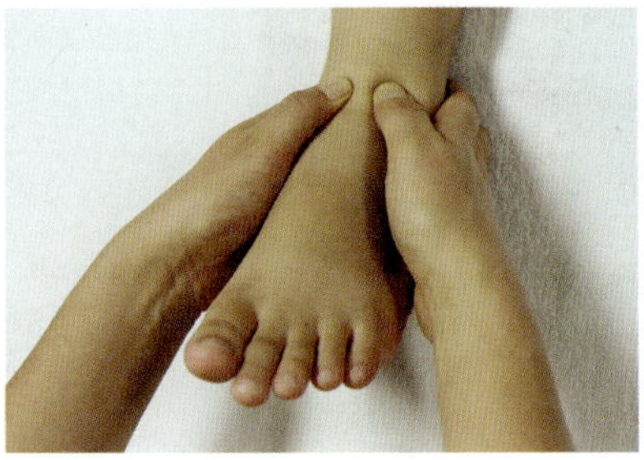

(7) 하체 정맥마사지

① 다리 전체 오일도포 하여 쓰다듬기

두 손바닥을 이용해 발등에서부터 무릎 위 10cm까지 쓸어올려 주고 뒷면을 잡고 내려온다.

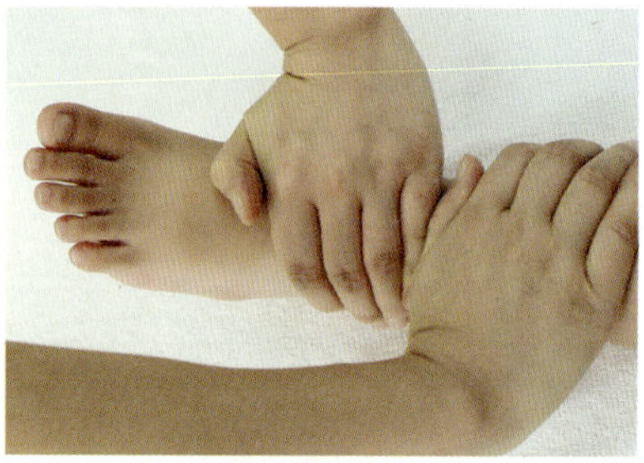

② 발등 쓸어주기

두 손바닥을 이용해 발등을 쓸어준다.

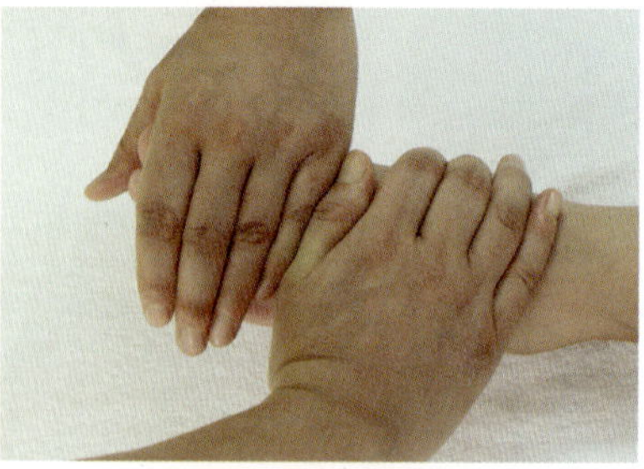

③ 발 내측 쓸어주기

한 쪽 손은 발등을 감싸 고 다른 손은 발바닥을 감싸서 위에서 아래로 쓸어내린다.

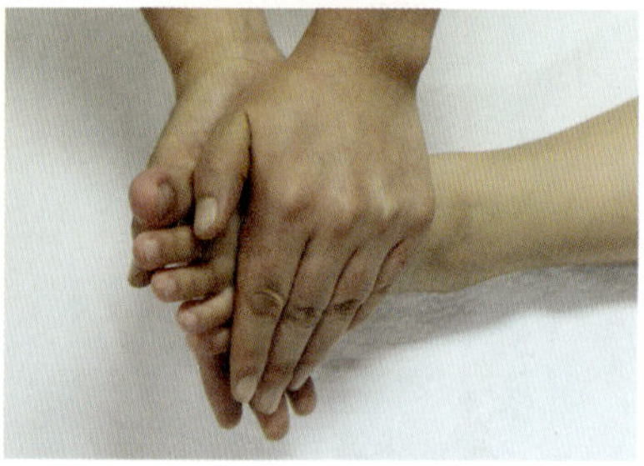

④ 발 외측 쓸어주기

발 안쪽과 똑같은 동작으로 손을 바꿔서 한다.

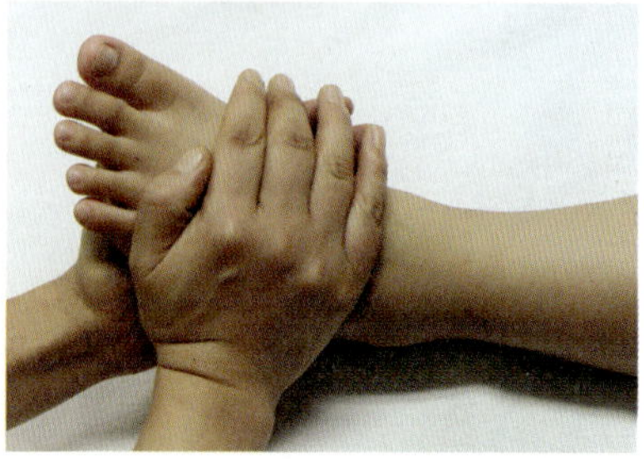

⑤ 발바닥 발등 동시에 쓸어주기

엄지는 발바닥을 잡고 나머지 사지는 발등을 잡고 발바닥과 발등을 동시에 쓸어준다.

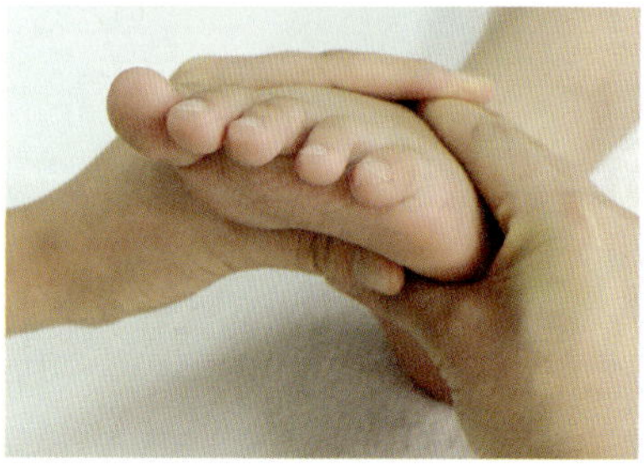

⑥ 용천혈 지압

용천혈을 지압한다.

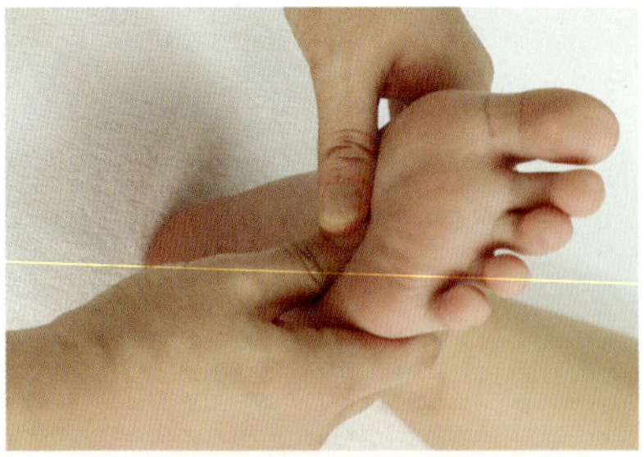

⑦ 발을 세워서 발등 짜주기(비벼 올리듯이)

엄지는 발바닥에 위치하도록하고 사지로 발등을 잡고 짜주듯이 비벼 준다.

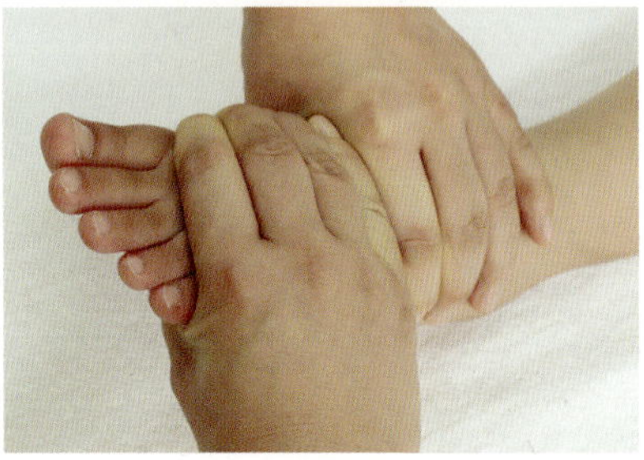

⑧ 발가락 사이사이 임파 풀어주기

발가락 사이사이를 엄지와 검지 측면을 이용하여 쓸어 준다.

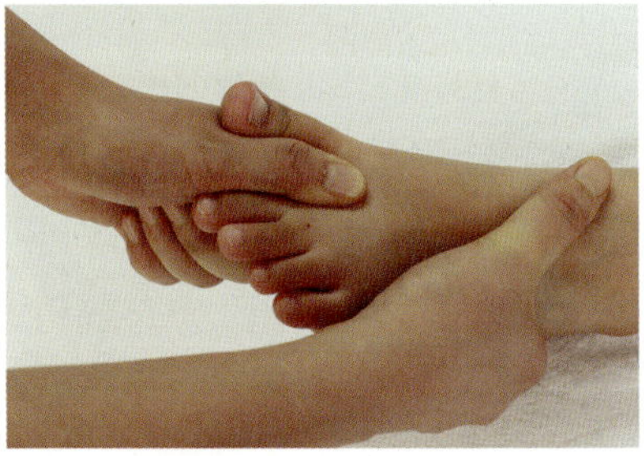

⑨ 발 옆면을 잡고 발 바이브레이션

발의 측면을 양 손으로 감싸서 발을 떨어 준다.

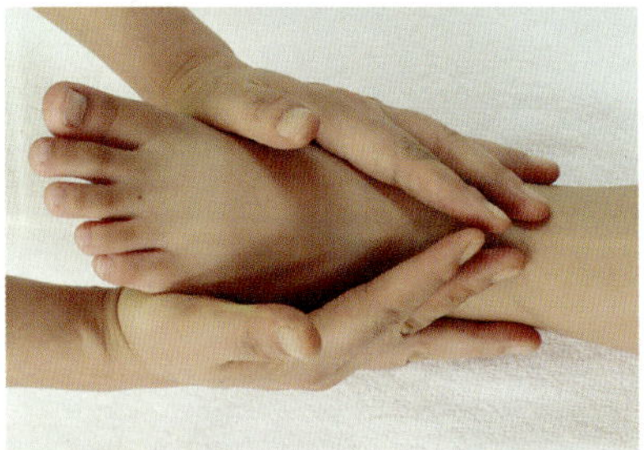

⑩ 족내과외과 굴려주기

발의 족내과와 족외과(복숭아뼈)를 양 손의 2~4지를 이용하여 원을 그리며 쓸어준다.

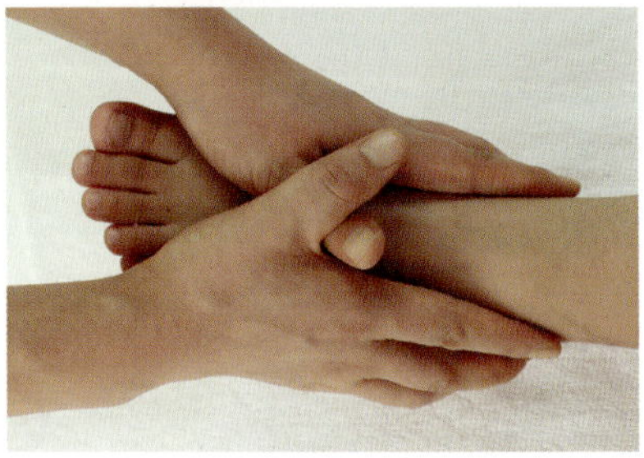

⑪ 중족골 파주기

엄지를 이용하여 발의 중족골을 아래에서 위로 쓸어올린다.

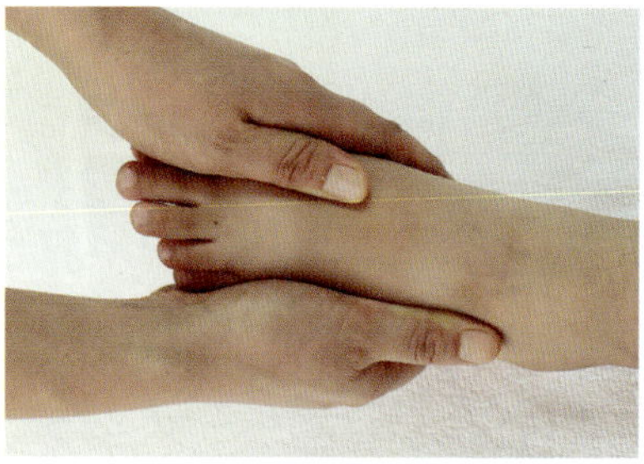

⑫ 다리 전체 쓰다듬기

두 손바닥을 이용해 무릎 위 10cm까지 쓸어 올려주고 뒷면을 잡아 내려온다.

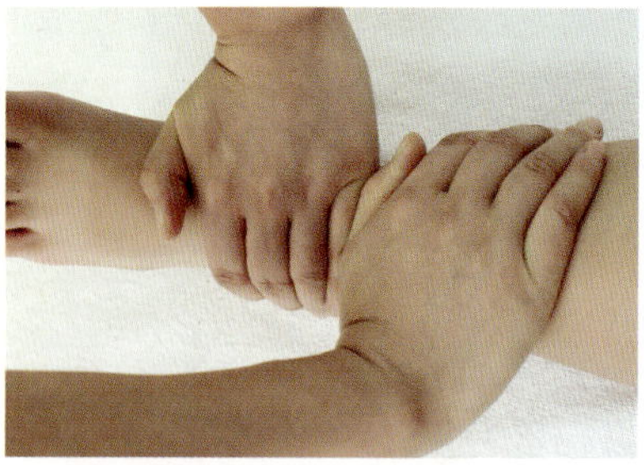

⑬ 위경, 비경, 담경 쓸어 주기

모지복을 이용하여 위경,비경, 담경을 아래에서 위로 쓸어올린다.

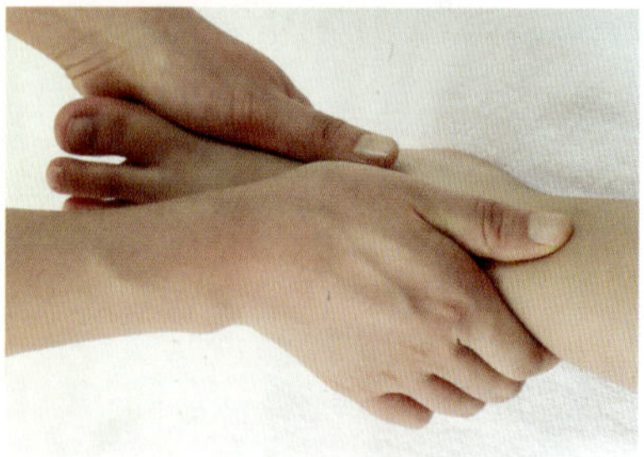

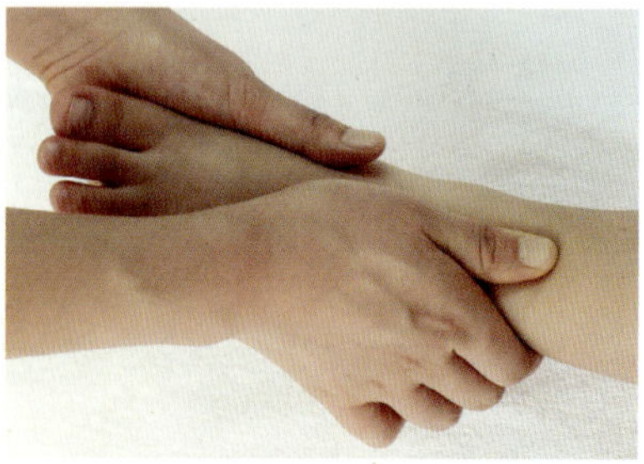

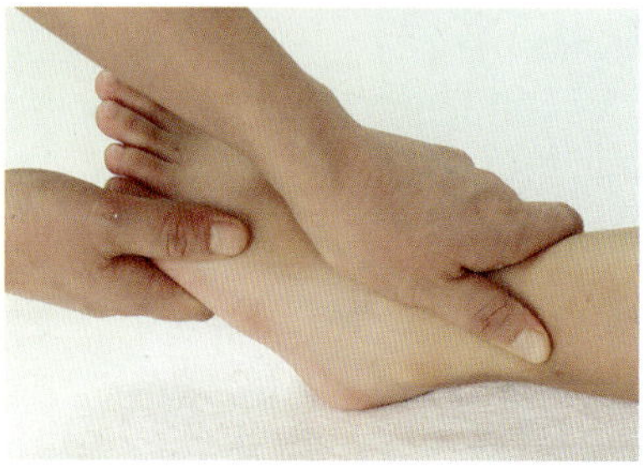

⑭ 내측좌골신경, 외측좌 골신경 쓸어주기

발꿈치 뒤에 위치하고 있는 내측좌골신경과 외측좌골신경을 모지복을 이용하여 아래에서 위로 쓸어올린다.

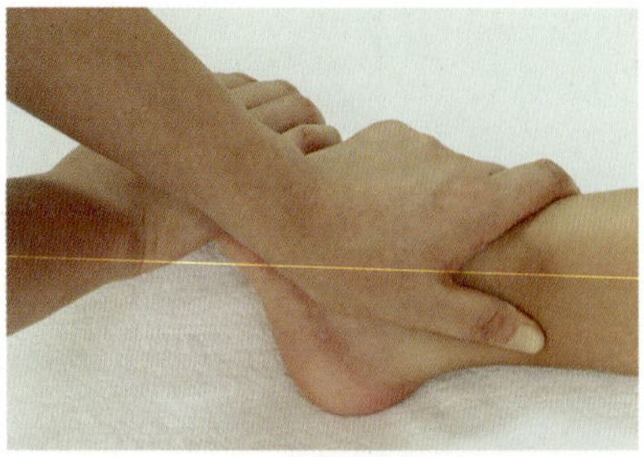

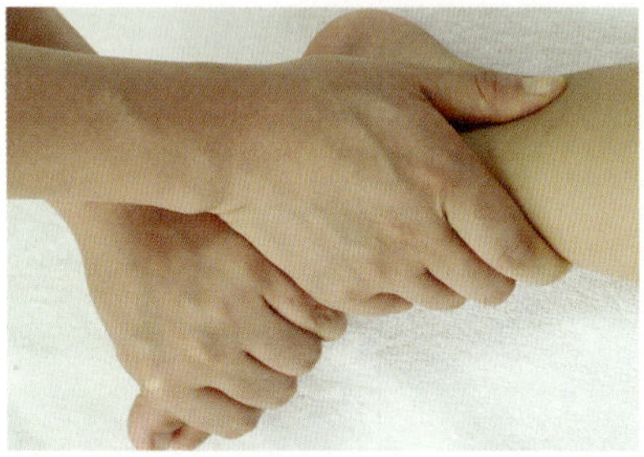

⑮ 방광경 풀어주기

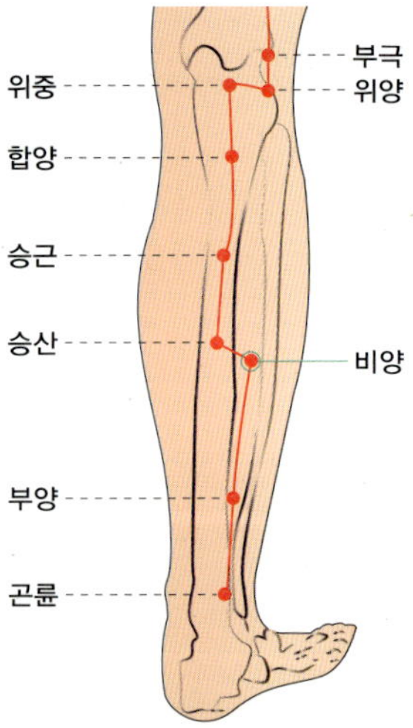

무릎을 세워서 엄지와 검지를 이용하여 아킬레스건인 방광경을 아래에서 위로 쓸어준 후 비양혈을 지압한다.

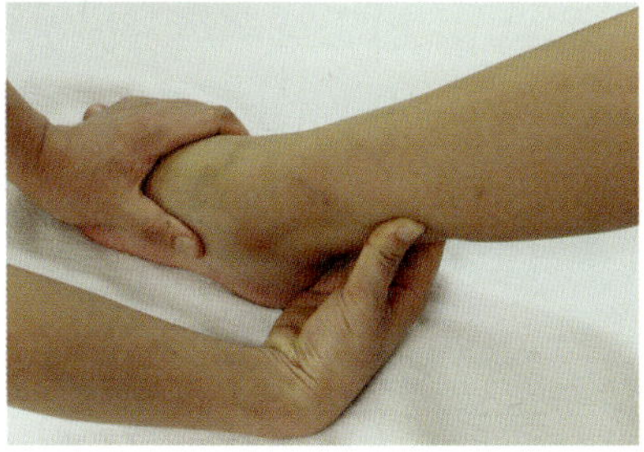

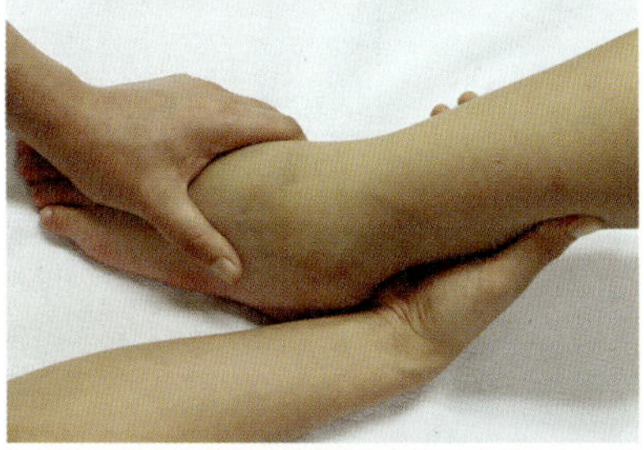

⑯ 오금 풀어주기

사지복을 이용하여 오금을 부드럽게 풀어준다.

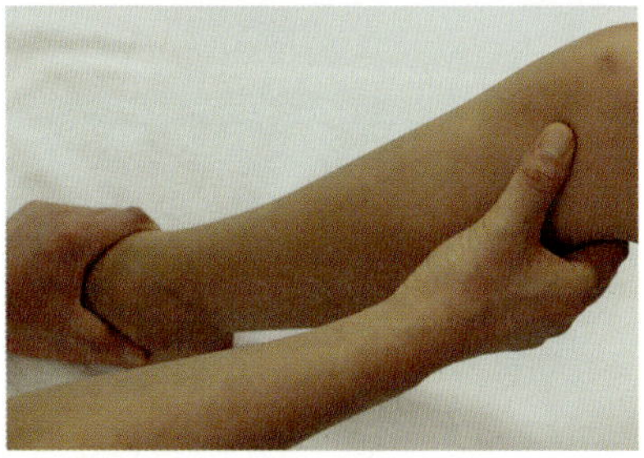

⑰ 다리전체 퍼올리기

피시술자의 다리를 펴서 양 손의 호구를 이용하여 무릎까지 퍼올려 준다.

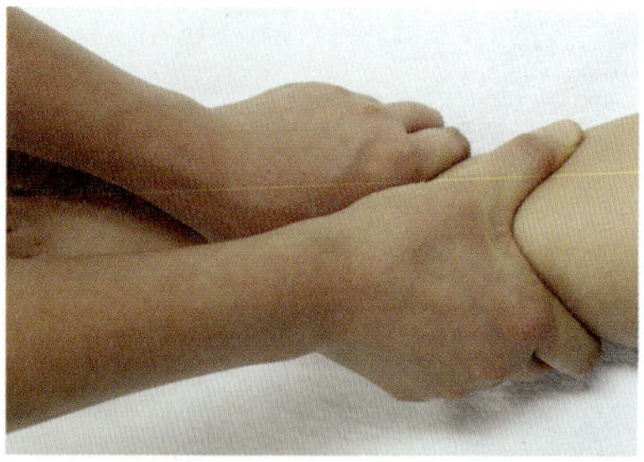

⑱ 무릎 풀기

엄지와 검지의 호구 부분을 이용하여 무릎을 지그재그로 쓸어 준다.

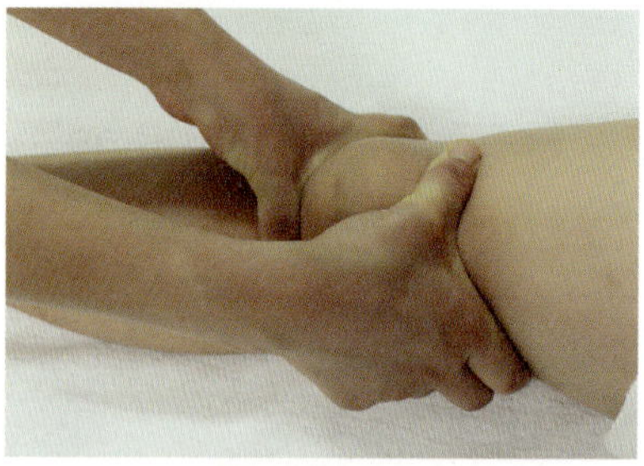

⑲ 다리 전체 쓰다듬기

호구 부위를 이용해 발목부터 무릎 10cm까지 쓸어올린 다음 내려서 다시 올린 후 손바닥 전체를 이용해서 전체를 쓸어서 다리 뒷면을 잡아 내려온다.

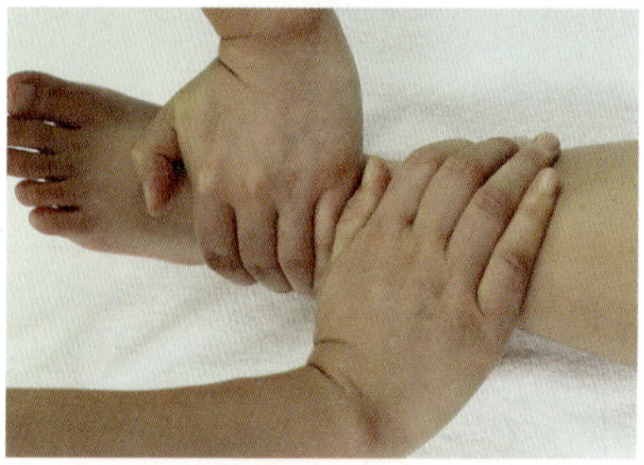

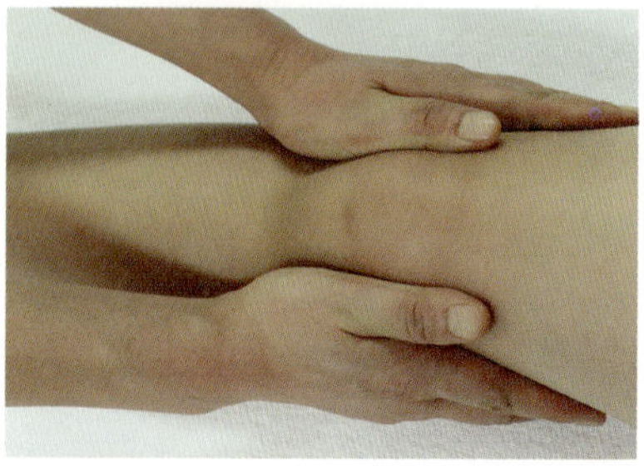

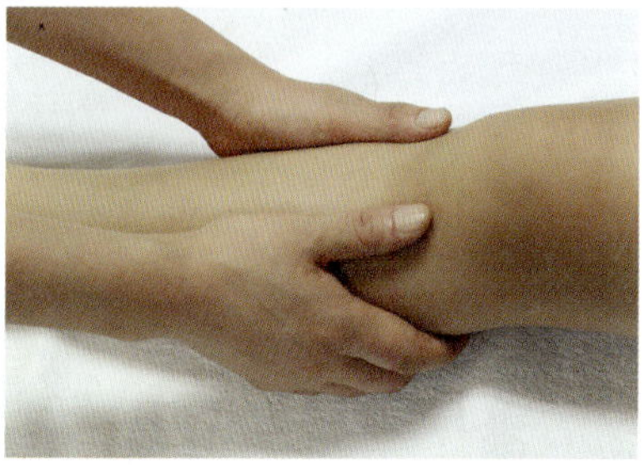

(8) 기본 반사구

기본 반사구 신장–수뇨관–방광–요도–방광경 쓸어올리기–방광경 풀어주기

기본 반사구

신장 3회–수뇨관 3회–방광 9회–요도 3회–방광경 9회

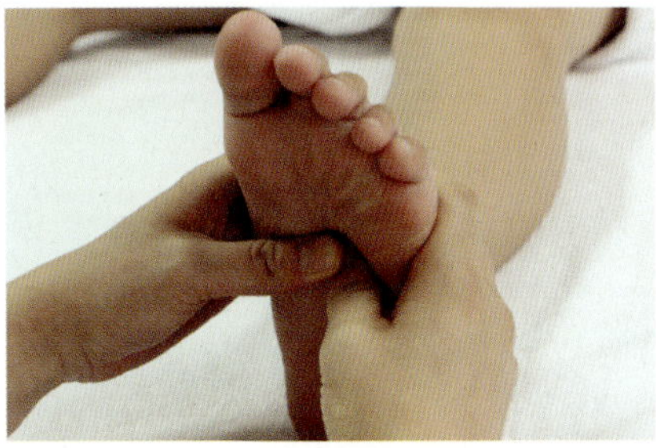

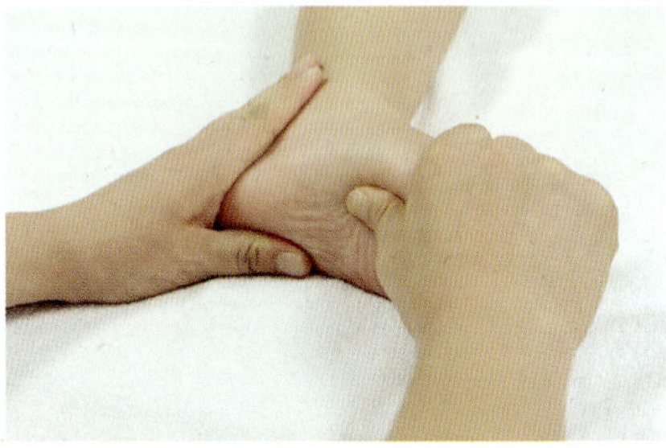

기본 반사구

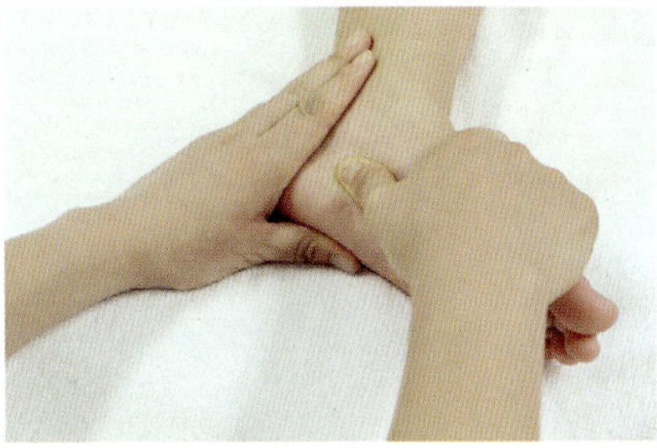

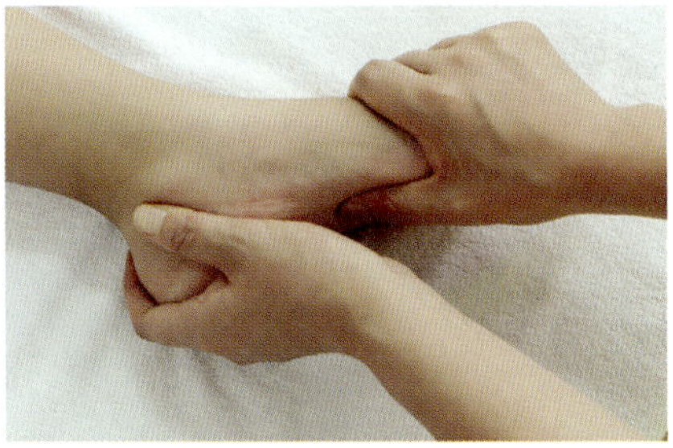

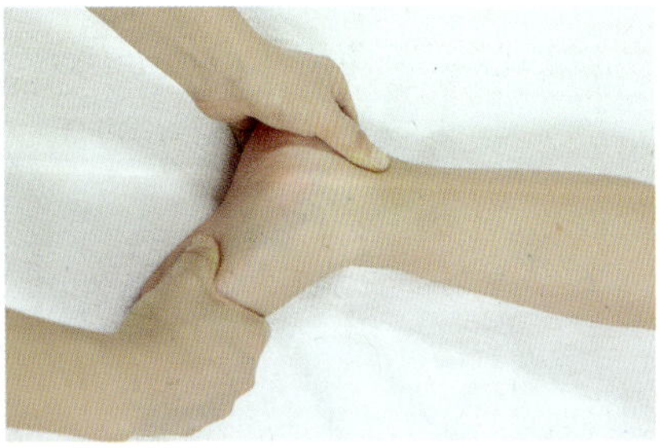

Chapter 10

두뇌 발달 오감자극 마사지

1단계 두뇌 발달 오감자극 마사지 – 발 마사지
2단계 두뇌 발달 오감자극 마사지 – 손 마사지

Chapter 10 두뇌 발달 오감자극 마사지

1. 1단계 두뇌 발달 오감자극 마사지 - 발 마사지

발마사지 (7~10분)

1. 오감자극 발 마사지 경혈점 : 용천

2. 오감자극 마사지 - 발 마사지 단계 순서

① 신장–수뇨관–방광을 자극하여 노폐물을 빼준다.
족소음신경의 용천(신장)혈을 엄지손가락으로 눌러준 후 용천에서 발뒤꿈치 위부분까지의 수뇨관을 엄지로 밀어내린 후 발 안쪽 복사뼈 아랫 부분의 방광 반사구를 엄지로 눌러준다.

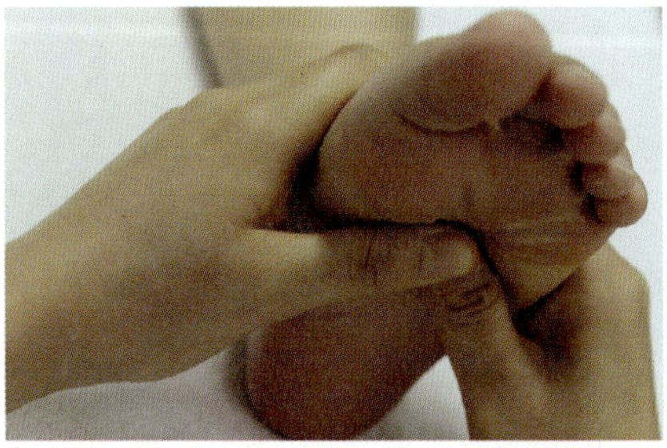

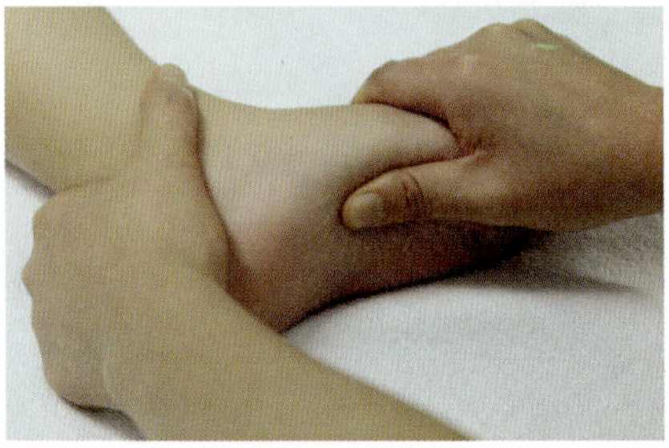

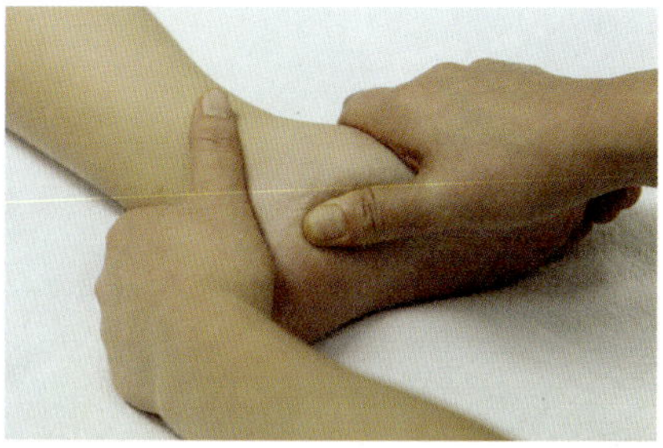

② 발바닥 족궁 부위에서 발뒤꿈치 쪽으로 밀어 내린다.

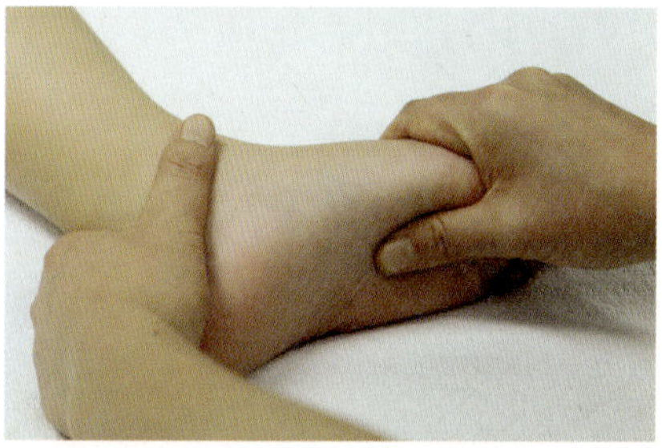

③ 발뒤꿈치를 모지복으로 돌려주며 마사지한다.

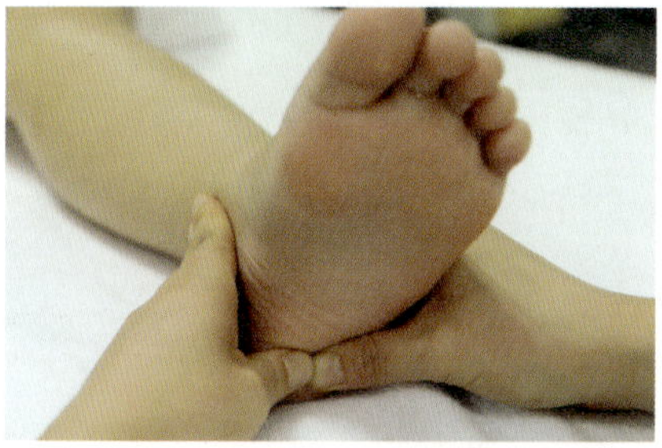

④ 발뒤꿈치에서 족소음신경의 용천으로 밀어올린다.

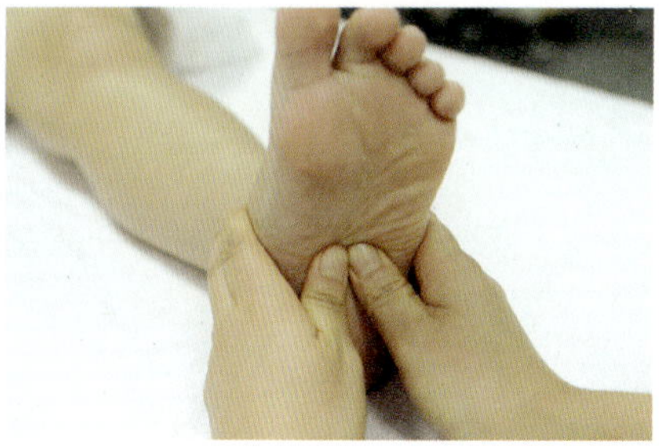

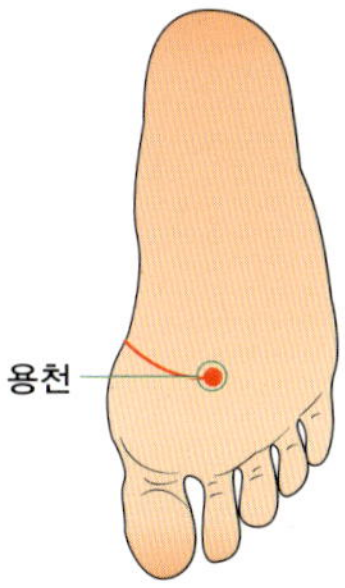

⑤ 발바닥을 양 손의 엄지를 이용하여 하트를 그리듯이 문질러 준다.

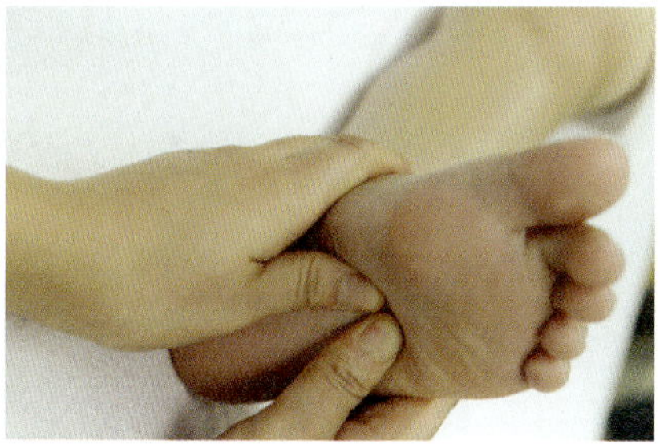

⑥ 발바닥을 양 손 엄지를 이용하여 촘촘히 압을 주며 눌러준다.

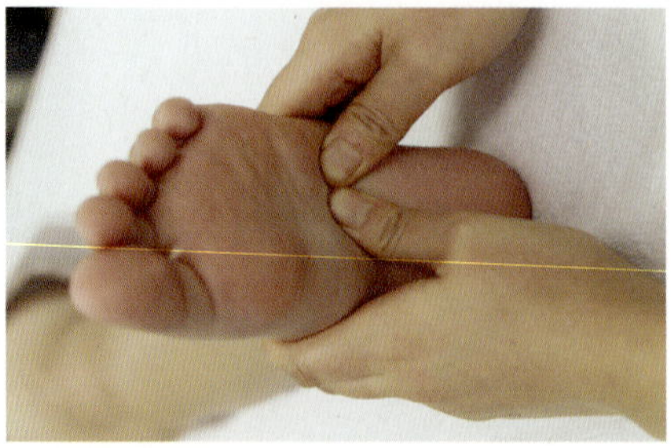

⑦ 발반사구의 눈과 귀 부위를 모지복으로 쓸어 준다.

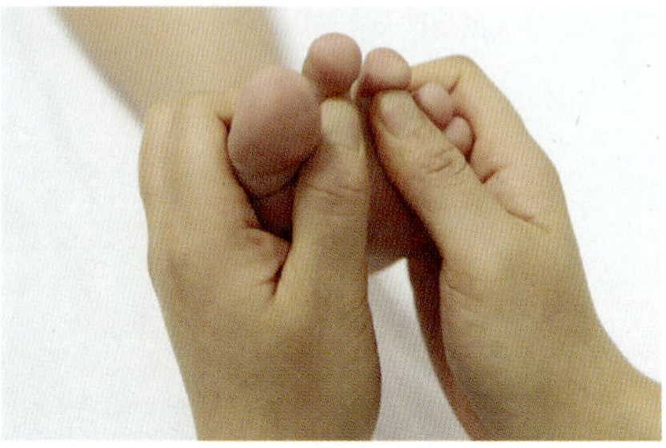

⑧ 발가락의 전두동 반사구를 모지복으로 살며시 눌러 준다.

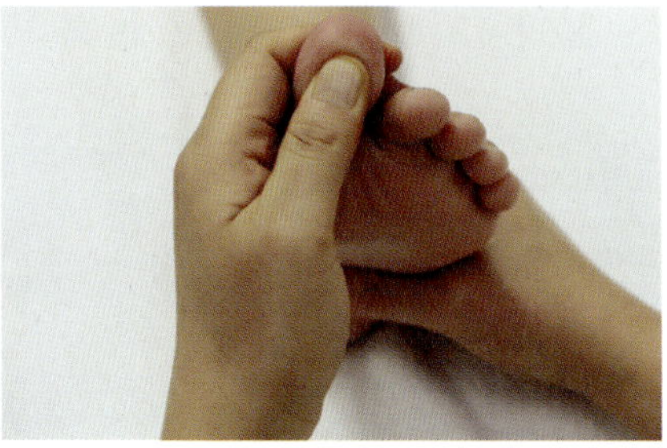

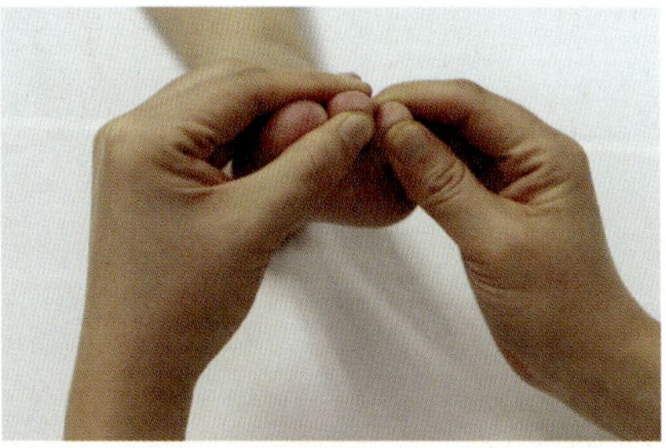

⑨ 엄지발가락 전체를 모지복으로 촘촘히 압한다.

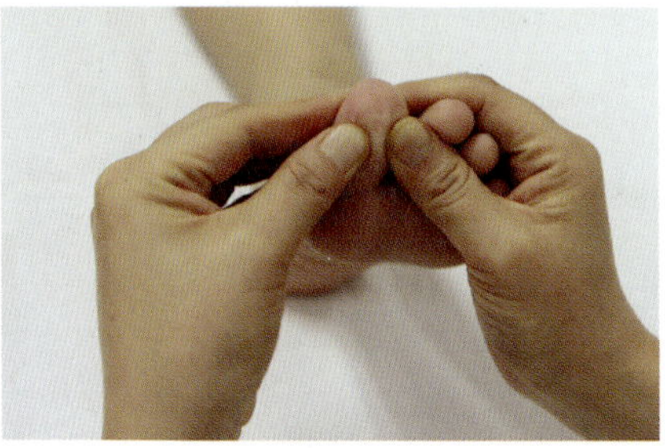

⑩ 엄지와 검지를 이용하여 다섯 개의 발가락을 하나씩 문질러주고 튕겨 준다.

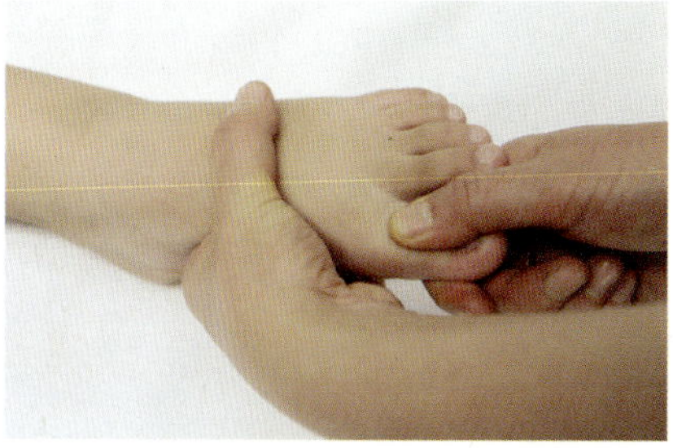

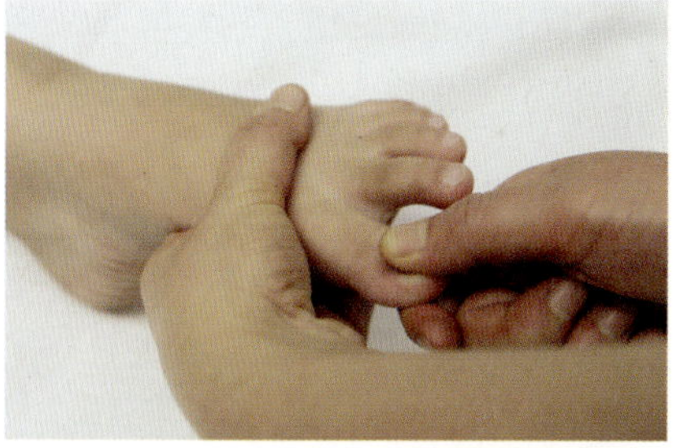

⑪ 발가락의 사이사이에 있는 임파를 엄지와 검지로 지긋이 눌러준다.

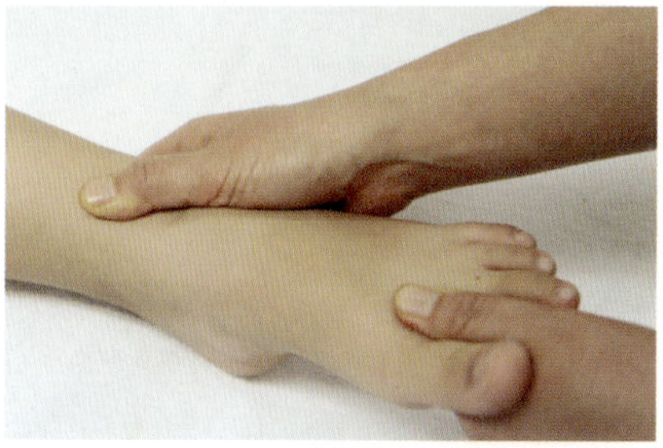

⑫ 발가락 사이사이 중족골 부위를 모지측면으로 쓸어준다.

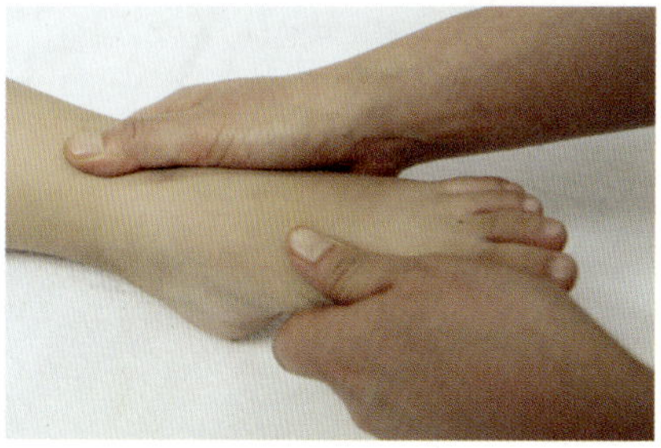

⑬ 양쪽의 복숭아뼈 주변 부위를 삼지복을 이용하여 굴려 준다.

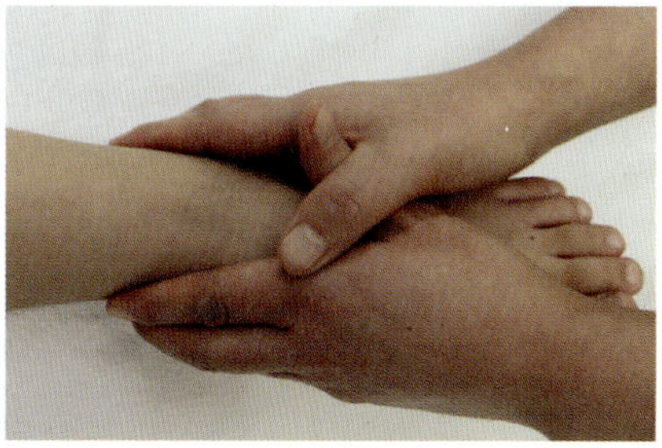

⑭ 아킬레스건을 엄지와 검지로 살며시 누르면서 밀어올려 준다.

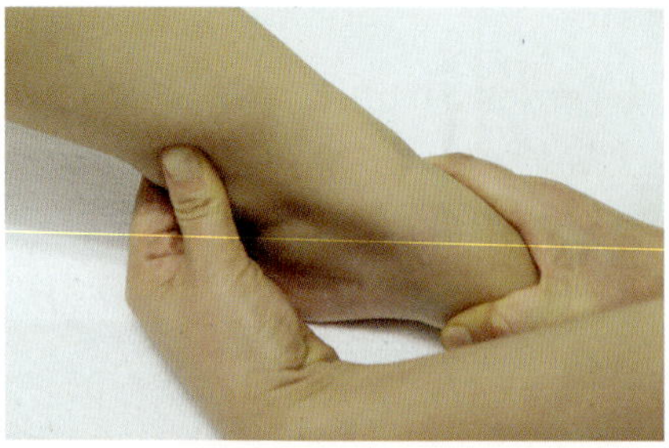

⑮ 엄지손가락으로 발목 부위에 작은 원을 그려 발목을 튼튼하게 해 준다.

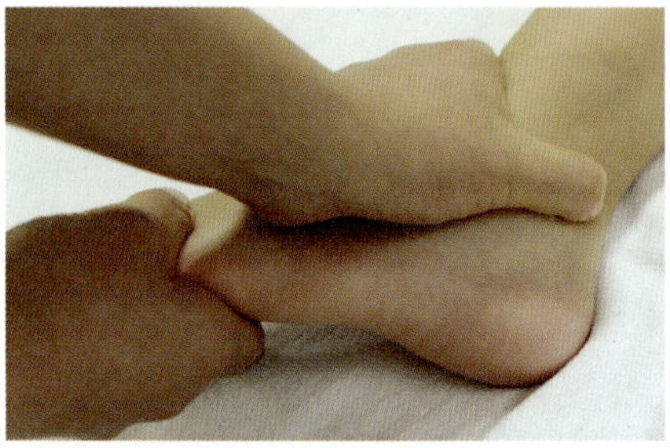

⑯ 한 손으로 발목을 잡고 다른 한 손으로는 발등을 잡은 후 발목을 돌려준다.

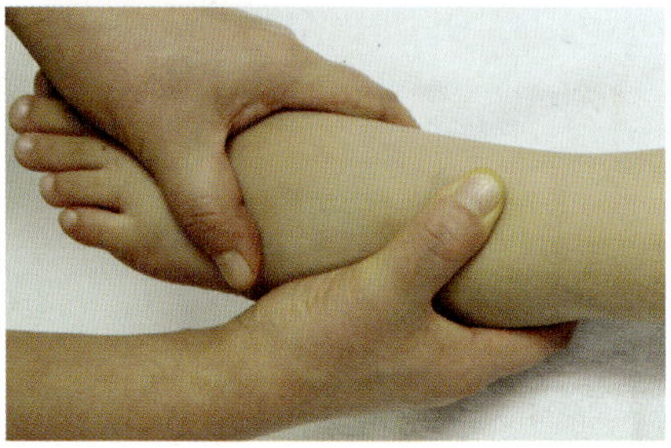

⑰ 한 손으로는 피시술자의 오금부위를 잡고 다른 한 손으로는 발목을 잡은 후 다리를 가볍게 털어준다.

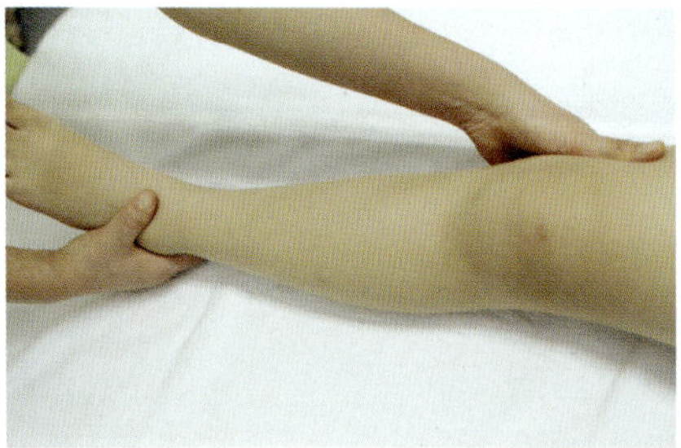

2. 2단계 두뇌 발달 오감자극 마사지 - 손 마사지

손 마사지 (7~10분)

1. 오감자극 손 마사지 경혈 : 사봉, 십선

2. 오감자극 마사지 - 단계별 손 마사지

① 손바닥을 모지복을 이용해서 하트를 그리듯이 문질러 준다.

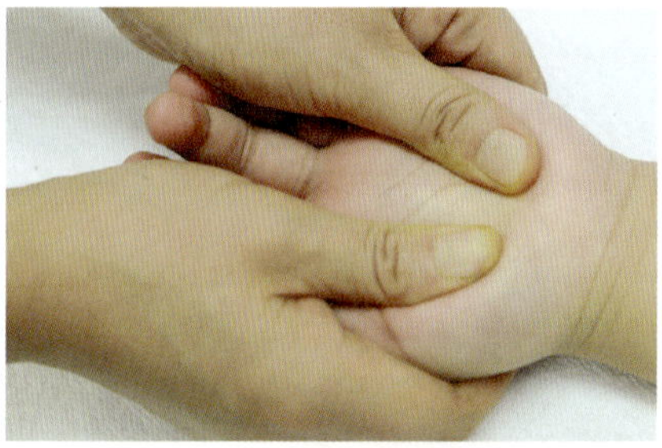

② 손목 중앙에서 손바닥 중앙까지 압을 주면서 손바닥의 주름이 간 곳까지 쓸어내린다. 어린이 소화불량에 도움이 된다.

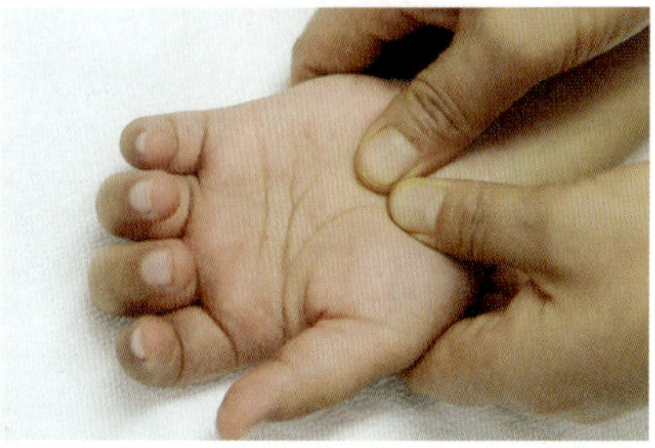

③ 손바닥 전체 피부를 원을 그리듯이 문질러 준다.

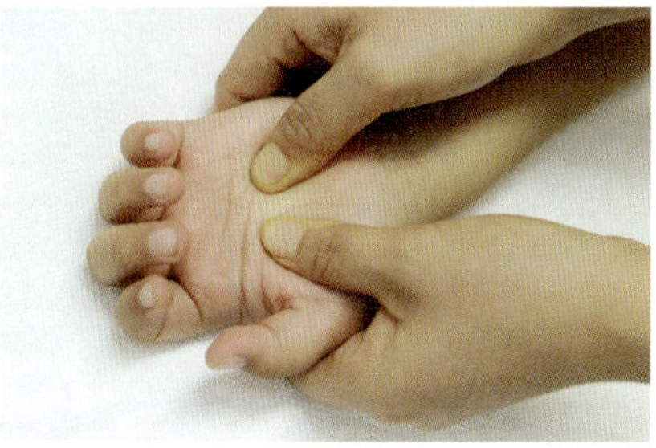

④ 엄지손가락부터 5개의 손가락의 전두동 부위를 모지복을 이용하여 지긋이 눌러준다.

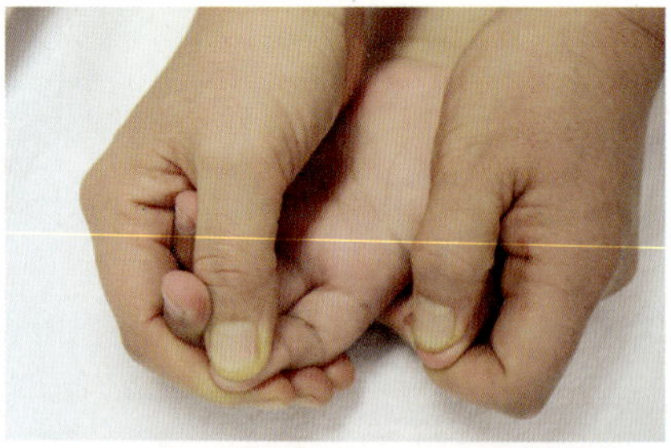

⑤ 손가락 끝의 경외기혈의 십선혈 부위를 모지복으로 지긋이 눌러준다.

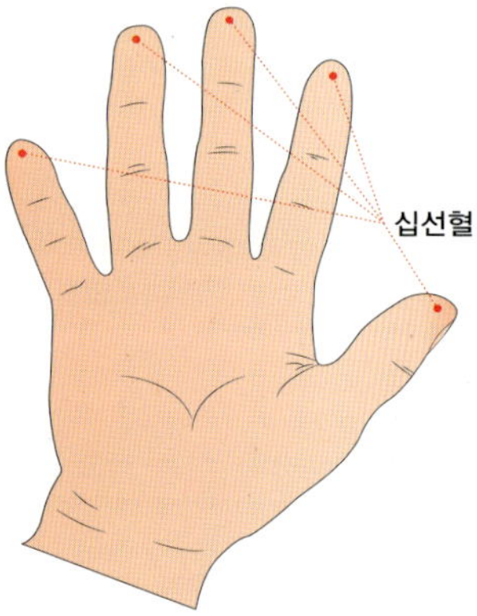

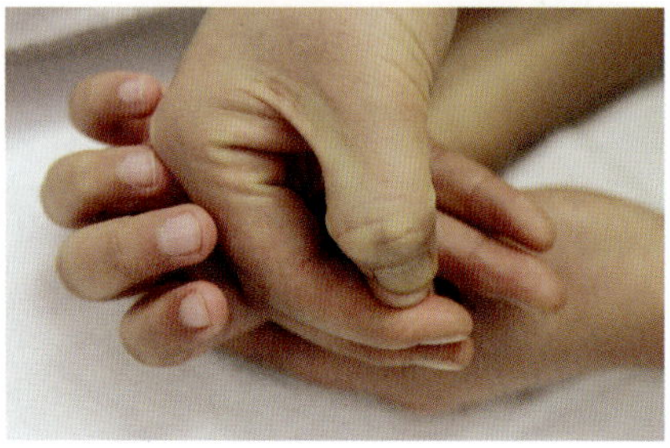

⑥ 엄지와 검지로 다섯 개의 손가락의 손톱 양옆을 눌러준다. 이러면 목의 긴장이 풀린다.

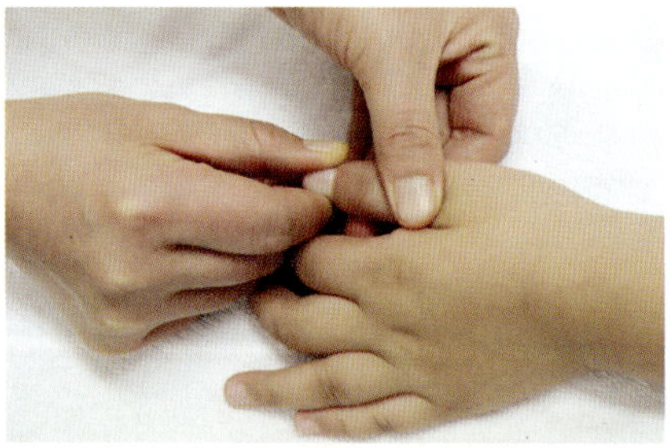

⑦ 어린이의 소화불량과 설사에 좋은 경외기혈의 사봉혈이 위치한 손가락의 둘째 손가락부터 다섯번째 손가락까지 횡문 중앙을 문질러준다.

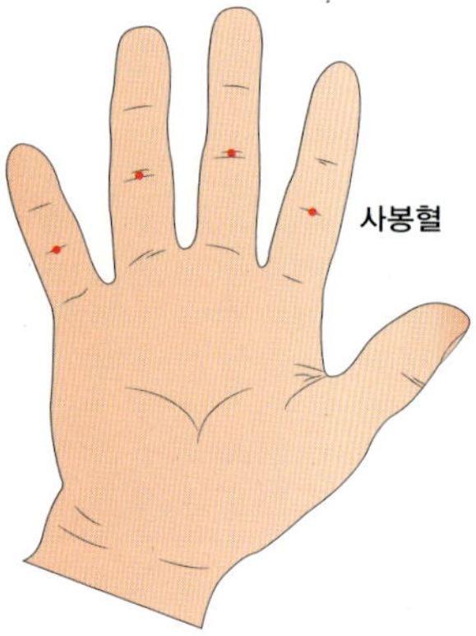

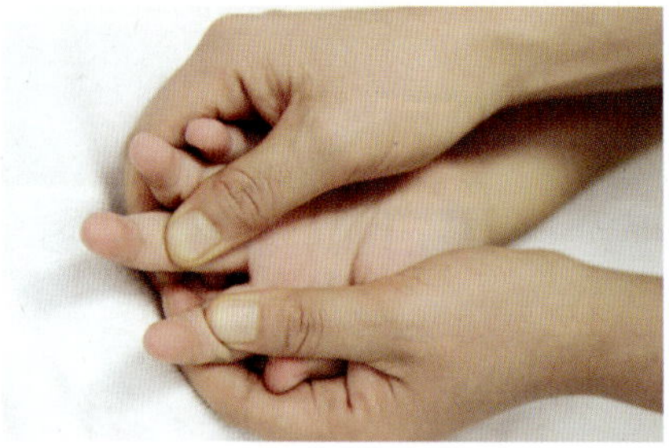

⑧ 손가락을 하나씩 뒤쪽으로 젖히며 스트레칭을 시켜 준다. 손가락에는 몸 전체의 모세혈관이 많이 분포되어 있다.

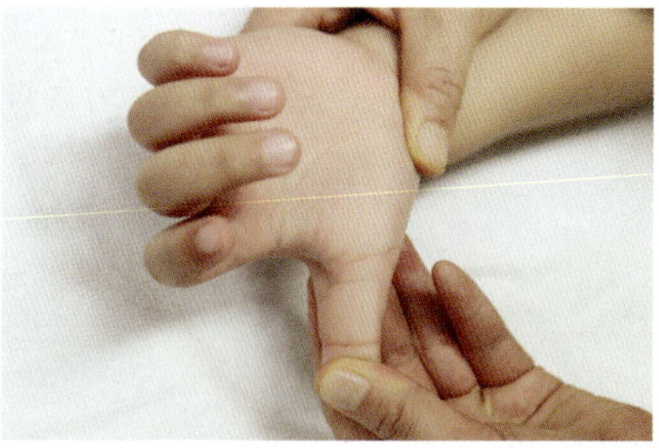

⑨ 모지복을 이용하여 손등을 하트를 그리듯이 문질러 준다.

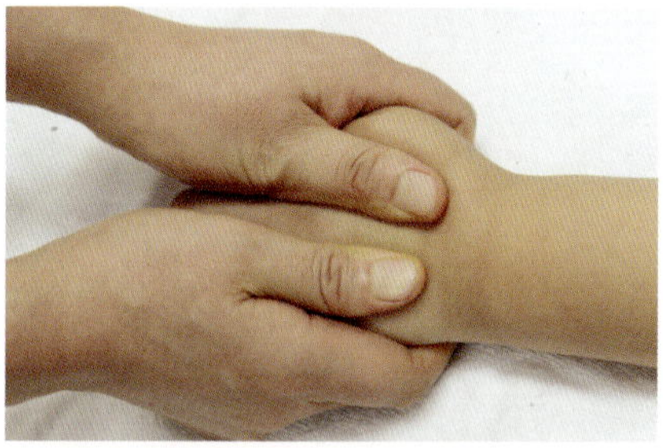

⑩ 손등의 중수골 부위를 아래에서 위로, 위에서 아래로 모지측을 이용하여 쓸어 준다.

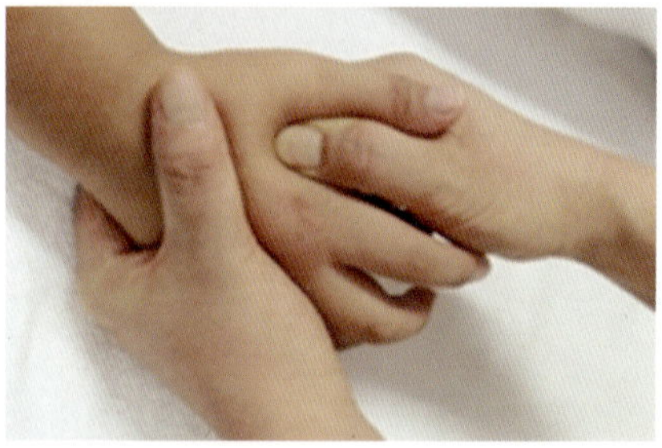

⑪ 손가락 사이의 갈라진 부위를 엄지와 검지로 집어준다. 임파선과 연결되어 있어 감기 예방과 치료에 도움을 준다.

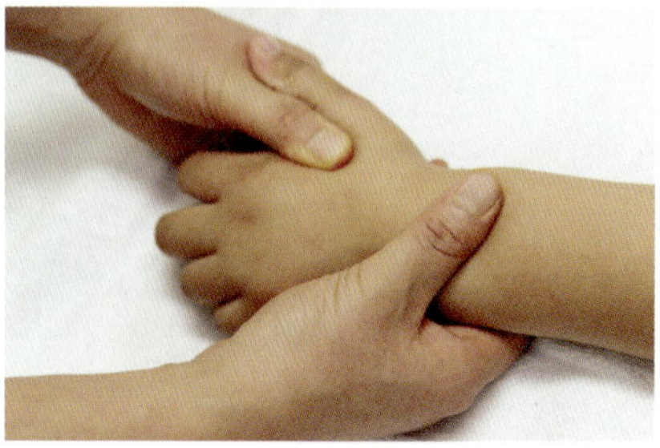

⑫ 엄지와 검지를 이용하여 손톱과 손톱 아랫부분을 잡고 잡아 빼 준다.

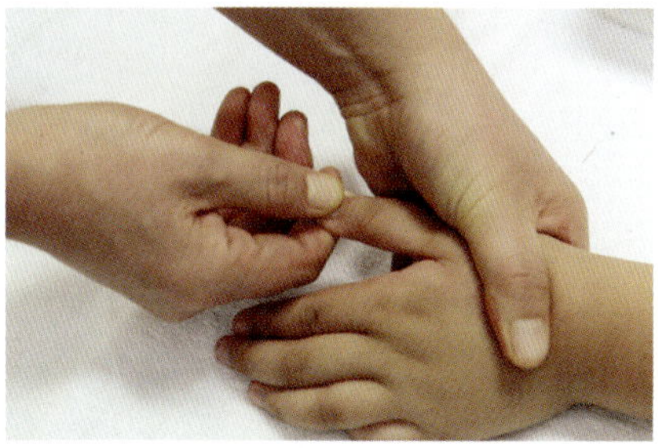

⑬ 한 손으로는 손목을 잡고 한 손으로는 손등과 손바닥을 잡은 후 손목을 스트레칭 시켜 준다.

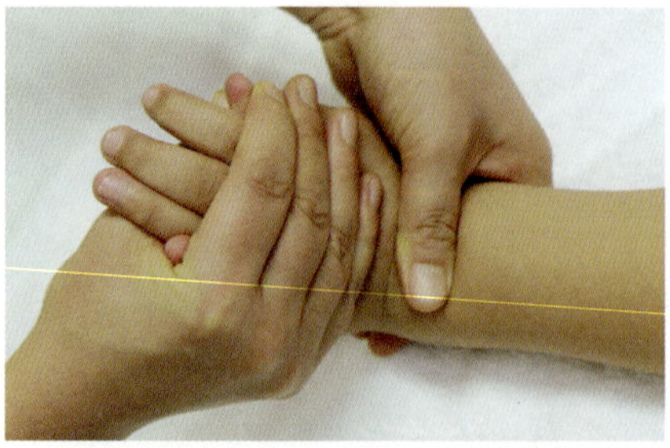

⑭ 손목을 한 손으로 잡고 다른 손으로는 손가락 전체를 붙잡고 털어 준다.

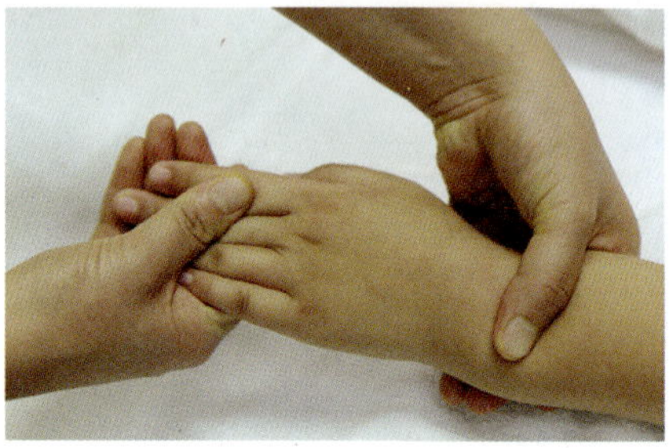

Chapter 11

우리아이 편안한 잠자리를 위한 숙면 마사지

Chapter 11

우리아이 편안한 잠자리를 위한 **숙면 마사지**

1. 편안한 잠자리를 위한 **숙면 마사지**

숙면 마사지 (10~15분)

1. 숙면 마사지 경혈 : 아문, 풍부, 풍지, 대추, 폐유, 전중, 인당, 태양, 정명, 사백, 내관, 용천, 태계

2. 편안한 숙면을 위한 마사지 - **숙면 마사지 단계 순서**

① 모지복과 검지복으로 족태양방광경의 아문혈, 족소양담경의 풍부, 풍지혈을 지긋이 문질러 준다.

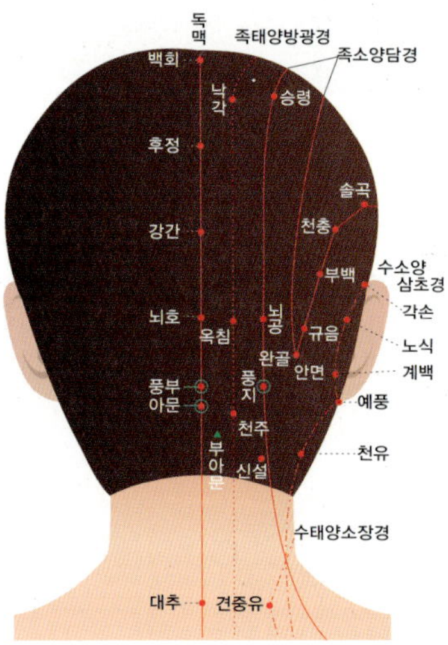

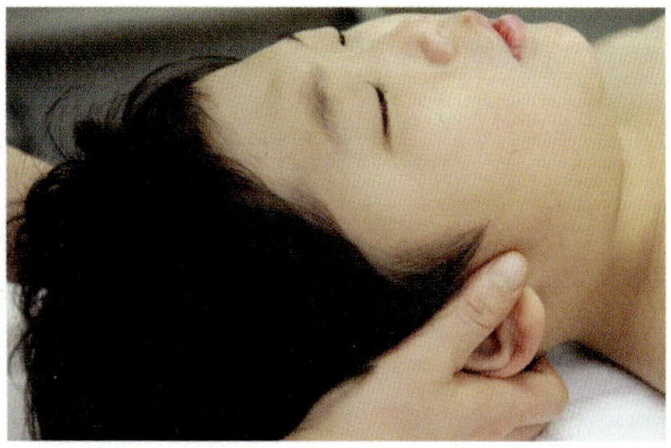

② 삼지복으로 독맥의 대추혈과 족태양방광경의 폐유혈을 문질러 준다.

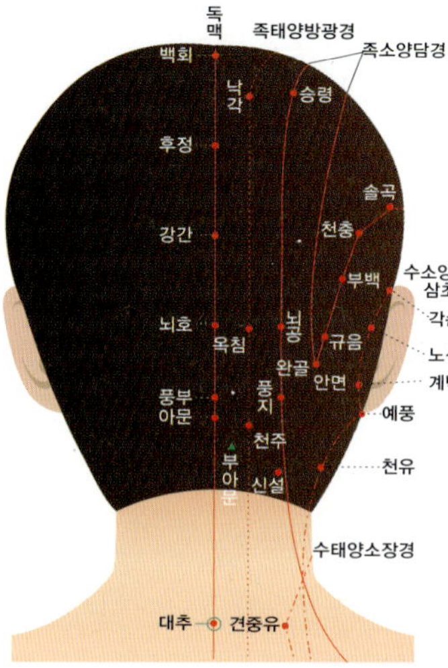

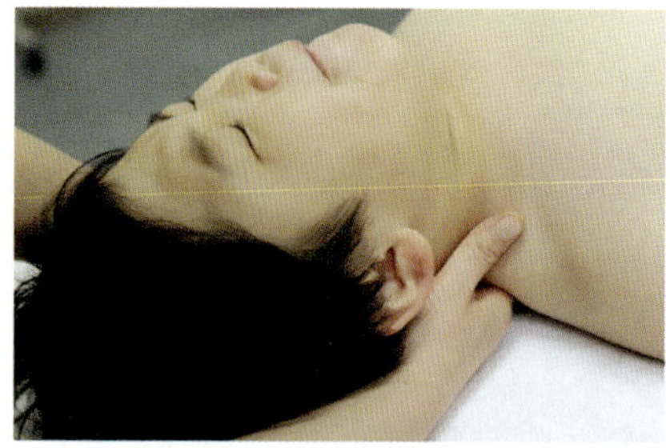

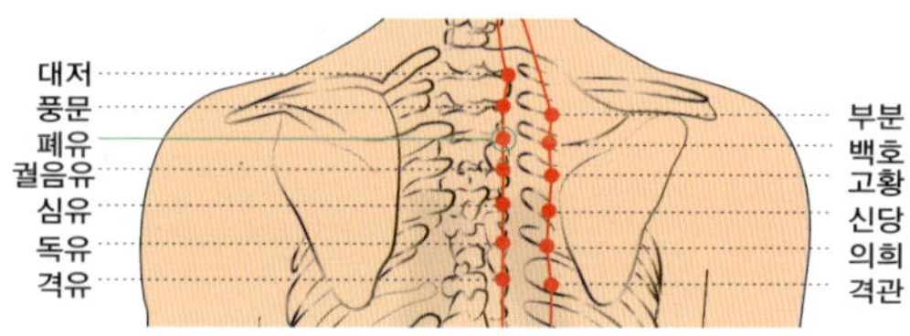

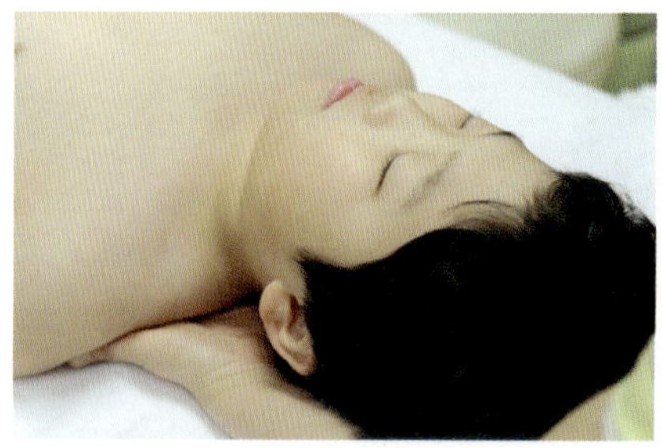

③ 임맥의 전중혈 위에 양 손을 포개 올린 후 부드럽게 원을 그린다. 그리고 전중혈에서 액와(겨드랑이) 방향으로 모지측면으로 쓸어 준다.

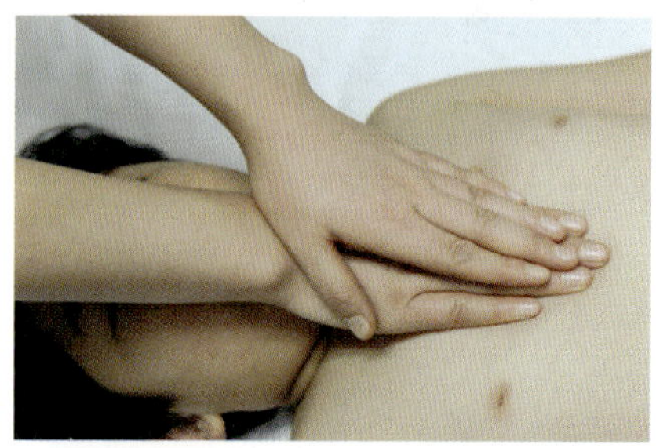

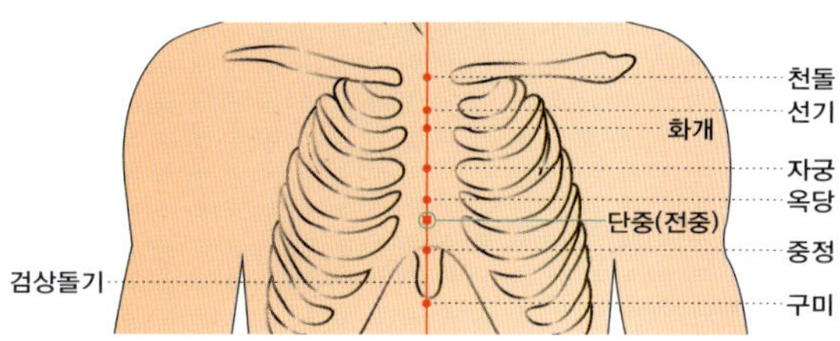

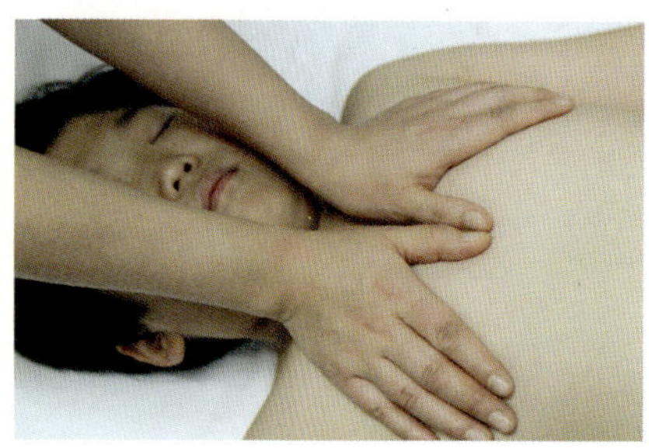

④ 경외기혈의 인당에서 태양혈로 모지측면으로 쓸어내린다.

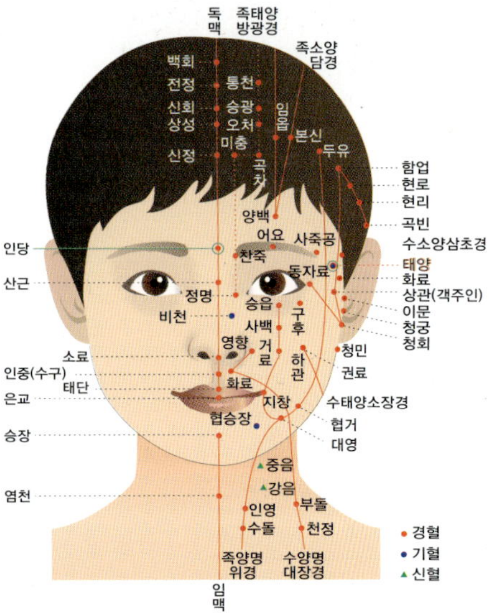

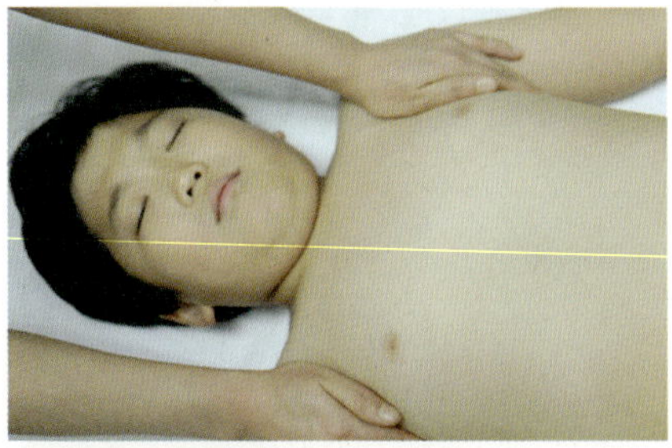

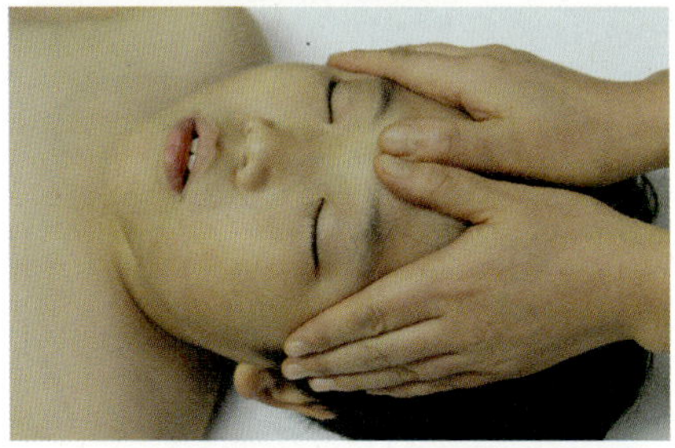

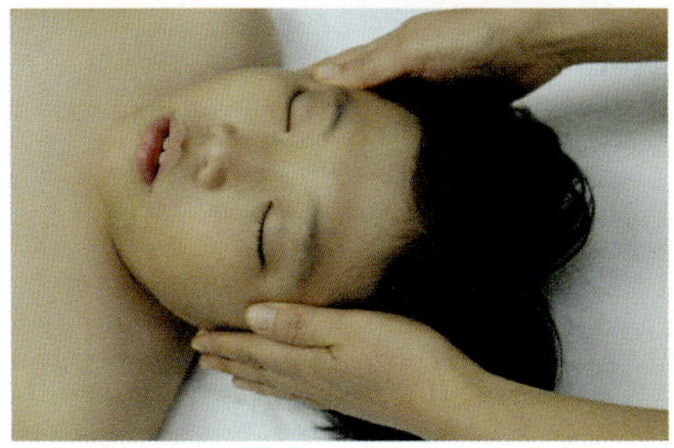

⑤ 눈앞머리 족태양방광경의 정명혈에서 족양명위경의 사백혈 방향으로 쓸어준 후 정명혈과 사백혈을 중지복으로 살며시 압한다. 그리고 정명에서 사백을 지나 태양혈로 중지복으로 쓸어준다.

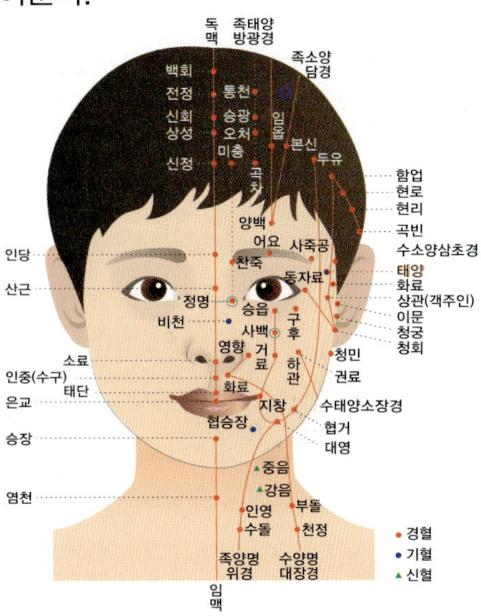

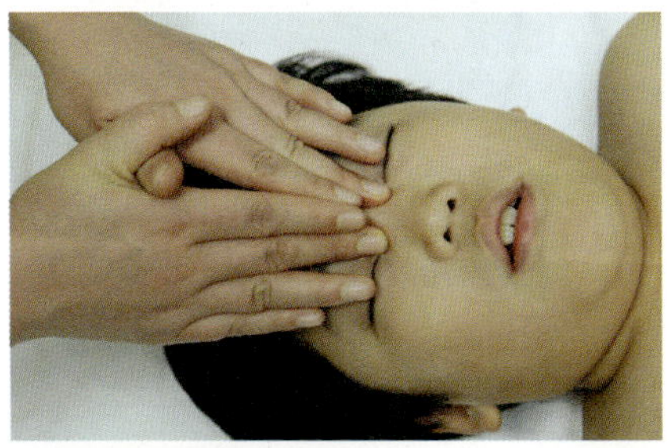

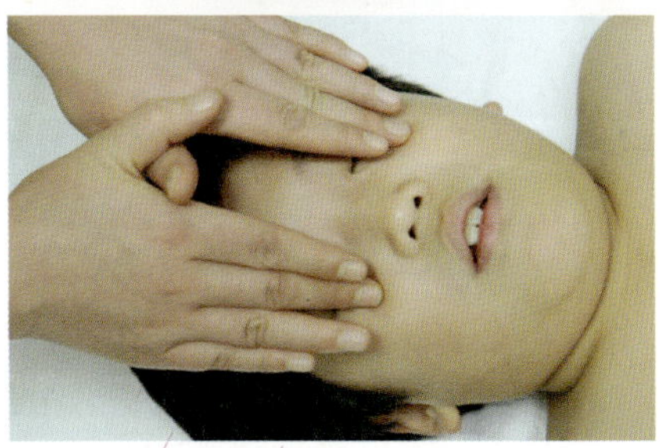

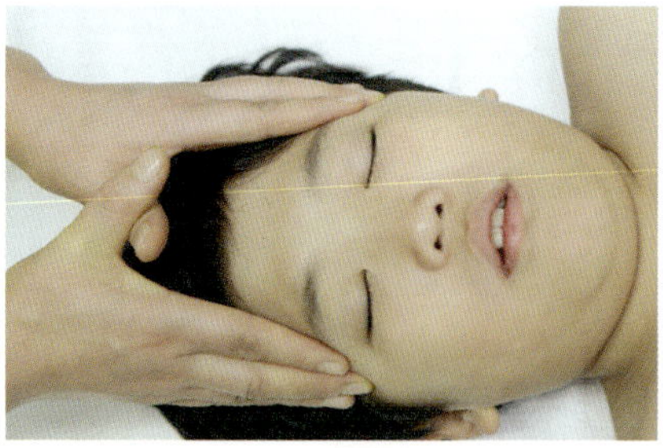

⑥ 양 손의 모지측면으로 손등과 손바닥을 안에서 밖으로 문질러 준 후, 수면에 도움이 되는 손목의 수궐음심포경의 내관혈을 모지복으로 원을 그리듯이 부드럽게 문질러 준다.

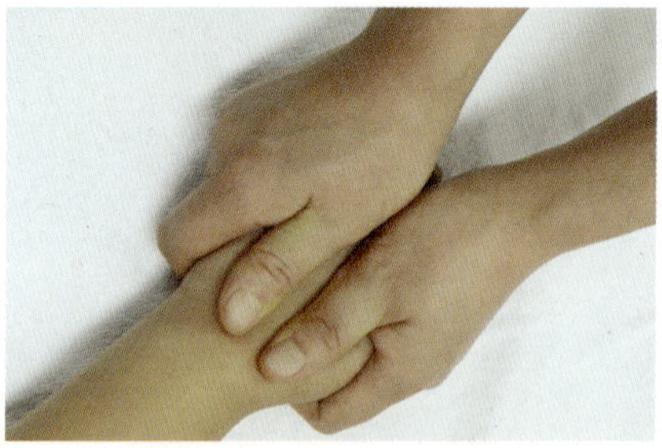

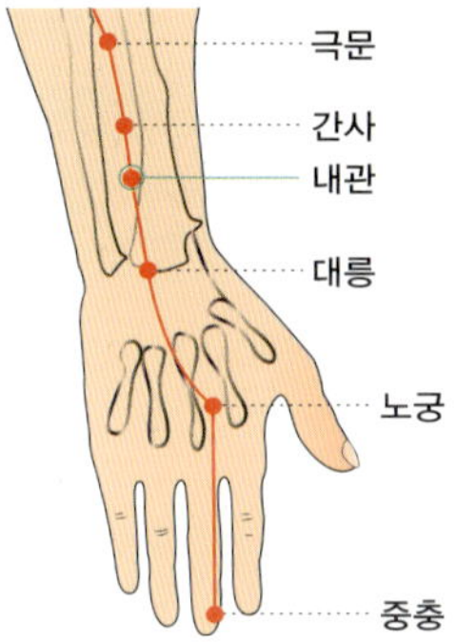

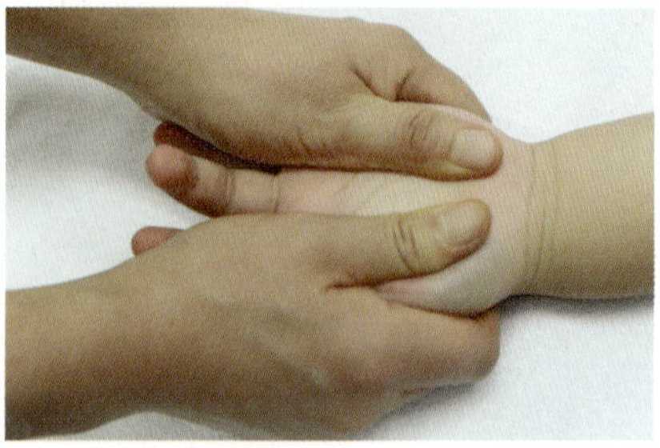

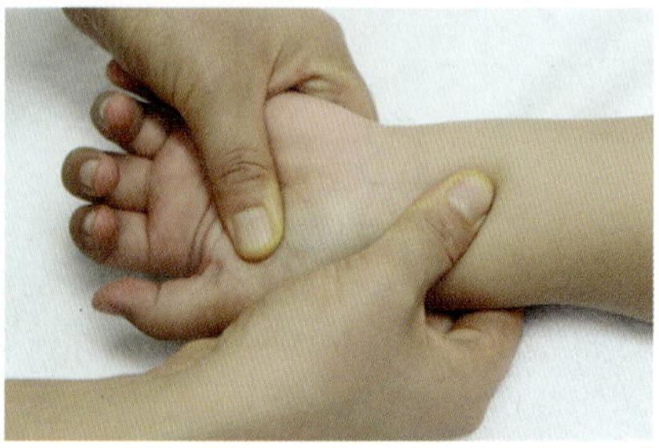

⑦ 양 손의 모지 측면으로 발등과 발바닥을 부드럽게 안에서 밖으로 부채꼴 모양으로 문질러 준 후, 수면에 도움이 되는 족소음신경의 발바닥의 용천, 발목의 족소음신경의 태계, 족태양방광경의 신맥혈을 부드럽게 원을 그리듯이 모지복으로 문질러 준다.

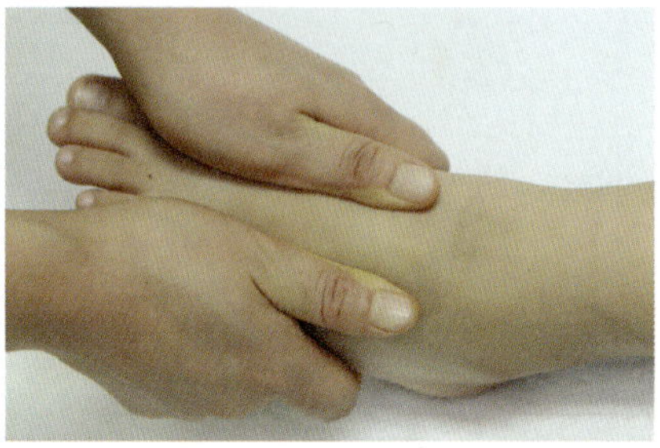

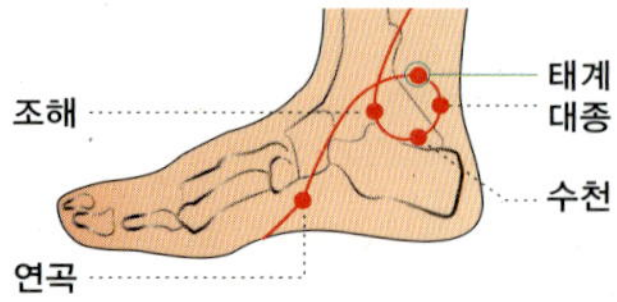
태계
조해
대종
수천
연곡

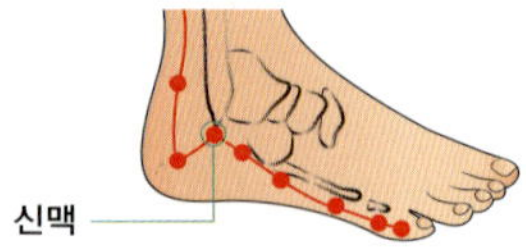
신맥

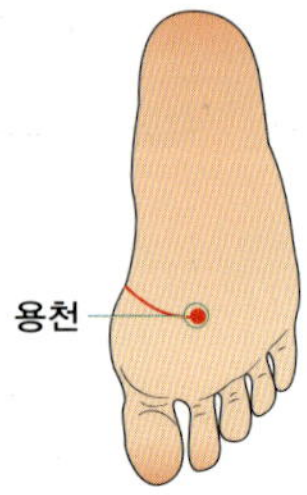
용천

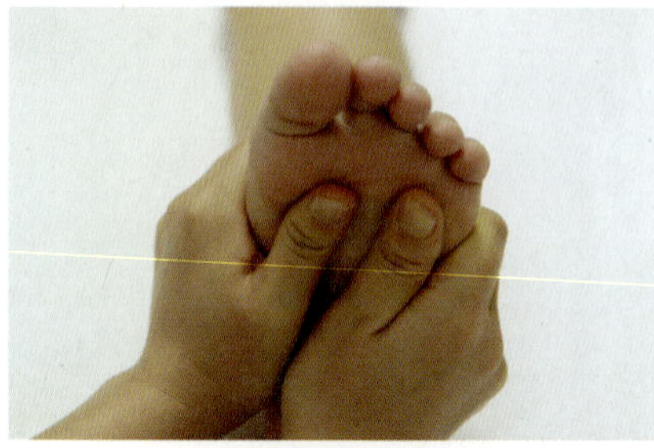

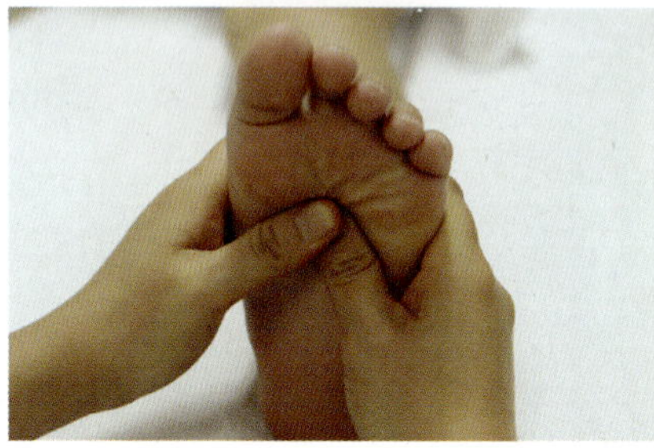

Chapter 12

성장 · 두뇌 발달 마사지의 포인트

성장점, 체중감량점, 면역력증강점,
뇌발달점 및 오감발달점

Chapter 12
성장 · 두뇌 발달 마사지의 포인트

성장점·체중감량점·신체면역력증강점·뇌발달점 및 오감발달점

(1) 각손(角孫, 2개) 수소양삼 초경

- 위치 : 귓바퀴 가운데에서 위쪽으로 입을 벌리면 구멍이 생기는 지점이다.
- 주치 : 안질환, 각막염, 치통, 치육염, 구내염, 편두통, 귀의 통증, 이명, 저작불능

(2) 간사(間使, 2개) 수궐음심포경

- 위치 : 손목의 손바닥 횡문에서 중간에서 3촌 위에 있다.
- 주치 : 심장질환, 위염, 비통, 늑간신경통, 정신질환, 정중신경마비, 안면신경마비, 생리불순

(3) 간유(肝兪, 2개) 족태양방광경

- 위치 : 제9 흉추 아래 각각 1치 5푼 양옆으로 있다.
- 효과 : 간질환, 급만성간염, 황달, 야맹증, 안질환, 여러 가지 위질환, 늑간신경통, 신경쇠약, 부인병

(4) 강간(强間, 1개) 독맥

- 위치 : 뒷머리의 정중선에서 머리카락이 시작되는 경계로부터 4치 위에 있다.
- 주치 : 두통, 후두통, 어지럼증, 뇌졸중, 뇌빈혈, 정신착란, 목덜미 뻐근함, 구토, 소아의 경기와 간질

(5) 거골(巨骨, 2개) 수양명대장경

- 위치 : 어깨 봉우리 위에 쇄골 외단의 끝과 견갑골의 어깨돌기 사이의 오목한 지점이다.
- 주치 : 견관절통증, 상완신경통, 오십견

(6) 거궐(巨闕, 1개) 임맥

- 위치 : 구미혈에서 1치 아래에 있다.
- 효과 : 심장염, 심계항진증, 심통, 횡격만경련, 늑막염, 위경련, 위궤양, 구토, 위통, 오심, 토혈, 황달, 횡격막경련, 심하팽만, 멀미

(7) 건리(建里, 1개) 임맥

- 위치 : 중완혈에서 1치 아래에 있다.
- 효과 : 여러 가지 위장질환, 구토, 복막염, 위염, 수종

(8) 격유(膈俞 , 2개) 족태양방광경

- 위치 : 제7 흉추 아래 각각 1치 5푼 양옆으로 있다.
- 효과 : 구토, 트림, 횡격막경련, 도한, 위염, 위통, 식도마비, 식도협착, 늑막염, 폐질환, 기관지염

(9) 견외유(肩外喩, 2개) 수태양소장경

- 위치 : 제1, 제2 흉추 극상돌기 사이에서 각각 3치 양 옆에 있다.
- 효과 : 견배통, 목의 뻣뻣한 증상, 목이 안돌아 가는 증상, 견갑신경통, 경근경련

(10) 견정(肩井, 2개) 족소양담경

- 위치 : 견봉과 7번째의 경추 극돌기의 연결선상의 중간으로 어깨 위 우묵한 곳에 있다.
- 효과 : 배부통, 견비통, 후두통, 자궁출혈, 뇌충혈, 반신불수, 나력, 담석통, 갑상선기능항진증

(11) 경골(京骨, 2개) 족태양방광경

- 위치 : 새끼발가락의 외측에서 손끝으로 훑어 올라가면 튀어나온 뼈인 대골의 아래 오목한 곳이다.

- 주치 : 두통, 척주질환, 안구혼탁, 요통, 슬관절통, 경련, 후두통, 요통, 하지통증

(12) 계맥(瘈脈, 2개) 수소양삼초경

- 위치 : 귓바퀴의 위 끝이 닿는 부위와 귓방울 근부와 유양돌기 끝과의 중간점인 예풍혈 사이를 3등분하여 예풍혈로부터 1/3이 되는 곳이다.
- 주치 : 소아경간, 이명, 뇌두통, 뇌충혈, 편두통, 구토, 시각장애, 하리

(13) 곡골(曲骨, 1개) 임맥

- 위치 : 두덩결합 위의 모서리에 있다.
- 효과 : 방광염, 대하, 산후자궁수축부전, 자궁내막염, 배뇨장애, 생리불순, 음위, 유정, 조루, 음낭습진

(14) 곡지(曲池, 2개) 수양명대장경

- 위치 : 팔굽을 구부리면 두 뼈 사이에 가로금의 끝에 있다.
- 효과 : 두통, 고혈압, 편마비, 발열, 변비, 피부병, 생리통, 인후염, 담마진, 상완통

(15) 곤륜(崑崙, 2개) 족태양방광경

- 위치 : 복사뼈 외측 발 뒤축뼈 위의 우묵한 가운데 있다.
- 효과 : 후두통, 좌골신경통, 요배신경통, 발꿈치통증, 아킬레스건염, 두항강통, 슬관절염, 고혈압, 난산, 중풍, 코피, 어지럼증, 다리가 뻣뻣한 증상

(16) 관원(關元, 1개) 임맥

- 위치 : 배꼽에서 3치 아래에 있다.
- 효과 : 탈진, 생식기질환, 탈항, 요실금, 적백대하, 복막염, 빈뇨, 요폐, 요루, 생리불순, 생리통, 불임증, 하리, 복통, 허냉증, 체력회복

(17) 관충(關衝, 2개) 수소양삼초경

- 위치 : 네 번째 손가락 끝의 바깥쪽 손톱눈에서 0.1치 떨어진 곳에 있다.
- 주치 : 편두통, 자신경마비, 이명, 인후염, 발열, 열중증, 쇼크

(18) 광명(光明, 2개) 족소양담경

- 위치 : 복사뼈 외측에서 5치 위에 있다.
- 효과 : 편두통, 야맹증, 시신경위축, 근시, 결막염, 하지의 신경통, 종아리 감각기능장애, 안질환, 무릎통증

(19) 구허(丘墟, 2개) 족소양담경

- 위치 : 복사뼈 외측 앞쪽 아래 우묵한 곳으로 발등의 입방뼈와 발꿈치뼈의 사이에 있다.
- 효과 : 좌골신경통, 늑간신경통, 담낭염, 뇌충혈, 경항통, 비복근약화, 전근

(20) 궐음유(厥陰俞, 2개) 족태양방광경

- 위치 : 제4 흉추 아래 각각 1.5치 양옆으로 있다.
- 효과 : 가슴이 답답한 증상, 빈맥, 흉만, 불안증, 해수, 구토, 늑간신경통, 치통, 신경쇠약

(21) 극문(郄門, 2개) 수궐음심포경

- 위치 : 손목의 손바닥 횡문 중간에서 5치 위에 있다.
- 주치 : 심장질환, 코피, 늑간신경통, 해수, 각혈, 정중신경마비, 심흉통, 동계, 토혈, 언어장애, 정신질환

(22) 기문(期門, 2개) 족궐음간경

- 위치 : 유두 바로 아래 제6 늑간과 만나는 지점에 위치한다.
- 효과 : 신장염, 간염, 담낭염, 기관지 천식, 소화불량, 하리, 흉협고만, 복통, 복창, 장명

(23) 기문(箕門, 2개) 족태음비경

- 위치 : 혈해에서 위로 7치 위로 허벅직 내측에 손을 대면 맥이 뛰는 곳에 있다.
- 효과 : 임질, 요폐, 유정, 음위증, 고환염, 유뇨, 요실금, 자궁염, 대퇴통, 넓적다리의 감각과 운동장애, 서혜부 임파선종창, 생식기계장애

(24) 기충(氣衝, 2개) 족양명위경

- **위치** : 귀래혈 아래 자개미에서 1치 위로 맥이 뛰는 곳에 있다.
- **효과** : 생식기계질환, 월경부조, 복통, 음위, 산기, 대하

(25) 기해(氣海, 1개) 임맥

- **위치** : 배꼽에서 1.5치 아래에 있다.
- **효과** : 복통, 장질환, 신장질환, 생식기질환, 생리불순, 천식, 자율신경실조증, 신경쇠약

(26) 기해유(氣海兪, 2개) 족태양방광경

- **위치** : 제3 요추 아래 각각 1.5치 양옆으로 있다.
- **효과** : 요통, 부인병, 음위 장경련, 치질, 변비, 배뇨장애, 척추마목, 다리 운동장애

(27) 낙각(絡却, 2개) 족태양방광경

- **위치** : 통천혈에서 1.5치 아래에 있다.
- **효과** : 후두통, 목이 뻣뻣한 증상, 목이 안 돌아가는 증상, 구토, 어지럼증, 이명, 교근마비

(28) 내관(內關, 2개) 수궐음심포경

- **위치** : 손목의 손바닥 횡문 중간에서 2치 위에 있다.
- **주치** : 협심증, 고혈압, 저혈압, 간장염, 위염, 구내염, 치통, 구토, 흉통, 심장질환, 도한, 횡격막경련, 복통, 정신질환, 언어장애

(29) 내슬안(內膝眼, 2개) 경외기혈

- **위치** : 무릎뼈 안쪽 아래의 오목한 곳에 있다.
- **효과** : 슬관절 류머티스 관절염, 슬관절 염좌, 중풍, 다리가 뻣뻣한 증상, 슬관절 활액낭염, 여러 슬관절 질환

(30) 노궁(勞宮, 2개) 수궐음심포경

• 위치 : 손바닥 가운데 지점이다.
• 주치 : 뇌충혈, 구강염, 코피, 황달, 정신질환, 수장열, 정중신경 장애, 심통, 졸도

(31) 노식(顱息, 2개) 수소양삼초경

• 위치 : 예풍에서 각손혈을 연결하는 굽은선의 예풍으로부터 2/3 지점이다.
• 주치 : 두통, 편두통, 귀의 통증, 이명, 소아의 구토, 뇌충혈

(32) 노유(臑兪, 2개) 수태양소장경

• 위치 : 견료혈 뒤의 대골 아래 어깨뼈 위의 우묵한 가운데 있다.
• 효과 : 견갑통, 어깨관절 장애, 어깨 통증, 편마비, 반신불수

(33) 노회(臑會, 2개) 수소양삼초경

• 위치 : 어깨의 앞쪽 끝에서 3치 내려가 우묵한 지점이다.
• 주치 : 두통, 목이 뻣뻣한 증상, 목이 안 돌아가는 증상, 후두통, 견배통, 치통

(34) 뇌호(腦戸, 1개) 독맥

• 위치 : 뒷정중선상에서 뒷 머리카락이 시작되는 경계로부터 2.5치 위에 있다.
• 주치 : 머리가 무거움, 언어장애, 어지럼증, 후두통, 두경강직통, 간질, 뇌충혈

(35) 누곡(漏谷, 2개) 족태음비경

• 위치 : 안쪽 복사뼈에서 6치 위에 우묵한 곳에 있다.
• 효과 : 소화불량, 소변불리, 슬관절 장애, 종아리장애, 만성출혈, 복창, 하리, 장명, 대하

(36) 담유(膽兪, 2개) 족태양방광경

• 위치 : 제10 흉추 아래 1.5치 양옆으로 있다.
• 주치 : 간염, 위염, 늑막염, 담석증, 황달, 늑간신경통, 두통, 담낭질환, 소화불량

(37) 대거(大巨, 2개) 족양명위경

- 위치 : 외릉혈에서 1치 아래에 있다.
- 효과 : 소변불리, 요관결석, 생식기계질환, 수종, 변비, 탈장, 하복창통, 생리불순, 생리통

(38) 대돈(大敦, 2개) 족궐음간경

- 위치 : 엄지발가락의 바깥쪽 발톱 끝 바깥쪽 모서리에서 0.1치 뒤에 있다.
- 효과 : 두통, 쇼크, 복수, 복막염, 탈장, 소아야뇨, 산기, 월경과다, 생리통, 자궁출혈, 생리불순, 자궁하수

(39) 대릉(大陵, 2개) 수궐음심포경

- 위치 : 손목의 손바닥 횡문 중간지점에 있다.
- 주치 : 위통, 구토, 심장질환, 늑간신경통, 정신질환, 수장열, 두통, 편도선염, 자율신경조절작용, 언어장애, 신경쇠약, 불면증

(40) 대맥(帶脈, 2개) 족소양담경

- 위치 : 제11, 제12 부늑골 끝의 중간을 지나는 수직선과 배꼽을 지나는 수평선과의 교차점으로 장문혈로부터 1.8치 아래에 있다.
- 효과 : 부인과 질환, 대상포진, 대하, 자궁내막염, 월경불순, 하리, 복통, 요통, 흉협통, 장산통, 전립선염

(41) 대장유(大腸俞, 2개) 족태양방광경

- 위치 : 제4 요추 아래 각각 1.5치 양 옆으로 있다.
- 효과 : 장염, 장출혈, 궁둥신경통, 변비, 설사, 맹장염, 치질, 탈항, 복통, 요통, 하리

(42) 대저(大杼 , 2개) 족태양방광경

- 위치 : 제1 흉추 아래 각각 1.5치 양 옆으로 있다.
- 효과 : 감기, 경련, 기관지염, 폐질환, 늑막염, 두통, 견배통, 후두통, 목의 뻣뻣함, 목이 안돌아가는 증상, 견비통

(43) 대추(大椎, 1개) 독맥

- 위치 : 제1 흉추 위 우묵한 곳에 있다.
- 효과 : 두통, 감기, 열병, 간헌열, 뇌막염, 피부발진, 기관지염, 해수, 코피, 우울증, 편도선염, 정신질환, 척배강통

(44) 대횡(大橫, 2개) 족태음비경

- 위치 : 복애혈에서 1.6치 아래에 있다.
- 효과 : 복통, 장명, 위경련, 소복통, 급만성위염, 하리, 변비

(45) 독비(犢鼻, 2개) 족양명위경

- 위치 : 외슬안이라고도 하며, 무릎관절의 바깥쪽 무릎뼈 끝의 무릎인대 안쪽에 있다.
- 효과 : 슬관절 류마티즘, 다리가 뻣뻣해지는 증상, 통풍, 슬통

(46) 동자료(瞳子髎, 2개) 족소양담경

- 위치 : 눈끝에서 0.5치 떨어져 있다.
- 주치 : 두통, 야맹증, 안구충혈, 시신경위축, 안면신경마비, 모든 안질환, 망막염, 각막염, 결막염

(47) 명문(命門, 1개) 독맥

- 위치 : 제2 요추 아래에 있다.
- 효과 : 요통, 하지마비, 좌골신경통, 척수질환, 비뇨생식기 질환, 부인병, 치질, 신장염, 자궁내막염, 백대하, 정력감퇴, 이명, 두통, 불임증, 부신호르몬 조절

(48) 방광유(膀胱兪, 2개) 족태양방광경

- 위치 : 제2 천추 아래 각각 1.5치 양옆으로 있다.
- 효과 : 비뇨기계질환, 하리, 방광염, 부인병, 변비, 요통, 하복통

(49) 백회(百會, 1개) 독맥

- 위치 : 전정혈의 1.5치 위로 정수리 가운데의 우묵하게 들어간 곳에 있다.

• 주치 : 두통, 빈혈, 어지럼증, 중풍, 코막힘, 언어장애, 간질, 불면증, 고혈압, 내장하수, 이명, 치질, 건망증, 진정

(50) 복결(腹結, 2개) 족태음비경

• 위치 : 대횡혈에서 3치 아래에 있다.
• 효과 : 복부가 냉한증상, 설사, 하리, 장명, 복통, 복막염, 장산통, 해수, 변비

(51) 복토(伏兎, 2개) 족양명위경

• 위치 : 무릎에서 6치 위에 있다.
• 효과 : 각통, 슬개부궐냉증, 정맥류, 슬관절장애, 엉덩넓적다리통증, 자궁질환, 편마비

(52) 비관(髀關, 2개) 족양명위경

• 위치 : 대퇴 앞 바깥쪽 면으로 복토혈에서 12치 위에 있다.
• 효과 : 고관절염, 슬관절장애, 편마비, 요신경통, 서혜임파선염, 소아마비

(53) 비양(飛陽, 2개) 족태양방광경

• 위치 : 바깥 복사뼈에서 위로 7치 올라가 뼈의 뒤에 있다.
• 주치 : 비복근경련, 요통, 어지럼증, 치질, 두통, 경련, 족관절염, 다리가 뻣뻣해지는 증상

(54) 비유(脾兪, 2개) 족태양방광경

• 위치 : 제11 흉추 아래 각각 1.5치 양옆으로 있다.
• 효과 : 소화불량, 식욕부진, 만성위염, 만성장염, 위하수, 구토, 췌장질환, 소화기계질환, 부종, 습진, 당뇨병

(55) 사백(四白, 2개) 족양명위경

• 위치 : 눈에서 1치 아래로 눈동자와 직선이 되는 곳에 있다.
• 주치 : 삼차신경통, 얼굴신경마비, 안질환, 두통, 축농증, 어지럼증, 눈의 피로, 비염

(56) 사봉(四縫, 8개) 경외기혈

- 위치 : 둘째 손가락부터 다섯째 손가락 장면에서 근위지관절의 횡문 중앙이다.
- 주치 : 소아의 간질, 소아의 소화불량, 손가락 관절염, 설사, 백일해

(57) 사신총(四神聰, 4개) 경외기혈

- 위치 : 백회의 전후좌우 각각 1치에 있다.
- 주치 : 두통, 어지럼증, 간질, 중풍, 반신불수, 편두통, 우울증, 건망증

(58) 사죽공(絲竹空, 2개) 수소양삼초경

- 위치 : 눈썹의 바깥쪽 옆 우묵한 곳에 있다.
- 주치 : 두통, 안면신경마비, 안질환, 편두통, 치통, 뇌충혈

(59) 삼음교(三陰交, 2개) 족태음비경

- 위치 : 안쪽 복사뼈에서 3치 위로 뼈 아래 우묵한 곳에 있다.
- 주치 : 생식기계질환, 식욕부진, 장산통, 장뇌명, 하리, 복부팽만, 권태, 부인과질환, 소화흡수불량장애, 알레르기, 만성출혈, 백대하, 불임증, 소아유뇨, 요폐, 치질, 실면, 신경쇠약, 하지궐냉, 월경과다, 난산, 당뇨병

(60) 삼초유(三焦兪, 2개) 족태양방광경

- 위치 : 제1 요추 아래 각각 1.5치 양옆으로 있다.
- 효과 : 위경련, 식욕부진, 구토, 복창, 복통, 장명 하리, 소변불리, 수종, 신장염, 야뇨증, 복부동계, 음위

(61) 상거허(上巨虛, 2개) 족양명위경

- 위치 : 족삼리혈의 3촌아래로 무릎에서 6치 내려가 경골의 1치 밖으로 있다.
- 주치 : 복창, 복통, 장명, 소화기계 질환, 하리, 변비, 담낭결석통, 위산과다

(62) 상구(商丘, 2개 혈) 족태음비경

- 위치 : 발의 안쪽 복사뼈 아래 약간 앞으로 우묵한 곳에 있다.
- 효과 : 소화불량, 구토, 복부팽만, 백일해, 소아불안증, 황달, 변비, 치질, 위염, 장염, 귀몽, 족관절통증, 식욕부진

(63) 상성(上星, 1개) 독맥

- 위치 : 신정혈 위의 머리카락이 시작되는 경계에서 1치 위에 있다.
- 주치 : 두통, 고혈압, 어지럼증, 전두신경통, 비염, 안질환, 콧병, 불면증

(64) 상영향(上迎香, 2개) 경외기혈

- 위치 : 코 옆 비순구의 상단에 위치한다.
- 효과 : 코의 종기, 비염, 여러 코의 질환

(65) 상완(上脘, 1개) 임맥

- 위치 : 명치 끝에서 3치 내려가 있다.
- 효과 : 우제질환, 식후의 복창, 위통, 구토, 오심, 구취, 토혈, 황달

(66) 소낙(消洛 , 2개) 수소양삼초경

- 위치 : 주두와 견료혈의 정가운데 지점으로 팔을 안쪽으로 돌렸을 때 우묵한 곳에 있다.
- 주치 : 두통, 후두신경통, 견배통, 당뇨병, 치통, 목이 뻣뻣한 증상, 목이 안돌아가는 증상

(67) 소장유(小腸俞, 2개) 족태양방광경

- 위치 : 제1 천추 아래 각각 1.5치 양옆으로 있다.
- 효과 : 부인병, 장염, 설사, 변비, 치질, 혈뇨, 유뇨, 천장관절질환, 하복부통증, 하리, 소변불리, 요실금, 대하

(68) 속골(束谷, 2개) 족태양방광경

- 위치 : 새끼발가락의 외측에서 발허리 발가락관절에서 발가락 쪽으로 밀어 올라갈 때 정지하는 곳으로 오목하게 들어가 있다.
- 주치 : 두통, 후두통, 청각장애, 요통, 안질환

(69) 수도(水道, 2개) 족양명위경

- 위치 : 천추혈에서 5치 아래에 있다.

- 효과 : 신염, 부종, 수종, 방광염, 고환염, 탈장, 생리통, 변비, 자궁염, 불임증, 소변불리, 요관결석, 하복창통

(70) 수분(水分, 1개) 임맥

- 위치 : 배꼽에서 1치 위에 있다.
- 효과 : 위장염, 위산과다, 복부팽만, 신염, 장산통, 복명, 배뇨곤란, 설사, 오심, 복통, 장명, 수종병

(71) 슬관(膝關, 2개) 족궐음간경

- 위치 : 음릉천에서 뒤쪽 위 45도 각으로 1치 정도 올라간 곳에 있다.
- 효과 : 슬관절염, 무릎통증, 종아리근육 약화, 반신불수, 인후통

(72) 승근(承筋, 2개) 족태양방광경

- 위치 : 종아리의 가운데 있다.
- 효과 : 요배부 신경통, 비복부신경통, 장딴지근 기능장애, 변비, 치질

(73) 승부(承扶, 2개) 족태양방광경

- 위치 : 엉덩이 아래의 허벅지에서 올라간 가로금의 가운데에 있다.
- 효과 : 좌골신경통, 치질, 변비, 편마비, 소변불리, 요통, 소아마비 후유증

(74) 승산(承山, 2개) 족태양방광경

- 위치 : 종아리 아래 근육 사이의 우묵한 곳에 있다.
- 효과 : 다리가 뻣뻣해지는 증상, 비복근 경련, 변비, 탈항, 궁둥신경통, 치질

(75) 승읍(承泣, 2개) 족양명위경

- 위치 : 눈에서 0.7치 아래로 눈동자와 직선이 되는 곳에 있다.
- 주치 : 얼굴신경마비, 삼차신경통, 안질환, 눈의 근육경련, 근시, 야맹증, 눈피로, 두경부통증, 각막염

(76) 신궐(神闕, 1개) 임맥

- 위치 : 배꼽 가운데 있다.

- **효과** : 뇌일혈, 소화불량, 장명, 하리, 허냉증, 복부팽만, 복통, 수종, 체력쇠약

(77) 신도(神道, 1개) 독맥

- **위치** : 제5 흉추 극돌기 아래에 있다.
- **주치** : 실어증, 불면증, 동계, 히스테리

(78) 신맥(申脈, 2개) 족태양방광경

- **위치** : 외측 복사뼈 끝쪽 아래 모서리와 발꿈치 뼈 사이의 우묵한 곳에 있다.
- **효과** : 두통, 어지럼증, 머리가 무거운 증상, 후두통, 족관절염, 고혈압, 정신이상, 뇌척수막염, 요통, 견배척통

(79) 신유(腎兪, 2개) 족태양방광경

- **위치** : 제2 요추 아래 각각 1.5치 양옆으로 있다.
- **효과** : 요통, 비뇨기계질환, 생식기계 질환, 자궁질환, 당뇨병, 생리불순

(80) 신정(神庭, 1개) 독맥

- **위치** : 코에서 바로 위로 올라가 머리카락이 시작되는 시작되는 경계에서 0.5치 위에 있다.
- **효과** : 두통, 비염, 코피, 머리가 무거움, 어지럼증, 콧병, 눈병, 불면증, 고혈압

(81) 신주(身柱, 1개) 독맥

- **위치** : 제3 흉추극돌기 아래에 있다.
- **주치** : 건망증, 경계, 정신질환, 해수, 천식, 불면증, 동계, 두통, 발열, 늑간신경통

(82) 신회(顖會, 1개) 독맥

- **위치** : 상성혈의 위로 1치 올라가 우묵한 곳에 있다.
- **효과** : 두통, 고혈압, 어지럼증, 불면증, 뇌빈혈, 코질환, 비염, 얼굴이 창백해지는 증상

(83) 심유(心兪, 2개) 족태양방광경

- **위치** : 제5 흉추 아래 1.5치 양 옆으로 있다.

• 주치 : 늑간신경통, 불면증, 부정맥, 정신이상, 가슴이 답답한 증상, 신경쇠약, 결핵, 위출혈, 구토, 심장질환, 경련

(84) 십선(十宣, 10개) 경외기혈

• 위치 : 열 손가락 손톱밑 끝에서 손바닥 쪽으로 0.1치에 있다.
• 주치 : 쇼크, 뇌빈혈, 뇌출혈, 일사병, 고혈압, 고열, 일사병, 손가락이 저린 증상

(85) 아문(啞門, 1개) 독맥

• 위치 : 머리털이 시작되는 경계에서 0.5치 올라가 우묵한 곳에 있다.
• 효과 : 중풍, 후두통, 정신분열증, 뇌성마비, 코피, 뇌막염, 뇌충혈, 언어불능, 간질, 농아

(86) 액문(液門, 2개) 수소양삼초경

• 위치 : 손등의 다섯 번째 손가락과 네 번째 손가락 사이에서 위쪽으로 오목한 곳이다.
• 주치 : 두통, 결막염, 인후종통, 자신경마비, 손기능장애, 편두통, 이명, 인후염

(87) 양구(梁丘, 2개) 족양명위경

• 위치 : 무릎에서 2치 위로 두 힘줄 사이에 있다.
• 효과 : 슬관절염, 설사, 위경련, 위산과다, 위장염, 복통, 지사, 복통

(88) 양릉천(陽陵泉, 2개) 족소양담경

• 위치 : 무릎 바깥쪽의 약간 아래로 1치 내려가 우묵한 곳에 있다.
• 효과 : 슬관절염, 좌골신경통, 전신근병, 다리가 뻣뻣해지는 증상, 반신불수

(89) 양지(陽池, 2개) 수소양삼초경

• 위치 : 손목 바깥쪽 우묵한 곳에 있다.
• 효과 : 안질환, 이명, 감기, 손관절장애, 자궁전굴, 자궁후굴, 당뇨병

(90) 어제(魚際, 2개) 수태음폐경

• 위치 : 엄지의 아랫 부분에 있는 볼록한 곳이다.

• 주치 : 두통, 인두통, 편도선염, 콧물, 해수, 천식, 수장열, 인후염. 엄지손가락의 기능이상, 불안, 혀가 노랗게 되는 증상

(91) 영대(靈臺, 1개) 독맥

• 위치 : 제6 흉추 극돌기 아래에 있다.
• 주치 : 폐질환, 천식, 해수, 정신질환, 요배통

(92) 영향(迎香, 2개) 수양명대장경

• 위치 : 콧구멍에서 옆으로 0.5치 나가 있다.
• 효과 : 비염, 비공폐색, 안면신경마비, 삼차신경통, 코피, 구내염, 치통

(93) 예풍(翳風, 2개) 수소양삼초경

• 위치 : 귓방울 근부와 유양돌기 끝의 중간지점으로 우묵한 곳이다.
• 효과 : 이명, 이롱, 중풍, 반신불수, 안명신경마비, 청각신경장애, 편마비, 턱관절 장애, 각기

(94) 옥침(玉枕, 2개) 족태양방광경

• 위치 : 낙각혈에서 뒤로 1.5치 아래에서 뇌호혈에서 옆으로 1치 3푼에 있다.
• 효과 : 후두통, 어지럼증, 구토, 비색, 어깨통증, 목이 뻣뻣한 증상, 목이 안돌아 가는 증상, 안구통

(95) 완골(完骨, 2개) 족소양담경

• 위치 : 귀 뒤쪽으로 머리카락이 시작되는 경계에서 0.4치 들어가 있다.
• 효과 : 두통, 안면신경마비, 목의 근육통, 안면질환, 뇌질환, 어깨통증, 난청

(96) 외관(外關, 2개) 수소양삼초경

• 위치 : 손등 손목 횡문의 중간에서 2치 올라가 우묵한 곳에 있다.
• 주치 : 두통, 고혈압, 전박신경통, 감기, 상한, 이명, 안통, 치통, 손관절기능장애, 반신불수

(97) 외구(外丘, 2개) 족소양담경

- 위치 : 복사뼈 바깥쪽에서 위로 7치 올라가 뼈의 우묵한 곳에 있다.
- 효과 : 두통항강, 흉협고만, 비골신경통, 비복근경련, 다리가 뻣뻣해지는 증상, 목 근육통

(98) 요안(腰眼, 2개) 경외기혈

- 위치 : 제4, 제5 요추 극상돌기 사이 각각 3.8치 양 옆에 있다.
- 효과 : 요통, 신허, 신하수, 월경부조, 당뇨병, 고환염, 적백대하, 산부인과 질환, 기관지 천식, 폐결핵

(99) 요양관(腰陽關, 1개) 독맥

- 위치 : 제4 요추 아래에 있다.
- 효과 : 요통, 좌골신경통, 척수염, 생리불순, 탈항, 하지마비, 척수염, 하지무력, 부인과질환, 유정, 조루, 음위

(100) 용천(涌天, 2개) 족소음신경

- 위치 : 발바닥의 우묵한 곳으로 발가락을 구부리면 'ㅅ'자처럼 우묵해지는 곳이다.
- 효과 : 쇼크, 심장병, 뇌출혈, 편마비, 고혈압, 어지럼증, 두통, 열중증, 족심열, 하복냉증, 자궁하수, 불임증, 황달, 당뇨병, 종아리 경련

(101) 위양(委陽, 2개) 족태양방광경

- 위치 : 오금의 가로금에서 바깥쪽 끝에 있다.
- 효과 : 비복근경련, 요척강통, 신장염, 방광염, 다리기능장애, 복통, 소변불리, 전간

(102) 위유(胃俞, 2개) 족태양방광경

- 위치 : 제12 흉추 아래 각각 1.5치 양옆으로 있다.
- 효과 : 부인병, 생식기계질환, 비뇨기계질환, 만성하리, 냉증, 여러가지 위병, 간염, 장염, 소화불량, 허리와 무릎이 약해지는 증상

(103) 위중(委中, 2개) 족태양방광경

- 위치 : 오금의 가로금 가운데 맥이 뛰는 우묵한 곳에 있다.
- 효과 : 요배통, 좌골신경통, 슬관절염, 종아리기능장애, 편마비, 요부염좌, 토사, 반신불수, 방광염

(104) 은문(殷門, 2개) 족태양방광경

- 위치 : 승부혈에서 6치 아래에 있다.
- 효과 : 좌골신경통, 대퇴부통증, 편마비, 다리의 통증

(105) 은백(隱白, 2개) 족태음비경

- 위치 : 엄지발가락 발톱 안쪽 모서리에서 부추잎 만큼 떨어진 곳에 있다.
- 효과 : 소화불량, 쇼크, 정신질환, 발가락통증, 자궁경련, 다몽, 안충혈, 맥립종, 하지냉증, 만성출혈, 복창, 하리, 부인과질환, 신경쇠약

(106) 음곡(陰谷, 2개) 족소음신경

- 위치 : 무릎 안쪽 보골의 뒤의 오금의 안쪽에 있다.
- 효과 : 슬관절염, 하복부창통, 오금감각운동장애, 슬관절 냉증, 부인과질환, 비뇨생식기계 질환, 대하

(107) 음교(陰交, 1개) 임맥

- 위치 : 배꼽에서 1치 아래에 있다.
- 효과 : 복통, 자궁내막염, 생리불순, 불임증, 수종, 생식기질환, 음부소양, 자율신경실조증

(108) 음릉천(陰陵泉, 2개) 족태음비경

- 위치 : 경골 안쪽의 뒤 아래 쪽으로 우묵한 곳에 있다.
- 효과 : 슬관절주위염, 하지마비, 슬관절장애, 종아리장애, 부인과질환, 생식기계 질환, 요통, 복창, 복통, 하리, 복막염, 요폐, 유뇨, 늑막염

(109) 이문(耳門, 2개) 수소양삼초경

- 위치 : 입을 벌렸을 때, 귀구슬위패임 앞쪽의 오목한 곳으로 청궁의 바로 위에 있다.
- 주치 : 여러 귀질환, 중이염, 청각장애, 이롱, 이명, 편두통, 치통

(110) 인당(印堂, 1개) 경외기혈

- 위치 : 양 눈썹 사이의 중간 지점이다.
- 주치 : 두통, 어지럼증, 구토, 반신불수, 불면증, 소아의 경풍, 비염, 삼차신경통, 고혈압, 신경쇠약, 안면신경마비

(111) 인영(人迎, 2개) 족양명위경

- 위치 : 경동맥이 뛰는 곳으로 울대 끝에서 1.5치 옆에 있다.
- 효과 : 편도선염, 고혈압, 저혈압, 인후종통, 갑상선 기능이상 이하선염, 목림프정 종창, 연하장애, 천식

(112) 장강(長强, 1개) 독맥

- 위치 : 꽁무니뼈 끝 아래 우묵한 곳에 있다.
- 효과 : 치질, 탈항, 요통, 변비, 두통, 장염, 발작, 간질, 혈변, 조루, 유정, 배뇨장애, 음위

(113) 전정(前頂, 1개) 독맥

- 위치 : 신회혈에서 1.5치 위의 뼈가 우묵해진 곳에 있다.
- 효과 : 소아급성경풍, 수종, 두통, 뇌빌혈, 뇌충혈, 어지럼증, 고혈압, 비염

(114) 전중(膻中, 1개) 임맥

- 위치 : 옥당혈에서 1.6치 아래에 있다.
- 효과 : 흉통, 심통, 늑간신경통, 천식, 유선염, 심번, 고만, 동계, 트림, 구토

(115) 정명(睛明, 2개) 족태양방광경

- 위치 : 눈에서 1치 안쪽으로 떨어져 있다.
- 주치 : 얼굴근육의 경련, 눈의 여러 질환

(116) 조해(照海, 2개) 족소음신경

- 위치 : 복사뼈 내측 아래 1치에 있다.
- 효과 : 생리불순, 임질, 비뇨생식기질환, 부인과질환, 발목관절장애, 간질, 불면증, 편도선염, 인후종통, 신경쇠약

(117) 족삼리(足三里, 2개) 족양명위경

- 위치 : 무릎에서 3치 아래로 정강이뼈 바깥쪽 큰 힘줄 안쪽 우묵한 곳에 있다.
- 효과 : 소화기계질환, 소화불량, 위경련, 변비, 안질환, 빈혈, 고혈압, 신경통, 사지무력, 편마비, 궁둥신경통, 피로, 슬관절장애, 반신불수

(118) 중극(中極, 1개) 임맥

- 위치 : 배꼽에서는 4치 아래에 있다.
- 효과 : 방광염, 전립선염, 골반염, 신장염, 불임증, 빈뇨, 요폐, 요루, 월경불순, 생리통, 대하, 산후자궁신경통, 수종

(119) 중부(中府, 2개) 수태음폐경

- 위치 : 쇄골 아래 운문혈에서 1치 아래 우묵한 곳으로, 제1늑간의 전정중선의 양옆 6치에 있다.
- 효과 : 해수, 천식, 기관지염, 폐렴, 견배통, 흉통, 호흡곤란, 도한, 인후염, 감기

(120) 중완(中脘, 1개) 임맥

- 위치 : 배꼽에서 4치 위에 있다.
- 효과 : 여러 가지 위장질환, 식후의 복창, 위경련, 복통, 소화불량, 구토, 식중독, 위하수, 식욕부진, 변비, 설사, 고혈압, 정신질환

(121) 중저(中渚, 2개) 수소양삼초경

- 위치 : 손등의 다섯 번째 손가락과 네 번째 손가락 사이로 손가락관절에서 몸쪽으로 오목한 곳이다.
- 주치 : 두통, 어지럼증, 이명, 청각장애, 손가락질환, 편도선염, 고혈압, 상박신경통, 완관절통

(122) 중충(中衝, 2개) 수궐음심포경

- **위치** : 가운데 손가락 손톱 끝에서 0.1치 떨어진 우묵한 곳에 있다.
- **주치** : 정신질환, 어지럼증, 뇌일혈, 실신, 소아간풍, 심통, 편도선염, 열사병, 정중신경의 장애

(123) 지기(地機, 2개) 족태음비경

- **위치** : 음릉천에서 안쪽 내과 선상의 1/4 부근으로 무릎에서 5치 아래에 있다.
- **주치** : 생식기계질환, 복창, 복통, 하리, 부인과질환, 슬관절 장애, 종아리 장애, 요통, 월경부조, 대하, 요폐

(124) 지실(志室, 2개) 족태양방광경

- **위치** : 제2 요추 아래 각각 3치 양옆으로 있다.
- **효과** : 신장염, 전립선염, 성욕감퇴, 비뇨생식기계 질환, 부인병, 요통, 척요통, 소변분리

(125) 지양(至陽, 1개) 독맥

- **위치** : 제7 흉추 아래에 있다.
- **효과** : 위통, 위경련, 요배신경통, 빈혈, 담석통, 신장병, 간염, 장뇌명, 해수, 황달

(126) 지음(至陰, 2개) 족태양방광경

- **위치** : 새끼발가락의 외측 끝 발톱의 바깥 모서리에서 0.1치 떨어진 곳에 있다.
- **주치** : 두통, 난산, 태위부정, 뇌일혈, 족관절염, 항강, 안구혼탁, 코피, 비색, 유뇨

(127) 찬죽(攢竹, 2개) 족태양방광경

- **위치** : 두 눈썹의 안쪽 끝 우묵한 곳에 있다.
- **효과** : 안질환, 얼굴신경마비, 삼차신경통, 얼굴근육경련, 비염, 두통, 시력저하, 요통

(128) 천돌(天突, 1개) 임맥

- **위치** : 후두결절에서 4치 아래 우묵한 곳에 있다.
- **효과** : 해수, 천식, 인후염, 편도선염, 갑상선염

(129) 천종(天宗, 2개) 수태양소장경

- 위치 : 병풍혈 뒤 대골 아래로 견갑골의 중앙지점의 우묵한 곳에 있다.
- 주치 : 척골신경통, 목의 통증, 전완부신경통, 어깨관절장애, 견비통, 산후풍, 흉통, 고혈압, 반신불수, 유종, 간기능장애, 담기능장애

(130) 천주(天柱, 2개) 족태양방광경

- 위치 : 목덜미의 머리카락이 시작되는 부위의 큰 힘줄 바깥쪽 우묵한 곳에 있다.
- 효과 : 두통, 편두통, 후두통, 항강, 고혈압, 견비통, 히스테리, 정신질환

(131) 천지(天池, 2개) 수궐음심포경

- 위치 : 유두에서 옆으로 1치 나가 겨드랑이와 직선이 되는 옆구리의 갈비대 사이에 있다
- 주치 : 늑간신경통, 심장외막염, 뇌충혈, 흉협고만, 천식, 해수, 유방염

(132) 천추(天樞, 2개) 족양명위경

- 위치 : 배꼽에서 2치 양 옆에 있다.
- 효과 : 급만성위염, 급만성장염, 변비, 하리, 장명, 복통, 복창, 생리불순, 백대하, 자궁내막염, 신장염, 부종, 설사, 요통

(133) 청궁(聽宮, 2개) 수태양소장경

- 위치 : 입을 벌릴 때 귓구멍 앞의 함몰되는 구멍이다.
- 주치 : 중이염, 외이염, 이명, 턱관절장애, 인두염

(134) 청회(聽會, 2개) 족소양담경

- 위치 : 귀 앞면에 구슬처럼 나온 이주에서 약간 앞 우묵한 곳에 있으며, 입을 벌리면 구멍이 생기는 지점이다.
- 주치 : 안면신경마비, 농아, 이명, 중이염, 하악탈구, 치통, 귀질환

(135) 태계(太谿, 2개) 족소음신경

- 위치 : 복사뼈 안쪽 뒤 발꿈치뼈 위의 맥이 뛰는 우묵한 곳에 있다.
- 효과 : 비뇨생식기계질환, 인두염, 구토, 당뇨병, 편마비, 족저통, 부인과 질환

(136) 태양(太阳, 2개) 경외기혈

- 위치 : 관자놀이라고 하며, 눈과 눈썹의 바깥쪽의 중간 높이에서 귀쪽으로 움푹 패인 곳에 있다.
- 주치 : 두통, 편두통, 어지럼증, 삼차신경통, 고혈압, 안질환, 치통, 신경쇠약, 구안와사

(137) 태충(太衝, 2개) 족궐음간경

- 위치 : 엄지발가락과 집게발가락 사이의 발등에서 2치 위에 있다.
- 효과 : 두통, 어지럼증, 위장병, 자궁출혈, 장출혈, 고혈압, 간병, 황달, 변비, 경풍, 쇼크, 뇌출혈, 불면증, 흉협고만, 월경불순, 생리통, 족배통, 편마비

(138) 통곡(通谷, 2개) 족태양방광경

- 위치 : 새끼발가락 바깥쪽 밑마디 앞 바깥쪽 우묵한 곳에 위치하고 있다.
- 주치 : 두통, 후두통, 어지럼증, 코피, 자궁출혈, 족관절염, 식불하

(139) 통천(通天, 2개) 족태양방광경

- 위치 : 전발제의 4치 위로 전중선 1.5치 옆에 있다.
- 효과 : 교근마비, 두통, 코피, 비염, 후각장애, 안면 신경통, 삼차신경통, 어지럼증

(140) 팔료(八髎, 8개) :

- 족태양방광경(足太陽膀胱經)의 혈자리. 방광경의 상료(上髎)·차료(次髎)·중료(中髎)·하료(下髎) 등 양쪽의 8개 혈을 통틀어서 팔료혈이라고 한다. 상료는 1천골공(薦骨孔), 차료는 2천골공, 중료는 3천골공, 하료는 4천골공에 해당한다.

1) 상료(上髎, 2개) 족태양방광경

① **위치** : 제5 요추 아래 엉덩이뼈 첫번째 구멍 우묵한 곳에 있다.
② **효과** : 생리불순, 불임증, 생식기질환, 자궁내막염, 변비, 좌골신경통, 대하, 요폐, 임질

2) 차료(次髎, 2개) 족태양방광경

① **위치** : 엉덩이뼈 2번째 구멍 우묵한 곳에 있다.
② **효과** : 불임증, 자궁내질환, 부인병, 생리불순, 생식기질환, 자궁내막염, 변비, 좌골신경통, 대하, 요폐, 임질

3) 중료(中髎, 2개) 족태양방광경

① **위치** : 엉덩이뼈 세 번째 구멍 우묵한 곳에 있다.
② **효과** : 생리불순, 불임증, 생식기질환, 자궁내막염, 변비, 좌골신경통, 대하, 요폐, 임질

4) 하료(下髎, 2개) 족태양방광경

① **위치** : 엉덩이뼈 네 번째 구멍 우묵한 곳에 있다.
② **효과** : 생리불순, 불임증, 생식기질환, 자궁내막염, 변비, 좌골신경통, 대하, 요폐, 임질

(141) 폐유(肺兪, 2개) 족태양방광경

- **위치** : 제3 흉추 아래 각각 1.5치 양 옆으로 있다.
- **효과** : 호흡기계 질환, 피부질환, 알레르기, 소화불량, 도한

(142) 포황(胞肓, 2개) 족태양방광경

- **위치** : 제2 천추 아래 각각 3치 양 옆으로 있다.
- **효과** : 복창, 복통, 전립선비대증, 하리, 장명, 요척통, 좌골신경통, 요통, 선골통, 방광염, 치질, 변비

(143) 풍문(風門, 2개) 족태양방광경

- **위치** : 제2 천추 아래 3치 양 옆으로 있다.

- **효과** : 감기, 발열, 목이 뻣뻣한 증상, 목이 안 돌아가는 증상, 견비통, 두통, 해수, 폐렴, 알레르기

(144) 풍부(風府, 1개) 독맥

- **위치** : 목덜미의 머리카락이 시작되는 경계에서 1치 위에 큰 힘줄 사이의 우묵한 곳에 있다.
- **효과** : 두통. 후두통, 중풍, 감기, 코피, 어지럼증, 정신이상, 경부근육통, 실어증, 편마비, 감기

(145) 풍시(風市, 2개) 족소양담경

- **위치** : 무릎 위에서 바깥쪽으로 두 힘살 사이로, 똑바로 서서 두손을 자연스럽게 내리면 중지 손가락이 닿는 곳이다.
- **효과** : 좌골신경통, 하지마비, 허리통증, 다리통증, 슬관절염, 반신불수, 전신소양, 편마비, 다리가 뻣뻣해지는 증상

(146) 풍지(風池, 2개) 족소양담경

- **위치** : 뇌공혈 뒤의 머리카락이 돋은 경계의 우묵한 곳에 있다.
- **효과** : 두통, 뇌질환, 어지럼증, 이명, 이비질환, 목근육통, 감기, 발열, 편마비, 어깨통증, 복통, 반신불수

(147) 하거허(下巨虛, 2개) 족양명위경

- **위치** : 외측 복사뼈에서 7치 위로 올라가 경골에서 1치 밖으로 있다.
- **효과** : 하복통, 하지마비, 급만성장염, 슬관절장애, 관절염, 편마비, 다리가 뻣뻣해지는 증상, 장명, 하리

(148) 하완(下脘, 1개) 임맥

- **위치** : 건리혈에서 1치 아래에 있다.
- **효과** : 만성장염, 위장염, 식후복창, 장명, 복통, 위경련, 위확장, 만성위염, 구토, 오심

(149) 함곡(陷谷, 2개) 족양명위경

- 위치 : 두 번째 발가락 바깥쪽 밑마디 뒤 우묵한 곳으로 내정혈에서 2치 위에 있다.
- 효과 : 소화불량, 발목관절장애, 편마비, 웨궤양, 복통, 장상통, 장뇌명, 얼굴과 목의 부종, 발열, 치통, 급만성위장염, 다리가 무력한 증상

(150) 합곡(合谷, 2개) 수양명대장경

- 위치 : 엄지손가락과 검지손가락이 갈라진 뼈 사이 우묵한 곳에 있다.
- 효과 : 노신경장애, 목의 통증, 머리의 통증, 안면 동통, 급만성위염, 인후염, 편마비, 고혈압, 두드러기, 발열

(151) 해계(解谿, 2개) 족양명위경

- 위치 : 충양혈에서 1.5치 뒤의 발목 위의 우묵한 곳에 있다.
- 주치 : 두통, 족관절염, 머리가 무거운 증상, 어지럼증, 복창, 복통, 장명, 하리, 얼굴부종, 안구충혈, 치통, 편마비

(152) 현종(懸鍾, 2개) 족소양담경

- 위치 : 복사뼈 바깥쪽에서 위로 3치 올라가 맥이 뛰는 곳에 있다.
- 효과 : 고혈압, 반신불수, 좌골신경통, 골수염, 편마비, 흉협고만, 종아리 외측 통증, 소아마비

(153) 혈해(血海, 2개) 족태음비경

- 위치 : 무릎 안쪽 위 슬개골 상연 2치 위에 있다.
- 효과 : 생리불순, 자궁출혈, 자궁내막염, 부인과질환, 빈혈, 생식기계 질환, 슬관절장애, 피부병

(154) 협척(夾脊, 34개) 경외기혈

- 위치 : 제1 흉추 극돌기로부터 제5 요추 극돌기까지 척추 중앙에서 좌우 양쪽으로 0.5치 지점이다. 매 극돌기 아래에서 양옆으로 0.5치 지점으로 17점씩 34점이다.
- 효과 : 소아 만성질환, 심장질환, 폐질환, 팔의 질환, 위장질환, 요통, 소화불량

(155) 화료(和髎, 2개) 수소양삼초경

- **위치** : 이문혈 위 머리카락이 시작되는 경계의 아래 우묵한 가운데로 맥이 뛰는 곳에 있다.
- **주치** : 두통, 비염, 축농증, 편두통, 치통, 안면신경마비, 이명, 아관긴급

(156) 환도(環跳, 2개) 족소양담경

- **위치** : 넓적다리뼈의 위쪽 가운데 있다.
- **효과** : 좌골신경통, 하지의 질환, 요부근육염, 대퇴부근육염, 슬부근육염, 소아마비, 반신불수, 다리가 뻣뻣해지는 증상, 편마비

Check point

- 경골, 속골, 통곡, 지음혈은 발반사요법에서의 바깥쪽 발반사구와 자극하는 곳의 위치가 비슷하여 마사지의 실체에서는 나오지 않았다. 그러나 자극을 주게 되면 두뇌 발달에 도움이 되는 뇌발달점이다.
- 슬안 : 무릎 슬개골의 아래 함요처로 안쪽은 내슬안, 바깥쪽은 외슬안이라고 한다.

참고문헌

- 강남이·권순형·김경민·김순미·정혜경·조미숙(2015), "New 영양생리학", 지구문화사.
- 고정환(2013), "막힌 몸 확 뚫리는 쉬운 경락 맛사지", 학원문화사.
- 고혜정·김금란·김정숙·이유미·장순남(2014), "미용과 근육", 메디시언.
- 김기영 외 10인 공저(2015), "미용인을 위한 New 해부생리학", 메디시언.
- 박동호(2016), "마사지/근육이완술 Myo Therapy", 일진사.
- 박준기(2012), "두개천골 치유기법", 좋은땅.
- 왕효명 저, 임윤경 역(2015), "경혈 Map", 군자출판사.
- 이재남·이혜영·김미정(2013), "발건강을 위한 발관리학", 구민사.
- 임국환 외 16인 공저(2015), "에센스 의학용어", 메디시언.
- 전숙경·배유경·이지현·이해영·최성임(2014), "딥티슈 근육마사지", 메디시언.
- 정통침뜸교육원 교재위원회 엮음(2015), "경락경혈학", 정통침뜸연구소.
- 한국해부생리학교수협의회 편(2015), "새용어 사람해부학", 현문사.
- Marybetts Sinclair 저, 이건철 역(2008), "균형 성장 발달을 위한 소아마사지", 영문출판사.
- 고영민(2012), "두개천골요법이 노인의 자율신경에 미치는 효과", 차의과학대학교 보건복지 대학원 bio Spa 전공 석사학위논문.
- 김도형(2013), "부위별 마사지가 중년여성의 호흡 순환기능과 비만인자 및 면역기능에 미치는 영향", 창원대학교 대학원 체육학전공 박사학위논문.
- 김송자(2008), "정체경락마사지가 슬내·외반 하지 변형의 교정에 미치는 영향", 경원대학교 사회체육대학원 운동처방전공 석사학위논문.
- 김은경, 이선희(2003), "성장기 소녀의 초경에 따른 비만도 및 성장 발달 비교", 「대한영양사협회 학술지」, Vol.9 No. 2, 대한영양사협회.
- 김장현(1998), "성장 장애에 관한 임상적 연구", 「대한한방소아과학회지」, 대한한방소아과학회.
- 김초영, 장규태(2010), "저체중 소아의 성장과 골성숙도에 관한 임상적 연구", 「동아시아식생활학회」, Vol.24 No.2, 동아시아식생활학회.
- 명금희, 나현주, 최미경, 김애정(2004), "미취학 아동에 있어 신체발달, 손목 골밀도 및 영양섭취와의 상관성", 「동아시아식생활학회」, Vol.14 No.2, 동아시아식생활학회.
- 박미자(2013), "뇌파촉진마사지(Brain Healing Therapy, BHT)기법을 통한 뇌파 및 신체적 변화 연구", 대구카톨릭대학교 보건의료과학대학원 보건과학과 석사학위논문.
- 박현숙(2008), "아로마 손 마사지가 노인의 기억력 및 불안, 우울에 미치는 효과", 가톨릭대학교 대학원 간호학과 간호학 전공 박사학위논문.
- 배오성(2005), "뇌와 심포에 관한 연구", 「한국정신과학회 학술대회 논문집」, Vol.23. 한국정신과학학회.

- 배정아(2012), "경락 성장마사지가 학령기 아동의 신체조성, 생리적, 심리적 변인에 미치는 영향", 서울벤처대학원대학교 뷰티보건학과 피부미용전공 박사학위논문.
- 변상준(2013), "SUKI 대체요법이 스트레스 이완/각성 뇌 활성에 미치는 영향", 남부대학교 일반대학원 대체의학과 박사학위논문.
- 손수정(2012), "성장호르몬 결핍성 저신장 소아에서 성장호르몬 치료가 두 개안면골격에 미치는 영향", 영남대학교 대학원 의학과 치과학전공 박사학위논문.
- 양태길(2011), "아동의 신체활동과 비만요인이 뇌세포생성인자에 미치는 영향", 경남대학교 대학원 박사학위논문.
- 오미연(2014), "측면 등마사지와 뇌파촉진 마사지가 임산부의 뇌파에 미치는 영향", 창원대학교 보건대학원 향장미용학 보건학 석사학위논문.
- 유미주(2014), "발반사 요법과 뇌파촉진마사지가 뇌파 변화에 미치는 영향", 창원대학교 보건대학원 향장미용학 보건학 석사학위논문.
- 유중열(2011), "두개천골요법이 중년여성의 통증과 근육긴장도에 미치는 영향", 경기대학교 대체의학대학원 수기치료전공 석사학위논문.
- 이예선(2012), "두뇌를 바꾸면 몸이 바뀐다", 고려대학교 영어영문학 석사학위논문.
- 이정식(2004), "지능과 창의성의 발달경향성 분석 (유아기에서 청소년기까지)", 경성대학교 대학원 교육학과 박사학위논문.
- 전선혜(2003), "아기마사지와 체조에 따른 뇌 활동과 신체적, 정서적 변화", 「한국스포츠심리학회지」, Vol.14 No. 3, 한국스포츠심리학회.
- 전현호(2005), "뇌 과학에서 본 두뇌의 구조와 작용원리", 「가톨릭신학」, Vol.6, 한국가톨릭신학학회.
- 정미애(2011), "유아기 부,모의 부모교육 및 자녀양육 정보 요구 분석", 숭실대학교 교육대학원 유아교육 전공 석사학위논문.
- 정종진(2005), "두뇌체조의 이론적 기초와 학교학습에의 적용에 관한 탐색적 고찰", 「教育心理研究」, Vol.19 No.4, 한국교육심리학회.
- 정혜정(2010), "성장판 자극 스트레칭 운동이 청소년들의 체격 변화에 미치는 영향", 경기대학교 대체의학대학원 석사논문.
- 조성제(2011), "유아의 뇌발달 훈련이 뇌기능과 사고력, 다중지능에 미치는 효과", 국제뇌교육종합대학원 대학교 뇌교육학과 박사학위논문.
- 주정호(2014), "어머니의 양육신념과 태도가 유아의 다중지능발달에 미치는 영향", 한영신학대학교 대학원 사회복지학 전공 박사학위논문.
- 차은숙(2013), "뇌파촉진마사지(Brain Healing Therapy)와 아로마요법을 적용한 뇌파 변화 연구", 창원대학교 보건대학원 피부미용전공 석사학위논문.
- 최은화(2000), "비만도와 체형인식이 학령기 아동의 자아개념에 미치는 영향", 충남대학교 교육대학원 석사학위논문.
- 홍성희(1989), "아동의 발달적 신체활동에 대한 이론적 연구", 이화여자대학교 교육대학원 석사학위논문.

찾아보기

저자 소개

김 은 주

건국대학교 일반대학원 향장생물학전공 이학박사
현, 열린사이버대학교 교수
현, 열린사이버대학교 뷰티건강디자인학과 학과장

민 금 순

건국대학교 산업대학원 향장학전공 석사과정
현, 열린사이버대학교 뷰티건강디자인학과 외래교수
현, 씨엠뷰티피부미용학원장

소중한 내 아이를 위한

우리아이 쑥쑥 똑똑하게

초판 1 쇄 인쇄일 | 2016년 6월 20일
초판 1 쇄 발행일 | 2016년 7월 01일

지은이 | 김은주 · 민금순
발행인 | 주 병 오
펴낸곳 | 지구문화 JIGU CULTURE
주 소 | 경기도 파주시 회동길 209
파주출판문화정보산업단지
전 화 | (031)955-7566·7577
F A X | (031)955-7730
이메일 | jigupub@hanmail.net
등 록 | 1979년 7월 13일 제 9-57호

ISBN | 978-89-7006-785-8 값 | 23,000원